国家级一流本科专业建设点配套教材
21世纪高等院校财经管理系列实用规划教材

国际经济治理

王　平　闫文收　主　编
侯娱林　吴英娜　余乐芬　副主编

北京大学出版社
PEKING UNIVERSITY PRESS

图书在版编目(CIP)数据

国际经济治理 / 王平，闫文收主编. —— 北京：北京大学出版社，2024.10
21世纪高等院校财经管理系列实用规划教材
ISBN 978-7-301-34830-7

Ⅰ.①国… Ⅱ.①王… ②闫… Ⅲ.①世界经济–经济治理–高等学校–教材 Ⅳ.①F113

中国国家版本馆CIP数据核字(2024)第038716号

书　　名	国际经济治理 GUOJI JINGJI ZHILI
著作责任者	王　平　闫文收 主编
策划编辑	王显超
责任编辑	翟　源
标准书号	ISBN 978-7-301-34830-7
出版发行	北京大学出版社
地　　址	北京市海淀区成府路205号　100871
网　　址	http://www.pup.cn　新浪微博：@北京大学出版社
电子邮箱	编辑部 pup6@pup.cn　总编室 zpup@pup.cn
电　　话	邮购部010-62752015　发行部010-62750672　编辑部010-62750667
印刷者	河北滦县鑫华书刊印刷厂
经销者	新华书店
	787毫米×1092毫米　16开本　16.75印张　395千字 2024年10月第1版　2024年10月第1次印刷
定　　价	54.00元

未经许可，不得以任何方式复制或抄袭本书之部分或全部内容。
版权所有，侵权必究
举报电话：010-62752024　电子邮箱：fd@pup.cn
图书如有印装质量问题，请与出版部联系，电话：010-62756370

前言
Preface

当今世界正处于百年未有之大变局,世界政治经济充满着不确定性,贸易保护主义抬头、世界经济组织羸弱、贸易摩擦频发、气候风险不断加剧等因素使国际经济治理面临严峻挑战,全球经济治理体系改革处于十字路口。中国通过对外开放,积极参与全球经济治理,但要提高中国在国际政治经济舞台的地位,新时代中国特色人才支撑尤为关键。根据联合国的报告,当前联合国系统中只有中国籍雇员1336人,占总人数的2.31%。其中供职联合国秘书处的非语言类中国籍专业人员不足百人。我国国际人才供应仍存在缺口,不能满足国际组织人才的需求。蒋庆哲教授指出,大学始终要服务于国家对外开放战略、培养高水平对外开放人才,肩负着新时代的新使命。在不确定的外部环境和错综复杂的国际经济形势背景下,增强我国在全球经济治理体系中的制度性话语权和影响力,应聚焦于新时代全球经济治理人才的培养。张之洞在《创设储才学堂折》中说道,"国势之强由于人,人材之成出于学"。要想培养具有国际经济治理创新能力的社会主义建设者和接班人,务必将知识授予新时代的学生,为推动我国全面参与全球经济治理、全面建成社会主义现代化强国提供有力的智力支持。

2020年11月,由教育部新文科建设工作组主办的新文科建设会议于山东大学圆满落幕,会上发布了《新文科建设宣言》,明确提出要走中国特色的文科教育发展之路,并以此为基础构建世界水平、中国特色的文科人才培养体系。中南财经政法大学工商管理学院经济贸易系国际经济与贸易专业自2019年获得国家级一流本科专业建设点以来,积极培养具有财经思维、法学素养、国际视野和跨文化沟通能力,且能够从事经济管理领域企业事业单位和政府部门管理工作的"懂经济、晓法律、知管理"融通创新型人才。而本书是一部将经济学、公共管理学、法学和政治经济学完美融为一体的特色教材,可为培养经、法、管融通型特色人才作出重要贡献。

本书是中南财经政法大学经济贸易系集体智慧的结晶。全书由王平、闫文收、侯娱林、吴英娜、余乐芬草拟大纲、制定写作风格,并经集体讨论最终确定。具体写作分工如下:第一章(王平、闫文收、方勇彪),第二章(闫文收、蔡艳),第三章(闫文收、刘荣洋),第四章（闫文收、蔡艳），第五章（闫文收、刘荣洋），第六章（王平、方勇彪），第七章（余乐芬），第八章（余乐芬），第九章（王平、方勇彪），第十章（侯娱林），第十一章（侯娱林），第十二章（侯娱林、吴英娜），第十三章（吴英娜），第十四章（侯娱林），第十五章（侯娱林）。对参与教材写作、资料收集、整理和初稿写作的周步语、闫丽婷、何小琪、杜雅茜、于峰、赵宇迪、周悦、杨成玉等硕士研究生表示感谢。本书在写作过程中，参考和借鉴了国内外大量文献资料，我们从中受益良多，在此对所有注明和未注明的文献作者表示衷心感谢。本书在制定大纲和引言结构安排上得到了钱学锋教授的建设性意见；写作过程中也得到了黄汉民教授、张华容教授、曹亮教授、田毕飞教授等老师的宝贵建议。在此，对其他老师的大力支持一并表示衷心的感谢。

本书得以顺利完成，得到了众多专家、学者的大力支持和帮助；同时本书在编写过程中，参考和引用了大量国内外有关研究成果和文献，在此一并表示衷心的感谢。由于编者水平有限，不当和错漏之处在所难免，恳请广大读者继续批评指正。

编者　于晓南湖

2023年10月1日

目录

第一章 导论

学习目标 001
第一节 国际经济治理为什么重要 001
第二节 国际经济治理的缘起与演进 002
第三节 为什么当代国际经济治理面临更大挑战 005
第四节 如何理解本书的架构 006
第五节 本书将会讲授哪些内容 007

第二章 国际经济治理的内涵与体系

学习目标 010
第一节 国际经济治理的内涵与目标 010
第二节 国际经济治理的主体与客体 012
第三节 国际经济治理的实现机制 017

第三章 国际经济治理理论基础：国际政治关系理论

学习目标 023
第一节 国际政治关系理论产生背景 023
第二节 国际关系理论的历史演变 024

| 第三节 | 国际政治关系理论主要内容及应用 | 027 |

第四章　国际经济治理理论基础：共同利益理论与合作博弈理论

学习目标		035
第一节	共同利益理论	035
第二节	合作博弈理论	041

第五章　国际经济治理理论基础：法律规则治理理论

学习目标		051
第一节	全球经济治理背景下法律规则理论	051
第二节	经济法规则在国际经济治理中的作用	055

第六章　国际经济治理中的世界贸易组织

学习目标		066
第一节	WTO的国际经济治理架构	066
第二节	WTO有关国际贸易治理的实体法	068
第三节	WTO运作的程序性规则	076
第四节	WTO面临的困境与改革	084

第七章　国际经济治理中的国际货币基金组织

学习目标		088
第一节	IMF的产生和建立	088
第二节	IMF进行国际经济治理的宗旨和职能	091
第三节	IMF的组织结构和运作机制	093
第四节	IMF的改革	102

第八章　国际经济治理中的世界银行

学习目标　107
第一节　世界银行进行国际经济治理的宗旨和职能　107
第二节　世界银行集团的机构　109
第三节　世界银行的组织结构和运作机制　112
第四节　世界银行的改革　119

第九章　国际经济治理中的其他组织和机构

学习目标　123
第一节　国际经济治理中的联合国　123
第二节　国际经济治理的峰会机制　130
第三节　国际经济治理中的区域经济一体化组织　138

第十章　国际贸易治理

学习目标　146
第一节　国际贸易治理的产生　146
第二节　国际贸易治理的发展过程　151
第三节　国际贸易治理的挑战　157

第十一章　国际金融治理

学习目标　163
第一节　国际金融治理的产生与演变　163
第二节　国际金融治理的基本内容　169
第三节　国际金融治理面临的挑战　175

第十二章　国际投资治理

学习目标	181
第一节　国际投资治理的产生与演变	182
第二节　国际投资治理的内容	188
第三节　国际投资治理面临的挑战	195

第十三章　国际环境治理

学习目标	198
第一节　国际环境治理的基本内容	198
第二节　国际经济组织与环境治理	204
第三节　国际环境治理的区域合作	210
第四节　国际环境治理的碳定价机制	212

第十四章　国际贫困治理

学习目标	220
第一节　国际贫困治理的演变历程	220
第二节　国际贫困治理的经验	226
第三节　贫困治理中的国际合作	230
第四节　国际贫困治理面临的挑战	234

第十五章　中国参与国际经济治理

学习目标	238
第一节　中国参与国际经济治理的现状	238
第二节　中国参与国际经济治理所面临的挑战	244
第三节　中国参与国际经济治理的战略选择	248

参考文献　256

第一章 导 论

 学习目标

学完本章之后,你应该能够:
- 认识到学习和把握国际经济治理知识的重要性和紧迫性
- 理解国际经济治理的主要研究内容
- 了解国际经济治理的缘起与演进
- 把握当代国际经济治理的发展趋势和面临的挑战

全球治理指的是治理主体之间复杂的正式或非正式的在全球范围内配置经济、社会等各类资源的过程。全球治理由国家或经济体构成的多权力中心的国际社会,为处理全球问题而建立的具有自我实施性质的国际制度、规则或机制总和;或在没有各国政府情况下,各国博弈者通过集体行动克服国际政治市场失灵的努力过程(张宇燕、任琳,2015)。全球治理和国际经济治理都源自全球化和经济全球化的兴起,与全球化和经济全球化的关系类似,全球治理和国际经济治理也是紧密相连、不可分割的两个概念。国际经济治理是国际治理的主体和核心内容。国际经济治理是指国家和非国家主体按照一定制度规范对全球或跨国经济领域内共同经济问题的治理(李青等,2017)。

第一节 国际经济治理为什么重要

马克思和恩格斯在《共产党宣言》中指出:"在全球化的各个角落,充斥着资产阶级对产品市场不断扩张的需求。它必然到处安家筑巢,到处建立联系。"无产阶级革命家不仅认识到全球化的现象,也一针见血地指出了其本质内涵。国际经济治理中存在着一些问题,但全球化也有益于经济的发展和人民生活水平的提高。全球化是历史趋势,更是时代潮流。经济全球化是一把双刃剑,既为全球发展提供强劲动能,也带来一些新情况、新挑战。正如2016年习近平主席在钓鱼台国宾馆会见时任联合国秘书长潘基文时指出的:"经济全球化既带来机遇和繁荣,也带来挑战和麻烦,需要加强全球治理,致力于打造人类命运共同体。我们要继续弘扬《联合国宪章》宗旨和原则,同时也要与时俱进,倡导共商、共建、共享的全球治理理

念,建立反映世界多极化现实、更加强调以规则制度来协调的国际关系。"

在全球治理整体研究体系下,国际经济治理是全球治理理论的璀璨明珠,也是全球治理实践中的最重要、最引人关注的领域之一(王明国,2019)。15世纪以来,全球化的快速发展将世界各国紧密联系在一起,各国通过贸易、投资、移民、旅游、文化交流等方式大大提高了本国的发展水平。但是全球化的快速发展也暴露出许多问题,国际经济治理框架和各国追求全球化的理念目标之间存在矛盾。随着新型冠状病毒感染疫情的暴发,全球经济不确定性的增加,逆全球化、极端保护主义和霸权利己主义重新抬头,严重干扰着世界的政治稳定和经济发展。丹尼·罗德里克在《全球化的悖论》一书中用真实案例告诉我们,"全球化没有错,错的是我们推动全球化的方法,错的是我们追求全球化的程度"。全球化不应是无节制、无秩序的,需要各国在合理、有效框架下协同治理。

当前,原有国际经济治理体系已经不能为新时代国际贸易发展、国际投资、全球环境治理、全球气候治理等方面提供有效的问题解决框架,国际社会开始探寻更加有效的国际经济治理模式和构建新的国际经济治理体系。一方面,2008年国际金融危机爆发以来,国际经济治理面临更加复杂的国际环境。全球经济失衡日趋严重,而发展中国家和发达国家之间的贸易失衡成为最重要的表征。另一方面,当前国际经济治理体系已经不能有效协调各国之间的分歧和利益关系。因此,寻求有效的全球治理模式和构建新的国际经济治理体系势在必行。在国际经济新秩序构建中,以中国为代表的新兴经济体开始积极参与,保障各国在国际经济合作中的权利平等、机会平等和规则平等。作为负责任的世界大国,中国始终坚持互利共赢的发展理念,维护平等多元的全球经济治理格局。正如党的二十大报告中指出的:"中国坚持经济全球化正确方向……共同营造有利于发展的国际环境,共同培育全球发展新动能……中国积极参与全球治理体系改革和建设……坚持真正的多边主义,推进国际关系民主化,推动全球治理朝着更加公正合理的方向发展。"

第二节 国际经济治理的缘起与演进

15世纪新航路的开辟和地理大发现拉开了经济全球化的序幕,同时也是国际经济治理体系构建的开始。世界霸权不断更迭,经济全球化的进程因此带上了"殖民色彩",国际经济治理体系也充满了"霸权属性"。George Modelski依据百年霸权将世界体系划分为5个周期,依次为:葡萄牙周期(1494—1580年)、荷兰周期(1580—1688年)、英国周期I(1688—1792年)、英国周期II(1792—1914年)和美国周期(1914年至今)。国际经济治理结构的演进具有鲜明的时代特点,特别是18世纪以来,以英国和美国为主导的国际经济治理体系的构建,对当今世界格局的形成与世界经济发展起到了至关重要的作用,以下重点介绍英国周期和美国周期。

一、英国周期

1.自由贸易开启与金本位

随着工业革命的兴起,英国逐渐形成以大机器生产为基础的工业体系,产业规模迅速扩大。然而，受限于各国实行的重商主义政策，英国国内的工业品只能销往英属殖民地。为了扩展海外市场，19世纪30年代英国国内反对贸易保护的呼声高涨。以亚当·斯密和大卫·李嘉图为首的经济学家支持的自由贸易学说兴起，他们分别用绝对优势和比较优势论证了自由贸易将会给英国带来巨大利益。以《谷物法》和《航海条例》的废除为标志，英国正式开启了自由贸易时代。随后，自由贸易主义的经济思想逐渐扩散至整个欧洲，并随着欧洲各国的殖民活动，影响到其他大洲。在当时特殊的政治和社会条件下出现了以"市场"为中心的经济调节机制——金本位制，人们对金本位制的信心不是来自任何国际机构，而是来自各国政府以固定汇率将本国货币转换为黄金的承诺。金本位制的核心特征是中央银行可以以固定价格购买黄金，个人可以自由买卖黄金。在金本位制下，国际和国内经济自主地服务于国际货币稳定的目标，而不是通过干预国际市场进行人为调节。国际贸易的不平衡和国际收支的不平衡可以通过黄金的流动来改善。

2. 从以邻为壑到帝国特惠

第一次世界大战结束了欧洲战前高度开放和相互依存的一体化经济。战争给经济带来沉重打击，经济恶化导致政治不稳定，进而驱使欧洲各国采取以邻为壑的措施来缓解国内的政治和经济压力。由于各国缺乏协调政策，这一时期的全球经济缺乏开放的国际贸易体系和稳定有效的国际货币体系。国际机构在国际经济事务的治理中没有发挥相应的作用。国际联盟内的经济和金融组织在20世纪20年代初发挥了作用，但在20世纪二三十年代的政治和经济混乱的环境中，联盟的资源和执法力有限，无法采取有效的国际经济协调行动。同时，由于没有有效的国际经济协调，国际货币体系不断波动，对各国经济复苏产生负面影响。金本位制在1929—1933年经济危机冲击下，逐渐被各国放弃。

在贸易方面，保护主义在20世纪二三十年代盛行，美国于1930年通过《斯穆特-霍利关税法》，排他性的贸易集团逐渐形成。1932年7月，英国、加拿大、爱尔兰、澳大利亚、新西兰、南非联邦、南罗德西亚、印度等国家和地区在加拿大首都召开了渥太华帝国经济会议，正式建立了帝国内部的特惠关税制度，即"帝国特惠制"。到第二次世界大战（以下简称二战）爆发前，一个以帝国特惠制为基础，由大量双边经济协议构成的以英国为核心的世界经济体系已经形成。

二、美国周期

1. 布雷顿森林体系和多边主义的开始

二战结束后，欧美国家深刻认识到"自由主义"和"保护主义"的危害，转而走向"嵌入自由主义[①]"和"多边主义"。国际经济关系逐渐走向国际经济合作与协调的制度化，这是美国构建布雷顿森林体系的前提。

无论是第一次世界大战前相对稳定的世界经济，还是两次世界大战之间动荡不安的世界经济，都缺乏一个制度性的国际协调平台。在布雷顿森林体系下，有两个主要的国际金

---

① 1945年到20世纪70年代，发达资本主义国家以凯恩斯主义理论为基础，强调政府干预，采取各种经济或社会政策来缓解自由化带来的负面影响，以更好地体现社会公平和正义，这种现象被约翰·鲁杰（John Ruggie）称为嵌入自由主义（embedded liberalism）。

融机构，即国际货币基金组织（International Monetary Fund, IMF）和世界银行（World Bank, WB）。这些国际金融机构有一个共同的特点，即国际协调不是基于部分国家的单方面利益或特殊排他性利益，而是基于所有成员商定的原则，这极大地促进了各国之间的合作和政治协调。1947年4月，来自18个国家的代表在瑞士日内瓦举行会议，各国就大幅降低关税和取消其他贸易壁垒以及消除国际贸易歧视待遇开展贸易谈判，并在同年的10月签订了《关税及贸易总协定》（General Agreement on Tariffs and Trade, GATT），为世界贸易组织（World Trade Organization, WTO）的成立奠定了基础。

2. 后布雷顿森林体系和新自由主义的兴起

20世纪60年代开始，布雷顿森林体系就不断受到严重的国际收支危机的冲击。在浮动汇率制下，政府有更多的决策权来支持财政政策和货币政策，以达到国内和国际市场之间的平衡。因此，各国的政策经常是互相冲突的，国际宏观经济政策失调严重。1975年，主要发达经济体成立了七国集团（G7），这是一个非正式的国际机制，旨在协调宏观经济政策。此后，G7在国际宏观经济协调中发挥了非常重要的作用。20世纪80年代以来，全球经济治理一直以新自由主义支持的"华盛顿共识"为基础。一方面，发达国家效仿美国大力推动金融放松管制和跨境资本流动；另一方面，他们敦促发展中国家通过国际组织进行结构调整，要求它们进行市场化、私有化和民主化改革。1995年WTO的建立有效推动了国际经济一体化进程，并为国际经济治理中的贸易治理提供了一个有效框架。

三、国际经济治理的多元化转型

2008年国际金融危机使各国更加认识到宏观经济政策协调的重要性，特别是新兴经济体与发达工业国家之间的协调，主要发达国家进行宏观经济协调的组织框架不再适用于全球经济的新发展。全球经济治理面临的最大挑战是如何通过制度安排促进主要新兴经济体与发达国家之间的合作，从而改善全球经济的失衡。

全球政治、经济新兴力量的崛起，以及当前全球经济治理面临的困境，使改革传统国际经济治理体制成为一种必然趋势。对于现有体制改革的探索是多元的。首先，规则制定的参与方更加多元，以中国为代表的新兴经济体走到舞台中央，打破了长久以来发达资本主义国家占主导地位的局面。新兴经济体在IMF中的份额增加。G20取代G7成为国际经济合作与协调的重要平台。其次，在治理机构的组织形式方面，呈现出一种全球化和区域化共存的局面，值得注意的是，由于世界局势的复杂性，全球性的国际经济治理政策协调难以推进，各国开始纷纷转向区域化的多边、双边探索，与之对应的便是各类区域经济组织和区域贸易协定在数量上的爆发。

目前，国际经济治理机制的多元化改革取得了一定成果。各种有益的探索确实增加了新兴经济体参与全球经济治理的权利，并为发达国家与新兴经济体之间的宏观政策协调提供了平台。但无论在改革实践还是理论上，仍然存在许多争议，仍然难以达成共识。

第三节 为什么当代国际经济治理面临更大挑战

当前,国际经济治理面临的主要挑战有治理体系有失均衡、治理主体存在缺失、治理机制缺乏弹性、治理客体存在争议、治理效果有待彰显、治理理论存在争议、需要适应国际法规、国际社会亟待培养集体行动意识。在这个快速变化的世界,新的挑战层出不穷,新的机遇无处不在,如何趋利避害,如何谋划未来发展利益,构成了全球治理的重要理论和政策课题。

一、新型冠状病毒感染加剧全球不确定性

进入21世纪,全球治理的不确定性增加,尤其是2008年以后,国际金融危机、粮食危机、石油危机,以及气候变化的未知性、恐怖主义和局部地区战争的发生使得世界进入震荡期。加之,新型冠状病毒感染疫情的全球肆虐,导致2020年世界GDP增长率按购买力平价(Purchase Power Parity, PPP)为-4.4%,使得世界经济陷入二战结束以来最大幅度的产出规模萎缩。后疫情时代不稳定性、不确定性增加,全球性问题将更加凸显,疫情作为一面放大镜,放大了全球贸易赤字等经济问题。同时,一些国家政策内顾倾向加重,保护主义抬头,"逆全球化"思潮暗流涌动。面临全球经济的不确定性,一些国家开始采取"以邻为壑"的贸易政策和投资政策,进一步加剧世界市场的波动和全球经济的不确定性。正如2022年9月16日习近平主席出席上海合作组织成员国元首理事会第二十二次会议时所说:"世纪疫情阴霾未散,局部冲突硝烟又起,冷战思维和集团政治回潮,单边主义、保护主义抬头,经济全球化遭遇逆流,和平赤字、发展赤字、信任赤字、治理赤字有增无减,人类社会正站在十字路口,面临前所未有的挑战。"后疫情时代要求改革和完善现有国际经济治理模式,要补充新的治理理念、治理主体、治理对象和手段,以适应国际经济、政治格局的新变化和新发展。

二、国际经济格局多极化趋强

进入21世纪,全球经济活动仍高度集中在少数几个地区,但是,随着发展中国家经济的迅速发展,他们积极参与国际贸易和国际投资,在世界经济中占据半壁江山。随着经济实力的提升,其在国际政治舞台上将会发挥更大的影响和作用。例如,中国加入WTO以后,中国货物贸易规模稳居世界第一,服务贸易规模跃居世界第二,成为世界仅次于美国的第二大经济体。"西强东弱"格局的改变,世界经济、政治和文化的重心将东移,国际秩序和格局将重构。全球经济格局的改变,必然伴随着全球经济秩序的重新构建。目前阶段,已经发生和正在发生的世界经济力量的多极化,也预示着多极世界是未来世界最为可能的形态(陈志敏,2013)。在一个相互依赖、有核和制度多极化的时代,寻求国际经济治理并非没有可能,但充满了挑战。

三、全球贸易格局重大转变

传统国际经济治理主要是基于传统国际贸易方式的治理,其中包含产业间贸易和产业内贸易。随着全球价值链的兴起,价值链贸易在全球贸易中越来越重要。根据联合国商品贸易统计数据库(UN Comtrade)统计数据测算,自1995年以来,全球中间产品出口额占全球总出口额的比重一直在50%以上。全球价值链贸易对经济贡献的功能也与标准贸易不同,依据2020年世界发展报告分析,全球价值链参与率每增加1%,人均收入增长将超过1%,远高于标准贸易中平均0.2%的收入增长,但全球价值链的收益未能被全球平等分享。同时,全球价值链已形成以中国、美国、日本和德国为中心的贸易发展格局(Amador, 2018)。新的贸易格局必然要求新的国际经济治理体系与之相适应,深化国际合作,促进全球价值链的持续发展和国家之间的利益共享。贸易结构性变革和格局的重大变化,对传统国际经济治理组织功能和新的国际经济治理体系提出了更高的要求。

四、多领域治理融合交织

进入21世纪,各领域突发事件频发,并呈现问题共发性特征。首先,各国(地区)发展水平、政治体制、经济结构和经济治理理念并不相同,其在不同领域所期望实现的目标并不一致。异质化的利益追求使各国在国际经济治理时难以形成统一的目标。其次,不同领域的突发事件,会使得在各个领域的治理工作相互包含。例如环境治理、气候治理与国际贸易和投资治理紧密融合。最后,在经济治理过程中,国家不仅要考虑经济治理目标,同时也要考虑其他领域的利益实现。不同治理领域的相互交织进一步促成国际经济治理共同目标的实现。

第四节　如何理解本书的架构

经过深入探讨,我们为本书构建了三元分析框架,包括国际经济治理的理论基础和治理模型、国际经济治理的组织机构,不同领域国际经济治理。

一、国际经济治理的理论基础和治理模型

国际经济治理首先要学习的内容是国际经济治理相关的基本知识与相关理论。国际经济治理的基本知识包含国际经济治理的内涵和目标、国际经济治理的主体和客体,以及国际经济治理的不同实现机制。国际经济治理的理论主要涉及国际关系理论、共同利益理论、合作博弈理论和国际法律法规治理理论。学生需要系统地掌握不同理论的起源、发展阶段,以及对国际经济治理的历史意义和对当前国际经济治理的启示意义。学习国际经济治理的理论知识,可以帮助我们以更加专业的视角看待国际问题;可以帮助我们更深刻地分析当前国际经济治理的现状、问题与挑战;可以帮助我们提升对国际经济治理问题的认识;可以帮助我们更客观地认识国际经济组织对国际经济治理的作用;可以帮助我们从历史的角度掌握不同经济领域国际经济治理的发展历程与治理改革方向。

二、国际经济治理的组织机构

国际经济治理是通过一定的国际组织实现的，国际组织是国际经济治理最重要的行为体。二战结束后，以美国为首的西方国家构建了以世界银行、国际货币基金组织和关税与贸易总协定为支柱的治理主体，为世界经济的稳定和繁荣提供了制度保障。从本质上讲，国际经济治理是以促进全球化为宗旨的。近年来，由于世界经济格局的变化、逆全球化思潮的涌现，以及新兴经济体对全球经济增长的贡献，国际经济治理机制面临着转型的压力，各类区域性、局域性组织在国际经济治理中开始担当重任。

三、不同领域国际经济治理

国际经济规则与国际治理体系会在国际经济格局发生变化时作适应性调整，但总体上都是朝着贸易、投资与金融的自由化、便利化、透明化方向发展。国际经济治理涵盖以下几方面：一是宏观经济的治理，协调各国财政政策、金融政策和货币政策，减少经济波动、预防危机的发生；二是国际金融的治理，构建金融市场和金融监管机构的全球合作和协调机制；三是国际贸易的治理，针对全球产业和供应链关系的深化，需要对贸易自由化规则进行适应性调整，解决全球化进程中的矛盾。在主要多边机构自身的改革与完善和主要经济体的协调与推动下，国际经济治理已经逐渐呈现出跨区域、数字化、绿色化、后边境化的新特征。在这一背景下，中国作为国际经济治理的积极参与者，一直致力于持续推动构建新型国际关系，努力促进国际经济治理体系朝着更加公正合理的方向发展。

第五节　本书将会讲授哪些内容

本书分为三部分，共计十五章。

第一部分系统阐述国际经济治理的基本知识和理论基础。第一章为导论。第二章主要介绍国际经济治理的内涵、目标、主体、客体，以及国际经济治理的三种实现机制。通过对该章的学习，同学们能够区分国际治理与国际经济治理的内涵，了解国际经济治理的主要目标，认识国际经济治理的主客体，对比不同时代背景下国际经济治理的不同实现机制。

第三章主要介绍国际政治关系理论产生的背景、历史演变、主要内容及其实际应用。通过对该章的学习，同学们应该能够了解国际关系理论产生的历史条件，熟悉国际关系理论历史演变过程，掌握国际关系理论的主要内容，以及现代国际经济治理的意义与启示。

第四章主要介绍共同利益理论和合作博弈理论产生的背景、微观基础、主要内容以及在国际经济治理中的运用。通过对该章的学习，同学们应了解共同利益理论与合作博弈理论的区别与联系，熟练掌握这两个理论在国际经济治理中的运用及现代意义。

第五章主要介绍国际经济治理中的法律规则治理理论，具体包括全球经济、政治发展格局下法律规则及经济法规则对国际经济治理的作用及意义。通过对该章的学习，同学们应了解法律规则在全球经济治理中的背景，熟悉法律规则在国际经济治理中的作用，掌握不同法律规则影响国际经济治理的途径与机制。

第二部分阐述了在国际经济治理中国际组织的意义、框架和作用。第六章主要介绍国际经济治理中的世界贸易组织，具体包括世界贸易组织的国际经济治理架构、世界贸易组织有关国际贸易治理的实体法、世界贸易组织运作的程序性规则及世界贸易组织进行国际经济治理的宗旨和职能、面临的困境与改革。通过对该章的学习，同学们应掌握世界贸易组织在国际经济治理中的作用，客观认识和评价世界贸易组织的规则体系，了解世界贸易组织面临的挑战。

第七章主要介绍国际经济治理中的国际货币基金组织，包括国际货币基金组织的产生和建立、国际货币基金组织在国际经济治理中的宗旨和职能、国际货币基金组织的组织结构与运作机制、国际货币基金组织的改革等。通过对该章的学习，同学们应熟悉国际货币基金组织产生的时代背景，掌握国际货币基金组织对国际经济治理影响的运作机制，理解当前国际货币基金组织进行改革的必要性和方向。

第八章主要介绍国际经济治理中的世界银行，包括世界银行进行国际经济治理的宗旨和职能、世界银行集团的机构、世界银行的组织结构和运作机制、世界银行服务国际经济治理面临的问题及改革方向等。通过对该章的学习，同学们应了解世界银行产生的时代背景，掌握世界银行的组织结构及其国际经济治理的运作机制，理解新经济政治格局下世界银行改革的必要性及意义。

第九章主要介绍国际经济治理中的其他组织和机构，包括国际经济治理中的联合国、联合国在国际经济治理中的作用、联合国参与国际经济治理面临的挑战与改革方向等，其他国际经济治理组织包括金砖国家峰会、二十国集团峰会等，并进一步介绍了国际经济治理中的区域经济一体化组织。通过对该章的学习，同学们应熟悉联合国、国际峰会组织等在国际经济治理中的作用，了解不同国际峰会组织在国际经济治理体系中的特点，探讨国际峰会组织在国际经济治理中面临的困境和改革方向。

第三部分主要以专题形式学习不同领域的国际经济治理的背景意义、发展模式、问题挑战与对策建议等。第十章主要介绍国际贸易治理，包括国际贸易治理的产生、国际贸易治理的发展过程及国际贸易治理面临的主要挑战等。通过对该章的学习，同学们应了解国际贸易治理的起源，理解国际贸易治理的主要内容，熟悉国际贸易治理的演变过程，能结合国际经济治理理论，分析当前国际贸易治理面临的主要问题与挑战。

第十一章主要介绍国际金融治理的产生背景和主要内容，详细讲解了国际经济治理经历的金本位时期、布雷顿森林体系时期、牙买加体系时期和建制时期的国际金融治理时代演进与发展历程，并进一步讲解了国际金融治理当前与未来面临的主要挑战。通过对该章的学习，同学们应掌握国际金融治理的基本概念、国际金融治理的意义和作用，熟悉国际金融治理在不同时代背景展现的阶段特征，探究国际金融治理未来的挑战与改革方向。

第十二章主要介绍国际投资治理，讨论国际投资治理的现状与新时期特征，详细介绍双边投资协定、区域贸易协定的投资规则以及多边体制下的投资治理，探讨了国际投资治理面临的挑战等。通过对该章的学习，同学们应了解国际投资治理体系的现状、特征与成因，熟悉不同历史阶段国际投资治理的内容与规则，结合国际经济治理相关理论，能分析当前国际投资治理面临的主要挑战。

第十三章主要介绍了国际环境治理，国际环境治理的基本内容，国际经济组织在环境治理中的作用，并深入分析了国际环境治理最重要的国际碳定价机制。通过对该章的学习，同学们应了解国际环境治理的基本内容，认识国际相关经济组织和区域经济一体化组织在国际环境治理中的作用及意义，并能够对比国际经济治理为环境治理提供的不同机制设计的适应场景。

第十四章主要介绍了国际贫困治理，包括国际贫困治理的发展历程、国际贫困治理机构的演变、国际贫困治理存在的主要问题及面临的挑战、国际贫困治理的经验及国际合作机制等。通过对该章的学习，同学们应熟悉国际贫困治理的发展历程，分析国际贫困治理存在的主要问题和面临的挑战，了解参与国际贫困治理的相关经验，并理解贫困治理中的国际合作机制及意义。

随着中国经济崛起，我国在世界经济舞台的地位不断提升，中国也逐渐从"适应性融入"转变为"建设性塑造"国际体系。在"共商共建共享"的理念指引下，中国抓住机遇、主动作为，建设性参与和引领经济全球化进程，积极致力于全球贸易、金融、投资、环境等治理机制的改革与创新。本书第十五章讨论中国参与国际经济治理的现状、中国参与国际经济治理面临的挑战以及中国参与国际经济治理的战略选择。通过对该章的学习，同学们应熟悉中国参与全球经济治理现状和必要性，理解中国参与国际经济治理所面临的挑战及战略选择，理解中国参与国际经济治理对全球经济稳定发展的重要意义和贡献。

第二章 国际经济治理的内涵与体系

 学习目标

学完本章之后,你应该能够:
- 区分国际治理与国际经济治理的内涵
- 了解国际经济治理的主要目标
- 认识国际经济治理的主客体
- 对比不同时代背景下国际经济治理的不同实现机制

第一节 国际经济治理的内涵与目标

一、全球治理的起源及定义

"'治理'(governance)一词最早可追溯到古典拉丁文和古希腊语'引领导航',原意是控制、引导和操纵,指的是在特定范围内行使权威[①]。"在中国古典词语当中,"治理"一词指的是明确职责、树立功德。"明分职,序事业,材技官能,莫不治理,则公道达而私门塞矣,公义明而私事息矣。"(《荀子·君道》)

全球治理是在全球化和世界多极化的背景下提出来的,是治理主体和治理活动在全球范围内的一种扩展。Thakur 和 Van Langenhove(2006)认为,全球治理是在全球范围内合作解决问题的安排,这些安排可能是国家当局、政府或非政府组织、私营部门实体等行为者管理集体事务的规则或者正式、非正式组织机构的做法[②]。因此,全球治理指的是治理主体之间复杂的正式或非正式地在全球范围内配置经济、社会等各类资源的过程。张宇燕和任琳(2015)全面结合行为体、对象、目标和实现形式等特点,将全球治理定义为:由国家或经济体构成的多权力中心的国际社会,为处理全球问题而建立的具有自我实施性质的国际制度、规则或

[①] 陶坚主编《全球经济治理与中国对外经济关系》,知识产权出版社,2016。
[②] [美]United Nations Committee of Experts on Public Administration, 2006. Definition of Basic Concepts and Terminologies in Governance and Public Administration. United Nations, E/C.

机制总和；或在没有世界政府情况下，各国博弈者通过集体行动克服国际政治市场失灵的努力过程。

二、国际经济治理的概念及内涵

国际治理和国际经济治理均源自于全球化及其经济维度的扩展，它们之间的关系密切，类似于经济全球化与全球化本身的关系。国际经济治理构成了国际治理的主体和核心，其涵盖的范围极为广泛，包括但不限于宏观经济政策的协调、全球市场秩序的维护、国际货币体系的构建、全球资本流动的管理及全球贸易体系的建立等。此外，国际经济治理还涉及由气候变化、环境保护、资源利用、公共卫生安全和国际安全等问题引发的全球性经济治理挑战。这些问题不仅关系到经济的可持续发展，也对国际社会的稳定与繁荣产生深远影响。因此，国际经济治理需要各国的共同努力和智慧，以确保全球经济的健康发展和国际秩序的长期稳定（陈伟光、申丽娟，2014）。

到目前为止，学术界对于国际经济治理的概念并未做出清晰统一的权威界定。在国际论坛和学术刊物上甚至出现同一场合同一语境中将国际经济治理与国际治理、国际金融治理等概念混用或混为一谈的现象。因此，明晰国际经济治理的内涵具有现实的理论意义。

目前，学术界主要从广义和狭义两个范畴来探究国际经济治理问题。广义的国际经济治理侧重于对国际问题中涉及所有经济问题治理的界定和分析。狭义的国际经济治理主要是从全球经济失衡的角度出发，探究全球经济平衡的问题，其中主要探究的是如何解决美国等发达国家与以中国为代表的发展中国家之间的经常账户和资本收支不均衡的状态，其内涵和实质可以理解为对全球经济失衡问题的解决办法、政策和措施的集合体（李青等，2017）。

本书借鉴李青等（2017）对国际经济治理这一概念的界定方法，认为国际经济治理是指国家和非国家主体按照一定制度规范对全球或跨国经济领域内共同经济问题的治理。囿于篇幅，本书所讨论的国际经济治理主要是指各国和非国家行为体为实现共同目标所开展的宏观经济政策协调与经济援助问题，国际合作赖以开展的治理规则，以及全球金融、贸易、国际产业分工等领域因为竞争和合作而引发的一系列问题。国际经济治理的实质是治理主体为了解决全球性经济问题而提供的治理机制或国际规则。

三、国际经济治理的目标

国际经济治理致力于在全球化背景下促进全球经济的稳定发展与合作共赢，旨在减少收入差异及解决经济不平衡的问题，确保所有国家公平分享经济全球化的利益。为达到这些目标，各国需要加强全球政策协调，推动贸易和投资自由化，改革国际金融体系，还需特别关照发展中国家和最不发达国家，以实现全球经济可持续发展。同时，还需建立风险预警机制，应对金融危机等挑战，并促进经济包容性增长，以惠及全球民众。国际经济治理具体目标包括以下四个方面。

第一，维护经济安全稳定。解决发达国家与发展中国家之间的国际贸易和资本收支不均衡的状态。促进各国建立起良性运转的利率调控机制，稳定国内利率水平，减弱利率差异对资本跨境流动的刺激，维护世界经济增长和经济稳定。

第二,促使经济持续健康发展。反对保护主义,协力打造开放型世界经济,促进贸易和投资自由化、便利化,在开放、交流融合中实现经济的高质量发展。同时解决各国经济发展中存在的不平衡、不协调、不可持续的问题。

第三,保持收入水平的稳定。缩小发展中国家与发达国家之间的收入差距,缩小国内的贫富差距。在保持金融稳定的基础上,解决总需求不足的问题,从而促进经济稳定增长,维护收入水平的稳定。

第四,共同塑造全球经济秩序。重组全球产业分工和贸易金融体系,由传统的双边治理逐渐趋向多边治理。加快推进发展中国家积极参与国际事务和国际经济治理,促进国际经济秩序的调整和转型。

第二节 国际经济治理的主体与客体

一、国际经济治理的主体

国际经济治理的行为体主要有三类:第一类是主权国家;第二类是正式和非正式的政府间国际组织,如联合国(UN)、世界银行(WB)、国际货币基金组织(IMF)、世界贸易组织(WTO)、二十国集团(G20)等;第三类是全球公民社会组织,如所有由私人性质的主体形成的公益性的跨国机构、跨国企业、组织、协会等。其中非政府间国际组织是全球公民社会组织中最重要、最活跃的主体,多具有一定的代表性,有明确的组织目标、机构等。

(一)主权国家

主权国家作为全球经济治理的核心参与者,其主导地位在当前以国家为中心的治理模式中依然显著。在全球经济治理中,主权国家的角色是比较矛盾的,既是治理主体,也是治理对象。随着全球化的迅速发展,主权各国之间经济往来日益密切,经济依赖程度不断加深,在很多共同利益领域,各主权国家无论规模大小和实力强弱,在一定程度上形成了相互依存的命运共同体。在全球共同面临的问题面前,各国不可能独善其身,必须通过国际合作来共同应对。然而,主权国家在参与国际经济治理时往往以维护自身利益为首要目标,这可能导致互相推诿、效率低下等问题。并且国际经济治理本身也是一个跨国协调合作、共同治理全球性问题的过程,是主权国家单纯依靠自身实力无法实现的。因此,在国际经济治理范围内,还需要一些国际组织、公民社会组织共同协作。

(二)正式的政府间国际组织

联合国作为国际社会的核心组织,在维护全球和平、缓解国际紧张局势及解决地区冲突等方面扮演着关键角色。它通过调解争端、监督停火及开展维和行动等手段,努力促进世界稳定与安全。联合国对全球经济治理的贡献主要表现在:一方面,联合国会提供发展援助,促进发展中国家的经济发展;另一方面,联合国致力于加强南北对话,推动建立国际经济新秩序。

以IMF为代表的国际金融机构是国际货币体系和国际金融监管体系的重要载体。其在监督汇率、提供临时性的资金融通、危机救助等全球金融治理问题方面发挥了重要作用：第一，成立以来，在维护全球汇率稳定、应对国际金融危机、维持全球经济和金融体系稳定方面发挥了核心作用；第二，缓和国际收支逆差，为国际收支逆差的成员方提供临时性的资金融通，从而避免国际汇率的大幅度变动。

案例2-1

国际货币基金组织是全球货币合作与政策协调的主要国际金融组织

自1945年成立以来，国际货币基金组织（IMF）一直承担着推动全球货币合作、扩大世界贸易、稳定货币价值、促进成员间的贸易和支付体系的建立、提供紧急财政支援及帮助解决成员方的国际收支问题等多重职责。截至2016年，IMF已经拥有190个成员，其资金总份额高达6680亿美元。

随着时间的推移，IMF在管理全球货币价值、保持金融稳定方面取得了显著的成就，成为推动全球经济一体化的关键力量。IMF通过协助各国建立多边支付机制，协调各国的经济活动，努力消除国际贸易的壁垒。

然而，在不断变化的全球经济和政治环境中，IMF也遇到了一些挑战。由于西方国家在IMF中具有较大的影响力，IMF在股份分配、投票权、执行董事会的构成、员工队伍及问责制度等方面的治理结构未能及时反映国际经济政治的新格局，缺少必要的动态调整。这导致了IMF在监管和提供援助方面的效率和及时性不足，最终影响了其在全球经济和金融体系中的合法性和有效性。

资料来源：
熊北辰.国际金融组织在全球金融治理中的作用[N].学习时报，2021-01-01（A2）.

世界银行一直致力于帮助发展中国家发展经济、消除贫困。世界银行会向发展中国家提供较为优惠的贷款政策，以支持这些经济欠发达的国家和地区经济的发展。

世界贸易组织致力于降低关税、消除贸易壁垒和解决贸易争端，积极倡导全球多边贸易自由化，努力推进全球多边贸易谈判，为全球多边贸易规则的构建及全球贸易活动的规范化、便利化作出了突出贡献；帮助协调和解决各国间的贸易争端，推动了全球贸易投资规模的大幅度增长；通过其贸易政策审查机制，检验各国的贸易政策和实践，在某种程度上抑制了贸易保护主义的发展趋势，减缓了国际金融危机和经济危机给世界经济带来的冲击，促进了世界经济的快速复苏和稳定发展。

（三）非正式的政府间国际组织

根据成员构成的不同，非正式的政府间国际组织可以分为以下三类。

第一类是发达国家的合作组织，如G7作为一个重要的国际经济协调平台，在减少西方发达国家的汇率波动、稳定国际金融市场、抑制通货膨胀、应对经济危机等方面发挥了积极作用。

第二类是发达国家和发展中国家的合作组织，如G20（发达国家和新兴经济体）成立的初衷是为了应对国际金融危机和经济危机，阻止全球经济的衰退，促进全球经济复苏。例如，亚太经济合作组织（Asia-Pacific Economic Cooperation，APEC）在推动区域贸易投资自由化、加强成员间经济技术合作等方面发挥了不可替代的作用。

第三类是新兴经济体的合作组织。二战以来最严重的金融危机加快了国际经济治理体系变革转型的速度，在此背景下，金砖国家（BRICS）作为一股独立的新兴力量成为国际经济治理转型的重要推手。

（四）非政府间国际组织

关于公民社会和非政府组织并没有统一、明确的界定，公民社会可以理解为在政府和市场机制以外，所有公民个人组成的社会实体（赵黎青，2000），包括民间的各种非政府组织（劳工组织、宗教组织）、协会（行业协会）、团体、基金会、联合会等，非政府组织是公民社会中重要、具有社会影响的组成部分。非政府组织可以提高全球经济治理的有效性和公平性。

二、国际经济治理的客体

国际经济治理的对象与目标紧密相连，旨在经济全球化的大环境下确保全球经济的稳定、平衡与公正，并致力于缩小贫富差距，纠正经济不均衡现象。这一治理过程是全球治理在经济领域的体现，反映了全球经济运作与管理体系的互动。

具体来讲，国际经济治理主要关注以下五个方面。

一是全球宏观经济治理。面对全球公共产品供需矛盾、国际规则与国家主权的冲突及国际制度的非中性等一系列问题，各国政府及国际机构等应当改进全球货币体系，构建各国在财政、货币及汇率政策上的合作与协调机制，以保障全球经济的平稳发展，降低经济波动。

二是国际贸易问题。历史上，美国在国际贸易治理中扮演核心角色，G7和G8作为以美国为首的发达国家对话平台，对解决贸易争端和实现政策协调起到了关键作用。然而，随着中国等新兴经济体的崛起和美国在全球治理能力上的相对减弱，全球经济逐渐呈现出多极化趋势，G20的出现正是为了适应这一变化。但是G20作为一个新兴的对话机制，成员之间存在一定分歧，执行力有待提高。全球贸易格局的演变对现有全球经济利益格局产生了深刻影响，贸易利益分配的不均衡和矛盾对经济全球化的深入发展构成了阻碍。面对世界经济格局的调整，主要经济体从本国利益出发，更加重视并转向区域经济合作来维护自身的贸易利益。

三是国际金融问题。全球化的深入发展使得全球问题进一步凸显，金融危机爆发日益频繁和剧烈。据统计，几十年来，共爆发了100多次规模不等的货币危机或金融危机（张宇燕，

2017)。因此,应当建立有效的全球监督体系,有效监管全球资本流动,有效防范金融危机。国际经济治理各行为主体要对国际金融和货币事务进行协商,为全球经济的健康发展奠定坚实基础。当前国际金融治理主要集中在三个重要议题上:国际金融监管、金融危机应对和国际货币体系改革。

中拉货币合作为改善全球金融治理积累实践经验

重塑国际货币体系和金融机构的核心方法是强化全球管理机制,并提升全球和区域性公共资源的供应。在当前的国际背景下,中国与拉丁美洲国家基于相互利益,开展金融协作,通过推动货币合作,为全球金融管理的优化提供了重要的实操经验。

国际汇率作为一种近似公共资源,依赖于一套制度设计来调控,使汇率保持一个相对平稳的状态,保证货币价值的相对稳定。若汇率产生了剧烈的波动,这将会导致国家经济的过度增长或萎缩,可能进一步触发区域甚至全球经济的连锁效应。历史上,拉丁美洲国家经常遭受货币和金融危机的影响,一个关键因素是区域金融稳定公共资源的缺失。由于受美国经济及美元周期影响较为显著,大多数拉丁美洲国家的货币价值随着美元周期的变动而大幅波动。进入21世纪,拉丁美洲国家通过强化金融监管并扩大汇率浮动弹性,提升了抵御外部冲击的能力。但是,在2016年美国大选期间,许多拉丁美洲国家的货币依然经历了剧烈的波动。

随着中国与拉丁美洲国家在贸易、经济和金融领域的合作不断加强,利用双边货币互换的应急机制,以及推动人民币在拉丁美洲地区的国际化进程,有助于增强该地区的金融稳定性,并保护双方的经济利益。

自2008年国际金融危机之后,中国的货币互换合作已扩展到拉丁美洲。目前,中国已经与包括巴西、阿根廷、智利和苏里南在内的多个国家签订了双边货币互换协议。这些协议使得人民币能够作为拉丁美洲国家稳定本国货币的辅助工具。例如,阿根廷总统毛里西奥·马克里在2015年上任后,就曾利用中阿货币互换协议来稳定阿根廷比索的价值。在马克里取消资本管制并允许汇率自由浮动之后,中阿货币互换协议在维护阿根廷经济和金融稳定方面发挥了极为关键的作用。

区域性货币协作是降低货币风险和构建稳定货币储备结构的关键策略。中国与拉丁美洲国家通过双边货币互换协议,为人民币的国际流通创造了市场条件,并逐步奠定了人民币的国际信用基础。展望未来,中国与拉丁美洲国家应在现有的货币互换基础上,探索进一步的"货币互持"合作,这将有助于实现储备货币的多样化,减少对美元的依赖。此举推动了国际货币体系朝着多元化和合理化的方向发展,同时也为全球经济的稳定发展提供有序金融环境。

表2-1 中国与拉丁美洲国家的货币互换

国家	时间	金额	期限	使用与续签
巴西	2013年3月	1900亿元/600亿雷亚尔	3年	到期，未使用，未续签
阿根廷	2009年4月	700亿元/380亿比索	3年	到期，未使用，续签
	2014年7月	700亿元/900亿比索	3年	到期，使用，续签
	2017年7月	700亿元/1550亿比索	3年	到期，使用，续签
	2018年11月	600亿元，合计1300亿元		规模扩大，到期，续签
	2020年8月	1300亿元	3年	未使用，未到期
智利	2015年5月	220亿元/22000亿比索	3年	未使用，到期
苏里南	2015年3月	10亿元/5.2亿苏里南元	3年	未使用，到期

资料来源：
王飞. 全球经济治理视域下的中拉金融合作[J]. 学术探索，2020（11）：102-108.

四是国际投资问题。现有的国际投资治理机制建设较为缓慢，目前在促进和保护国际投资方面主要依赖双边投资协定（Bilateral Investment Treary，BIT）、自由贸易协定（Free Trade Agreement，FTA）和区域贸易协定（Regional Trade Agreement，RTA）中对于投资的保护条款。随着经济全球化的加快，反对保护主义，推进投资自由化，构建公平、透明、无歧视的多边投资体系成为国际投资治理的主要目标。为了实现这一目标，全球投资治理集中关注和解决以下三个问题：多边投资规则的制定、反对投资保护主义和推动投资便利化。

五是国际环境问题。在当前国际环境治理的领域中，最重要的问题便是环境责任的分担问题，即发达国家与发展中国家在国际环境治理中各自应当承担什么样的责任，如何分配权责。由于不同经济发展程度的国家治理水平和治理能力各不相同，国际社会制定了"共同但有区别的责任"原则，发达国家与发展中国家对国际环境的治理要承担不同的责任，但是发达国家与发展中国家对这一原则的侧重点不同，导致国际环境治理在"量化减排"和"资金与技术援助"这两个方面产生了较大的分歧和争议。这也是目前国际环境治理中争议较大、悬而未决，需要重点关注的两个领域。

第三节 国际经济治理的实现机制

当前全球治理机制为不同的议题领域或由不同的历史时期差异化所塑造的机制。二战结束后，为了保持国际货币体系和币值的稳定，在美国的主导下构建了以IMF、GATT和WB为代表的多边机构，塑造了一个由美国主导的国际经济机构框架和国际经济治理体系，这也成为布雷顿森林体系下国际经济治理机制的核心特征。面对20世纪70年代的"石油危机"[①]和"美元危机"[②]，G7的成立成为了国际社会应对危机的一项重要措施。G8作为西方世界最重要的非正式会晤机制，通过其建立的非正式协调机制，为国际经济治理注入了新的活力，在全球经济议题上扮演了举足轻重的角色。1991年后G8通过扩大成员范围、增加议程项目以及深化合作机制，力图转型成为全球治理的有效核心。在此过程中，G8为维护国际经济秩序和推动全球经济的繁荣发展作出了显著的贡献。2008年国际金融危机爆发后兴起的G20进一步发展了G7、G8的非正式机制，将二十国现有的多边机构联系在一起，构建了一个更为复杂的非正式治理结构。金砖国家作为这一非正式机制的一部分，自2009年成立以来，便开始在国际经济治理领域代表新兴市场国家发声。随着发达国家与新兴经济体之间角色的逐渐转换，议题范围得以拓展，治理机制也随之发生了变革。

一、1945—1975年：霸权主导下的"硬治理"

"全球霸权"是指某个民族国家在世界政治经济的组织、管理和稳定中发挥着核心和领导作用（王宏伟，2004）。现代国际经济治理的起点可以追溯到1945年，以联合国及其相关专门机构为中心的雅尔塔体系奠定了基础（张宇燕，2017）。第二次世界大战结束后，在美国的主导下，战胜国共同建立了以IMF、WB和GATT为主要支柱的布雷顿森林体系。以美国为代表的发达国家是国际经济治理的创始者和领导者，主导了国际经济治理体系的构建，并在配额、投票权、代表权和议程设置等关键制度性要素上掌握着绝对话语权。

二战结束后，国际经济治理体系是以美国为核心进行构建的。布雷顿森林会议后建立的国际货币基金组织正式确定了以美元为核心的国际货币制度。美国在国际货币基金组织中的份额和投票权最大，其享有的制度性权力也更大。此外，世界银行的制度框架、总部选址及关键人事任免等方面都体现了美国的影响力和战略意图。世界银行成立之初，其资金主要来源于美国，美元成为其主要的资金来源和融资货币。在贷款政策上，世界银行初期的贷款主

[①] 1973年10月第四次中东战争爆发，为打击以色列及其支持者，石油输出国组织中的阿拉伯国家当年12月宣布收回石油标价权，并将其积沉原油价格从每桶3.011美元提高到10.651美元，使油价猛然上涨了两倍多，从而触发了二战后最严重的全球经济危机。持续三年的石油危机对发达国家的经济造成了严重的冲击。在这场危机中，美国的工业生产下降了14%，日本的工业生产下降了20%以上，所有的工业化国家的经济增长都明显放慢。此次危机被称为第一次"石油危机"。
[②] 20世纪60年代末至70年代初期，国际金融市场大量抛售美元、抢购黄金和其他硬通货，导致美元国际信用动摇的状况。由于美国的对外经济实力削弱，国际收支连年出现逆差，大量黄金储备流失，使美元对外信用保证不足，加上美国通货膨胀严重，美元对内不断贬值。1960年10月爆发二战后第一次美元危机，此后美元的国际地位不断削弱，到70年代初已连续多次发生美元危机。

要用于采购美国商品，这进一步巩固了美元作为美国资本输出和扩展国际贸易的媒介（李巍，2017）。自GATT成立以来，主要决策制定者基本是发达国家，虽然发展中国家逐步参与其中，但仍需遵循发达国家（Fergusson，2011）所设定的规则体系（Gaskarth，2015）。二战后到20世纪70年代中期这一时期的国际经济治理机制便是在布雷顿森林体系下以美国霸权主导为核心的"硬治理"。

二、1975—2008年：北方协商中的"软治理"

随着"石油危机"和"美元危机"等全球性问题的出现以及联合国成员扩容引发的效率下降，加之二战结束后的一段时间内联合国在一定程度上沦为大国争霸的政治工具，在应对全球治理问题时，联合国显得力不从心。

在此背景下，G7的成立标志着一种新型全球治理机制的诞生，这一机制与传统的联合国框架不同。G7的出现，将国际经济治理的范畴拓展至发达国家间的宏观经济政策协调与合作（周宇，2018）。这一阶段从1973年以美元为中心的货币体系瓦解，到2007年美国次贷危机爆发，都是以G7为场所的论坛机制在协调欧美国家内部的治理议题。

G7是西方七个主要工业化国家会晤和协调政策的论坛，由美国、日本、德国、法国、英国、意大利和加拿大组成。"七国首脑"会议的运作模式开始定期化、常态化。与联合国、关贸总协定、世界银行等正式的国际组织相比，G7作为全球治理的一个行为体，其显著特点在于其非正式的"软治理"模式。这种模式不同于传统意义上的严格组织结构和行政体系，而是通过领导人的定期或不定期会晤来进行协调和决策，沟通和协商彼此当下最为关心的特定议题，从而解决地区或全球性问题。

G7作为一个具有"俱乐部"特色的国际组织，已从原先的两极霸权结构的维护者与受限者角色，逐渐演变为推动国际体系新结构构建的积极力量。面对国际事务处理中的种种局限，G7积极寻求自我革新，通过扩大成员范畴、拓宽讨论议题领域、深化合作机制等方式，力求转型为一个高效的经济治理中心。其议题范畴也日益广泛，不仅涵盖成员内部的民主建设状况，还涉及恐怖主义威胁的应对、与发展中国家的关系协调、气候变化的应对、粮食安全的保障以及全球化挑战的应对等多个方面，这些议题均成为G7峰会讨论的核心内容（张宇燕，2017）。1997年，随着俄罗斯的正式加入，G7扩展为G8，改革和扩员后的G8在推动国际体系的发展和塑造方面发挥了更大的作用。

然而，自20世纪90年代末期以来，随着经济全球化的迅猛推进，以及以中国、印度等为代表的新兴市场国家的群体性崛起，这些新兴经济体的快速发展显著缩小了与发达国家之间的实力差距。在这一背景下，G8作为一个由主要工业化国家组成的封闭性"俱乐部"，在独立应对经济波动、气候变化、金融安全等全球性问题时，显得愈发力不从心，其在国际事务管理上的局限性也逐渐暴露无遗。

三、2008年至今：南北合作、新南南合作中的"软治理"

2008年国际金融危机席卷全球，传统的发达国家遭受重创，难以担负起维护全球市场稳定的角色。现有的以发达国家为中心的国际体系和治理机制已无法适应全球化新形势。全球主要经济体需要一个既有代表性、又能迅速协调行动的全球平台来应对危机。

在此背景下，有更多新兴国家参与其中的非正式合作机制开始扮演更加关键的角色，这主要体现在两个层面：首先，更具普遍性的二十国集团（G20）成立并迅速走到国际舞台的中心，担负起在危急时刻提振全球信心、统一各方立场、携手应对挑战的重要任务。二是金砖国家的成立，在国际经济治理方面发出新兴经济体的声音，成为新南南合作的典范。

（一）G20的治理机制

1997年亚洲金融危机之后，传统发达国家深切认识到，金融风险管理已不再局限于单一国家或地区，而是需要全球范围内的通力合作，尤其需要新兴经济体的积极参与，来共同应对全球化带来的诸多挑战。为了加强这一合作，各国致力于加强沟通与协调，建立了类似于论坛形式的交流合作平台，二十国集团（G20）便应运而生。G20最初是在布雷顿森林体系内作为一个非正式的对话平台，目的是促进发达国家与新兴市场国家在经济议题上的交流与合作，共同维护国际金融稳定，推动全球经济的持续增长。自成立之初，G20便主要依托非正式的部长级会议形式开展工作，并未设立固定的秘书处或其他组织架构，而是采用轮值主席国制度。在当时的背景下，G20在一定程度上补充了G8的功能，成为促进南北对话、加强全球经济治理的重要平台。

2008年国际金融危机促使G20转型，由原本的部长级会议提升至国家领导人峰会。G20的运作机制涵盖三个主要层面：国家领导人峰会、财政部长级会议及协调人会议。自2011年起，每年定期召开的财政部部长会议聚焦金融议题，例如国际货币基金组织（IMF）的管理改革等。协调人则作为各国领导人的代表，负责策划峰会讨论的议题，这些议题既涉及金融领域，也涵盖非金融领域，并需协调不同峰会间的谈判进展。为确保G20峰会的协调一致性，实行"三驾马车"制度，即由上任、现任及下任主席国共同参与，共同致力于议题的确定与协作。G20的会议性质已从国际经济合作论坛转变为全球经济与金融问题的政策协调会议，其在全球事务管理中的角色日益增强，正逐步成为全球治理的核心论坛（秦亚青，2013）。

G20的成员包括发达国家和新兴经济体，且多数成员还属于不同的国家集团。这反映了在全球经济治理中单一国家地位逐渐式微，利益集团化的趋势日益显著，从而使G20成为更具代表性和影响力的国际经济治理决策平台。

然而这种非正式机制也是一把双刃剑，这个身份给G20带来了益处，与传统的正式国际机制相比较它具有更多的灵活性、平等性，也为国际经济治理提供了一种不同的模式。G20作为一个非正式机制，在政策的制定与实施上并不具备法律上的强制约束力；在解决争端方面，既缺少一个正式的权威机构来制定规则，又没有一套正式的决策程序来处理这些问题。尽管这种非正式性赋予了G20高度的灵活性，但同时也导致了其在执行与纠纷解决层面上的不确定性增加。尽管如此，G20依然在国际经济治理中扮演着重要角色，通过各国间的共识与合作，共同推动全球经济的健康发展与稳定。

（二）金砖国家治理机制

金砖国家是当前国际经济治理非正式机制的组成部分，于2009年正式成立并召开了首届峰会，是全球经济治理的补充机制，先后建立了金砖国家新开发银行和应急储备机制。在国际经济治理方面，金砖国家代表新兴经济体发出声音。

经过国际金融危机的洗礼,全球范围内已普遍达成共识,即将新兴经济体纳入国际经济治理体系中,并赋予其平等的参与权。这一点在2008年首次召开的G20领导人峰会上达成了共识,当时的国际经济形势为新兴经济体的崛起创造了难得机遇。2009年6月16日,中国、俄罗斯、巴西和印度四国在俄罗斯举行了首次峰会,并宣布成立了金砖国家合作机制。首届金砖国家领导人峰会的成功举办标志着金砖国家开始着手构建制度性框架,例如设立了安全事务高级代表会议、常驻多边机构使节的非正式会晤等合作框架。到了2011年,随着南非的加入,金砖国家合作机制进一步扩展为"金砖五国(BRICS)",这标志着全球经济和政治力量结构正在发生深刻的转变,开启了国际关系中一个新的篇章。①

在金砖国家领导人峰会的带动下,金砖国家成功举办了涵盖经贸、农业、财政和央行等多个领域的部长级会议,同时还召开了有安全事务高级代表及国家统计局局长等关键官员参加的会议。此外,金砖国家还开展了地方政府、工商界和智库的论坛等活动,进一步拓宽了合作领域,涵盖了教育、科技、海关、税务和安全等多个方面。为了支持新兴经济体和其他发展中国家的基础设施建设与可持续发展项目,金砖国家共同发起成立了金砖国家新开发银行。这一创举标志着新兴经济体首次独立建立并运营一家多边发展银行,与传统的由发达国家主导的国际金融组织相比,金砖国家新开发银行展现了新兴市场国家在国际经济治理中的自主性和平等性。金砖国家新开发银行不仅服务于金砖国家内部,还向其他发展中国家提供资金支持,充分展现了新兴经济体之间"包容性"发展的理念,并成为南南合作的典范。②这一举措不仅加强了新兴经济体之间的团结合作,也为全球经济治理贡献了新的力量。

2013年,金砖国家签署了一项应急储备安排协议,此举标志着该机制的正式建立。这一安排与金砖国家新开发银行的制度模式形成了鲜明对比,凸显出各自独特的特点。在治理结构上,应急储备安排采取了理事会与常设委员会的双层架构。理事会负责确定战略方向,成员由各国财政部部长或央行行长级别的代表组成,以确保决策层的高层次和权威性。而常设委员会则采用加权投票制度来处理请求支持的决策。此外,应急储备安排还设立了金砖国家银行间的合作机制、商务委员会、银行论坛和交易所联盟,进一步强化了其职能。③

金砖国家新开发银行所倡导的"平等性"原则与应急储备安排的"合理公平性"理念相互融合,共同构建了一个全球金融机制。这一机制既继承了传统机制的"稳定性和正式性"优势,又兼具了非正式机制的"灵活性"特点④。

金砖机制发挥全球经济治理体系变革的"主力军"作用

随着全球经济结构的演变,新兴市场和发展中国家正在更加积极地参与到国际经济治理

---

① Deepak Nayyar, "BRICS, developing countries and global governance, ". *Third World Quarterly*, 37, no.4(2016):575–591.
② 徐秀军主编《中国与金砖国家金融合作机制研究》,中国社会科学出版社,2016,第34页。
③ Daniel Epstein, "New Development? The BRICS Bank and the International System," *Harvard International Review*, (2015):12–13.
④ 朱伟婧:《全球经济治理制度性话语权的中国视角研究》,中共中央党校,2018。

和区域经济合作中。在这一过程中，金砖国家合作机制凭借其卓越的全球影响力和不容忽视的重要地位，显得尤为瞩目。金砖国家涵盖亚洲的中国与印度、欧洲的俄罗斯、非洲的南非以及美洲的巴西，其领土总面积占据全球的26.5%，总人口占据全球的42.1%，经济总量约占全球的四分之一。在国际货币基金组织中，金砖国家的份额占比达到14.84%，在世界银行中的投票权占比为13.39%，在新兴市场与发展中国家中拥有显著的代表性及深远的影响力。

2017年9月，金砖国家领导人的第九次峰会在中国福建省厦门市成功举办。作为主办方，中国首次提出了"金砖+"的合作构想，并组织了新兴市场国家与发展中国家的对话会议。此次会议特别邀请了埃及、几内亚、墨西哥、塔吉克斯坦和泰国五国领导人出席，与金砖国家领导人共襄盛举，围绕"加强互利合作、推动共同发展"的核心议题展开了深入交流与探讨。

"金砖+"理念的正式提出以及新兴市场国家与发展中国家对话会的成功举办，标志着金砖国家合作机制正逐步向更为开放和灵活的方向迈进，此举对深化南南合作、优化全球经济治理格局具有重要意义。这不仅展示了金砖国家的包容性，也凸显了它们在全球经济治理中的领导作用和影响力。通过这种创新型的合作模式，金砖国家及其合作伙伴能够携手共进，共同应对全球经济面临的挑战与机遇，推动实现可持续、包容性的发展，从而为构建一个更加公正、合理的国际经济新秩序贡献智慧和力量。

资料来源：
杨长湧.全球经济治理结构的现状、挑战和演变前景[J].全球化，2020（6）：51-62+135.

当代国际经济调节机制主要经历了从布雷顿森林体系到G7、G8再到G20和金砖国家治理机制的转变。目前G20和金砖国家已经逐步演变为全球范围内各主要经济体协调宏观经济政策的主要平台。

本章小结

（1）全球治理是在全球化和世界多极化的背景下提出来的，是治理主体和治理活动在全球范围内的一种扩展。因此，全球治理指的是治理主体之间复杂的正式或非正式地在全球范围内配置经济、社会等各类资源的过程。

（2）国际经济治理涉及国家和非国家实体根据既定的制度框架，对跨国或全球经济领域中的共同经济问题进行管理。由于篇幅限制，本书主要探讨的国际经济治理内容，包括国家和非国家行为者为达成共同目标而进行的宏观经济政策协调与经济援助，国际合作所依赖的治理规则，以及在全球金融、贸易和国际产业分工等范畴中，由于竞争与合作而产生的诸多问题。国际经济治理的核心在于，治理主体为了解决全球经济问题所提供的治理架构或国际规则。

（3）国际经济治理的核心宗旨是在经济全球化的背景下，促进全球经济的均衡增长与互利合作，调整全球经济的不平衡状态，减少全球收入的不平等，确保世界各国都能公平地分享经济全球化和国际分工带来的益处。国际经济治理的具体目标涵盖以下四个关键点：第一，确保经济的安全性与稳定性。第二，保障经济的持续与健康增长。第三，维持收入水平的均衡。第四，共同塑造和维护全球经济的秩序。

（4）国际经济治理的行为体主要有三类：第一类是主权国家；第二类是正式和非正式的政府间国际组织，如联合国、世界银行、国际货币基金组织、世界贸易组织、二十国集团等；第三类是全球公民社会组织，诸如所有由私人性质的主体形成的公益性的跨国机构、跨国企业、组织、协会等。其中非政府间国际组织是全球公民社会组织中最重要、最活跃的主体，多具有一定的代表性，明确的组织目标、机构等。

（5）国际经济治理的客体，主要包括需要解决的全球性经济问题。具体来讲，主要包括五个领域的问题：一是全球宏观经济的治理；二是国际贸易问题；三是国际金融问题；四是国际投资问题；五是全球环境问题。

（6）当前，全球治理机制呈现出多元化特征，其形成受到不同议题领域和历史时期的深刻影响。二战结束后，为了保持国际货币体系和币值的稳定，在美国的主导下构建了以IMF、GATT和WB为代表的多边机构，从而确立了美国霸权主导国际经济机构和治理格局的局面。为了应对20世纪70年代爆发的危机，G7应运而生。作为西方最重要的非正式会晤机制，G7所确立的非正式协调机制，为国际经济治理提供了新的实现机制，在全球经济事务中发挥着关键作用，尤其是1991年后通过"成员扩大、议程增设和机制深化"，力求向"有效的全球治理"中心转变，在国际经济秩序的维护和促进全球经济发展方面作出了杰出贡献。2008年国际金融危机爆发，更多新兴市场国家参与到国际经济治理体系当中，非正式机制开始发挥更加积极的作用，主要表现在两个方面：一是更具代表性的二十国集团迅速走向前台，承担起危难之际增强全球信心、协调各方立场、共同应对危机的重任。二是金砖国家，在国际经济治理方面发出新兴经济体的声音，成为新南南合作的典范。

延伸讨论

（1）二战结束后，G20作为非正式机制的扩展，迅速走向世界前台，承担起维护全球经济秩序的责任。金砖国家也从2009年第一届金砖国家领导人峰会开始迅速建立起全球经济治理补充性机制。G20与金砖国家在国际经济治理过程中的联系与区别是什么？

（2）由于"金砖合作"的持续和深入，现在到了国际经济秩序新旧转型的历史时刻吗？金砖国家是否可以取代G20成为新的经济秩序治理平台？

第三章 国际经济治理理论基础：国际政治关系理论

 学习目标

学完本章后，你应该能够：
- 了解国际政治关系理论产生背景
- 熟悉国际关系理论历史演变过程
- 掌握国际政治关系理论的主要内容

第一节 国际政治关系理论产生背景

从国际关系理论的发展脉络来看，虽然二战结束后主流的国际关系理论基本都出自美国，但无论是现实主义理论、自由主义理论还是建构主义理论都是在西方文化的基础上发展起来的，都体现着西方文化的核心思想——理性主义[①]。然而世界各民族人民的实践活动是基于各自民族的地理环境和社会环境开展的，因此是极具民族和地方特色的。同理，由实践活动产生的民族文化也应该是多元的，而理论的构建者在特定的文化背景中生长，其思想和行动都体现着当地文化的基本特征，因此不同文化的理论构建者在解释同一社会现象时会运用民族文化特有的背景知识，从而对现象产生不同的理解。当然国际关系理论也是如此，不应该只包含西方的思想文化特色的理论，非西方国家丰富的实践活动也能为国际关系理论提供指导，这有利于国际关系理论的多元化发展。国际政治关系理论就是我国学者秦亚青基于中国独特的历史文化实践和国际政治关系的现实，提出的新的理论概念和分析框架，这为国际关系理论的发展提供中国思路。

[①] 秦亚青在《国际政治关系理论的几个假定》一文中就认为西方主流的国际关系理论大都采用个体理性的假设，反映了以西方文明为基础的文化共同体的实践认知。

第二节　国际关系理论的历史演变

国际关系理论的发展见证了结构现实主义、新自由制度主义和建构主义理论的交替或共同主导国际关系研究的时期。这三大主流理论为国际关系学科的发展以及大众对国际关系的认知起到了推动作用[1]，但由于这三大理论都是在西方理性文化中孕育和发展起来的，因此，它们都不可避免地有其历史和文化的局限性。为此，一些非西方的国际关系学者基于各自民族的文化和实践提出相应的国际关系理论，极大地丰富了国际关系理论，使国际关系理论朝着更加多元化的方向发展。我国学者也积极参与其中，为国际关系理论的发展贡献中国智慧。

一、初期阶段

国际关系的基本状态就是超越主权国家层面的无政府状态，在国家间的互动中，不同国家根据各种外在条件与因素追求的是相对收益而非绝对收益。在经历了两次世界大战后，人们开始将国家关系单独作为一个研究领域。初期的研究核心主要集中在战争根源的剖析上，研究方法以历史学和国际法为主。这一转变不仅凸显了国家关系的重要性，也为后续的理论发展和实践应用奠定了坚实的基础。当然，该学科在形成过程中，其概念界定与核心思想逻辑尚未完善。然而，这并非全然表明传统的结构现实主义、新自由制度主义与现代国际关系理论之间毫无共通之处[2]。这些理论实则呈现了一种相互借鉴、交织融汇的复杂交织态势。在国际关系理论的演进脉络中，结构现实主义、新自由制度主义等理论流派均属于其特定的范式阶段，它们共同致力于探索国际关系领域的基本事实与本质特性。比如，利益与道德之间的微妙关系就是这一研究领域的关键议题，摩根索（Hans Morgenthau）的"现实主义六原则"是经典的论述，为国际关系理论的研究提供了深刻的见解。这些早期的理论探索为后来科学理论体系的构建奠定了坚实的基础，并发展出多种不同的方法论。

二、发展与交流

在20世纪70年代，国际关系研究领域中，社会科学研究方法逐渐取得了显著的主导地位。这一变革显著体现在两个方面：一方面，实证主义研究方法的广泛采纳和其在该领域中的主导地位日益凸显；另一方面，国际关系理论建构正逐渐走向科学化。在这一演进过程中，以美国现实主义学派的杰出代表肯尼斯·沃尔兹[3]（Kenneth Waltz）为领军人物，学者们系统地回顾了既有的国际关系理论，并根据其对战争成因的不同解读，将这些理论划分为三个核心分析层面。这些层面涵盖了从"人性"和"个体动因"的微观视角，到政治、经济、文化

---

[1] 主流的国际关系理论，主要指三种美国体系理论——结构现实主义、新自由制度主义和建构主义，也包括开始以形成一个大理论作为目标的英国学派在内，在它们的理论硬核中有一个相似的形而上元素，即个体理性。
[2] 宋伟：《解析国际关系理论的发展历程》，《中国社会科学报》2018年8月3日第1507期。
[3] 肯尼斯·沃尔兹，国际关系理论结构现实主义学派创始人，肯尼斯·沃尔兹整理既有的国际关系理论，依照它们对战争发生原因的解释，将它们分成三个分析层次。第一层次为"人性"和"个人作用"。第二层次为政治、经济、文化等"体制"。第三层次为肯尼斯·沃尔兹的贡献，即"国际系统的结构"，即国际社会是个无政府状态。

等"社会体制"的中观层面,再到沃尔兹所特别强调的"国际系统结构"的宏观框架,即国际社会是一个无政府状态的国际秩序。通过持续不懈地探索和提炼,这些学者成功地识别并阐述了国家间关系中那些可以实证检验的核心概念和因果关系,从而极大地推动了国际关系理论作为一门独立学科的成熟与发展。为了深入解析无政府状态下国际体系中战争与和平的复杂格局,学者们明确了不同的分析层次,并深化了对核心概念与因果关系的理解,从而推动国际关系研究向更为系统化和科学化的方向发展。

鉴于实证主义研究方法的运用,学者们根据概念的可实证性和可操作性程度,有序地构建理论体系,确保研究的严谨性和可靠性。这为国际关系理论的构建提供了坚实的基础,并使得理论成果更具实际指导意义。因此基于国际关系研究中研究内容实证化的研究顺序,首先引起广泛关注的是着重于对国家间能力分配进行解析的结构现实主义。20世纪80年代,新自由制度主义崭露头角,进入90年代,社会建构主义逐渐兴起,成为学术领域中的新兴力量,为国际关系研究注入了新的视角。这些理论流派依次发展,共同构成了国际关系理论的丰富体系。

具体来说,在结构现实主义学者对古典现实主义中国家间实力包括政治、经济、文化等体制、人性和国际政治本质的研究基础上[①],新现实主义的学者精心构建起了国际结构这一核心理念框架,并对其与国际体系稳定性之间的紧密且复杂的关联进行了深入的阐述。他们详细分析了国际结构如何影响并塑造国际体系的稳定性,为理解国际关系的动态变化提供了有力的理论支撑。正是基于国际关系的结构研究,以肯尼思·沃尔兹为代表的新现实主义取代了古典现实主义的汉斯·摩根索和爱德华·卡尔。在自由主义者内部,两大主要流派各自坚守不同的理论阵地。传统自由主义以国家为宏观视角,深入探讨国家性质与国际体系稳定性的内在逻辑。新自由主义则注重从体系层面,详细分析国际制度与国际体系稳定性之间的动态关联。建构主义则聚焦于观念与实践的交融,旨在解释国际规范与国际体系稳定性之间的紧密关系。这三种理论各具特色,为国际关系领域的核心议题提供了有力的解释,满足了社会科学研究中对于解释性、可验证性、精炼性和可复制性的要求。

在这些主流理论的基础上,国际关系理论家们进一步挖掘出了国际体系和外交政策行为的相关理论。新现实主义学者提出多极稳定论、两极稳定论和霸权稳定论等观点,多角度揭示了国家间实力结构如何影响国际体系的稳定性。还有学者聚焦于核心概念的逆向研究,即探讨这些概念的形成、演变和发展,如自由制度主义学者细致剖析了国际制度的起源、国际制度网络的功能及国际制度设计的具体问题。同时,特定领域的研究也对普遍性理论进行了丰富和深化。社会建构主义学者借助实证研究,揭示了国家认同在国际与国内层面的构建过程,并探讨了文化传统、历史背景、辩论过程、语言使用等体系层面的问题。这些研究成果与普遍性理论研究范式、理论核心紧密相连,共同构筑了现实主义、自由主义和建构主义这三个国际关系学科中成熟且全面的研究架构。

三、演变方向

经过深入研究,三大主流国际关系理论取得了丰富的学术成果,这些成果不仅涵盖了宏

---

① 沃尔兹在国际关系的实证化研究中认为人性和"个人作用",例如战争发生因为人性本恶及政治、经济、文化等体制因素为常数而非变量。

观层面的国际关系研究,还深入到微观层面的具体外交政策分析。随着学术视角从宏观逐步转向微观,国际关系理论研究正逐步向对外交政策理论研究的转变。这一转变不仅揭示了国际关系理论核心议题的时代演进,更体现了从国际体系稳定性分析到对国家层面外交政策制定的深入探索。在这一进程中,理论的发展反映了对国际关系动态更深层次的理解,以及对国家在外交政策制定中角色的重新评估。因此,从理论核心和研究方向两个维度来看,国际关系理论与外交政策理论确实存在本质差异。值得注意的是,在当前学术界,现实主义理论框架在这一理论核心演变过程中表现得尤为成功。在深入国家层面外交政策的分析时,传统现实主义者还借助政治文化、核武器[①]、国家间实力等因素进行剖析。新古典现实主义者则努力将国际结构的核心变量与国内政治的某些变量相融合,力求在保持现实主义范式纯粹性的前提下,构建出更为完整的现实主义外交政策理论框架。同时,自由主义国际关系学者和建构主义国际关系学者也深入探讨了多元化的外交政策观点,进一步丰富了国际关系领域研究。

国际关系学科的理论发展主要方向[②]:在外交政策理论架构的构建中,一个至关重要的导向是与现有国际关系理论形成互补与融合。国际关系理论在剖析国际体系稳固性及其国家间政治互动方面已取得了显著的系统性成果,其核心要素如物质性、制度性和观念性,皆已相当完善,从而使得理论体系的进一步拓展遭遇了一些挑战。然而,在外交政策理论领域,对于国家对外行为的深入解析尚显薄弱。尽管已有部分决策理论为基石,但如何将国际关系理论的核心要素与国内政治变量巧妙结合,以构建内容充实、具备实践指导价值的外交政策理论,已成为当前理论创新的关键所在。与此同时,外交政策理论不再局限于传统国际关系理论的既定框架,这为新颖、独特的外交政策理论架构的创建提供了丰富的可能性和创新空间。

国际关系理论发展的另一重要维度是规范性理论的构建与完善,尽管当前已积累了丰富的解释性国际关系理论,但学者们同样在积极探索与之相契合的规范性理论,以解答何种世界秩序为理想之选、何种战争行为符合正义原则。然而,相较于解释性理论的丰富与成熟,具备实践指导价值的规范性理论成果尚显不足。尽管解释性理论在社会科学领域的基础地位不可动摇,但规范性理论在推动国际社会和平与发展方面扮演着更为直接和具体的角色,规范性理论在哲学思考至具体行动策略构建的过程中,均展现出了相对独立且深入的学术探索。

四、国际关系中国学派的演进

对于中国国际关系研究阶段的划分,目前学术界并未取得一致意见,但公认中国国际关系理论研究始于20世纪80年代。在审视中国国际关系的发展历程时,我们可将其分为三个阶段:引进翻译、理论深化与本土革新。从20世纪80年代初开始,中国各大重点院校相继开设国际关系、国际政治及外交学等相关专业,这不仅为培养国际关系研究的专业人才提供了有力支撑,更为后续的研究与发展奠定了坚实的基础。为深化理论研究与知识积累,中国学者广泛翻译并引进西方国际关系理论著作,详细阐述其在西方的演进脉络。此时,研究焦点主要聚焦于现实主义与自由主义等主流理论,同时结合本土学者的总结、归纳和解读。

1991年以来,中国学者对国际关系理论的学习与研究进一步深化,同时部分学者赴西方

---

① 肯尼思·沃尔兹在1980年发表的《核武器扩散:更多也许会更好》,以及1995年和斯科特·萨根合著的《武器扩散:新争论》中主张核武器在主权国家间的扩散可能是件好事。
② 宋伟:《解析国际关系理论的发展历程》,《中国社会科学报》2018年8月3日,第1507期。

国家深造，在学术发展的道路上，中国逐渐将目光投向了包括建构主义和批判理论在内的多元研究范式，并积极引入。同时，国内学者立足本土文化，对这些西方理论进行了深入的批判性审视，这一过程极大地拓展了学术研究的广度和深度，提高了学术水平，为形成具有中国特色的国际关系理论体系奠定了坚实的基础。然而，当前的理论研究尚处于不断探索和积累的阶段，尚未形成完整、系统的理论体系。尽管国内在该领域取得了显著进展，但在国际学术界中，中国声音的影响力尚需进一步提升。

21世纪以来，一些具有前瞻性和创新精神的学者开始从中国古代丰富的伦理和政治思想中汲取养分，试图提炼出独具中国特色的国际关系理论。2004年，在第三次中国国际关系理论研讨会上，与会学者围绕中国国际政治理论的核心议题进行了深入的研讨，标志着中国在国际关系理论研究领域迈入了理论创新发展的新阶段。随后，秦亚青、王逸舟、王正毅等国内知名学者相继提出了构建国际关系理论"中国学派"的议题，并进行了多元化多视角的理论探索。他们坚信，中国在历史文化、政治制度、经济体制等方面的独特性，必然会在国际关系理论研究中形成独特的学术风格和理论体系，从而催生国际关系理论"中国学派"的产生。

这一观点凸显了中国独特的政治形态，为中国在国际关系领域形成独特的理论框架提供了坚实的思想基础。正如资中筠先生所言，我们并非单纯追求构建具有"中国特色"的理论，而是希望以独特的视角和见解参与全球性的理论争鸣，为世界国际关系理论的发展贡献中国智慧。随着研究的深入，学界对于中国国际关系理论建设的关注点逐渐聚焦于其核心内涵的挖掘。在这一过程中，中国学者致力于构建既具有国际前沿性又蕴含"中国特色"的国际关系理论体系。从初步的理论构想到形成完整的理论体系，这一努力历经十余年的积累和沉淀，最终在国际关系研究领域成功发出了中国声音。

中国国际关系理论研究的探索历程，历经数十年的辛勤耕耘，从早期对西方原著的译介和新研究范式的引进，到如今"中国学派"的构建与发展，这一历程充分展现了中国学者在国际关系理论研究领域的深厚实力和创新精神，中国学者始终保持着对知识的渴求和不懈地追求，他们的努力最终催生了具有鲜明中国特色的国际关系理论，为中国在国际关系研究领域赢得了话语权。

第三节　国际政治关系理论主要内容及应用

一、现实主义理论

作为国际关系领域中的古老流派，现实主义基于一系列核心假定构建了其理论体系。它预设人性中存在着恶的倾向，进而推断出国家作为国际关系的主要行为体，具有自利性、单一性和至高无上的重要性。在无政府状态的国际舞台上，国家间的互动往往聚焦于相对收益而非单纯的绝对收益。古典现实主义的代表人物如摩根索等学者，深入剖析了国际关系的本质，即国家之间为争夺权力而展开的斗争，权力在此被视为国家追求的核心目标。而国际关系体现了国家为争夺权力而采取的行为，国际政治只是国家处于无政府状态的斗争。以沃尔兹为代表的新现实主义认为权力只是手段，生存才是最终的目的。现实主义理论是在对理想主义的批判中发展起来的，其思想渊源来自于修昔底德的权力政治、马基雅维利的利益观、霍布斯的自然状态论及尼布尔的原罪思想，共同在思想演进的轨迹中催生了古典现实主义和新现实主义的诞生。这些理论脉络的交汇与拓展，激发了包括卡尔、摩根索、沃尔兹在内的现实主义学派杰出代表的深入探讨，他们共同构筑了现实主义理论体系的宏伟大厦，为国际关系理论的发展提供了重要的支撑。这些理论不仅是对国际关系现实的深刻洞察，也是对人性、国家行为与国际秩序之间复杂关系的精准剖析。

案例3-1

尼布尔的原罪思想

莱因霍尔德·尼布尔，被誉为美国现实主义政治思想的奠基者，以及20世纪最具创新性的政治思想家和基督教神学家，在美国乃至西方世界享有极高的声誉和影响力。他坚守原罪论，并将基督教伦理思想广泛融入社会与政治问题的研究中，从而构建了一套系统且富有现代精神的基督教应用伦理学（亦称基督教现实主义伦理学），为现代宗教伦理学的发展作出了独特贡献。在尼布尔的基督教伦理学说中，道德的价值与功能紧密关联于基督教教义所阐述的原罪说。道德在此扮演着双重角色：既促使人类通过赎罪行为回归上帝的怀抱，又帮助人类抑制情欲，以期在来世或千年王国中得到救赎。尼布尔对人性持有一种辩证的看法，认为人性既包含善良的一面，也有邪恶的一面。他在阐述原罪论时，既强调人是按照上帝的形象被创造的，从而赋予人更高的地位（即人的神性），又指出人作为"罪人"的存在，不断揭示和批判人的骄傲与情欲。通过对人的生存的神学人类学分析，尼布尔得出以耶稣为榜样的牺牲之爱是个人伦理学的最高规范的结论。在尼布尔所理解的基督教伦理学中原罪的不可避免和牺牲之爱的绝对要求为道德的升华提供了持久的张力和无限的空间。

资料来源：
程又中，付强. 莱茵霍尔德·尼布尔的基督教现实主义道德观[J]. 伦理学研究，2009（2）：89-93.

现实主义理论的核心涵盖三个关键要素：国际关系的实质、国际关系的行为体、影响国际行为体的主要因素，在这三个要素中，前两者是古典现实主义与新现实主义理论的共同基石。然而，新现实主义理论在继承的基础上，进一步对这两个要素进行了更为清晰和详细的界定与阐述。至于第三要素，即影响国际行为体的主要因素，新现实主义理论在古典现实主义的基础上进行了创新和发展，从而深化了对国际关系复杂动态的理解。

现实主义认为国际关系的实质是主权国家之间的权力争夺。这种观点首先是基于人生而自私的人性观，与霍布斯的自然状态论和尼布尔的原罪思想一脉相承。霍布斯认为人与人之间的关系是每个人都基于保护自我的本能而不断增强自我实力产生的一种自然状态，当每个人都因为保护自我而采取不断增强自我实力的行为时，都会在无形之中对他人产生威胁，被当成一种侵犯行为。如果社会中不存在一个凌驾于个人之上的组织或机构对个人行为进行约束和管理，那么人与人之间关系的自然状态就是斗争。而尼布尔的原罪思想也认为由于原罪和人性本恶人与人之间的利益分歧和冲突是不可避免的。为了让国家之间的关系也如同霍布斯自然状态下的人与人之间的关系那样，现实主义假设国际社会上不存在一个凌驾于民族国家之上的超主权的政府或组织，即国际社会呈现无政府状态，民族国家是国际关系的主体和中心。因此，在现实主义的理论中国际关系的实质是民族国家为了保护本国家的利益而采取的增强国家实力的行为，当一国实力强到让国际社会中其他国家的安全受到威胁时，加之缺乏强制性的超越主权国家的管制，国家之间会为了争夺利益发生斗争。这与马基雅维利的国家安全至上的观点不谋而合，在现实主义观点中，国家安全是政治家必须首先考虑的重大因素。

国际社会的无政府状态是现实主义理论的一个重要假设，也被该理论视为国际关系的主要特征。许多现实主义学者例如摩根索、基辛格等都对国际社会的无政府状态作过详细的阐述和深入的分析，其中以新现实主义的代表人物沃尔兹的阐述最为系统和明晰。沃尔兹对比分析了国际关系与国内关系的区别，他认为二者的根本区别在于各自体系中所包含的单位之间的关系不同。国内关系体系中包含许多不同社会功能的单位，各个单位之间是有等级高低之分的，等级高的单位可以管束等级低的单位，社会的权力集中在最高权威手中。因此，在国内关系中各个单位一旦发生矛盾或冲突，上级单位便可以调解甚至强制性解决，避免矛盾的升级甚至国内战争的发生。而与国内关系不同的是，国际社会体系是无政府体系，其主导行为体是民族国家，各民族国家之间是平等关系，不存在等级的高与低，而国际社会又缺少世界政府或国际警察之类的集中权力机构，因此民族国家只能自行解决争端，这就使得民族国家纷纷增强国力以求自保。

国家行为受多种因素的影响，例如国家决策者个人因素、国内因素、国际体系因素、国家在国家体系中的位置等，现实主义认为影响国际关系行为体即民族国家的主要因素是国际体系结构，新现实主义更将国际体系结构视为影响民族国家行为的唯一重要因素，将国内因素和个人因素排除在外。新现实主义学者认为国际体系结构具有自在性和独立性，同经济学中的市场一样，市场虽然由个体买卖双方的交易活动构成，但是它一旦建立便是一个独立于个体的存在，不受个体单独的经济行为的影响。而国际体系结构由民族国家的国际活动构成，国际体系结构一旦建立便不受主权国家的影响和控制，是自在且独立的，民族国家要想在国际社会中继续生存和发展就必须符合国际体系结构的要求。

现实主义理论成为二战结束后国际关系领域至关重要的理论，深受西方国际关系学者的追捧，主要有现实和理论两方面的原因。从现实原因来看，二战后的国际社会由美苏两个超级大国所主导，形成两个独立的势力集团，在经济、政治、文化等各个领域针锋相对，不安全感笼罩着整个世界。在如此紧张的国际环境中，各国深感军事实力对国家安全的重要性，这就使得在一战后盛极一时的理想主义失去现实根基。现实主义关于国家利益、国家实力、国家行为与国家间冲突的核心观点适应了二战后的实际情况以及各国的战略需求。从理论原因来看，现实主义理论自身经过多年的发展已经形成了一套比较完整的理论体系，并且这一理论体系有利于国际关系学科朝着科学化的方向发展。但是，随着国际形势的变化，和平与发展成为国际关系的主题，现实主义理论无法对新的国际形势进行合理的解释，受到了各界的质疑，逐渐丧失其在国际关系领域的主导地位。

二、自由主义理论

自由主义理论首先由英国思想家约翰·弥尔顿于17世纪在关于思想自由的论战中提出。洛克、卢梭和康德等都是启蒙运动时期自由主义思想的代表人物，他们基于一般哲学问题深入思考国际政治和秩序，确立了自由主义的基本原则。自由主义理论的基本假定是人性可以改善这一点，这与现实主义截然不同，当然该理论也认为国家是自利、单一但未必是最重要的行为体。第一次世界大战直接催生了现代理想主义，主要代表人物有威尔逊、默里和穆恩等，他们否认现实主义关于人性本恶是引发国家间产生矛盾甚至爆发战争原因的观点，同时该理论认为后天的教化和国际组织的力量可以维持国际社会的稳定与持久和平。现代理想主义关于国际关系理论的见解为自由主义的发展提供了丰富的经验。而新自由主义理论吸取早期理想主义的精华，紧密联系20世纪六七十年代世界政治发展的实际，形成新的自由主义思想指导下的国际关系理论，并且经过不断地发展完善最终成为国际关系领域的主要理论。新自由主义内部由于研究的重点和具体思想的差异形成了三大代表性的流派，分别为相互依存理论、新自由制度主义理论和共和自由主义（民主和平论）。

相互依存理论是基于20世纪六七十年代的世界政治经济形势提出的，其代表人物有基欧汉（Robert Keohane）和奈（Joseph Nye）等。在军事政治领域，核武器所爆发出的巨大能量让人们意识到核战争将使整个人类毁灭；在经济领域，全球化浪潮席卷各国，全球化的生产、销售、投资使得世界各国的联系更加紧密，"地球村"让世界变得越来越小；在生态环境领域，全球气候变暖、生物多样性锐减等全球性的环境问题引发的后果没有一个国家能够逃避，因此需要各国共同面对解决。这些事实加深了国际关系学者们对国际政治关系相互依存的理解，并最终形成了相互依存理论。

在推动相互依存理论发展的进程中，基欧汉、奈和罗斯克兰斯等学者发挥了至关重要的作用，他们各自的理论贡献共同构成了这一理论体系的核心，且对现实主义的一些基本假设进行了全方位的质疑和挑战。首先，现实主义理论主张，国际关系的核心行为体为民族国家，正是这些国家间的互动与活动共同构建了国际体系的框架。尽管现实主义理论也承认国际组织的存在，但其认为国际组织在国际关系中无法发挥实质性的作用。而相互依存理论对此提出反对，认为国际关系中除了民族国家，一些超主权的国家机构或国际组织，例如联合国、非政府组织等在国际关系中发挥着重要的作用。其次，现实主义将民族国家的首要目标认定为国家实力（军事安全），获得军事安全之后才考虑经济事务和环境事务。相互依存理论深刻揭示了国际发展背景下，各国在经济、政治、文化及环境等领域的相互依赖关系，强调各国无法孤立发展。该理论以其独特的视角打破了现实主义在国际关系领域的垄断地位，为分析世界政治变革提供了新的思考路径，同时也为新自由制度主义的产生提供了思想基石。在某种程度上，相互依存理论可视作商业自由主义的演进产物，它突出了国际经济交流与经济制度在塑造国家间关系中的核心作用。

新自由制度主义理论是在相互依存理论的思想基础上发展起来的，主要代表人物有基欧汉、奥兰、哈斯等，但与相互依存理论不同的是新自由制度主义理论对新现实主义的部分基本假设采取接纳态度，例如国际关系的行为体是民族国家、国际社会呈现无政府状态等，并基于这些基本假设得出与新现实主义完全不同的结论。除此之外，它还吸纳了一些新的研究方法，例如博弈论、理性选择等，这些理论和方法都使新自由制度主义的理论更加严谨且实用。

新自由制度主义理论强调制度在规范国际关系行为体的行为中的重要作用。制度是一系列明示或默示的规则、规范或者决策程序，民族国家对于相应的国际关系问题的期望都是围绕着制度建立起来的。它的研究方法是博弈论基础上的公共选择理论（又称理性选择理论），认为民族国家都会理性地追求利益最大化，即使国际社会呈现无政府状态，民族国家之间也有可能实现合作，因为在国际制度的规范和约束下，国家关注的不再是相对收益而是绝对收益，只有合作才能共享信息、降低交易成本，进而推动民族国家的利益最大化，这与新现实主义得出的结论是相反的。新自由制度主义顺应了世界政治经济发展的新趋势，对国际关系出现的新问题给出了全新的解释，在自由主义理论发展史中具有至关重要的意义。

共和自由主义的民主和平论是一种安全模式的思想，1983年多伊尔在其文章《康德、自由主义遗产与外交》中正式提出。拉塞特对民主和平论作了系统的论述，1991年后民主和平论成为国际关系领域的研究热点。它的主要观点有两点：其一，民主国家之间几乎不会发生冲突，即使彼此之间有冲突也不太可能采取武力的方式解决，因为武力的方式与民主的原则相悖；其二，与民主国家之间处理冲突的方式相比，非民主国家之间或者民主国家与非民主国家之间更倾向于采取武力解决冲突。民主和平论者得出此观点的依据是"经验事实"，即他们通过统计得出自1816年以来民主国家之间几乎没有发生过战争，他们对此的解释是民主国家内部存在着制度约束并且民主国家之间也有共同的民主文化，这使得他们之间会采用有规则的和平竞争方式来解决冲突或争端。民主和平论有利于西方国家传递其民主制度的价值观，为世界的和平与稳定得益于西方的民主制度的观点提供理论支持，这使得民主和平论在西方政界和国际关系学界都颇具影响力。

案例3-2

全球化背景下自由主义的理论创新——以"软权力"理论为中心

在全球化的背景下，各个领域的国际合作广泛开展，国际机制的"法治化"趋势日益显著。约瑟夫·奈等自由主义者提出了"软权力"理论，该理论对国际经济领域的国际立法产生了重大的影响，尤其是表现在促进"国际软法"的发展方面。随着国际政治格局的演变，无形的软权力逐渐展现出其不可忽视的重要性，赋予了国家凝聚力以及国际制度新的时代意义。权力正逐步展现出非转化性、非强制性和无形性的特征，包括美国在内的所有国家都必须适应这一时代的转变。

约瑟夫·奈基于"软权力"理论，为美国的对外战略制定了全面的规划。这一规划既对美国传统的外交战略给予了肯定，如二战后积极构建开放的国际经济体系，同时也对美国在全球公共问题上的外交政策提出了批评，比如在全球气候治理上美国尚未承担起应有的领导角色。从1991年后美国对外政策的实施情况来看，这一基于"软权力"的外交战略思想正是对美国试图以"硬权力"与"软权力"相结合来构建全球新秩序战略的回应。尽管美国的实际战略操作并未完全遵循约瑟夫·奈的设想，但"软权力"的重要性已经得到了广泛的认可。按照这一战略规划，维持WTO等全球性国际组织及其国际法律制度、推动全球开放的国际经济体系、保持关键地区的力量均衡、促进发展中国家经济增长等，均成为了重要的战略目标。

资料来源：

刘志云. 全球化背景下自由主义国际关系理论的创新与国际法[J]. 江西社会科学，2010（5）：165-173.

三、建构主义理论

建构主义理论兴起于20世纪80年代，该理论承袭于涂尔干（Durkheim）的社会学方法论和吉登斯（Giddens）的社会结构化等理论，他们坚持理念主义本体论，认为社会意义结构——信仰、规范、观念和认知等赋予了国际关系物质结构以意义，这是国际关系的本质。当时在国际关系学界关于新现实主义和新自由主义的辩论已趋于缓和，大多数国际关系学者也仅仅针对该两大流派的主要思想进行经验性验证，新的研究论点却不多见，因此有关国际关系理论之间的交锋也越来越平缓。而在现实的世界形势中，二战后的世界新格局迫使学术界开始思考现有的国际关系主流理论是否依然适应新的国际关系。鉴于新的国际关系形式建构主义立足实际，异军突起。

建构主义经过多年的发展已经形成比较完善的体系架构，内部流派众多，因而分类方法也众说纷纭。根据鲁杰的分法，建构主义主要分为三大类，分别是新古典建构主义、自然建构主义和后现代建构主义。新古典建构主义的主要代表人物有奥努弗、鲁杰、芬尼莫尔等，自然建构主义的主要代表人物有温特、德斯勒等，后现代建构主义的代表人物有阿什利、德里安、沃克等。温特将建构主义分为现代主义派、后现代主义派和女性主义派三大类，霍普夫用传统派和批判派来划分各流派。虽然划分的类别不一致，但是总体来看，各学者对于流派划分的标准却是类似的，均是以认识论、分法论或者本体论的某些方面作为划分依据。各流派之所以都从属于建构主义理论，是因为在物质与意识谁才是现实世界本体的问题上与理性主义的主流国际关系理论产生了质的区别。建构主义重视意识（理念）的作用，认为物质在社会世界中是依附于意识（理念）的，只有在施动者的社会活动中，物质才具有社会性意义，而理性主义的主流国际关系理论与建构主义相反，它重视物质的作用而轻意识（理念）。

温特建构主义理论

温特对建构主义提出了批判，指出其存在的缺陷与不足。他强调，尽管建构主义重视社会实践的塑造作用，但过度强调其决定作用，甚至断言人类现实存在的所有层面均受广泛社会实践的塑造，但这种观点在某种程度上趋于极端。温特主张，物质力量作为现实世界的基石，对角色行为具有独立的因果效应。每个国家作为自主建构的角色，在与其他国家互动之前，已经拥有其固有的利益基础。然而，建构主义过分倚重互助性共识作为因果要素，忽视了权力和利益等"物质"变量的客观存在，对它们在观念形成过程中的建构程度缺乏深入探讨，进而削弱了其理论的解释与预测能力。

为弥补这些不足，温特在秉承建构主义核心理念的同时，试图建构一种体系化的理论框架。这一尝试不仅旨在修正建构主义的局限性，更意图撼动结构现实主义的根基，为国际政治理论领域带来全新的洞察与观点。

温特对建构主义的理论有着巨大贡献，他将国家视为自组织实体，提出了独特的见解，为新现实主义、新自由主义和建构主义在内的所有系统理论的发展提供了坚实的基础。同时，温特的"三三对应网格"分析框架揭示了无政府状态下国际政治的复杂性和丰富性。他提出，无政府状态实际上是国家认同所衍生的一种现象，这一见解有助于我们更深入地理解无政府状态的本质，并预测其未来的演变方向。

资料来源：
王公龙.温特建构主义理论的贡献与缺失[J].世界经济与政治，2002（5）：34-39.

建构主义作为新兴的国际关系理论，是在积极吸收诸如社会学、哲学和其他主流国际关系理论的营养后形成的，特别是哲学中的语言学，它的发展对建构主义的影响重大。建构主义理论的基本思想包括以下三个方面的内容。第一，社会世界是由施动者在客观环境中建构出来的。可见，建构主义承认客观物质的存在事实，比如核武器就是科学家研发之后真真切切存在于现实世界的，无论它被哪个国家所拥有，存在的事实无法否认。但是，建构主义更强调社会意义。也就是说，即使客观物质存在，但其本身无法获得社会意义，只有通过施动者之间的互动实践它才具有社会意义。第二，施动者和结构之间是互构关系，二者同时产生、相互依存。建构主义关于施动者与结构的观点是在对传统的批判中形成的，例如新自由主义理论的代表人物沃尔兹就认为施动者有优先性，国家（施动者）的实力分布导致了国际体系结构，类似于微观经济学中有了买卖双方才有市场的逻辑。而建构主义认为施动者和结构是双向互动的，例如奴隶、奴隶主（施动者）和奴隶制（结构），不能说先有奴隶和奴隶主后有奴隶制，因为如果没有奴隶制也就没有奴隶和奴隶主的划分，因此他们是同时产生、相互依存的。第三，观念是影响国际关系的首要因素。这里的"观念"不是一个个体的观念，而是共有观念，也就是文化。新现实主义认为国际体系结构是影响国家行为的唯一重要因素，观念的作用微乎其微；新自由主义认可观念的重要作用，但只能起到"提供路线图"的作用，即只是指导行动；而建构主义认为观念不仅是指导行动，还具有构建作用。

从建构主义的基本思想中可以看出，建构主义推崇人的主观能动性、文化的塑造作用以及社会性关系的作用，这也是20世纪80年代以来建构主义成为国际关系理论研究的又一大主流理论的原因。

本章小结

（1）国际关系理论起源于20世纪初，当时欧洲国家之间的竞争和冲突日益加剧，国际政治格局也发生了深刻的变化。一些学者开始关注和研究国际政治现象，逐渐形成了国际关系理论的基础。早期的国际关系理论主要关注国家之间的互动和冲突，探讨国家之间的权力、利益和安全等问题。

（2）国际关系理论的发展见证了现实主义理论、自由主义理论与建构主义理论三大主流关系理论交替或共同主导国际关系的研究。在国际关系理论发展的初期阶段，两次世界大战的爆发使人们开始关注国际关系并将其作为一个独立的研究领域，但早期国际关系的分析方法仍以历史学和国际法学为主导，该学科核心概念、理论框架还未形成。

（3）20世纪70年代，随着实证主义研究方法的引入及国际关系理论的科学化，国际关系研究方法回归到社会科学的主流。当然，因为采取实证方法后，不同学者根据国际关系核心概念的可实证性、可操作性的强弱来构建理论。首先出现的就是针对国家实力的结构现实主义，其次是关注国际制度的自由主义，最后是建构主义。

（4）世界主流国际关系理论的发展也对构建中国本土国际关系理论产生重要影响。中国的国际关系理论的发展经历最初的翻译、引进以及最后构建具有中国特色的关系理论等阶段，中国独特的历史文化、政治制度等因素为中国的国际关系理论发展奠定坚实基础。

（5）国际关系理论主要分为结构现实主义、新自由制度主义和建构主义。现实主义作为最古老的流派，其理论的基本假设为人性本恶，国际是最重要的国际关系行为体，国际关系的基本特点就是无政府主义，国家在国际关系追求的是相对收益而非绝对收益。自由主义的思想源于18世纪启蒙运动中的理想主义，其理论假设人性是可以改善的，国家不一定是最重要的国际关系行为体。该理论认为后天的教化与国际组织的力量可以维持国际社会的稳定与持久和平。建构主义兴起于20世纪80年代，其承袭于涂尔干的社会学方法论和吉登斯的社会结构化等理论。建构主义认为国际关系结构具有物质意义，还认为是由施动者在客观世界中构建出来，施动者与结构二者属于互构关系，观念才是影响世界的重要因素。建构主义推崇人的主观能动性，强调文化与社会性关系的重要性。

延伸讨论

（1）三大主流的国际关系理论诞生了丰硕的理论成果，从宏观的国际关系研究到微观的外交政策研究，并使国际关系理论开始向外交政策理论进行演变，这种演变在某种意义上意味着理论核心问题的转移，国际关系理论与外交政策理论二者的核心问题有什么样的区别？这种区别主要体现在什么方面？

（2）国际关系理论的发展使得作为解释国际体系稳定性和国家间政治关系的国际关系理论，在体系层面已经发展到了极致，而解释国家对外行为的外交政策理论领域还没有得到完全发展。如何通过将国际关系理论核心概念与国内政治变量相结合以确定外交政策理论发展新方向？

（3）中国学者在经历翻译著作、探索、创新等阶段，经过数十年发展出具有中国特色的国际关系理论，中国国际关系理论以中国独有的历史文化、政治制度为基础而发展出来，中国历史文化哪些方面为国际关系理论发展提供了借鉴？

第四章 国际经济治理理论基础：共同利益理论与合作博弈理论

学习目标

学完本章后，你应该能够：
- 了解共同利益理论产生背景和主要内容
- 熟悉共同利益理论在国际经济治理中的运用
- 掌握合作博弈理论的微观基础
- 熟悉合作博弈理论在国际经济治理中的运用

第一节 共同利益理论

一、共同利益理论产生背景

在全球化的今天，面对不断涌现的全球性挑战，国家间的合作变得至关重要，这已成为全球共识。尽管国家主权的传统概念面临挑战，但主权国家依然是全球经济治理中的核心力量，以其权威、资源和执行力确保治理体系的实现（徐秀军，2012；Rosenau，1995）。特别是具有重大影响力的国家，在资源分配、利益协调和价值观念传播上扮演着关键角色（王义桅，2008）。它们所具备的结构性权力对于维护国际环境的稳定性和全球经济治理的有效性具有至关重要的作用，寻求利益与权力之间的均衡点，并制定及遵循切实可行的谈判协议，乃是关键所在。

1991年以来，全球经济一体化进程显著加速，多数国家寻求与世界经济接轨。这一时期，全球经济结构不仅体现了国家间政治力量的互动，还构成了一个深度交织的网络。全球

经济体系也是一个深度相互依赖（Interdependence）和交互依赖（Co-dependence）①的体系。这种相互依赖往往表现为一种不均衡的依赖关系，暗含着权力不对等的内涵（罗伯特·吉尔平）。肯尼思·沃尔兹进一步阐述了这一概念，将其定义为"非对称相互依赖"，揭示了在全球化进程中，不同国家之间存在的依赖关系往往是不平衡的，这种不平衡性是国际关系中不可忽视的一部分。这种非对称性不仅反映了国际关系的现实，还是国际权力斗争的根源所在。经济的相互依赖性不仅体现在国家间的直接联系，还体现在生产、贸易、投资和金融等多个层面的深层次联系。随着经济全球化的深入发展，国际分工日益细化，贸易模式和地理布局亦经历了相应的变革。尽管如此，相互依赖的非对称性依然存在，通常表现为发达国家占据领导地位，而发展中国家更多依赖发达国家的资金、技术、市场和规则。在这种背景下，"共同利益"的概念应运而生，鼓励各国超越单边利益，共同应对挑战，构建和谐的全球经济环境。

汉斯·摩根索主张国家利益应超越单一视角，考虑他国利益以实现协调。然而，他强调国家利益的排他性，意味着利益协调更多是应对共同困境而非追求共同利益。罗伯特·吉尔平深入分析了权力结构与规则设定的本质，提出权力和规则虽建立在共有价值观和利益的基础之上，但其实质仍受控于掌控权力的集团或国家的自身利益。现实主义学派认同共同利益的概念，但他们更强调国家行为的驱动力源自追求个体利益。与此同时，制度主义和自由主义学者则对共同利益持有一种更为肯定的态度，他们看重共同利益在促进国家间合作和集体福祉方面的潜力。基欧汉和约瑟夫·奈认为，个体间的相互依赖关系中，共同获益与共同受损并存，他们特别强调收益分配和潜在损益问题，为共同利益的研究提供了明确方向。②

 案例4-1

帕累托最优

经济学家帕累托首次提出了"帕累托最优"理论，这一理念在其著作《政治经济学讲义》中得到了深入探讨。帕累托在书中分析了资源和产品如何实现最优分配，并首次引入了"帕累托最优"这一术语。艾伦·布坎南对此概念进行了进一步阐释，他认为，如果在一个系统中，无法通过改变现状使得至少一个人的处境得到改善而不使他人处境恶化，那么这个系统就达到了帕累托最优。换句话说，如果从状态S1转换到状态S2，只有当所有人都认为S1比S2更好，且没有人认为S1比S2差时，S1才被认为是帕累托最优状态。

在帕累托最优的基础上，经济学家们进一步提出了"帕累托改进"的理念。这一理念认为，如果对现有的资源配置进行调整，能够使得至少一个人的处境得到改善而不损害任何人的利益，那么这种调整就被视为帕累托改进。简而言之，帕累托改进是一种在不损害任何人

---

① 相互依赖（interdependence）是由理查德·库珀（Richard N. Cooper）系统提出（Richard N. Cooper, The Economics of Interdependence: economic policy in the Atlantic community, New York: Columbia University Press, 1968.），后由罗伯特·基欧汉和约瑟夫·奈进一步发展广大，并提出复合相互依赖，成为自由主义理论学派的核心概念之一。查尔斯·道兰（Charles Doran）针对美国与欧佩克之间的石油相互依赖提出了不同的解释。道兰将美国和欧佩克之间的关系界定为一种"交互依赖"（co-dependence），以区别于"相互依赖"（interdependence）。交互依赖的双方各自具有"形式不一致的相互的胁迫能力"。也就是说，每一方都需要对方，因而依赖于对方，但每一方也都具有制约对方采取破坏自身福祉或安全的能力。

② Robert Keohane, Joseph Nye, "Power and Interdependence in the Information Age". *Foreign Affairs*, 75 no.5(1996):54–65.

利益的前提下，通过资源的重新分配使至少一个人受益的过程。这一理念强调了资源分配的效率和公平性，旨在寻找一种能够使社会总福利最大化的分配方式。

资料来源：

刘新刚，郑宇博．"帕累托最优"理论批判：以《资本论》为视角[J]．海派经济学，2017，15（4）：137–146．

经济全球化与全球经济治理体系之间的关系，与马克思所阐述的"经济基础与上层建筑关系"理论相吻合。同时，马克思主义对"共同利益"的理解起初虽是在国家框架内进行探讨的，但其内涵的深远意义也适用于国际政治层面。马克思和恩格斯指出，共同利益不仅是抽象概念，更是实际存在于分工基础上个体间的相互依赖关系。[①]这种理解不仅确认了共同利益在物质和思想层面的双重存在，也揭示了其超越国界的潜力，即在全球分工的背景下，社会成员的共同利益可能推动全人类共同利益的实现。

马克思和恩格斯进一步指出，共同利益体现在各方独立中的利益交换，这反映了个体利益与共同利益之间的辩证统一。[②]马克思主义特别强调了无产阶级的共同利益，认为其代表了人类整体的利益。在无产阶级掌握生产工具并成为统治阶级的情况下，将消除阶级差异和对立，从而超越了传统意义上的国家间共同利益。

马克思主义提供了一个宽广的视角，它从国内层面的共同利益扩展到关乎全人类的共同福祉，超越了国家间的相互利益。这种对共同利益的讨论源于国际关系中日益增长的相互依存性。虽然各种理论流派对此存在不同见解，但是他们在研究上都普遍强调了国家利益与共同利益之间的相互影响，将共同利益作为国家利益研究的一个重要方面，致力于研究国家利益中的普遍性特征。

二、共同利益理论主要内容

基于先前研究的发现，国家间在相互依存的背景下，其利益中存在共通或相似的部分，这部分被称为共同利益。无论是在双边、多边还是全球层面，它都由共同的收益和共同面临的威胁组成，是国际合作的基石。共同利益在国家间的利益互动和竞争中产生；其运作体现了利益与损失的统一、动态与静态的统一以及知识与行动的统一。共同利益通过从自我帮助到互惠互利的路径，确立了国家间的共享关系，并在不同的国际互动层面上展现出多样化的特点。

"共同利益"作为一个跨学科的核心概念，受到政治学、经济学、社会学等学科的广泛关注。在国际关系学中，共同利益的研究聚焦于国家作为研究的主体，全球作为研究的背景，国际互动作为研究的焦点，深入分析作为国家利益关键组成部分的共同利益。随着全球化的不断深入，共同利益在推动合作方面扮演着基础性的角色。深入分析国家利益与共同利益的

[①] 《马克思恩格斯全集》（第三卷）中提到："共同利益不是仅仅作为一种普遍的东西存在于观念之中，而首先是作为彼此分工的个人之间的相互依存关系存在于现实之中。"

[②] 《马克思恩格斯全集》（第四十六卷）中提到："共同利益恰恰只存在于双方、多方以及存在于各方的独立之中，共同利益就是自私利益的交换"。

互动过程，对于我们全面理解国际合作的理论与实践具有重要意义。

共同利益是国家利益的一个关键组成部分，它既源自对国家利益的正当追求，也旨在实现这些利益。在这一层面，共同利益与国家利益紧密相扣，而所谓的"全人类的共同利益"亦是建立在国家利益之上的。即便是自由主义者也认为，合作的基础在于共同的利益，而不是基于某种固有的全球共同体理念。

相互依赖展示了不同行为体在交往中产生的互相影响，这种影响往往要求各方承担一定的成本。国家间的互动促成了相互依赖的关系，使得一国的利益与其他国家的利益紧密相连。这种相互依赖为国家利益的实现提供了一个长期和多轮的博弈环境。在国际经济治理的背景下，相互依赖使得共同的期望和理念变得极为重要。在相互依赖的背景下，一方国家利益的增减往往会影响另一方在同一领域的利益，从而引发国家利益的互动博弈。其中，利益的分歧往往是引发国际争端的根源；而利益的一致性，也就是共同利益的部分，反映了各方可能共同获益或共同受损的情况，这通常是国际合作得以建立的基础。共同利益的形成机制揭示了国家利益和相互依赖这两个核心要素之间的结构性相互作用。

共同利益在国际关系中的重要性不容忽视。它不仅是国家间合作的基础，也是推动国际社会向前发展的关键力量。在全球化的背景下，共同利益的研究和实践对于促进国际合作、维护世界和平与稳定具有重要意义。通过深入分析共同利益的内涵、形成机制以及在国际互动中的表现，我们可以更好地理解国际关系的发展规律，为构建和谐、稳定的国际社会贡献智慧和力量。

第一，共同利益的运作是损益统一的。它不是单向的利益获取，而是一个复杂的、包含正反两面的统一体。在考虑共同利益时，国家需要全面权衡利益与风险。共同收益指的是所有参与者通过共同行动所能获得的益处，这些益处可能并不均等。同时，获取这些益处往往需要克服相应的风险。如果国家间不寻求这些益处，相应的风险也不会成为威胁，因为它们之间存在相互依存的关系。此外，国家间的相互依赖还可能产生共同的威胁，如果不采取行动，所有参与者都可能遭受损失，这反过来又可能影响其获得益处的能力。理性的国家会寻求以最小的成本获取最大的收益。如果一个国家只专注于共同利益中的收益，可能会在权利分配的驱动下过度追求相对收益，导致预期的失衡。因此，这种全面考虑损益的方法有助于国家在追求自身利益的同时，也考虑到整体的共同利益，实现更为和谐的国际合作。

第二，共同利益的运行是动静统一的。从辩证视角看，共同利益是持续演变的，既包含确定性也包含不确定性。国家实力和观念的转变导致国家利益及共同利益本身不断变动。同时，国际环境的不确定性要求国家在相互依赖中应对新出现的变量，这可能改变对共同利益的看法。基于此，本书提出共同利益运作中的"流出端"和"流入端"概念。明显的共同收益和威胁起初都源于潜在的损益，但并非总是表现为利益的一致性。各个国家依据均衡得失的原则，对共同面临的利益和损失进行分配，而对于那些尚未形成共识的问题，则暂时搁置。这样的做法反映了共同利益在静态条件下的特点：已分配的共同收益和威胁需要周期性评估，而未分配的潜在损益在共识形成前会长期存在。因此，共同利益在一定时期内保持稳定，展现出动静结合的特点，这有助于国家灵活应对变化同时保持利益的连续性。

第三，共同利益的运行是知行统一的。它既具有可预测性也具有可执行性，而共同利益观在此过程中扮演着关键角色。预测性表明国家有能力通过合理的分析来确定共同利益的范畴和趋势，这种能力是共同利益动静结合特性显现的关键驱动力。同时，可执行性意味着国家能够采取实际措施来保护、促进或分配共同利益，确保共同的收益和风险在实践中产生实际效果，超越了纯粹理论模型的局限，这是共同利益运作的终极追求。在这一过程中，共同利益的理念不仅影响各国对共同利益的理解，也指导它们如何具体实施共同利益。正如基欧汉所强调的，政策的协调一致能够促进合作，当各方调整自己的行为以更好地适应彼此的期望时，合作便能得以实现。政策协调不仅涉及对共同利益的评估和策略制定，也是各方在共同利益理念上相互适应、达成共识的过程，这进一步强化了共同利益的可预测性和可执行性的紧密结合。

总的来说，共同利益理论是一个复杂的体系，其内部结构由多个要素组成，这些要素共同作用，使得共同利益的运作机制呈现出损益统一、动静结合和知行合一的多维特征。

三、共同利益理论在国际经济治理中的运用

共同利益理论在国际经济治理领域的重要实践，体现在中国所提出的"人类命运共同体"构想上。这个理念突破了传统国家间的界限，避免了与任何国家进行意识形态的对抗，彰显了中国致力于追求合作共赢的国际合作精神。在全球层面，中国倡导各国人民和政府相互依存、共同发展，致力于寻找构建理想世界的共识基础。中国正不断促进与世界各国人民的思想交流和心灵相通，以加深相互理解和认同。"人类命运共同体"不仅是中国传统文化中"天下为公"理念的现代转化，也是其在全球化时代的延伸。这一思想展现了中国对外开放的姿态，愿意与全球共享其发展成果。同时，它也对国家主义进行了深刻的反思与超越，体现了中国对全球责任的承担和对全球治理的贡献。

在中国国际关系学界，学者们对共同利益有着深刻的洞察。俞正梁（1994）主张，无论是双边还是多边关系，甚至在全球层面上，各国之间都存在一定程度的共同利益。他强调，即便是具有独特性的国家利益，也包含了普遍性的因素，特殊性之中也潜藏着共性。并且随着国际交流的日益加深，特别是全球相互依存关系的加强，国家间的利益相互渗透、共同性和合作性变得更加明显（李少军，2003）。阎学通（1996）在此基础上提出了"国际利益"这一概念，他认为这在广义上指的是存在于国家间的共同利益，并强调这种国际利益与国家利益是相辅相成、对立统一的。此后，阮宗泽（2006）引入了"共有利益"这一术语，强调这指的是多个主体间利益的重叠或交叉区域，并区分了"共有利益"与"共同利益"。他表明"共有利益"不仅涵盖静态的利益汇聚，还包括行为主体主动增进与他方利益的动态交汇。王公龙在研究中进一步阐述，"共有利益"代表了广泛国家或国际社会的普遍追求，它映射出国家间利益关系的内在联系和相互兼容性，是国际相互依赖趋势的自然产物。门洪华和甄文东却认为，从本质上来说"共同利益"与"共有利益"并无区别，共同利益体现了国家间在互动中利益的一致性，它不仅涵盖了共享的利益，也包括了共同面对的威胁和挑战。其中，"共享"强调的是多方互动带来的正面影响，而"共担"则侧重于面对共同挑战时的集体立场和责任。总体来看，中国学术界对国家间共同利益的研究主要有两种趋势：一是基于西方国际关系理论的研究；二是将共同利益更多地作为政策倡导来运用。

在抗击新型冠状病毒的全球行动中，我们形成了一个深刻的认识：面对病毒，无论种族、民族和国家，每个人都是平等的，人类的命运是紧密相连的。为了保障人类的未来，我们应当培养一种共同体的意识，并重新审视和优化我们现有的合作与发展策略（郭树勇，2020）。

建立人类命运共同体不仅是新时代外交理念的核心内容，也是中国对于理想国际秩序的设想和提议。这一概念并非无根之木，而是在人类长期经历战争、和平、发展与合作的过程中，逐渐形成的全球治理方案。人类命运共同体体现了新时代的需要，强调了必须将共同的利益和责任紧密结合，对国际权威、全球治理和国际合作提出了更高的政治要求。其主要目的是构建一个能够包容不同文明的新型国际体系（熊杰、石云霞，2019）。

构建人类命运共同体的理念超越了传统的国际关系架构，其目的在于应对全球性挑战，并推动和平与人类的全面进步。这一理念与历史上以强权政治为特征的国家和霸权体系截然不同，标志着国际体系性质的重大转变。在传统体系中，权力是核心，超级大国常依仗其实力建立并维护一个统一而多样化的国际秩序。然而，这种秩序往往变得僵化，最终可能因为内部的权力斗争和政治权威的减弱而分崩离析。与此相反，人类命运共同体提出了一种新型的多元国际体系，它不仅是由权力所驱动，而是更多地体现为倡议者的话语影响力。更为关键的是，这一体系的构建基于全人类的共同利益和共同责任，强调的是合作共赢而非单边主义或霸权主义。

正如马克思所预见，经济全球化将世界带入了一个高度相互依赖的新纪元。在促进物质富裕的同时，经济全球化也引发了众多全球性的挑战。特别是从20世纪中后期开始，经济的相互依赖性已经演变为更加复杂的复合型相互依赖，北大西洋地区的依赖关系已经扩散到全世界，构建了一个跨越不同区域、具有多重层面的社会复合型相互依赖体系。新型冠状病毒感染的全球蔓延凸显了国际社会之间日益紧密的相互依存关系，这为人类敲响了警钟。面对环境保护、公共卫生危机和人口问题等全球性挑战，我们正处于生存与发展的关键时刻。这些问题已经超出了单一国家的解决能力，需要我们跨越意识形态和政治制度的差异，寻求更广泛的国际合作，并反思国际体系的改革。

国际政治学者承担着探索创新国际合作模式的责任，以应对人类面临的重大危机。在这一过程中，我们必须认识到，任何大国之间的"脱钩"或"退出"都是短视之举。全球共同的利益将国际社会紧密地联系在一起，在共同利益的驱动下，人类必须采取协调一致的行动。然而，仅仅依靠权力的驱动和共同利益的约束，还不足以建立人类命运共同体，也无法完全解决人类面临的重大危机。我们还必须从政治伦理的角度审视国际体系和国际合作的问题。因此，在新的历史起点上，回顾和审视古今中外的国际关系体系和外交实践，运用国际援助的理念重新解读国际合作的内涵，对中国在国际关系理论探索中作出贡献，具有重要的意义。

随着21世纪第二个十年的到来，中国将坚定不移地沿着和平崛起的路径前进，在全球发展舞台上扮演越来越关键的角色。中国与世界各国将建立更加紧密、更加持久的共同利益关系。历史上，强国的崛起常常伴随着与其他国家的摩擦和冲突，这主要是因为这些崛起的国家过于重视自身的相对利益，而没有充分认识到共同利益在提升国家地位和增强国力中的积极影响。中国在维护本国利益的同时，也在积极融入全球化进程，不同于传统大国的对抗性策略，中国选择了一条强调合作与共赢的新型发展道路。中国之所以能够实现和平崛起，很大程度上归功于其一贯追求共同利益、坚持互利共赢的外交政策，以及倡导通过合作来推动发展的理念。深入研究中国关于共同利益的传统观念、理念和实际做法，可以为国际社会提供理解和探索国与国之间共同利益的新视角。中国的发展模式和国际合作的理念，为全球提供了新的可能性和选择。在全球化不断深入的当下，中国正通过实际行动，致力于推动构建人类命运共同体，为全球性问题的解决贡献中国的智慧和方案。通过不断加强国际合作，中国正与世界各国携手，共同迈向一个更加美好的未来。

第二节 合作博弈理论

一、合作博弈理论微观基础

国家之间的互动关系，既可以表现为合作伙伴关系，也可以表现为非零和博弈，也有可能表现为对立或战争的零和博弈。社会学家马克斯·韦伯指出，在当代社会架构中，政府扮演着独一无二的角色，拥有合法的权力去推动社会目标的实现，并确保各项协议得到有效执行。这一原则在国际治理的舞台上同样被广泛认可，国家不仅是国际体系和全球经济治理的主导力量，也是国际经济治理研究的起点和核心。在国际关系学的理论体系中，国家主义和无政府状态是构成主要理论流派的基石，无论是现实主义、自由主义还是建构主义，它们都着重探讨国家间权力的相互作用及其影响。

理论家们从不同角度探讨了国家作为国际关系的主要参与者的角色定位，强调了大国间的互动是国际关系研究的核心。沃尔兹提出，国家通过互动构成了国际政治体系的结构，尽管国家并非国际关系中的唯一行动者，但国际体系的框架主要是由这些关键参与者塑造的。在国际政治的无序环境中，国家依照"自力更生"的原则维护自身的安全与利益。

当代国际体系，包括世界经济体系，是建立在权力和利益基础之上的。国与国之间的互动主要围绕着实力的比较和利益的共享，这些要素共同决定了国际体系的形态和特质，同时影响着各方利益的划分。一方面，作为国际社会的主要行动者，拥有主权的国家引领着国际体系的发展。在国际政治中，不存在超越国家的全球权威。另一方面，无政府状态不仅强调了国际合作的必要性，也带来了合作上的挑战。在世界经济治理的过程中，各方在追求各自利益的同时，通过协商和竞争来实现共同的治理目标。

以美国为代表的西方国家凭借其在经济、政治方面的影响力，长期把持着国际体系内的话语权和主导权。美国依托其在政治、军事、经济和文化等多个领域的显著优势，构建并推动了包括国际货币基金组织、世界银行和关贸总协定在内的多项国际机制，确立了一个以美国为枢纽，用以协调全球经济矛盾的系统。然而，随着全球力量对比的演变和新兴市场国家与发展中国家的集体崛起，国际社会对现行全球治理体系的改革呼声日益高涨。中国倡导一种基于广泛协商、共同建设和成果共享的全球治理理念，主张提升发展中国家在国际舞台上的代表性和发言权，以期推动构建一个更加公正合理的全球治理架构。

在特朗普担任美国总统期间，美国政府倾向于采取单边主义和实际效益导向的政策，退出了包括《全面与进步跨太平洋伙伴关系协定》和《巴黎协定》在内的多个国际协议。2017年发布的《美国国家安全战略》报告将中国定位为挑战美国权力、影响力和利益的战略竞争者，认为全球权力平衡正朝着不利于美国的方向发展。特朗普在2018年国情咨文中提出，美国将寻求建立更符合其利益的、公平互惠的新型贸易关系和协定，并将中国与俄罗斯定义为在全球范围内对美国利益和价值观构成挑战的战略对手。

总体来看，美国为了维护其在全球治理体系中的话语权和领导地位，通过在国际机构中的影响力和对国际机制的塑造，采取了一系列旨在重塑国际经济规则、掌握规则制定权和引领国际治理变革的措施。与此同时，中国和其他发展中国家对全球治理体系改革的呼声，预示着未来全球治理结构的演变将是充满竞争和博弈的复杂过程。

案例4-2

全球治理之"中国方案"

中华民族伟大复兴，不仅标志着其向现代化强国迈进的步伐，更预示着一种全新文明形态的诞生。这一进程不仅积极吸收现代文明的成果，还将社会主义理念与传统文化的复兴融入新文明的构建之中。理解这一点，对于把握当代中国的整体发展至关重要，也是理解中国在全球治理中所提出的方案的基础。只有从这一视角出发，中国的方案在处理国际利益关系时，无论是经济、政治、军事还是文化交流，才能超越现代固有的利益冲突，为建立新的世界秩序和国际关系打下共识的基础。

在这一新文明形态的背景下，中国所倡导的"新型大国关系"和"人类命运共同体"具有了特别的含义和深远的影响。中国的全球治理理念不排斥任何真正以和平为目标的治理理念或改革构想，中国的方案正在引领全球治理进入一个新时代。当中国能够提出并实施一种新的全球治理方案，并且这一方案能够随着时间的推移不断丰富并成为主流共识时，中国对人类文明的贡献将是巨大的。

资料来源：
吴晓明."中国方案"开启全球治理的新文明类型[J]. 中国社会科学，2017（10）：5-16.

大国之间的对外政策博弈，是全球经济治理发展的重要推动力量。这里，我们主要借鉴程永林和黄亮雄（2018）的研究，基于霸权国提供全球公共物品时面临的预算约束及霸权收益，构建博弈均衡模型来深入探讨霸权国（代理国）和其他国家（委托国）之间的内在关系，分析国际经济治理的内在逻辑，进一步讨论全球公共产品的供需平衡。我们将验证在现行的国际经济治理体系下，美国霸权是否已经步入了衰退期。此外，还将探讨美国为了维持其霸权地位，可能采取的主导策略，并进一步分析中国与其他发展中国家在这一博弈中所采取的策略。

（一）基本假设与假说提出

在分析模型前，先明晰一下程永林和黄亮雄（2018）博弈均衡模型的几个重要假定。

第一，假定国际社会是处于无政府状态下的国际治理。由于不存在一个超越国家主权的管理事务的世界政府，其导致的结果是国家在面临问题时，基于自身利益进行竞争与合作，往往会发生冲突与斗争，合作与共赢是国际经济治理的常态。

第二，假定国家是国际经济治理的核心参与者。虽然国际经济治理的主体包括主权国家、国际相关组织、跨国公司及非政府组织等，但是由于国家对于国际权力和利益的分配具有决定性的作用，相对其他国际行为体而言，主权国家在权威、资源和能力方面更具有优势（徐秀军，2012）。

第三，假定国家是理性且自利，并存在共同利益。每个主权国家参与国际经济治理，都是基于本国利益，基于风险控制原则，实现国家利益最大化。虽然各国在参与国际经济治理时以自身利益为优先考虑，但它们也具有共同的利益。在国际经济治理的框架内，各国之间存在着超越社会制度和意识形态差异的共同利益，这一点是主权国家参与国际经济治理的基本前提。正是这些共同利益促使国家之间开展合作，共同应对国际经济问题，推动全球经济的稳定与发展。

第四，假定制度是非中性的。制度非中性意味着在特定的制度安排下，不同的社会集团和个体会受到不平等的对待。在资源分配、权益保护及制度利益的享受方面，不同群体所获得的份额存在差异，有时甚至呈现出此消彼长的关系。换言之，在统一的制度框架下，不同的群体和个人所享有的产权保护在性质上或强度上并不相同，这导致了在制度实施过程中的不平等和差异性。在国际经济治理中，无论是在国际层面还是在国内层面，制度非中性现象都普遍存在。

基于以上假设，程永林和黄亮雄（2018）构建了一个博弈均衡模型。通过模型的构建，有助于梳理清楚霸权国家和其他国家之间的博弈动态，理解不同国家参与国际经济治理的内在联系。为了更好地进行模型刻画，我们在这里也提出了三个重要的假说。

第一，霸权国家的相对实力越强，其能够以较低的成本获取的收益越多，并更有效地实现其国家利益的最大化。

第二，随着霸权国家的相对实力增强，该国更可能持续追求剩余效用的最大化，表现出更强烈的倾向去获取不劳而获的利益。

第三，霸权国家最终可能会面临全球公共产品的供给危机，因为效用的递减和霸权地位的衰退是不可避免的。为了保持国际经济治理的稳定性，霸权国家需要与其他大国合作，共同承担提供全球公共产品的责任。

为了验证前述的三个假说，我们将通过构建一个博弈论模型来进行深入分析。模型的核心是，在现行国际经济治理体系中，霸权国家如美国，为了维持其领导地位，必须提供全球贸易和金融等领域的公共产品。霸权国家通过其影响力从其他国家获取利益，并将其中一部分用于全球公共产品的供给，其余则用于增进自身利益。在这个博弈中，美国代表少数霸权国家，而中国则代表多数其他国家。霸权国家必须持续提供有效的公共产品，如自由贸易环境和稳定的国际货币体系，以维持其国际地位和影响力。这种贡献是霸权国家保持全球领导地位的关键，也是国际经济治理体系稳定运行的基础。通过这些贡献，霸权国家能够在国际社会中保持其权威和影响力，促进全球经济的繁荣与合作。

如果霸权国家不能提供高质量的全球公共产品，其他国家可能会质疑并拒绝其领导地位，导致霸权国家失去优势及收益。这强调了霸权国家在维持国际影响力方面的责任，以及国际社会对其提供公共产品的期待。霸权国家的领导地位不仅依赖于其经济和军事实力，还依赖于其对全球公共利益的贡献。这个运行机制与契约理论有相似之处，国际社会中的多数为委托国，而以美国为代表的霸权国家为代理国。霸权国家在现行的全球经济管理体系中扮演着主导者的角色，而其他国家则类似于这一体系中的成员国。程永林和黄亮雄（2018）模型的具体推导过程如下所示。

(二) 信息完全对称情况下的静态博弈模型

首先,将霸权国家的预算约束设定如下:

$$\tau \bar{y} = \theta g + r \quad (4-1)$$

在该情境中,$\bar{y}$ 代表全球各国的总收入水平,τ 表示霸权国家对其他国家进行经济利用的比例。τ 的数值越高,表明霸权国家对其他国家的剥削程度越深。g 指的是霸权国家所提供的公共资源的规模,r 反映了当前霸权国家在位时所获得的收益份额,θ 则代表霸权国家在提供公共资源时所需承担的成本,这一指标同样体现了霸权国家的综合国力。霸权国家的综合国力越强,其提供国际公共产品的成本就越低,相应地 θ 的值也就越小。

此外,其他各国的间接效用函数按照公式(4-2)进行定义:

$$U(g(\theta),(\theta),\theta) = \bar{y} - \theta g(\theta) + H(g(\theta)) \quad (4-2)$$

$[\bar{y} - \theta g(\theta) + H(g(\theta))]$ 为向霸权国家支付之后,剩余的收入份额。$H(g(\theta))$ 指的是其他国家从霸权国家所提供的公共资源中获得的利益部分。

在这里,$g^*(\theta)$ 被定义为在成本为 θ 时,公共资源的最优供给水平:

$$H'(g^*(\theta)) = \theta \quad (4-3)$$

当前霸权国家的效用函数设定为霸权国家继续维持霸权的收益 R 和当前获得的霸权收益 r 的总和,如(4-4)所示:

$$E(V_t) = r + p_t R \quad (4-4)$$

其中,p_t 是霸权国家继续维持霸权的概率,取值为 1 或 0。

首先,我们分析在完全信息条件下的模型情境。在这种情境中,其他国家能够清楚地识别出 θ 的值。

对于是否支持霸权国家继续其领导地位,其他国家的决策策略可以按照以下方式展现:

$$p_t = \begin{cases} 1 & \text{如果 } U(g(\theta), r(\theta), \theta) \geq (1-\eta(\theta))\varpi(\theta) \\ 0 & \text{其他} \end{cases} \quad (4-5)$$

首先,η 表示霸权国家维持其领导地位的能力,本质上反映了霸权国家的实力等级。若其他国家获得的效用超过一个特定的阈值 $\varpi(\theta)$,则这些国家将继续支持霸权国家维持其领导地位,此时 p_t 被设定为 1。同时,霸权国家也能通过诸如威慑等手段迫使其他国家减少对效用的期望。这种减少的比例由 η 决定,并且满足 $\eta(\theta)$ 与 $\eta'(\theta)$ 之间的关系为负,即随着 θ 的增加,$\eta(\theta)$ 的增长速度是递减的,$\eta(\theta)\eta'(\theta) < 0$。

为了验证假设一:霸权国家相对于其他国家的实力越强,它就越能够以较低的成本提供公共产品,并且更有能力迫使其他国家接受其领导地位,从而获得领导收益。

对于霸权国家而言,其最优决策的目标函数可以定义为:

$$max\ r(\theta) + p_t R \quad (4-6)$$

$$\text{s.t } p_t =1, \text{ 仅当} \left[\bar{y}-\theta g(\theta)-r(\theta)+H(g(\theta))\right] \geqslant (1-\eta(\theta))\varpi(\theta) \quad (4-7)$$

当我们假设霸权国家持续存在并保持其领导地位时，p_t 被设定为1。由于 $g(\theta)$ 并未包含在霸权国家的目标函数中，霸权国家会倾向于放宽约束条件。因此，$g(\theta)$ 等于其最优供给水平 $g^*(\theta)$。据此可推导出：

$$r(\theta)=\bar{y}-\theta g^*(\theta)-(1-\eta(\theta))\varpi(\theta)+H(g^*(\theta)) \quad (4-8)$$

此时，霸权国家在维持其霸权地位时，其获得的收益如（4-9）所示：

$$\bar{y}-\theta g^*(\theta)-(1-\eta(\theta))\varpi(\theta)+H(g^*(\theta))+R \quad (4-9)$$

通过上式可以进一步得到，霸权国家相对其他国家实力越强，维持霸权所获得的收益就会越多。相反，如果其他国家不再支持霸权国家，霸权国家不再是霸权国家时，也就是 $p_t=0$。那么，它就会尽可能地获得收益 r，而不是为维持霸权而提供更多的公共产品，得到 $r=\bar{y}$。

检验假设二：霸权国家的实力越显著，其越倾向于占有额外的效益，对不劳而获的倾向也越明显。这解释了为什么在国际政治舞台上，霸权国家倾向于积极打压潜在的竞争者，主要是为了确保其领导地位所带来的利益不受威胁和损害。

$\varpi(\theta)$ 的最低值决定了霸权国家是否能够持续保持其领导地位的关键值。也就是说，当 $\left[\bar{y}-\theta g^*(\theta)-(1-\eta(\theta))\varpi(\theta)+H(g^*(\theta))\right]$ 等于 $\bar{y}$ 时的值。代表了这一临界点。

$$(1-\eta(\theta))\varpi(\theta)=H(g^*(\theta))-\theta g^*(\theta)+R \quad (4-10)$$

在完备信息的环境中，理想的 $r^*=\bar{y}-R$。霸权国家收益保持不变的情况下，其他国家越富有，霸权国家的收益也随之增加。此时，公共产品的供给成本为 $\theta g(\theta)=(\tau-1)\bar{y}+R$。

可以推导出，$g'(\theta)=-\dfrac{g(\theta)}{\theta}<0$。这表明，霸权国家的相对实力越强，它能够提供的公共产品就越多。

$$(1-\eta(\theta))\varpi(\theta)=H(g^*(\theta))-\theta g^*(\theta)+R$$

那么，

$$\begin{aligned}\dfrac{d((1-\eta(\theta))\varpi(\theta))}{d\theta} &= H'(g^*(\theta))g^{*'}(\theta)-\theta g^{*'}(\theta)-g^*(\theta) \\ &= \theta g^{*'}(\theta)-\theta g^{*'}(\theta)-g^*(\theta)=-g^*(\theta)<0 \end{aligned} \quad (4-11)$$

这个公式表明，霸权国家的实力越强，其他国家从当前的国际经济治理体系中获得的效用就越高，霸权国家的实力越强，它就越能以较低的成本为全球提供公共产品，并保持其霸权收益。

（三）信息完全对称情况下的动态博弈模型

现在将模型扩展到动态情况，即把霸权国家的目标函数设定在时间 $t=0$。

$$E(v_l) = \sum_{t=0}^{\infty} \beta^t r_t \qquad (4-12)$$

如果霸权国家失去了主导地位，那么它将永久失去霸权收益。也就是说，如果 $p_t = 0$，$r_{t+k} = 0$，对所有的 $k > 0$。

其新的预算约束如下所示：

$$\tau_t \overline{y} = \theta_t g_t + r_t \qquad (4-13)$$

这要求霸权国家在每一期都要实现预算平衡。在这种情况下，其他国家决定是否继续支持霸权国家的最优策略为：

$$p_t = \begin{cases} 1 \text{ 如果 } U(g_t(\theta_t), r_t(\theta), \theta_t) \geq (1 - \eta_t(\theta_t))\varpi(\theta_t) \\ 0 \text{ 其他} \end{cases} \qquad (4-14)$$

在任意一期，霸权国家可以选择 $r_t = \overline{y}$。令 $R_{t+1} = \sum_{t=1}^{\infty} \beta^{t-1} r_t$。那么，与对霸权国家的激励相容的约束是：

$$r_t + \beta R_{t+1} \geq \overline{y} \qquad (4-15)$$

如果不满足上述条件，霸权国家将采取从其他国家榨取所有收入的策略。因此，其他国家的最优策略应由公式（4-15）决定，即是否支持霸权国家的主导地位。代表霸权国家的每期收益，如果每期固定，那么

$$p_{t+1} = \frac{r}{1-\beta} \qquad (4-16)$$

可以得到 $r = (1-\beta)\overline{y}$

其他国家最优策略要求：

$$(1 - \eta(\theta))\varpi(\theta) = \beta\overline{y} - \theta g^*(\theta) + H(g^*(\theta)) \qquad (4-17)$$

霸权国家每期获益为：

$$r(\theta) = (1-\beta)\overline{y}$$

这意味着霸权国家收益保持不变的情况下，其他国家越富裕，霸权国家的收益也随之增加。

于是：

$$\frac{d((1-\eta(\theta))\varpi(\theta))}{d\theta} = H'(g^*(\theta))g^{*\prime}(\theta) - \theta g^{*\prime}(\theta) - g^*(\theta)$$
$$= -g^*(\theta) < 0$$

这进一步验证了之前的理论：霸权国家的实力越突出，其他国家的经济越繁荣，霸权国家的收益也随之增加。

（四）信息不对称情况下的博弈模型

上面的模型主要是在完全信息情形下构建的。现在将模型由完全假设拓展为不对称信息，假设其他国家（委托国）不知道霸权国家（代理国）提供公共产品的成本，也就是不知道 θ

值的大小。在这种情形下，其他国家对霸权国家维持霸权支持与否的最优策略就会变为：

$$P_t = 1，当且仅当 U(g_t(\theta_t), r_t(\theta), \theta_t) \geq (1-\eta_t(\theta_t))\varpi(\theta_t) \tag{4-18}$$

为了满足其他国家的效用，霸权国家会采取以下策略：

$$r(\theta) = \bar{y} - \theta g^*(\theta) - (1-\eta(\theta))\varpi(\theta) + H(g^*(\theta)) \tag{4-19}$$

霸权国家获得的总收益就会变成：

$$\bar{y} - \theta g^*(\theta) - (1-\eta(\theta))\varpi(\theta) + H(g^*(\theta)) + R \tag{4-20}$$

同时，要满足：$U(g_t(\theta_t), r_t(\theta), \theta_t) = (1-\eta_t(\theta_t))\varpi(\theta_t)$

这反映出，像美国这样的霸权国家在持续供应全球公共产品的过程中，其总体收益正在减少。霸权国家的边际寻租成本正在增加，其相对实力也在减弱。一旦霸权国家无力承担全球公共产品的费用，其领导地位也将难以为继，即 $P_t = 0$。在这种情况下，霸权国家最理想的选择是将 r 设定为 $\bar{y}$。因此，霸权国家能够持续保持其领导地位的条件是：

$$H(g^*(\theta)) - \theta g^*(\theta) - (1-\eta(\theta))\varpi(\theta) + R \geq 0 \tag{4-21}$$

设定 θ^* 为：

$$H(g^*(\theta^*)) - \theta g^*(\theta^*) - (1-\eta(\theta^*))\varpi(\theta^*) + R = 0 \tag{4-22}$$

可以得到，其他国家的效用函数变为：

$$U(g_t(\theta_t), r_t(\theta), \theta_t) = \begin{cases} (1-\eta_t(\theta_t))\varpi(\theta_t) & 当\theta \leq \theta^* \\ 0 & \theta > \theta^* \end{cases} \tag{4-23}$$

其他国家的预期效用函数为：

$$E(U) = \int_{\underline{\theta}}^{\theta^*} (1-\eta(\theta))\varpi(\theta) dF(\theta) + \int_{\theta^*}^{\bar{\theta}} 0 \cdot dF(\theta) = F(\theta^*)(1-\eta)\varpi \tag{4-24}$$

在其他国家不知道霸权国家提供公共产品的成本时，霸权国家必然会陷入全球公共产品供给困境。此时，霸权国家为了继续保持自己的霸权地位，获得霸权收益，其会通过战争等非经济手段强制其他国家支持其霸权地位。因此，霸权国家的实力减弱及国家间权力的重新分配是多轮重复博弈的自然结果。那么，霸权国家如何保持其领导地位呢？当霸权国家与多个强国共存时，只有通过共享权力和利益，与这些强国一同提供公共产品，国际经济治理体系才能有效维持其稳定性。这一点也支持了假设三。博弈论展示了国际协调的效率和收益优于无协调状态，因此，宏观政策的国际协调不仅是可行的，而且通过寻找共同利益点、达成共识、保持这种均衡状态，有效的国际协调是可以实现的。

二、合作博弈理论在国际经济治理中的运用

"美国利益至上"是美式经济治理的基本原则，其主要服务于美国全球经济治理"霸权领导体系"，这是当前全球经济治理需要克服的内在矛盾之一。2008年国际金融危机爆发后，西

方传统发达国家受到重要影响。这场危机及其长期效应显著限制了美国在全球经济体系中的主导地位和其提供公共产品的能力，同时也对其构成了内在的挑战。一方面，为了解决国内不断恶化的经济问题，美国不断采取量化宽松等措施，这导致了与发达国家、发展中国家及新兴经济体之间的货币贬值竞争和宏观经济政策的冲突。另一方面，自特朗普总统执政以来，美国实行了一系列单边行动，包括退出《全面与进步跨太平洋伙伴关系协定》《巴黎协定》和联合国教科文组织等国际条约和机构。这些行为表明美国拒绝承担向国际社会提供公共产品的责任。

这些举措反映了美国在全球治理中的角色和博弈策略正在发生变化，也表明美国在维护其霸权地位和提供全球公共产品方面面临着新的挑战和考验，暴露出全球经济体系固有的不足。同时，随着中国等新兴经济体和大型发展中国家的快速增长，发达国家的经济力量相对减弱，这导致了全球经济权力结构向多极化方向发展的趋势日益显著。这一转变促进了国际经济治理架构和方式的深刻变革，预示着主导权从美国单边治理模式向多方合作治理模式的潜在转变（程永林、黄亮雄，2018）。而中国顺应全球经济治理体系变化现实需求，以强大的感召力，通过内外政策联动，汇集各方伙伴和力量，为完善全球经济治理体系，解决全球经济治理难题作出了诸多贡献。

美国出于自身利益和战略考量，致力于加强其在全球经济治理中的主导作用，频繁运用单边及多边策略，通过联合国、世界贸易组织、国际货币基金组织等全球性治理机构来维护其领导地位。然而，新兴经济体的崛起以及发展中国家的积极参与，尤其是在二十国集团框架下的积极活动，显示出全球经济治理从仅发达国家间的协作转向一个更包容的合作模式。这种转变可能意味着国际经济治理正朝着更均衡和全面的方向发展。

案例4-3

特朗普政府自由霸权主义

根据特朗普政府发布的《国家安全战略》报告，其执政方针"美国优先"旨在重振美国经济、增强军事力量、保卫国家安全、维护国家主权以及推广美国的价值观。这些目标的中心思想是提升美国的全面国力，保持其在全球的领导角色，并传播自由主义思想，这与自由霸权主义的核心理念相吻合。尽管特朗普曾表示他不会在外交政策上过分强调意识形态和价值观，但他也强调将使用外交、制裁等手段来对付那些威胁美国利益、背离美国价值观的国家和领导人。

特朗普政府的中国政策也展现了自由霸权主义的特点。从自由主义视角看，特朗普政府将中美之间的竞争视为"专制与自由"的对抗，认为中国试图建立的国际秩序与美国的价值观和利益相冲突。美国过去四十年的对华政策是建立在支持中国崛起并融入国际体系的基础上，目的是促使中国走向自由化。但随着中国发展出自己独特的发展模式，与美国的预期越来越远，华盛顿对此感到极度失望。最近，美国国务院官员甚至提出了中美"文明的冲突"，这可以看作是美国与中国进行意识形态竞争的新动向。从维护霸权的视角来看，美国将中国定位为"修正主义大国"，批评中国追求权力扩张、军事现代化和推广权威体制，并指责中国试图将美国排除在印太地区之外，推广其国家主导型经济模式，重塑地区秩序以服务自身利益。这显示了自由霸权主义思想在特朗普的中国战略中仍然扮演重要角色，而采取对华贸易战等具有特朗普特色的政策措施，更多是其战略实施的新策略。

资料来源：
李永成. 特朗普对美国自由霸权主义的继承与调整[J]. 现代国际关系，2019（5）：26-33，62-63.

随着全球经济的持续发展、贸易模式与格局的演变以及世界政治格局的转变，世界经济力量、军事力量向多极化发展，其也预示着多极世界将是未来世界最为可能的形态。即使多极化的世界是不稳定的，基于共同利益，在制度多极、文化多极、经济多极的环境下，全球经济治理是有可能实现的。在霸权主义必将消退的将来，国家之间通过积极合作，共同提供公共产品，保持金融贸易稳定，促进全球经济健康发展成为未来全球经济治理的发展方向。

本章小结

（1）在国际关系的理论流派中，尽管在本体论和认识论层面对共同利益的解读存在分歧，但在研究方法上，学者们集中于探讨国家利益与共同利益之间的相互影响。他们倾向于把共同利益看作是对国家利益研究的一个扩展概念，更多地研究不同国家利益中普遍存在的共同点。这种研究方法突出了在国际互动过程中，各国如何辨识和追求那些跨越国家界限、有助于增进整体福祉的利益点。

（2）共同利益指的是在国家间相互依存的背景下，各国利益中表现出的共同性或一致性部分。它由共同的利益追求和共同面临的风险或威胁构成，这些因素共同促成了在双边、多边乃至全球层面上的国际合作。以国家利益和相互依赖为核心要素，共同利益形成于国家利益的交互博弈中；共同利益的运行是利益统一、动静统一和知行统一的；共同利益通过"自助-互惠-互利"的路径确立国家间的"共享"，并在双边、多边与全球互动中展现出不同的特征。

（3）作为习近平外交思想的重要组成部分，构建人类命运共同体代表了中国对未来国际秩序的愿景与建议。在国际互动中，无论是双边还是多边关系，乃至全球范围内，普遍存在着共同的利益纽带。这些利益纽带揭示了国家利益中的普遍性，即使在各自的特殊性中，也能找到共鸣。为了确保人类的光明未来，必须培养全人类共同体的意识，优化现有的合作与发展策略。

（4）在全球经济治理的舞台上，各国在捍卫自身权益的基础上，通过相互间的协调与策略互动来共同推进治理进程。国家间关系的实质在于权力的平衡与利益的共享。权力的对比关系塑造了国际体系的形态与特点，同样也决定了各国间的利益分配格局。

（5）目前，全球经济治理的架构和方法正在经历显著的变革，这可能预示着以美国为首的传统霸权治理体系正在逐步过渡到一种基于合作的治理体系。中国应当巧妙地运用国际经济治理的机构和论坛，通过持续地寻找和扩展共同的利益点，采取互利共赢的竞争策略，将日益增长的综合实力转化为在国际体系中的制度性影响力、塑造力和领导力,以促进国际经济治理体系朝着更加公正和合理的方向发展。

 延伸讨论

(1)共同利益理论是相互依赖状态下国家利益存在共性或趋同的部分,形成于国家利益的交互博弈中,由共同收益和共同威胁所构成。有人说共同利益和合作博弈是一件事物的正反面,前者看到了各国利益的趋同之处,后者则注重国家利益趋异的特点。你是否认同这一观点?请和小组同学讨论共同利益理论与合作博弈理论二者之间有何关系?

(2)本章通过博弈均衡模型,分析了霸权国家在不同情境下为维持霸权地位和其他发展中国家为维护自身利益所作的博弈策略选择。请谈谈在信息完全对称和信息不对称的背景下的霸权国家与其他国家所作的策略选择有何不同?

第五章　国际经济治理理论基础：法律规则治理理论

 学习目标

学完本章之后，你应该能够：
- 了解全球经济治理背景下的法律规则
- 认识法律规则在国际经济治理中发挥的作用
- 掌握不同法律规则影响经济治理的途径与机制

第一节　全球经济治理背景下法律规则理论

随着新兴经济体与发展中国家经济的迅猛发展，全球经济治理结构迅速变化，但目前全球经济治理机制无法满足迅速变化的经济治理结构的需求，这主要表现在两个方面：一方面是以世界银行、国际货币基金组织等为代表的全球经济治理机制已不能满足迅猛发展的科学技术、经济社会发展的需要；另一方面，以中国为代表的新兴经济体与发展中国家的快速发展、在全球经济中分量日益提高的背景下，目前仍以少数发达国家为主导的全球经济治理机制不能完全反映新时代全球经济结构的变化①。全球经济治理中，国家之间的博弈日益表现为规则制定权的竞争，而金融危机发生和新型冠状病毒感染的大流行使全球经济治理秩序和规则面临严峻挑战，而全球化也已经并应该进入以国际规则重构和升级为主要特征的"新全球化"阶段。

一、新型冠状病毒感染期间部分国际经济治理机制表现出的破裂与落后

随着新型冠状病毒在全球的传播，各国的表现尤其在国际合作抗击疫情上的表现充分表

---

① 朱民在"2021清华五道口全球金融论坛"发表的题为《现有的经济治理机构不能反映全球经济结构变化》的演讲中认为现有的全球经济治理机制从两个维度来说是不够的，一是因为全球经济治理的结构改变得很快，现有的经济治理机构不能反映全球经济结构的变化，二是1945年建立的全球治理机制已经远远跟不上现代的科学环境、技术、社会发展的需要，现在产生了一系列新的问题，需要有新的全球治理机制。

明现有的国际经济治理机制已经远远地落后于时代的发展，不能为全球经济的发展提供有效的全球公共产品。各国在面对疫情时表现出准备不足：一方面是因为疫情出现、传播的突发性；另一方面也暴露了各国在疫情面前缺乏协调，尤其在疫情对各国经济产生较大冲击后，发展中国家融资出现诸多矛盾与困难，疫情期间全球各国尤其是发达国家与发展中国家在疫苗的研发、生产、分配方面仍存在矛盾。一方面部分发达国家利用自身在生物医药方面的优势，研发、生产并储存数倍于本国人口数量的疫苗，另一方面部分发展中国家的疫苗注射率却不足1%。根据美国杜克大学追踪疫苗购买情况的全球健康创新中心数据显示，高收入国家订购大约60亿剂疫苗，而其他地区合计购买约30亿剂。根据2021年7月29日博鳌亚洲论坛在北京发布《全球新冠疫苗应用图景报告》数据显示，不同国家在疫苗接种情况上存在极大差异，西方发达国家在疫苗接种率上总体领先，全程接种人口比例在30%以上国家中，欧美发达国家占大多数。大量数据与事实表明主要国家在疫苗的国家分配上缺乏行动力，美国囤积了大量疫苗，其实际对外提供的疫苗数量与其实际能力严重不匹配，其原定2021年6月30日之前实现对外提供8000万份疫苗，实际提供数量不足2400万份，对外出口占美国疫苗产量不到百分之一。上述情况表明当前国际治理机制在某些方面亟待改变，现在需要重新讨论并建立新的全球公共卫生治理机制与融资机制。

二、现有的国际经济治理机制无法跟上不断发展变化的全球经济的现实与需要

目前以世界银行和国际货币基金组织等为主要代表的国际经济治理机制脱胎于1944年建立的布雷顿森林体系，但这套由少数发达国家主导建立的国际经济治理体系已经不能满足当下迅猛变化的国际经济形势。从1945年至2020年全球经济结构发生了巨大变化，新兴经济体在世界经济中份额不断上升，已成为世界经济增长的主要推动力。按照原有布雷顿森林体系的规则，各国在该体系内的权益应该充分反应各国在世界经济中的实际比重，以此获得相应的话语权。但从现实情况来看，少数发达国家依然在世界银行和国际货币基金组织中占据主导地位。以中国为代表的新兴经济体并没有获得与实际经济地位相匹配的话语权。2007年美国次贷危机发生后，在G20推动下，国际货币基金组织进行了一次增资和股权调整。目前，国际货币基金组织在全球经济治理机构改革方面走在前列，2016年国际货币基金组织宣布约6%的份额转向有活力的新兴市场与发展中国家，由此中国在国际货币基金组织的份额上升至第三位，而印度、俄罗斯和巴西也均进入前十位。同时，中国的人民币也被纳入特别提款权货币篮子。伴随着国际货币基金组织以及其他国际金融机构的改革，使得新兴经济体与发展中国家拥有更多话语权。但这些还远远不够，传统的全球经济治理机制是在70多年前建立的，已经不能适应、覆盖当今世界面临的问题与挑战，例如气候变化、碳中和、可持续发展、公共卫生、网络安全、数字经济及对金融科技的全球监管等。

全球经济治理

在第二次世界大战硝烟散去之后，为了重建和规范全球经济秩序，一套全新的现代治理

体系开始逐渐成形。在这个体系中,世界贸易组织、国际货币基金组织和世界银行成为其基石,共同承担起引领和协调国际经济活动的重要职责。如果我们将世界贸易组织、国际货币基金组织和世界银行视为构成传统全球经济治理框架的核心组成部分,那么二十国集团、金砖国家合作机制、"一带一路"倡议及各种区域性经济伙伴关系协定等,则可以被归类为新型的全球治理机制。这些新型治理机制并非替代传统机制,而是与之互补,共同构筑起一个更为丰富多元的国际经济协调体系。它们在促进全球宏观经济政策的对话与合作、推动经济全球化和地区经济一体化进程中发挥了积极作用。对于中国而言,这些新型治理机制不仅是展示其全球领导力和影响力的舞台,也是推广"中国方案",分享"中国机遇"的宝贵平台,有助于中国在全球经济治理中发挥更大的建设性作用。在当前全球政治经济版图经历重大变迁、国际秩序快速演变之际,中国作为一个负责任的世界大国,肩负着引领全球治理体系朝着更加公正合理的方向发展的使命。中国应当主动作为,促进新旧两类治理机制之间的有效衔接与互动,以期打造一个包容、开放、互利的全球经济环境。这种努力不仅体现了中国对于构建人类命运共同体的长远考量,同时也对维护世界经济的整体稳定与持续繁荣起到了关键作用。通过积极参与和推动全球治理体系的改革与完善,中国将为全球经济的未来注入新的动力,展现出其在新时代下的国际担当与贡献。

资料来源:
张哲人. 新型全球经济治理机制发展趋势展望[J]. 中国经贸导刊,2020(19):33-37.

在目前世界经济不断发展、不断面临新挑战的大背景下,我们需要根据当前全球经济问题作出判断,从而推动旧的全球经济治理机制的改革与新的全球经济治理机制的建立。例如,继续支持世界贸易组织对其组织结构进行改革,使得贸易的多边主义与经济全球化、贸易自由化重新回到世界政治经济舞台的中心。当今世界虽然部分国家出现一定程度逆全球化浪潮,但历史证明全球贸易、贸易自由化已成为推动世界经济增长的主要动力。世界贸易组织需要根据世界经济贸易发展的新形势来制定新规则,持续推进贸易全球化发展。

面对全球经济的新挑战,需要构建新的全球经济治理机制。一是在应对全球气候变化方面,当今关于全球气候变化与碳中和已经形成基本共识,已经有100多个国家在不同程度上承诺碳中和,但目前还缺乏一个协调、领导全球气候变化与碳中和的治理框架与治理机制,传统全球经济治理框架并未涉及气候变化,因此需要建立新的治理机制。二是在进入21世纪后,随着科学技术的迅猛发展,现有的国际经济治理机制并未涉及未来发展的重要领域,例如网络安全、数字与平台经济、对金融科技的跨境监管等方面。针对这些新出现的经济领域已有部分国家出台了与之对应的管理方法和制度。例如在数字化领域,欧盟颁布了新的《通用数据保护条例》,其他国家也制定了相应的法律法规,但国际上没有一个统一的平台与框架去协调各国在数字化领域的监管差异。同样地,在网络空间安全、科技进步、金融科技的监管等领域亟须全新的全球治理框架与治理机制。

三、构建新的全球治理的政治领导力

在上述关于全球经济治理机制的讨论中，我们仅仅关注了表面的结构问题，旧有的全球经济治理机制无法覆盖到新领域、新问题方面。布雷顿森林体系基本上以七国集团为主要的全球政治领导力，时至今日由于全球经济结构的变化，G7已无法适应全球发展的新形势。2008年国际金融危机催生了全新的G20，如今G20在全球经济治理中发挥着重要的顶层设计作用，这是历史的进步，但是目前G20没有常设的秘书处与工作人员来从事有关全球经济治理的政策的研究与落实。在现实中，我们依然能看到G7在全球经济、金融发展上扮演主要角色。而G20由于机构设立、内部磋商协调等问题，无法将其决议连贯、可持续地监督执行。要改革全球治理机制使其更加适应全球经济的新形势、应对新挑战以及提供新全球公共产品就必须首先考虑顶层设计，即首先需要建立一个更加具有代表性的政治领导机构去协调领导全球的经济治理，例如我们可以在现有G20的基础上建立一个能够真正代表全球的经济金融力量，为全球经济金融的稳定发展与治理提供坚强的政治领导力。

案例5-2

布雷顿森林体系

布雷顿森林体系，作为由美国主导的国际经济秩序，旨在服务于美国在全球的主导地位。在其建立过程中，美国深入实践了"要统治全球需要美元和银行"的理念，具体而言：（1）当前全球经济体系的一个重要特征是以美元为中心，这导致美元不仅成为众多国家的首选储备资产，也是国际贸易中最常用的结算工具。这一现象赋予了美国在国际贸易中的独特优势：美国企业可以直接使用美元参与全球市场的交易，省去了货币兑换的烦琐过程，降低了交易成本，加速了资金流动。战后初期，欧洲各国急需恢复经济，对商品需求量大增。相较于其他受战争重创的国家，美国有雄厚的实力可向欧洲市场输送大量的消费品和生活物资。在这一背景下，美国推出了著名的马歇尔计划，即欧洲复兴计划，旨在通过大规模的财政援助和资本注入，帮助战后满目疮痍的欧洲国家重建经济。这一计划的推行，不仅实质性地缓解了欧洲国家的物资短缺问题，而且通过促进贸易往来和投资合作，深化了美国与西欧国家的紧密联系。随着大量美国商品和资本的流入，美国的经济触角得以在欧洲大陆延伸，其政治影响力也随之增强，从而在二战结束后进一步稳固了跨大西洋的战略同盟关系。（2）在布雷顿森林体系下，美元与黄金挂钩，这一制度赋予了美国在货币操作上的特殊优势。在战后的经济复苏时期，许多国家依赖于从美国进口必需品，而美国则利用这一时机通过调整出口商品的价格策略，实现了高额的商业回报。同时，由于美元作为国际贸易的主要结算单位，美国在进行海外采购时，可以通过维持或提升美元相对于其他货币的价值，从而在实际支付环节中享受到汇率差额带来的成本节省。这样的机制不仅加强了美国在全球贸易中的竞争力，也为美国政府和企业带来了显著的经济利益。（3）美国借助其在布雷顿森林体系中的主导地位和监督权，对其他国家的经济政治施加影响甚至进行干涉。按照布雷顿森林体系的条款，国际货币基金组织有权对那些向其借款或寻求帮助的国家进行监控，以确保该体系能够稳定运

作。在此过程中，各国政府会受到一定程度上的约束和限制，但这种约束与限制并不具有强制性，因此，在实际执行的过程中也就不会有很大争议。美国，作为这一经济体系的领导者，有能力借助国际货币基金组织这一工具，通过向借款国施加附加条件，来对其经济政策的构建和执行进行干预。

资料来源：

李艺. 以布雷顿森林体系为例研究美国制度的创新[J]. 现代商贸工业，2021，42（13）：35-36.

第二节 经济法规则在国际经济治理中的作用

一、经济全球化与国际经济法

在全球经济联系日益紧密的背景下，国际经济法这一旨在规范跨境经济互动的法律体系，正经历着深刻的变革与发展。这一法律体系在多个维度上呈现出新的演进态势，包括但不限于规则的统一化、参与者的多元化、规制对象的扩展及法律形式的多样化。随着各国经济相互依存度的提升国际经济法被赋予新的内涵，国际经济法正努力构建一套更为统一和协调的规范体系。

国际经济法是一套专门针对跨国经济交往中各类主体——包括个人、企业、国家及国际机构之间关系的法律规范集合。它汲取了国际法与国内法的共同智慧，形成了一个独特的法律分支。如同所有成熟的法律体系一样，国际经济法具有一般指导意义，并被广泛应用于国际经济法各细分领域，犹如坚固的支柱，支撑起错综复杂的国际经济法律体系，使之成为一个内部逻辑严密、条理清晰的法律网络。

国际经济法的核心原则，如尊重国家主权、倡导国际合作、追求可持续发展及坚持公平、平等和互惠互利等，共同构成了国际经济法体系的基石，确保了国际经济交往的规范性与公正性。（1）国家经济主权原则是指国家在经济上享有独立自主的权利，并对其全部财富、自然资源以及在其境内从事的经济活动享有永久主权，包括自由地行使拥有权、使用权和处置权。该原则是国家主权原则在国际经济领域中的具体体现，是国际经济新秩序建立的基础。（2）对于经济实力相当、实际地位基本平等的同类国家来说，公平互利落实于原有平等关系的维持；对于经济实力悬殊、实际地位不平等的不同类国家来说，公平互利落实于原有形式平等关系或虚假平等关系的纠正以及新的实质平等关系的创设。为此目的，就应当积极采取各种措施，让经济上贫弱落后的发展中国家有权单方面享受非对等性的、不要求直接互惠回报的特惠待遇，来补偿历史上的过错和纠正现实中的弊病，以实现真正的实质上的平等，达到真正的公平。（3）国际合作以谋发展原则是指国际合作以谋发展是所有国家的一致目标和共同义务，每个国家都应对发展中国家的努力给予合作，提供有利的外界条件，给予符合其发展需要和发展目标的积极协助，要尊重各国的主权，不附带任何有损主权的条件，以加速各国的经济和社会发展。根据这一原则,要促进所有国家的经济发展,首先要促进发展中国家的经济发展,要尊重发展中国家的发展权。长久以来,发展中国家的经济发展没有得到足够的重视,在旧的国际经济秩序下发达国家利用其经济实力,控制、掠夺和剥削发展中国家,发展中国家的经济发展权没能得到尊重,经济发展速度缓慢。发展中国家的经济发展,对发达国家和整个国际社会具有很大的影响和反作用。

(一) 国际经济法的统一趋势不断加强

国际经济法是在国际条约基础上建立的,由于其持续的制定和更新,国际经济的一体化进程得到了进一步的推进。这一发展趋势主要在以下几个关键领域得到体现:在国际商法的范畴内,相关的法律规定正逐渐走向统一化。在过去数十年中,国际商法作为规范国际商业交易行为的法律标准,已初步实现统一。联合国国际贸易法委员会的持续努力促成了这一成果。有关国际经济关系的国际条约是国际经济法的最重要的渊源。而调整国际经济关系的带有普遍性的国际公约和多边条约更是国际经济法的直接渊源。当然,那些经过实践磨砺、日益完善的商业惯例是推动国际商法统一的另一重要力量,尽管商业惯例并不具备国际商法的强制效力,然而,这些国际商业惯例却直接体现了国际商事交易的实际需求与发展动向,这在现实中对指导国际经济交流具有重要意义,同样可以作用于国际条约,被吸收转化,形成法律规则,这更能促进条约的完善与统一。

(二) 国内法与国际法不断加深融合

在由国际经济法筑成的宏伟建筑中,国际条约宛如一根根坚实的梁柱,它们的形成自然而然地融入了缔约国,尤其是那些在谈判桌上挥洒自如的主要国家或国家集团的国内法精髓。这些国内法,如同精心挑选的建筑材料,赋予了国际条约独特的质感和力量。这种作用与反作用,使得国际经济法与国内经贸立法的融合日益加深,界限日趋模糊,例如两大法系货物买卖法和合同法对《联合国国际货物销售合同公约》的影响,就是这种趋势有力的证明。随着经济全球化的不断发展,这一现象越发明显。例如,WTO《反倾销协议》(1994年)是以欧美国家的反倾销法,特别是欧盟的反倾销基本条例为蓝本制定的,吸收了美国和欧盟大量的国内立法经验。比如,《反倾销协议》直接借鉴了欧盟推算价值计算中期间费用和利润率的计算规则,使正常价值的计算更为详细和合理。同时,《反倾销协议》还借鉴了美国贸易法中关于损害威胁确定因素的规则,进一步细化和完善了反倾销调查中的产业损害调查规则。

(三) 国家经济主权弱化,国际组织影响力增强

在全球化的巨浪冲击下,国家主权的古老灯塔逐渐从孤立的绝对主义转向了更加开放的相对主义,这一变化在经济领域的海岸线上尤为显眼。正如潮水退去后留下的贝壳见证了大海的力量,WTO、IMF、WB这三大国际经济组织的崛起和壮大,正是国家经济主权相对化趋势的鲜明标志。

首先,国家的经济独立权受到一定程度的削弱,在确定本国经济目标和政策、处理重大经济事务方面不同程度上受到国际经济组织的介入和影响。以IMF为例,为了履行维护全球金融稳定的基本职责,IMF原则上每年都要同成员进行磋商,对后者的经济、金融形势和政策做出评价;同时成员应向IMF提供本国的经济、金融数据,并就汇率及相关经济政策问题

同IMF进行协调；IMF每年向成员提交一份总结报告，以促使其进行相关政策的改进。对于陷入经济危机或金融危机需要资金援助的成员，IMF在提供贷款时还会为其制定符合IMF标准和要求的经济调整计划，以此作为贷款的前提条件，成员只有接受该调整计划才能获得贷款资格。调整计划通常都会包含减少财政赤字、削减各种开支、实行紧缩货币政策、增加出口或减少进口、改革金融体制、促进市场自由化等内容。这些附加条件是IMF援助贷款的主要特点，这在一定程度上削弱成员的经济独立性。

其次，国家的经济立法权受到限制，立法的内容和方式都受到国际经济组织相关原则和规则的约束。例如，WTO一系列关于自由贸易的原则，包括最惠国待遇原则、国民待遇原则、透明度原则等，以及根据这些原则制定的具体规则，深刻影响着各国经济法律法规的制定：它们不仅意味着成员不能随意制定关税税则或设置非关税壁垒，对本国国民或市场实施保护，这意味着成员对其具体法律法规必须及时公开并且通知WTO，由WTO进行经常性审查。如果WTO认定成员的某项立法违反其在WTO框架下承担的义务，后者必须修改或废止。

最后，国家的经济管辖权受到限制，需要服从国际经济组织的管辖权。例如，WTO争端解决机构对于成员之间的贸易争端具有强制管辖权。同时，争端解决机构在审议专家组报告或上诉机构报告时采取"反向协商一致"，即只要不是所有参加方一致反对，报告即可通过并执行。这些都大大强化了WTO的管辖权，削弱了成员自身的管辖权。

（四）非政府组织的参与和影响日益扩大

伴随全球化而来的非政府组织的数量大量上升与活动频繁是近些年来国际秩序中最突出的变化之一。在国际经济领域，非政府组织已经成为民族国家、跨国公司和政府间国际组织之外的重要力量之一，越来越积极地表现出干预国际决策的能力和参与国际治理的决心。非政府组织在这一领域的活动日益活跃，不仅针对各国政府和跨国公司采取各种行动，影响其立法或决策过程，还直接参与联合国及主要国际经济组织的会议、决策、日常活动、项目执行乃至争端解决，通过合作或抗议行动对相关规则的制定和实施施加影响。这些对于国际经济法的发展都具有重要意义。

非政府组织参与对国际经济法的一个重要影响在于增强相关规则制定、实施和适用过程中的民主性、开放性和透明性，促使其更为全面地反映国际社会中各种"利益攸关者"的诉求，而不是被某些国家、某些利益集团或者某种价值观念把持。正如部分学者所指出的，当前许多国际经济法律机制与国际组织的合法性之所以受到严重挑战，根源在于法律规则的制定和国际组织的决策过程中存在严重的"民主赤字"，在制定决策过程中拓宽和加大非政府组织的参与渠道和参与力度，无疑是克服这种危机的有效途径。

（五）国际经济法同社会性法律关联的加强

随着经济全球化的深入，经济活动对环境、劳工等领域的影响日益凸显，国际经济法也从传统上主要关注贸易、投资、金融、税收等纯经济领域，发展到更多地涉及社会性领域，与环境、劳工、人权等社会性法律之间的关联和互动不断强化。

环境立法与WTO贸易规则的关联与整合是一个很好的例子。1994年乌拉圭回合的成果之一是在《建立世界贸易组织协定》前言中明确了可持续发展和环境保护目标，并成立了世界贸易组织贸易与环境委员会，从而使环境和可持续发展问题成为世界贸易组织工作的重要部分。在贸易争端案件审理过程中,世界贸易组织争端解决机构也越来越多地考虑、援引环境立法的相关内容,包括将多边环境公约作为法律依据适用于案件审理,以及在一定范围内认可国内环境保护措施的域外效力等。在2001年多哈部长级会议上,贸易与环境被提上新一轮多边贸易谈判日程,《多哈会议部长宣言》授权贸易与环境委员会开始贸易与环境议题的谈判。这是世界贸易组织历史上首次将环境问题列为多边贸易谈判的内容,是环境立法与多边贸易规则之间关联与互动进一步强化的标志。

二、经济法规则与国际经济治理

(一)全球经济治理成因的研究

关于全球经济治理,存在两种主要的研究领域。一是从国际关系学和政治学的角度切入,深入探讨全球经济治理的形成原因。在这一研究领域中,詹姆斯·罗西鲁的研究具有代表性。他首次系统地详述了超越国家主权范围的全球治理理念,清晰区分了治理与政府控制的差异,并着重研究了在无政府状态下,如何实现治理的议题。马丁·休森和蒂莫西·辛克莱在其作品中探讨了全球治理的本质,强调这一概念对于全面理解全球化现象的重要性。他们认为全球治理揭示了全球化进程中的三个关键特征。首先,在全球化和碎片化并行不悖的态势下,权威位置的迁移现象愈发显著;其次,全球公民社会的崛起成为不可忽视的趋势;最后,当前面对全球政治经济格局重组的时机,社会各界正在发挥关键作用。托尼·麦克格鲁在其著作中对全球治理的现行结构、功能及模式进行了深入研究,并揭示了由政府层面扩展至多层级的全球治理体系所存在的主要不足之处。他指出,当前全球治理的错位表现源自全球权力转移顺序、经济秩序和知识秩序相互推动、加强的动态进程。

戴维·赫尔德指出,全球治理核心理念应与社会正义原则紧密联系并在此基础上对全球市场行为做出调整。在全球化的浪潮下,当前的全球治理体系面临着严峻的挑战,它显示出一种权力过度集中且民主机制匮乏的不公正面貌。在国际层面上,这一体系更多地反映了不平等的权力等级关系,而非平等、公正和民主的原则。鉴于全球治理现状的错位,对国际机构和体系进行彻底改革或重建已成为迫切任务。罗伯特·基欧汉指出,尽管国家在全球治理中扮演着核心角色,但并非唯一治理主体。随着全球化的推进,全球治理的结构日益显示出多样性和复杂性。在这一背景下,在全球治理的进程中,非国家行为体如国际组织和国际非政府组织等扮演着举足轻重的角色,其重要性不容忽视。这种发展趋势为非国家行为体提供了更多参与全球治理的契机,从而使其共同推动全球治理体系的完善与发展。从经济学或金融学的角度来看,全球经济治理通常指的是国际经济关系的管理和调节机制,包括国际贸易、投资、金融市场和宏观经济政策的协调等方面。这种治理涉及国际经济规则的制定、国际金融机构的作用,以及各国政府和国际组织之间的合作。2010年,徐建炜与姚洋研究全球经济治理,关注全球经济失衡、国际贸易治理、全球金融管理和国际宏观经济政策协调等议题。他们的研究强调了全球经济治理面临的挑战,特别是在处理全球经济失衡问题上。Alisa,Kevin和Ulrich的研究指出全球经济失衡现象的一个重要因素是发达国家所主导的国际经济治理格局。这种格局可能导致资源和机会的不平等分配,加剧全球经济的失衡。

发达国家的政策选择和国际经济规则的设计往往有利于其自身利益,而不一定考虑到发展中国家的需求和利益。为了有效解决这一问题,发展中国家必须依赖发达国家自愿让渡国际经济治理权。当前,发展中国家在国际经济治理体系中主要扮演的是被动适应者的角色,缺乏足够的话语权和决策权,这在一定程度上加剧了全球经济失衡的态势。因此,推动全球经济的平衡与稳定,发达国家应当主动承担责任,调整并优化国际经济治理格局,以适应全球经济发展的新形势和新需求。

(二)全球经济治理的演进机制与制度变迁

自20世纪初全球经济体系确立以来,全球经济治理机制主要依托霸权治理模式,从制度分析的角度来看,大致经历了三种模式的演进历程。

一是霸权竞争型治理模式。1900—1945年,英国在全球经济治理中占据重要位置,但由于全球市场和贸易金融秩序的不成熟,其对全球经济秩序的控制和影响有限。两次世界大战后,国际力量对比发生了显著变化,德国、日本、美国等逐渐崛起,成为新的经济强国。随着这些国家的经济实力逐渐增强,它们与传统经济强国如英国之间的力量对比发生了变化,这导致全球经济治理中冲突的发生。这些新兴经济体的崛起,以及它们在全球市场和资源分配中的竞争,对既有的国际经济秩序构成了挑战。然而,由于负责维护国际经济体系稳定的国际组织和规则体系存在明显的不足,导致国际社会逐渐演变为以实力为主导,导致各国关系呈现出弱肉强食的态势,单边主义盛行反映了国际关系中权力结构的变化和对既有国际秩序的挑战。随着英国全球霸权地位逐渐衰退,国际体系进入了一个过渡期,出现了所谓的"力量真空"。霸权竞争作为一种治理模式,虽然在一定程度上反映了国际关系中的现实,但它也暴露了国际治理结构的局限性。

二是霸权主导型治理模式。1945—1971年和1991—2008年这两个时间段,世界见证了一个由美国领导的全球经济治理架构的兴起。1945—1971年的标志性事件是布雷顿森林体系的创立,它奠定了美国在国际经济舞台上的主导地位,并以此为核心,构建了一个涵盖多个关键国际组织的全球治理体系。这些组织包括世界贸易组织的前身——关税及贸易总协定,以及国际货币基金组织和世界银行。这些组织的决策权和影响力主要集中在欧美国家手中。1947—1991年,国际货币基金组织和世界贸易组织等组织成为西方资本主义国家协调整体宏观经济政策的重要平台。它们在促进资本主义世界的经济增长和稳定方面发挥了不可或缺的作用,尤其是在推动那些属于资本主义阵营的国家实现经济繁荣方面,它们的贡献尤为显著。这些国际组织通过协调各国经济政策、促进贸易和投资自由化,为全球经济的稳定增长提供了有力支撑。由于意识形态、安全及政治需求等多方面的原因,以中国和苏联为代表的多数社会主义国家并未融入由美国主导的全球经济治理体系之中。为维持全球领导地位,美国持续实施多种经济战略和措施,力图加强对国际经济秩序及其规则制定的控制,并推广新自由主义思想至国际社会。在多个领域,包括全球贸易、金融和产业,美国多次实施单边主义措施,以巩固其在世界政治经济舞台上的霸权地位。随着二战后跨国公司的蓬勃发展,参与全球经济治理的角色不再限于政府,还包括了大量的非国家主体。因此,全球经济治理的竞争格局已经从宏观层面的国家间竞争扩展到了以国家支持和企业为核心的微观层面。在这种竞争中,各方争相制定和影响市场规则、确立行业标准、保护知识产权以及塑造法治环境等。

三是霸权合作型治理模式,这一时期可分为两个阶段:1971—1991年,以及从2008年—至今。1971年以后,日本、欧洲和苏联的经济蓬勃发展,给布雷顿森林体系下的国际经济管理带来了挑战,这导致该体系逐渐出现裂痕,并最终走向了瓦解。面对这一变化,美国在国际经济事务中越来越多地寻求合作治理，以适应新的全球经济现实。这意味着美国开始与其他国家共同探讨和制定国际经济规则，而不是单方面主导。这种转变反映了一种更为复杂和多极化的全球治理趋势，各国需要在相互依赖和竞争中寻找合作的可能性，以维护和促进全球经济的稳定与发展。因此，美国交替采用单边主义和多边主义策略，以遏制多极化的进一步发展。在这一进程中，美国巧妙地运用联合国、国际货币基金组织、世界银行和世界贸易组织等多边机构作为施展影响力的舞台，意图延续其霸权治理的框架。1975年成立的七国集团便是一个典型例子，它旨在通过集体努力塑造和指导全球经济秩序。二战结束以来，在美国主导下形成的国际经济体系，在保持全球经济稳定和推动其增长的方面，展现出显著的效果。通过建立和强化诸如七国集团等国际机制，美国与合作伙伴共同应对经济挑战，促进了国际贸易和投资的开放性，从而为全球经济的健康发展提供了坚实的基础。即便在全球格局不断演变的今天，这些组织依然在全球治理结构中占据重要位置，持续为国际社会的经济合作与发展注入动力。自2008年起，新兴经济体开始积极参与G20峰会，逐步扮演国际金融危机对策的领导角色，从短期危机应对措施逐渐演化为全球经济合作的核心。这一系列的动态变化昭示着全球经济治理格局正步入一个转型期。首先，我们见证了治理参与者的扩展，由以往仅限于发达经济体之间的协作，逐步拓展至涵盖发展迅速的新兴经济体在内的更广泛合作网络。这标志着全球经济力量的再分配，新兴经济体因其日益增长规模的贡献而在全球治理舞台上获得了更多的话语权。同时，在区域层面的经济协作中，除了已经确立的北美自由贸易协定（NAFTA）、欧洲联盟（EU）、亚太经合组织（APEC）等成熟的区域合作架构之外，美国还主动出击，旨在领导跨大西洋贸易与投资伙伴协议（TTIP）和跨太平洋伙伴关系协定（TPP，后发展为CPTPP）等新兴区域经济合作机制，代表了全球经济治理和区域经济治理关系的一种创新性探索。

（三）国际经济法与全球治理

在全球化浪潮的推动下，国际政治与经济的格局正以前所未有的速度和深度进行重塑。法律作为维系社会正常秩序不可或缺的基础性工具，其重要性不言而喻，即便是在缺乏统一政府治理的国际社会中也同样发挥着至关重要的作用。尽管全球治理的多样性和广泛性，超出了单一的国际经济法律规范范畴，但与其他治理手段相比，国际经济法在稳定性、明确性、责任性、透明性及效率方面具有优势，正是这些特质使其成为全球治理结构中不可或缺的关键要素。

随着全球化步伐的加快，传统的以国家为中心的治理模式正在经历一场深刻的转型。为了实现全球治理高效协调，国家和非国家行为者需要合作，在各层面共同构建网络化、多元化、多层次的治理系统。因此，国际经济法必须适应全球化和全球治理的需要，以确保其在新格局下的发展和地位，理解并响应其深层的逻辑和需求，不断调整或创新自身的法律框架和实践机制，以此来推动全球治理的持续发展和完善。从成果来看，在国际金融危机后的全球经济环境中，我们可以看到国际经济法律体系和国际经济组织在权力结构和运行机制上都经历了显著的创新和变革。与此同时，国际经济立法的价值取向、结构设计、内容核心及执行与裁决的具体实践，都在经历着关键性的考验和转型。为应对这些变革，各方已进行了一系列的适应性调整与改变，并将继续深化和完善相关举措。在国际经济法律框架和国际经济组织的力量配置中，新兴市场国家，特别是那些发展水平较高的发展中国家的影响力逐渐增强。受国际金融危机影响，国际社会开始对传统治理模式进行修正，这些治理模式在过去往往过于侧重资本权益，而忽视了对资本进行合理规制的必要性。因此，在构建新型全球治理框架的过程中，对资本进行适当的制约，并确保其承担相应责任是必不可少的。国际经济治理的这些变革反映了全球治理需求的演变，旨在构建一个更加包容、响应迅速和负责任的治理体系，以适应日益复杂和动态的全球经济环境。传统上，国家和国际组织主导国际法律规则的制定与执行，但这一格局正在发生变化，其他非国家主体也参与其中，国际经济组织在其决策和活动流程中逐渐开放，允许非国家主体的适度参与。面对全球治理深化的紧迫性，国际经济法的法律基础正在经历一场显著的演变。过去，该领域更倾向于依赖具有强制力的"硬法"规范，而现在则趋向于平衡发展，既重视"硬法"也重视"软法"，并且在正式的法律机制与非正式的机制之间形成了互补和协同的关系。

在金融危机爆发前，出于对稳定性和明确性的追求，国际社会普遍偏爱那些具有约束力的"硬法"以及正式的制度安排。在危机治理的实践中，这一倾向得到了深刻的反思与调整。金融危机爆发后，在危机处理过程中，巴塞尔银行监管委员会（BCBS）、金融稳定委员会（FSB）、国际证监会组织（IOSCO）等机构的作用愈发凸显，它们的影响力超越了国际货币基金组织和世界银行等传统国际组织。这些组织相继颁布了一系列创新的金融监管规定，引领国际金融治理迈入了一个全新的阶段。

总之，国际经济法与全球治理之间构筑了一种密切相连、互为支撑的积极关联，这种联系在后金融危机时期全球治理体系的演进及其推动下的国际经济法发展过程中表现得尤为明显。在这一时期，随着全球治理需求的不断增长，国际经济法的角色和功能也随之得到强化和拓展，二者之间的互动和影响日益加深，共同塑造了国际经济秩序的新面貌。与此同时，资本与国家、资本与社会之间的权力和利益的协调问题，始终处于一个持续变化和调整的过程之中。这个过程就像是一场不断进行的舞蹈，参与者在寻找新的和谐节奏时，全球治理与国际经济法始终遵循"平衡—失衡—再平衡"的旋律，进行持续的调整、发展与变化。

三、在以国际经济法为基础的全球合作的基本框架下解释"一带一路"倡议中的国际经济治理

在应对当前逆全球化趋势和贸易保护主义抬头的背景下，中国坚持开放发展的理念，提出了一系列创新性的应对策略和解决方案，这些措施的核心是"一带一路"倡议。中国提出的"一带一路"倡议提升了中国参与全球经济治理规则体系建设的能动性。同时，中国全球经济治理参与路径也进入国际规则和国内规则双向互动阶段，并致力于开创全球合作的全新模式。

（一）对国际经济法的影响

在"一带一路"倡议发布前，国际经济法的理论和实践很大程度上受到西方发达国家的影响。这时的国际经济法以自由开放为核心理念，其构建基础在于各国国内政治环境的稳定和社会契约的健全。在这一框架下，多边主义、经济的全球化及政府的合理介入等要素相互融合，共同促进国际经济法的发展。根据这一框架，当各国政府谋求所谓的全球经济合作时，就必须严格遵守西方的标准。各国政府需要避免对市场进行过度的干预，通过法治手段来建

立并维护自由市场秩序,从而保障市场的自由发展。在此过程中,政府不得直接参与初次分配,并限制在二次分配中的参与程度。从对美国、英国等国家的自由市场发展情况的深入观察中,我们可以看到,自由市场模式在促进经济增长的同时,也带来了贫富差距扩大和金融危机频发的副作用。在全球化背景下,经济危机具有传染性,易引发全球性经济衰退。发展中国家和欠发达地区在与发达国家的贸易中往往处于不利地位,这加剧了经济剥削和国际经济差距。中国提出的"一带一路"倡议与西方推崇的经济全球化方案存在显著差异。该倡议基于"共同"理念,聚焦政治合作,旨在促进经济、文化、政策交流。具体而言,"一带一路"倡议通过建立国际经济组织,以金融投资为主导,推动贸易往来,致力于发展对参与国家经济至关重要的基础设施,从而促进各国市场的繁荣。

(二)"一带一路"倡议对于全球合作的意义

"一带一路"倡议是中国提出的基于投资建设的全球经济贸易与金融往来模式,本质上是一种创新的全球合作方式。首先,在合作层面充分体现了相互协作的精神。在投资建设过程中,因历史背景、文化传统、人口规模等多种因素的差异,各国的发展不均衡。这种不平衡的发展趋势不仅产生了新的合作方式,也有效地激发了参与国家的合作意愿。各国充分结合自身差异和互补性,融入了这一合作机制,从而避免了强国对弱国的控制和压制,确保了合作的公正性。其次,就政府与市场之间的关系而言,"一带一路"倡议强调政府与市场应实现有效的结合,市场主导资源配置,政府辅助宏观调控。为保障市场稳定与可持续发展,政府需实施相应的政策,对国内外市场进行适度调控。这样的干预有助于预防因监管失误引发的经济或金融危机,确保市场健康运行和长期繁荣。在国际政治经济学的领域中,市场与政府之间的关系历来备受关注,成为各国关注的重点。各国政府均致力于寻求政府与市场间的平衡点,通过市场机制和适度的政府宏观调控来促进经济稳定和持续发展并降低引发经济危机的风险。20世纪的国际经济法发展趋势,以自由主义经济法为主导地位,倡导市场自由化和政府干预的最小化。然而,这种做法实质上可能导致经济无序发展,其本质仍接近于"社会达尔文主义"式的发展模式,这种发展方式不利于长期稳定的经济合作。所以,"一带一路"倡导国家高层间的深入合作,通过自上而下的途径推动创建一个满足各方利益与合作需求的机制,落实"一带一路"共商共建共享原则。"一带一路"倡议依循市场规律,基于平等合作理念,搭建多边舞台,提供区域公服,抵制单边主义。它改变了以往表面多边实则单边的合作模式,真正履行国际经济法关于全球合作的条款,致力于推动更加公正、平等、可持续的国际合作进程。同时,"一带一路"倡议秉持互利共赢理念,有效解决了合作过程中的挑战。作为最大发展中国家,中国的经验和实践对其他发展中国家具有重要参考价值。中国结合自身经验构建了完整的理论框架,为新型国际合作模式提供指引。尽管西方主导的自由主义国际经济法强调规则基础,但通常以服务于发达国家的自身利益为核心,这种体系更倾向于"社会达尔文主义"中的实力导向。在这一体系下,发展中国家因自身实力限制而经常缺乏发言权,甚至参与权也受到限制。通常是在发达国家的推动或压力下,发展中国家参与这一体系,但由于实力差距,即使参与,也难以真正实现合作,这导致了不公平的结果,使发展中国家在国际经济合作中处于弱势。为防止不平等合作发生,我们应通过广泛的协商与合作,确保各方在平等基础上共同参与和获益,从而达到共赢目标。这体现了"共商"的原则。一旦形成共识,各国将在公平公正的环境中更积极地参与合作,并因合作带来的实际利益而增强对"共建"的信心。

(三)"一带一路"倡议对全球合作原则的创新与发展

全球合作原则的内涵并非固定不变,而是随着时代的演进,不断被赋予新的意义。每一时代的内涵,都不可避免地反映出该时代的特色与印记。

1.消极合作向积极合作转变

从国际经济法的视角来看,许多协同案例展示出消极合作的模式。这些合作通常是被动的或出于发展需求,而非自觉主动。消极合作无法真正代表当今时代所推崇的积极合作理念,无论是在参与度还是行动力方面。

真正的国际合作应该基于共同理念和目标,体现多元主体的积极参与和深度合作。"一带一路"倡议促进了政府和民间的广泛参与和深度互动,给国际经济合作注入了新的活力,展现出了时代特征。

2.不平等合作向平等合作转变

"一带一路"倡议在激发各方积极合作动力的同时,致力于在追求合作的过程中实现真正的平等,而非形式上的平等掩盖的实质不平等。在当下的国际合作形势下,呈现出"一超多强"和"多元化"的态势,因此某些占据主导地位的国家能够长期保持领先地位,通过不公平的合作方式对弱势国家进行剥削和压制,在表面上呈现多边性,实际上却是单边的贸易模式。这种情况下,国际合作中的平等及公正面临严峻挑战。参与国在发言权、利益分享等方面存在明显差异。相较而言,"一带一路"倡议保障各国平等发言权,各国之间互惠互利。长期的共赢将进一步推动各方增进合作,建立更紧密、稳定的伙伴关系。

案例 5-3

"一带一路"倡议

习近平总书记于2013年提出了"一带一路"倡议,这一宏伟蓝图不仅承载着与沿线国家和地区携手追求共同繁荣的崇高理想,也标志着国际关系理论与实践的重大创新。任何事业都需要文化底蕴的存在,推动"一带一路"倡议实施的基础是文化交流合作。出版活动是传承知识和技术的关键,促进民心相通,传播精神财富。我国出版业在促进文化交流与传播方面不断取得新进展,积极推进向"一带一路"沿线国家和地区的文化输出和市场拓展。值得注意的是,"一带一路"沿线国家和地区的突出的特点是人口多,经济发展不足,国内生产总值只占全球GDP总量的三成左右,人口却高达六成,这些国家往往更侧重于发展基础产业,以此来满足其国民的基本生活需求和提高生活质量。相比之下,文化产业特别是出版业的发展在我国显得较为缓慢,因此需要得到更广泛的关注与扶持。作为拥有五千年文明历史的古老国家,中华民族深厚的文化底蕴为我们向"一带一路"沿线国家和地区提供丰富的出版资源奠定了坚实基础。从地理角度来看,中国与丝绸之路沿线的国家和地区在地理位置上相邻,人文关系亲密,甚至部分国家与中国仅隔一水之隔,彼此间的鸡犬之声相闻。与此同时,许多国际研究表明,近年来,"一带一路"沿线国家和地区备受国际社会和学术界关注,对中国目前的发展态势越发渴望深入了解。就中国文化产品在国际舞台上受到前所未有的广泛关注而言，从丝路书香工程等文化交流项目的实施来看，那些真实反映当代中国故事的文化出版产品，中国出版机构应当进一步提升对当代中国文化产品选题策划的关注度，并加强其在国际市场上的推广力度。通过精心策划和推出更多深入探讨中国发展道路、系统阐述中国发展经验、全面展现中国发展进程的优秀作品，中国出版业可以更好地向全球展示中国的文化魅力和发展成就。通过策划并执行一系列具有重大影响力的出版工程项目，以及积极参与"一带一路"沿线国家和地区举办的国际书展等文化交流活动，并以中国作为主宾国参与其中，来推动更多优质的中国出版物走向世界，以满足丝路沿线民众日益增长的文化需求，进一步促进中华文化的国际传播与交流。

资料来源：

马小侠."一带一路"倡议助力中国出版"走出去"[J].渭南师范学院学报,2021,36（08）：86-93.

本章小结

（1）目前全球经济治理框架中纳入法律规则的背景是：全球经济结构迅猛变化，以少数发达国家为代表的治理体系已经不能全面覆盖当前全球经济出现的一些新领域、新挑战，当前的国际经济治理框架已经不能提供有效的全球公共产品。

（2）一是在新型冠状病毒感染暴发、传播过程中世界各国在抗击疫情、疫苗分配等问题上的不协调与矛盾充分体现在新形势下需要新的全球性的框架来协调全球性的问题。二是随着全球经济结构的变化，新兴经济和发展中国家在世界经济中重要性日益提升，以前由西方发达国家主导的国际经济金融治理框架没有及时进行改革并给予发展中国家与其经济地位相匹配的话语权。三是建立新的更加具有代表性全球性的国际经济金融政治领导力，在建立新的全球经济治理框架时不仅需要关注当前经济表面的结构问题，同时更要考虑新的全球治理框架的顶层设计问题，可以在G20基础上完善顶层设计使其变成更具有代表性的全球经济治理平台。

（3）经济全球化与国际经济法的发展在一定程度二者是相互促进，相互影响的。这主要体现在经济全球化一方面加深世界各国在经济联系上的紧密性，另一方面也削弱了各国的经济独立性与经济主权，非政府组织影响日益增大。在国际法规领域也伴随着规则统一进程加快，国际经济法受经济全球化影响，在诸多方面出现新趋势：国际经济法领域统一趋势不断加强，国内与国际法不断融合等。

（4）中国提出的"一带一路"合作框架与传统西方合作模式存在本质差别：一是"一带一路"合作框架主张政府干预与市场调节相结合，这有别传统西方以自由主义为指导下有限政府干预，通过将政府这只"看的见"的手与市场相结合，通过政府干预弥补市场失灵促进经济平稳发展；二是真正实现平等合作、积极合作共商、共建原则，让各参与国真正地从合作中获益。

（5）关于全球经济治理的动因主要有两种路径：一种是从国际关系学和政治学视角出发，对全球经济治理形成原因所做的研究；另一种是从经济学或金融学视角出发，对全球经济治理所做的比较狭义的概念界定和理论研究。

（6）在经济全球化发展的今天，全球经济治理已经是当今时代面临的重要问题，而法律是维系一个社会正常秩序的基础与工具之一。在全球治理中，国际经济法有着举足轻重的地位。虽然全球治理的实施机制呈现多样化状态，要比具体的国际经济法律制度更加广泛，但与其他实施机制相比，后者在"稳定性""确定性""责任性""透明度""有效性"等方面有着明显的比较优势，因而成为国际经济治理的核心的部分之一。

延伸讨论

（1）全球经济治理机制与框架需要与当前的全球经济发展形势相匹配，才能促进全球经济更加健康、快速地发展。当前全球经济发展早已出现数字化、信息化、经济全球化等趋势，未来的全球治理机制与框架的改革方向应该是怎样的？

（2）在经济全球化程度不断加深的今天，出现了国家经济独立性、经济主权受到削弱、非政府组织影响力日益加大等问题。在国际经济法领域也出现了诸多新趋势，在经济全球化时代如何辩证看待国家经济主权受到弱化与国家发展从经济全球化获益？国际经济法领域的统一最终会怎样影响国家内部的发展？

（3）中国参与全球经济治理主要基于规则内化，随着自身经济实力的崛起，单纯通过规则内化参与全球经济治理已与中国的国际地位不符，难以发挥与自身实力相匹配的作用并获得相应的利益，分析中国如何在推进全球经济治理规则体系改革中发挥重要作用。

第六章 国际经济治理中的世界贸易组织

 学习目标

学完本章后,你应该能够:
- 了解世界贸易组织在国际经济治理中的作用
- 熟悉世界贸易组织规则体系
- 对世界贸易组织规则进行客观评价
- 了解世界贸易组织运作面临的问题,探讨中国的应对策略

国际贸易治理的基本目标是维护公平开放的贸易环境,减少各国贸易政策的不确定性和全球化进程中国际贸易失序现象。二战结束后,伴随着世界经济的恢复和重建,开放和发展逐渐取代以邻为壑的贸易政策。经济上的连接和依赖,需要构建超越国家界限的贸易治理体系。美国主导的关税与贸易总协定的签订,标志着国际贸易治理体系开始逐渐形成。1995年1月1日,世界贸易组织(WTO)取代关税与贸易总协定(GATT),成为当时全球唯一的多边贸易体系,以及协商贸易规则和解决争端的谈判场所,使得国际贸易治理体系日趋完善。

第一节 WTO的国际经济治理架构

GATT作为WTO的前身,是一项调整世界上大多数国家和地区之间贸易关系中的有关关税和贸易政策的多边国际协定,于1948年1月1日正式生效。GATT同时兼有准国际贸易组织的功能,是成员方多边贸易谈判和解决争端的场所,它与国际货币基金组织和世界银行一起,构成第二次世界大战后世界经济体系的三大支柱。在此后近半个世纪中,GATT成功主持了8轮全球性多边贸易谈判,对缔约方的贸易发展和国际贸易秩序的建立及维护起到了举足轻重的作用。

但GATT毕竟是以美国为首的发达国家基于自身体制和利益诉求设计的一套规范缔约方贸易法规和政策的规则,其运作过程中也存在明显的局限性。如法律体系不严谨,众多的"例外规定"和"灰色措施",成员方和规则的适用范围有限等,使各国贸易政策合法性的认定标准模糊不清。特别是由于GATT的"先天不足",没能在此基础上发展成为一个真正意义

上的国际贸易组织。WTO作为乌拉圭回合谈判的重要成果，于1995年1月正式成立。其各项协定是世界贸易制度运行和各成员方贸易政策制定的法律基础；其准司法体系保障了各项规则并非君子协定，是必须遵守的法律准则。

WTO以"提高生活水平、保证充分就业、保证实际收入和有效需求的大幅稳定增长以及扩大货物和服务的生产和贸易"为宗旨，实现宗旨的途径是成员之间"达成互惠互利安排，实质性削减关税和其他贸易壁垒，消除国际贸易关系中的歧视待遇"。其五大职能分别为：①执行、管理与运作成员间达成的多边贸易协定与协议；②为成员之间贸易谈判提供场所；③处理成员方的贸易争端；④对成员方贸易政策进行定期审议；⑤适时与国际货币基金组织和世界银行及其附属机构合作，以更好地协调和制定全球经济政策。WTO多边贸易体制创造的开放、公平、非歧视的贸易环境，为全球贸易的开展奠定了稳定的制度基础。

一、WTO具备参与国际经济治理的基本条件

国际经济组织在全球经济治理中的地位和作用受制于某些因素，如广泛的群众基础、决策的民主性、法律的完备性、执行的有效性，WTO初步具备了参与国际经济治理的基本条件（薛荣久、杨凤鸣，2016）。

目前，WTO成员已达到164个，贸易额占世界贸易的98%。WTO负责实施管理的多边与诸边贸易协定与协议将近30个，它通过一系列规范跨国商品和服务流动的规则、规范和决策程序，将有关货物贸易、服务贸易、与贸易相关的投资措施和与贸易有关的知识产权的协议及其他一系列诸边协议结合在一起，为成员方制定贸易政策提供法律准则。同时，WTO的争端解决机构和贸易政策评审机制，以强有力的手段，支持成员方国内政策与规则一致，并遵守对外开放国内市场承诺。在WTO争端解决机制中，专家小组报告和上诉机构报告遵循"反向一致"规则，除非争端解决机构一致不通过相关争端解决报告，该报告即得通过，大大强化了该机构的执法权力和权威性。它将国际货币基金组织、世界银行和世界知识产权组织（World Intellectual Property Organization, WIPO）等机构的工作和法律框架结合起来，增强了全球经济决策的一致性。

二、WTO的国际经济治理理念

（一）以自由促发展

WTO规范成员方的贸易政策，通过谈判降低关税和非关税壁垒，并承诺降低的贸易壁垒原则上不得再提高，这让市场对成员方贸易政策的走向有了清晰的预期，得以增加投资，创造新就业机会。数据显示，在WTO建立的1995年，全球进口额64743.95亿美元，出口额63470.55亿美元，GDP为30.884万亿美元；到2020年，全球进口额224085.05亿美元，出口额总额224967.26亿美元，GDP为84.705万亿美元。1995—2020年期间，进口额年均增长5.61%，出口额年均增长7.06%，GDP平均年均增长4.25%[①]。而较高的贸易增长，很大程度上得益于贸

---

① 贸易数据来源：http://data.wto.org/en，2021-08-10；
　GDP数据来源：https://data.worldbank.org.cn/indicator/NY.GDP.MKTP.CD?end=2020&start=1995&view=chart，2021-8-10。

易壁垒的降低。自由贸易政策的推行，允许商品和服务流动不受限制，成员方集中精力生产具有比较优势的产品，提高自身竞争力，促进资源的合理配置，国民福利得以提升。

（二）建立公平开放无扭曲的竞争规则

WTO致力于建立开放、公平、无扭曲的竞争规则，它要求缔约方在制定贸易政策时，不得采取补贴、倾销等方式鼓励出口。当补贴和倾销产品大量进入进口成员方市场，对其同类产业造成实质性损害或构成实质性威胁，且二者之间存在因果关系时，受损害方可以采取反补贴、反倾销或保障措施加以抵制，以保护国内生产者和市场。

（三）以透明度增强贸易政策的稳定性和可预见性

透明度有助于对各成员履行义务与承诺的监督，减少政府之间，以及国家、经济主体和公民之间信息不对称，及由此造成的不确定性。WTO的互惠互利贸易安排，也需要成员方之间的相互信任；贸易政策透明度便于建立互信关系，了解其他成员方贸易政策的变化，并为经济行为调整赢得时间。透明度义务要求成员方与贸易有关的政策法规要对外公布，不公布不得实施；贸易政策审议机制则是世界贸易组织成员以集体组织形式对各成员方的贸易政策及其对多边贸易体制的影响，定期进行全面审议并提出改进意见的机制。它的有效运行，通过透明度实现了贸易政策审议机构对成员方贸易政策和实践的多维度解析和监督。

（四）以争端解决机制取代单边制裁

争端解决机制被称为WTO皇冠上的明珠，它一直是保障多边贸易体制正常运行的中流砥柱，在缓解、消除全球贸易摩擦与冲突中起到重要作用。乌拉圭回合达成的《关于争端解决规则与程序的谅解》在对关贸总协定争端解决机制进一步完善的基础上，引入了专家小组和上诉机构报告的"反向一致"原则，强化了争端解决机构的权威性，使多边贸易体制真正从"权力导向"向"规则导向"转变。截至2024年，已有629起争端提交WTO，绝大多数在专家小组阶段后，通过成员方使贸易政策符合规范得以解决。[①]有效遏制了争端和报复制裁对国际贸易造成的减损。

第二节 WTO有关国际贸易治理的实体法

WTO是根据《建立世界贸易组织协定》来运作的。该协定包括世界贸易组织的建立、范围、职能、同其他组织的关系及机构条款和参加、退出等程序性规定。有关调整多边贸易关系和贸易争端解决等实质性问题的规则体现在4个附件中。附件1构成了WTO实体法的主要内容，包括规范多边货物贸易制度的规则，《服务贸易总协定》及附件，《与贸易有关的知识产权协定》。附件2《关于争端解决规则与程序的谅解》和附件3《贸易政策审议机制》属于多边贸易体制运行的程序性规则。此外，协定的附件4是四个诸边协议，即《民用航空器贸易协定》《政府采购协定》《国际奶制品协定》《国际牛肉协定》，成员方可选择性接受。

---

① 根据世界贸易组织网站资料整理而得，https://www.wto.org/english/tratop_e/dispu_e/dispu_current_status_e.htm，2021-8-1。

一、WTO 的货物贸易规范

（一）《1994年GATT》

《1994年GATT》的法律规范主要由四个部分构成：一是1947年在日内瓦签订的《1947年GATT》；二是WTO生效前GATT的其他法律文件，包括缔约方关税减让议定书、加入议定书、缔约方全体作出的其他决定等；三是乌拉圭回合谈判对《1947年GATT》条款修改达成的谅解；四是《1994年GATT马拉喀什议定书》。

《1947年GATT》的实质性条款包括以下四个部分。

第一部分包括第1条和第2条，规定缔约方之间在关税和贸易方面相互提供无条件的最惠国待遇和关税减让事项。

第1条的"一般最惠国待遇"是整个关贸总协定的核心，在以往贸易条约和协定中，最惠国待遇条款一般只是双边的、有条件的，而关贸总协定的最惠国待遇条款则是多边的、无条件的。它要求缔约各方对所有其他缔约方在进出口关税（包括由此派生的费用）、海关规则、国内税收及管理上实行非歧视待遇。本条还列明了关贸总协定一般最惠国待遇的几种例外。第2条规定将关贸总协定各方经谈判达成的关税减让品种和减让幅度，列入关税减让表附录，作为GATT的一个组成部分，其他缔约方可以不经谈判而自动地享受这种产品适用的最惠国税率，这些国家一般被称为"便宜搭车者"（Free Rider）。

第二部分涵盖第3条至第23条，包括"国内税与国内规章的国民待遇"至"利益的丧失或损害"，主要是对缔约方贸易政策，取消数量限制和可以采取的紧急措施等非关税措施规范。总协定是"临时实施"的，第二部分的实施要求"最大限度地与现行立法不相抵触"。

第3条是国内税和国内规章的国民待遇，与最惠国待遇一起构成关贸总协定的基石，要求缔约方在征收国内税，包括国内销售、购买、运输、分配所适用的法令法规方面，对进口产品和本国产品一视同仁，不得对进口产品实行歧视待遇。第4条是有关电影胶片的特殊规定、第5条过境自由、第6条反倾销税和反补贴税、第7条海关估价、第8条规费和输出入手续、第9条原产国标记、第10条贸易条例的公布和实施等均是"技术性条款"，旨在防止或控制上述措施成为关税的替代措施。第11条至第14条处理数量限制问题，第11条是数量限制的"一般禁止与取消"，第12条是为保障国际收支而实施的限制，第13条非歧视地实施数量限制，第14条对非歧视原则的例外作了规定。第15条外汇安排是关于与国际货币基金组织之间的合作，第16条要求避免对初级产品给予出口补贴，并取消对初级产品以外的任何产品的出口补贴，第17条对国有贸易企业的规定要求国有贸易企业在进出口方面按非歧视和商业原则经营，第18条政府对经济发展的援助给予发展中国家在关税结构上的灵活性，并可为国际收支目的而实施数量限制，第19条保障措施条款规定可采取紧急行动应对进口激增对国内生产者造成的损害，第20条和第21条分别规定总协定的一般和安全例外，第22条是关于磋商的问题，第23条是当某缔约方在"利益的丧失或损害"的情况下提请磋商和解决争端的程序。

第三部分包括第24条至第35条，主要规定GATT的适用范围，以及接受、生效、减让的停止或撤销、退出等程序性规则。

第24条规定了GATT适用的领土范围、边境贸易、关税同盟和自由贸易区构成协定的例外，第25条缔约方的联合行动，规定作为协定最高权力机构的缔约方全体的职责，第26条至

第35条是本协定的运作规则，涉及第26条总协定的接受和生效，以后依次为第27条减让的停止和撤销，第28条减让表的修改和附加关税谈判，第29条本协定与《哈瓦那宪章》的关系，第30条本协定的修改、第31条本协定的退出，第32条"缔约方"的含义，第33条总协定的加入，第34条附件，第35条协定在特定缔约方面的不适用。

第四部分贸易与发展包括第36条至38条，是1965年增加的关于给予发展中缔约方的特殊和优惠待遇。第36条原则和目标中最重要的是第8款的规定，为普遍优惠制的实施提供了法律依据；第37条承诺要求发达缔约方应尽最大可能消除贸易壁垒；第38条联合行动规定了缔约方全体应共同合作，改善市场准入条件，促进贸易与发展目标的实现。

《1994年GATT》则对《1947年GATT》部分条款进行了修正。

第一，关于性质的修正。由于历史原因，《1947年GATT》只是一个"临时适用"的协定，缔约方可以通过"祖父条款"保留与GATT不相一致的国内法的适用。而《1994年GATT》要求当成员方的国内法规与总协定的规定不一致时，应适用总协定的规定修改成员方国内法，从而彻底解决了遗留半个世纪的"祖父条款"问题。

第二，关于称谓的修正。《1994年GATT》对《1947年GATT》的名称及其中的若干概念作了修正。如"缔约方"变更为"成员方"，"欠发达缔约方"变更为"发展中国家成员"，"发达缔约方"变更为"发达国家成员"，"执行秘书"变更为"总干事"，"缔约方联合行动"变更为"世界贸易组织"。

第三，关于条款内容的修正。《1994年GATT》通过解释的谅解方式对《1947年GATT》的六个条款作了修正或补充。

①关于第2条第1款（b）项（减让表）的谅解。为了保证GATT第2条第1款（b）项所规定的透明度原则，对有关对成员方除关税以外所征收的其他任何税费，都要载入《1994年GATT》成员方的关税减让表中，而且不能超过《1994年GATT马拉喀什议定书》所规定日期的水平，这一规定既增加了各成员方边境保护的透明度，又减少了今后这些税费增加的可能性。

②关于第17条（国有贸易企业）的谅解。它是关于国有贸易企业的定义及其活动的透明度和有关活动的审议与监督等规定，对国有贸易企业定义为："被授予包括法定的和宪法规定的权利在内的专营权或特殊的权利或特权的政府和非政府企业，其中包括销售局。这些企业行使这些权利时通过其购买或销售影响进出口的水平或流向。"谅解加强了国有贸易企业及其活动情况的通报要求。

③关于国际收支保障条款的谅解。谅解所指的国际收支保障条款系指第12条（为保障国际收支而实施的限制），第18条（政府对经济发展的援助）第2款和1979年关于国际收支的宣言。总的精神是加强使用国际收支保障措施的纪律，它要求实施国际收支限制要尽快公布取消限制的时间表；实施国际收支限制要采取价格措施，如使用进口附加税和进口押金制度等；除非出现紧急情况，价格措施无法制止急剧恶化的国际收支状况而必须采用数量限制措施时，也应尽量避免实施新的数量限制措施；实施国际收支限制措施要说明理由并负举证责任，并明确拟限制的产品及这种限制的标准。此外，谅解还对国际收支限制委员会的工作程序作了一系列严格的规定。

④关于第24条的谅解。谅解加强了建立关税同盟、自由贸易区的纪律。关税同盟和自由贸易区在组成或扩大时，成员方应在最大可能程度上避免对其他成员方的贸易造成不利的影

响；澄清达成有关补偿性协定应遵循的程序；对建立关税同盟和自由贸易区的通知进行审议；参加关税同盟和自由贸易区的成员方，应定期向WTO报告有关协定的执行情况。

⑤关于《1994年GATT》豁免义务的谅解。规定凡在《建立WTO的协定》生效之日仍然有效的豁免，都应在1997年内终止，除非根据新规则进行延期；对缔约成员申请义务的豁免或豁免义务的延长等都应说明其拟采取的措施，其所追求的具体政策目标及不能采取符合《1994年GATT》义务的措施的原因，豁免的终止期限等；部分成员的义务豁免而使其他成员认为其在《1994年GATT》项下的利益正在丧失或受到减损，可以援用争端解决规则和程序及GATT第23条规定进行解决。

⑥关于解释《1994年GATT》第28条的谅解。该谅解规定了修改和撤回约束关税并予以补偿的原则。主要考虑中小成员方在某些产品出口中占有较高的出口份额，修改或撤回约束关税对其具有较大影响，因此，在谈判权上应通过个别程序安排保护其应享受的权利。若受影响的产品出口占某一成员方出口的第一位，则该成员方应具有主要供应利益，在谈判中应给予最初谈判权的地位。

(二) 规范特定商品的多边货物贸易协定

1.《农业协定》

GATT最初是适用于农产品贸易的，但由于允许用关税和非关税措施对农业及农产品贸易进行保护，使得农产品贸易领域中诸如差价税、进口配额、生产补贴、出口补贴等措施普遍存在，严重地扰乱了农产品贸易的正常秩序。在乌拉圭回合多边贸易谈判中，经过多方努力，达成了《农业协定》，使长期游离于贸易自由化进程之外的农产品纳入多边货物贸易规则之中。该协定要求成员方将非关税措施关税化，并逐步削减关税率、国内支持措施及出口补贴，极大地推进了农产品贸易的自由化。

2.《纺织品与服装协定》

在WTO建立之前，纺织品和服装贸易一直游离于GATT规则之外，置于《多种纤维协定》的管辖之下，允许纺织品和服装的主要进口国通过配额等数量限制措施维护"竞争秩序"。乌拉圭回合达成的《纺织品与服装协定》明确规定纺织品与服装贸易通过十年过渡期回归总协定体制，完全由《1994年GATT》调整，而不再是一个例外商品。

(三) 规范非关税壁垒的多边货物贸易协定

1.《海关估价协定》

海关估价是一国（或地区）海关管理机构出于征税目的而对进口商品进行估价，以确定其完税价格。为了避免使海关估价成为限制商品进口的非关税壁垒，或进口商低报商品进口价避税，乌拉圭回合顺利达成了《关于实施1994年关贸总协定第七条的协定》（简称《海关估价协定》）。该协定对海关估价的原则、性质及估价的方法作了详细的规定。协议确立了各成员方的海关机构可按照进口货物的成交价格、相同货物的成交价格、类似货物的成交价格、扣除价格、计算价格、其他合理方法等六种依次使用的估价方法，确定进口货物的完税价格。

2.《装运前检验协定》

装运前检验是指进口国政府机构或其授权的机构或其委托的独立第三方检验机构，根据法律的规定或合同的约定，在出口所在地的关境对有关进口货物的数量、质量、价格、货币兑换率、货物关税税则分类等情况进行核实检查等活动。如果进口国政府对某些货物的装运前检验规定极其复杂的手续，或对检验对象实施歧视性待遇，结果会限制货物的进口，阻碍国际贸易的发展。为了解决这些问题，乌拉圭回合达成了《装运前检验协定》，对进出口成员方的装运前检验制度进行了规范。协定要求用户成员遵守非歧视义务、透明度义务、保护商业秘密和避免延误检验的义务；出口成员方遵守非歧视原则、政策透明度义务、提供方便和技术援助义务。

3.《进口许可程序协定》

《1994年GATT》原则上规定禁止或取消进口许可证，但考虑到缔约方经济发展水平的差异，规定了一些例外，结果使进口许可程序演化成为一种阻碍贸易发展的非关税措施。为了进一步规范进口许可程序，乌拉圭回合达成了《进口许可程序协定》。该协定要求各成员方在实施许可程序时，应遵循透明度、简化许可程序、许可证有效期长短适中、避免故意设置障碍、在获得外汇上与无须进口许可证的货物同等对待等义务，并对自动许可程序和非自动许可程序的实施分别作了原则性规定。

4.《原产地规则协定》

WTO的《原产地规则协定》是有史以来第一个关于原产地规则的多边协定。该协定的核心是确保原产地规则不会抵消或削减各成员方在WTO中所享有的权利。原产地规则的制定和实施应遵循可预见性、客观性、非歧视性和连续性原则，并确保原产地规则不会对国际贸易造成扭曲、限制和干扰。

5.《贸易技术壁垒协定》

《贸易技术壁垒协定》是在东京回合达成的协议基础上进一步修改、完善而成的。它承认各成员方有权为保证其进口产品的质量，为保护人类、动植物生命和健康、保护环境，防止欺诈行为而采取技术标准措施，但这些措施的实施不能在不同成员方之间形成歧视，限制国际贸易的发展。具体来看，各方在技术法规和标准的制定、通过和实施，以及对进口产品的合格评定程序上，遵循最惠国待遇和国民待遇原则，不能给国际贸易造成不必要的障碍，以国际标准为指导，并履行透明度义务等。

6.《实施卫生与动植物检疫措施协定》

在GATT中，卫生与动植物检疫措施是作为一般性例外体现在第20条中，即要求各成员方为了保护人类和动植物的生命与健康，可以对进口产品实施必要的卫生检疫措施。乌拉圭回合则在此基础上以单独协定的形式，通过了《实施卫生与动植物检疫措施协定》，适用于所有可能直接或间接影响国际贸易的卫生与动植物检疫措施。该协定要求各成员方实施的卫生与动植物检疫措施必须有科学的依据，不对国际贸易构成变相的限制和歧视，并履行透明度义务。各成员方制定和实施的卫生与动植物检疫措施，应建立在风险评估的基础上，以确定适当的保护水平，并考虑将措施对贸易的消极影响减少到最低程度。

7.《贸易便利化协定》

《贸易便利化协定》2013年在印尼巴厘岛第九次贸易部长会议上获得通过，2017年2月22日正式生效。该协定规定了各成员在贸易便利化方面的实质性义务，涉及信息公布与可获取；评论机会、生效前信息及磋商；预裁定；上诉或审查程序；增强公正性、非歧视性及透明度的其他措施；对进出口征收或与进出口和处罚相关的规费和费用的纪律；货物放行与结关；边境机构合作；受海关监管的进口货物的移动；与进口、出口和过境相关的手续；过境自由；

海关合作等内容。发展中成员在实施《贸易便利化协定》的实质条款方面可享受特殊与差别待遇，主要体现在实施期和能力建设两个方面。总的来说，该协定旨在通过削减通关成本和提高通关速度和效率，加快通关程序，促进贸易通关更为简化、快捷和低成本，确保透明和效率，促进技术进步以及减少官僚主义和腐败。

（四）促进公平贸易的多边货物贸易协定

1.《反倾销协定》

《反倾销协定》全称为《关于履行1994年关贸总协定第6条的协定》，它是在《1947年GATT》第6条及肯尼迪回合达成的反倾销协议基础上，后经东京回合和乌拉圭回合的修改而形成。该协定规范了倾销和进口国国内产业遭受实质损害的确定方法、反倾销调查的程序以及允许使用的反倾销措施等。具体来看，当一项产品从一国出口到另一国，如果该产品的出口价格低于出口国国内"同类产品"的价格，即低于正常价值，就被认为是倾销。当倾销产品对进口国某一国内产业造成重大损害、形成重大损害威胁或对某一产业的新建造成严重阻碍，且倾销和损害之间有因果关系时，进口成员方可采取临时措施、价格承诺和征收反倾销税等加以抵制。

2.《补贴与反补贴协定》

补贴是各国政府为支持国内某些产业、部门的发展而提供的财政资助或其他形式的收入，或价格支持措施。补贴与反补贴措施，长期以来一直是国际贸易政策领域关注的焦点，为了协调各国的补贴与反补贴措施，防止其对国际贸易造成扭曲与损害，《1947年GATT》在第6条、第16条和第23条中对有关补贴与反补贴的问题进行了规范，东京回合进一步达成了《关于实施关贸总协定第6条、第16条和第23条的协定》。乌拉圭回合则在此基础上通过了新的《补贴与反补贴协定》，该协定对补贴的定义、反补贴措施的实施作了详细规定。补贴是指成员方政府或公共机构提供的财政资助或其他形式的收入，或价格支持措施，协定将补贴分为禁止性补贴、可诉讼补贴和不可诉讼补贴。当局在确定进口产品存在补贴和损害的事实，且补贴与损害之间有因果关系时，可对进口产品采取反补贴措施，包括临时措施、承诺、反补贴税等。

3.《保障措施协定》

保障措施是当某种产品的进口急剧增加并对进口国国内产业造成损害时，一国可以采取的撤回或修改减让的措施。《1947年GATT》第19条是保障措施的核心与基础，但其规定过于笼统，对许多重要概念缺乏明确的界定，因而实践中容易导致成员方的滥用，在其适用中也容易产生争议。乌拉圭回合达成的《保障措施协定》进一步澄清和加强了保障措施规则，明确规定了适用保障措施的条件与程序，并对发展中成员方实施保障措施给予了一定的优惠待遇。具体来看，保障措施是指为保护国内工业免受进口大量增加而造成严重损害，当进口增加与损害之间存在因果关系时，进口方可采取进口限制措施。WTO强化了非歧视原则和取消数量限制原则在保障措施中的适用，又为各国产业参与国际竞争提供了一个安全阀。

（五）《与贸易有关的投资措施协定》

《与贸易有关的投资措施协定》是乌拉圭回合达成的新协定之一，也是国际社会制定和实施的第一个与国际直接投资有关的多边货物贸易规则。协定要求成员方采用的与贸易有关的投资措施不得违反国民待遇和一般取消数量限制的义务,具体包括禁止成员方采取当地含量和贸易平衡要求等两种与国民待遇不相符合的措施;以及对外国投资企业进口产品的限制、以外汇平衡的方式限制企业进口产品和限制外国投资企业出口其产品等三种与禁止数量限制不相符合的投资措施。

二、WTO 关于服务贸易的规则

随着服务贸易在国际贸易中所占比重的日益增加,发达国家强烈要求将服务贸易也纳入贸易自由化的轨道,经过长期的磋商、妥协,乌拉圭回合最终达成了《服务贸易总协定》(GATS)作为一揽子协定的组成部分,对所有的成员方生效。《服务贸易总协定》对服务贸易的定义和范围进行了界定,它是指除政府当局为履行职能所提供的服务之外的所有部门的一切服务,包括跨境提供、境外消费、商业存在和自然人存在四种提供方式。协定对成员方应遵守的一般义务和具体义务分别进行了规范:一般义务适用于所有的服务部门,无论其是否承诺开放,体现在最惠国待遇、透明度、发展中国家的更多参与、经济一体化、资格的认可、垄断和专营服务提供者、例外规定等诸多方面;具体承诺义务则是成员方通过谈判承诺开放的服务部门,在市场准入和国民待遇方面所应承担的义务。为了促进服务贸易自由化的进程,协定也对后续各服务部门的谈判和成员方具体承诺计划表的制订和修改作出了详细规定。

乌拉圭回合结束后,WTO 成员方还在若干服务领域进行了谈判,达成了一些具体服务贸易部门的协定,形成了自然人流动、空运服务、金融服务、海运服务和电信服务等附件。此外,在《服务贸易总协定》和部长会议确定的原则基础上,各成员方在乌拉圭回合谈判结束后,继续进行了各具体部门开放市场的谈判,形成了一些谈判成果,它们在推动服务贸易自由化进程中的作用是不可忽视的,也是服务贸易自由化规则的重要组成部分。

三、WTO 关于知识产权保护的规则

知识产权与国际贸易关系密切。尽管国际社会对知识产权保护已经形成世界知识产权组织和一系列国际公约,但其实施结果并不令人满意。以美国为首的发达国家,希望将知识产权的保护引入关贸总协定的体制中来。经过艰苦的谈判,终于达成《与贸易有关的知识产权协定》(TRIPs)(以下简称《知识产权协定》),使得 WTO 的管辖范围进一步拓宽。《知识产权协定》将最惠国待遇原则和国民待遇原则运用于知识产权保护领域,对版权和邻接权、商标、地理标识、工业设计、专利、集成电路布图设计和未披露信息七类知识产权规定了最低保护标准,并要求成员方提供有效的保护知识产权的法律程序和救济措施。

具体来看,在版权和邻接权方面,《知识产权协定》给予版权 50 年保护期限,对表演者和录音制品制作者享有的保护期至少应当自有关的固定或表演发生之年到第 50 年终,对广播组织的保护期限为自广播播出的日历年年底计算,应至少持续 20 年。对注册商标所有人授予专有权,商标首次注册及每次续展注册的保护期,均不得少于 7 年,并允许无限次续展。在地理标志的保护方面,成员方应阻止在商品的标志或说明中使用任何手段标明或暗示有关商品来源于真实原产地之外的一地理区域,从而在商品的地理来源方面使公众产生误解;或在商品名称或外表上使用不正当竞争行为。对工业设计的保护期限为至少 10 年。至于专利保护

的客体,为一切技术领域的任何发明,无论是产品还是方法,只要它们具有新颖性、创造性并可付诸工业应用,均可获得专利;专利权人享有的权利包括制止第三方未经许可制造、使用、销售或进口该产品,或未经许可,对专利方法的使用等行为;专利权的期限,应不少于自提交申请之日起的第20年终。集成电路布图设计的保护期限为不得少于从注册申请提交日起,或从该设计于世界任何地方首次付诸商业利用起10年;成员方也可将保护期限规定为布图设计创作完成之日起15年。在未公开信息保护方面,自然人和法人应有可能防止其合法控制的信息在未经其同意的情况下以违反诚实商业行为的方式向他人披露,或被他人取得或使用,只要此类信息属于秘密,因属于秘密而具有商业价值;合法控制信息的人为保密已经根据具体情况采取了合理措施。自然人及法人均应有可能防止他人未经许可而以违背诚信商业行为的方式披露、获得或使用合法处于其控制下的该信息。

四、WTO 实体法简评

经过近半个世纪的补充和完善,WTO形成了覆盖货物、服务和知识等领域的法律体系。由于涉及领域广泛,法律制度很难统一,因而协议总体原则是坚持自由化进程不动摇,又在各具体领域允许有渐进性和例外。

在货物贸易方面,伴随着纺织品和服装、农产品的回归,WTO将所有可贸易产品纳入GATT的规则框架内进行管理,执行高标准的开放和自由化。WTO有关货物贸易的规则经过不断的完善,涉及保护制度的各个方面,除了基础和总括性的《关税与贸易总协定》外,对非关税壁垒、公平贸易,对与贸易有关的投资措施都进行了规范,将WTO的非歧视、透明度、互惠互利、贸易自由化、公平竞争等原则,在货物贸易的各个领域全方位地体现出来。乌拉圭回合谈判后,发达国家的工业品关税降为3.8%,受关税约束产品的种类占比上升为99%,发展中国家也承诺在13%的平均税率基础上再减1/3。成员方如果用其他方式保护国内市场,也会触碰到相应规则。此外,在国际贸易的新领域,WTO还就信息技术产品和数字贸易的关税问题,达成了《信息技术协定》和《全球电子商务宣言》,成员方承诺对电子信息技术产品和电子传输暂免关税达成共识。可以说,WTO对货物贸易自由化的规范是立体、全方位和与时俱进的。

WTO服务贸易的规则,是发达国家和发展中国家相互妥协的产物。它在借用和沿袭了《关税与贸易总协定》原则和精神的基础上,也做了适当的演进和改造,如将最惠国待遇、透明度等,作为一般义务,适用于所有服务部门;而对各成员方承诺开放的服务部门,则适用市场准入和国民待遇等更具体的高标准。同时,由于发达国家和发展中国家的分歧,各国在大的原则问题上可能达成一致比较容易,但制定非常详尽具体规则的可能性就大为降低,因而《服务贸易总协定》只是一个框架协议,大量具体内容和承诺留待今后进一步谈判。

WTO知识产权保护协议,同样将货物贸易通行的规则,引入知识产权保护制度中,体现了知识产权保护与贸易的密切联系,也加强了成员方之间对知识产权保护制度的相互了解和监督。《与贸易有关的知识产权协定》还具有较高的保护标准,比如,它涵盖了几乎所有的知识产权形式,将版权和邻接权、商标、专利、工业设计、集成电路布图设计、地理标识、未披露信息等,均纳入保护范围,大大超越了以往任何知识产权保护公约。还对知识产权的强制许可作了严格规定;对知识产权提供了较长的保护期限。尽管如此,协议还是明确规定了该标准为最低保护标准，并不允许成员方有所保留地执行，这种制度设计偏重对权利人利益的保护，淡化了对公共利益和发展中成员方利益的考量。

第三节　WTO运作的程序性规则

WTO的运作主要依赖三大机制，分别为"协商一致"决策机制、贸易政策审议机制和贸易争端解决机制。贸易谈判机制是WTO制定实体法规范和处理成员方贸易纠纷的主要途径；贸易政策审议机制和争端解决机制则起到敦促成员方遵守实体法规范的作用。贸易政策审议机制对成员方贸易政策全面和定期的监督作用是贸易争端解决机制所无法比拟的，但贸易政策审议机制的非法律约束性又需要贸易争端解决机制的支持，两者中一个是"软约束"，一个是"硬约束"，成为WTO运作的两个车轮。

一、WTO的贸易谈判机制

组织各成员方进行贸易谈判进而制定和规范国际多边贸易规则是WTO的基本职能之一。贸易谈判机制是WTO推动国际贸易自由化进程，完善和扩展多边贸易规则体系，规范与调整WTO成员在国际经济关系的权利和义务的基本途径（赵宏，2016）。

（一）WTO贸易谈判的组织机构

WTO进行贸易谈判的最高机构为"部长会议"。部长会议为WTO的最高权力机构。由所有成员方主管外经贸的部长、副部长级官员或其全权代表组成，部长会议至少每两年举行一次，部长会议具有广泛的权力，主要有：立法权；准司法权；豁免某个成员在特定情况下的义务；批准非世贸组织成员方所提出的取得世贸组织观察员资格申请的请示。部长会议下设立专门委员会，以处理特定的贸易及其他有关事宜。已设立贸易与发展委员会，国际收支限制委员会，预算、财务与行政委员会，贸易与环境委员会等10多个专门委员会。

在部长会议休会期间，由全体成员代表组成的总理事会代行部长会议职能。总理事会可视情况需要随时开会，自行拟订议事规则及议程。随时召开会议以履行其解决贸易争端和审议各成员贸易政策的职责。总理事会下设货物贸易理事会，服务贸易理事会，知识产权理事会。这些理事会可视情况自行拟订议事规则，经总理事会批准后执行。所有成员均可参加各理事会。

另外，WTO还设有由一位总干事领导的世界贸易组织秘书处（以下简称秘书处），秘书处设在瑞士日内瓦。秘书处工作人员由总干事指派，并按部长会议通过的规则决定他们的职责和服务条件，秘书处与总干事仅有主持贸易谈判或协商的权力，而没有发起的权力。

（二）WTO贸易谈判机制的特点

1.WTO谈判是成员驱动的谈判

成员驱动是相对管理层驱动而言。与IMF和WB的国际职员管理层有权提出政策倡议不同，WTO总干事及秘书处没有发起谈判、提出提案的权利。谈判必须由成员方发起并推动，自下而上听取各方意见。

虽然无权发起谈判，但WTO秘书处在谈判过程中起着重要的技术支持作用，而WTO总干事及各谈判委员会的主席（主要由成员方驻WTO大使担任）可以对谈判进行引导、协调，并在关键时刻进行斡旋，引导各方达成共识。

2.WTO谈判的决策遵循协商一致原则

协商一致原则正式出现在《马拉喀什建立世界贸易组织协定》第9条第1款当中，其具体含义为："只有与会的所有成员没有一个提出正式的反对，一项决议才会被认为经过协商一致通过。"与IMF、WB以加权投票方式进行决策相比，WTO协商一致的决策方式在程序上无疑更加民主，从而使谈判结果也更具合法性，但同时也存在"效率低下"等问题。虽然第9条还规定了："除非另有规定外，若某一决定无法取得一致意见时，则由投票决定。"但是在实践中投票表决的方式几乎没有被采用过。

3.WTO谈判的"一揽子承诺"与"两分格局"

乌拉圭回合（1986—1994年）之前，GATT谈判结果采用的是"自选式"的模式，即谈判的结果成员可以选择性地接受或不接受，该模式在保证协商一致原则的同时，导致了各成员方间遵守规范的不一致。乌拉圭回合提出了"一揽子承诺"谈判模式，其具体含义为："协议在内容和时间上不可分割，所有谈判国需在同一时间对所有内容达成协商一致。"而"两分格局"则是指发达国家互惠开放市场，承担更多开放义务，同时具有更多的话语权，而发展中国家享受特殊和差别待遇，话语权相应减弱。

4.WTO谈判的非正式机制

在协商一致的指导原则下，WTO明文规定的正式谈判机制往往难以"驱动"WTO多边贸易谈判，WTO更多是通过非正式磋商机制来开展谈判。这一机制只存在于WTO明文规定的各层级会议之外的临时性磋商机制，如小型部长级会议、贸易谈判委员会非正式会议、代表团团长会、主席小范围磋商、主席一对一摸底会议、总干事绿屋会议、核心方会议等形式多样的非正式磋商。参加这些会议和磋商的成员并不确定，既有包含全体WTO成员的会议和磋商，如谈判委员会非正式会议；也有只包括小部分成员的会议，如绿屋会议等。

二、WTO的贸易政策审议机制

WTO的贸易政策审议机制（Trade Policy Review Mechanism，TPRM）是在1979年东京回合谈判达成的《关于通知、磋商、争端解决和监督问题的谅解》的基础上建立的。贸易政策审议机制是指WTO成员以集体方式对各成员方的贸易政策及其对多边贸易体制的影响，定期进行全面审议并提出相应建议的机制。贸易政策审议机制是WTO在总结GATT40多年运作经验教训的基础上，为更好地实施WTO各协定，促进多边贸易体制更加平稳运行而进行的一次积极尝试。贸易政策审议机制是一个系统评价成员方贸易政策，避免贸易争端的预防机制。贸易政策审议机构建立的宗旨，就在于通过加强每个WTO成员贸易体制的国内和国际透明度，来建立与运行更平稳的多边贸易体制。

(一）贸易政策审议机制的主要内容

1. 审议周期

贸易政策审议周期取决于各成员方在世界贸易中的地位。贸易额排名前4位的成员每两年接受一次审议；其后的16个成员每4年审议一次；其余成员每6年审议一次；最不发达成员的审议间隔时间更长。同时，当某一成员方的贸易政策和实践发生重大变化并可能对其贸易伙伴产生严重影响时，贸易政策审议机构与该成员方磋商后，可提前对其进行政策审议。

2. 审议报告

贸易政策审议建立在两份报告的基础上：一份是WTO秘书处独立完成的详细报告；另一份是接受审议成员提交的政府报告。秘书处的审议报告包括"观察总结"以及经济环境；贸易和投资政策制定的体制因素；各种直接影响货物和服务进出口、生产和贸易的贸易政策和措施；部门的贸易政策和措施等。

通常接受审议方的政府报告内容包括三个部分：一是贸易政策和实践，包括贸易政策目标、进出口体制、贸易政策法规框架与贸易政策的实施；二是对外贸易政策实施的背景，包括广泛的经济与发展需要、外部环境等；三是贸易与宏观统计资料。国别报告的范围涉及货物贸易、服务贸易、与贸易有关的投资措施和知识产权等领域。在两次审议中间，若某一成员方的贸易政策发生重大变动，必须及时向贸易政策审议机构提供简要报告。此外，每一成员方还必须按照统一格式提供最新年度统计数据。不发达成员可在其提交的贸易政策报告中详细说明其所面临的困难，以便贸易政策审议机构在审议中予以特别考虑。

3. 审议程序

贸易政策审议分为五个阶段：一是磋商，贸易政策审议机构与接受审议的成员磋商，以确定审议方案；二是报告的制定，在上述磋商的基础上，接受审议的成员必须提交关于其贸易政策和实践的详细报告，同时，WTO秘书处亦根据现有的资料以及其他成员方提供的信息起草一份报告，在此过程中秘书处可要求有关成员对其贸易政策和实践加以澄清；三是报告的完成和上交，接受审议的成员向贸易政策审议机构提交政府报告和秘书处提交的报告；四是召开审议会议，审议上述两份报告，在与接受审议的成员方磋商后，贸易政策审议机构可以选择讨论的参与者，任何与接受审议的成员有利害关系的成员均可对该成员的贸易政策和实践发表自己的意见；五是审议资料汇总出版，审议结束后，WTO秘书处负责将接受审议的成员提交的报告、秘书处的报告和贸易政策审议机构会议记录概要这三份文件汇总并印刷出版。

（二）贸易政策审议机制对多边贸易体制的贡献

贸易政策审议机制作为一种论坛式的监督机制，实现了对各成员贸易政策监督的经常化和制度化，通过审议可以促使成员方作出使其国内政策与WTO规则相一致的努力，对多边贸易体制具有重要的价值。贸易政策审议机制的目的是提高透明度，增强人们对各国贸易政策的理解程度，并全面评价各国贸易政策为世界贸易体系带来的影响。将此机制看作是对成员方政策的建设性反馈是恰当的，也正是这样一种重要的法律关联，促使该机制在对成员方贸易做法的审议过程中，积极推动成员方自我检查，并了解其他成员方乃至整个国际贸易规则体系的发展趋势。

第一，贸易政策审议机制是WTO全体成员方对被审议方贸易政策的各方面进行评审的唯一场所，它不仅使其他成员方能够了解接受审议成员方的贸易政策和做法，而且对成员方的贸易政策和做法从经济角度予以分析和公开讨论，使得其他成员方对接受审议成员方的贸易政策和做法及其对多边贸易体制的影响能有更加深入、透彻的认识。

第二，贸易政策审议机制能有力促进各成员方遵守WTO的规则，因为在审议中所显示出来的与WTO宗旨、基本原则和规则不相符的做法，在客观上会对接受审议的成员方构成一种压力，促使其纠正非法和不当行为。

第三，在双边或多边的贸易谈判中，各成员方可以引用审议中的有关事实、资料和评论作为佐证，审议中审查出来的问题还可能会导致或促使一些成员方将有关问题或争端提交争端解决机构去解决。

第四，审议不仅审查规则范围以内的行为，而且审查规则范围以外的行为，这种广泛的审议方式比较容易发现国际贸易活动中出现的新问题，这对于多边贸易体制的健康发展和不断完善具有积极的促进作用。

但贸易政策审议机制在具体的审议程序及实际运作方面也存在不足。

一是审议程序过于注重细节，不能给予政策方向以充分的注意。实践中，一些成员方的贸易政策本身可能符合WTO的要求，但是这些政策的具体实施过程往往会出现一定的偏向。因此，保持政策方向与实施细节之间的一致性，应该是贸易政策审议机制应该关注的方向。

二是与秘书处报告相比，成员方政府报告往往要简短得多，相应地，其中所包含的有关其贸易政策的信息也较少。为有效解决这个问题，由秘书处设计出更为具体和详尽的政府报告规范，要求各成员方政府遵照执行，也许是一种可行的办法。

三是参与审议活动的发展中国家太少。尽管审议是开放的，任何有兴趣的成员方都可以参加审议会议，但在绝大多数情况下，与会的其他成员方的数量，特别是发展中国家的数量还是很有限的。

三、WTO的贸易争端解决机制

乌拉圭回合谈判前，国际贸易中关于贸易争端解决的规则主要体现在《1947年GATT》第22条、第23条的规定中。但它只有关于贸易争端解决的原则性规定，没有涉及具体的机构、程序和期限等问题。其后经过多次修改和完善，终于在乌拉圭回合达成了《关于争端解决规则与程序的谅解》（以下简称谅解）为世界贸易组织成员方解决贸易争端提供了程序法。贸易争端解决的目标在于保障各成员方在有关协议中权利和义务的实现，当"某一成员认为其根据协定直接或间接获得的利益正在因另一成员采取的措施而减损"时，该成员可以启动WTO贸易争端解决程序。

（一）贸易争端解决的基本程序

1. 磋商

当某一成员方认为另一成员方在其境内采取的措施影响了WTO所管辖协议的实施，并损害了该成员方的利益，可提出要求磋商的请求，另一成员方应对此给予同情的考虑，并有提供充分的磋商机会的义务。

某一成员方提出磋商请求后，接到请求的成员方应自收到请求的10日内对该请求作出答复，并在收到请求后30日内开始进行磋商。如果收到请求的成员方未在自收到请求之日起10天内作出答复，或未在收到请求后30天内开始磋商，则提出请求的成员方可请求直接设立专家小组。自收到磋商请求后的60日内，争端各方未能达成解决争端的一致意见，则起诉方可在60日期限届满时要求设立专家小组。如果在60日期限内各当事方一致认为磋商无法解决他们之间的争端，起诉方可在60日期限内就提出设立专家小组的请求。紧急情况下，如涉及易损坏、易腐烂等物品，成员方应在收到请求后不超过10天内进行磋商，在收到请求后20天磋商未能达成双方满意的解决方案，则起诉方可请求设立专家小组。在紧急案件中，包括有关易腐货物的案件，争端各方、专家组及上诉机构应尽一切努力尽最大可能加快诉讼程序。

2. 斡旋、调解和调停

这一程序不是争端解决的必经程序，根据谅解第5条的规定，只有在争端各方自愿接受的情况下才可进行。当事双方在任何时候均可请求斡旋、调解和调停，该程序可在任何时候开始，也可在任何时候终止。如果在提出磋商请求后的60日内已进入斡旋、调解和调停，则起诉方应在自磋商提起之日起至要求设立专家小组之前留出60天时间。如果在60日期限内当事方一致认为斡旋、调解和调停不能解决该争端，则斡旋程序终止，起诉方可于60日内提出设立专家小组的请求。

3. 专家小组

该程序是整个争端解决程序中最为复杂的部分，专家小组对案件的审议情况应予以保密，其召开的会议一般为秘密会议，除非专家小组邀请，争端各当事方不得参加。审理案件的期限，原则上不超过6个月，紧急情况下不应超过3个月。如果上述期限内不能提交其报告，专家小组应以书面形式向争端解决机构通报延迟的原因及计划提交报告的期限，但自专家小组成立至向各成员方递交报告的期限最长不超过9个月。

争端解决机构（Dispute Settlement Body, DSB）在将专家小组最终报告分发给各成员方20天后，才能考虑通过报告。如果某一成员方对报告有异议，应在争端解决机构审议该报告的会议召开前10天以书面形式提出异议及理由，争端解决机构召开的讨论专家小组报告的会议，争端各方均有权参加，其所提出的各项意见也应全部记录在案。争端解决机构应在报告分发给各成员方后的60天内通过报告。但下述两种情况的出现可阻止报告的通过：一是某一成员方向争端解决机构正式通报其上诉的决定；二是争端解决机构一致决定不予通过该报告。

4. 上诉程序

该程序是争端解决的终审程序，但并不是必经程序，只有在一当事方就专家小组决定提出上诉的情况下，才能开始这一程序。上诉程序的期限一般为60天，如果上诉机构认为在60天内不能提交其报告，应将推迟的理由及预计将提交报告的期限以书面形式通报争端解决机构，该程序最长不超过90天。

上诉程序的审理范围只限于专家小组报告中涉及的法律问题，及由专家小组所作的法律解释，而不涉及案件的事实部分。上诉机构的活动应保密，其各报告的起草应在争端各当事方均不在场的情况下进行。在上诉机构的最终报告中，其成员所表达的意见应是匿名的，其内容为维持、修改或推翻专家小组报告中有关法律问题的调查及结论。

上诉机构的报告应在向各成员方发布后的30天内由争端解决机构通过，除非一致决定不通过该报告，报告一经通过即产生约束力，争端各当事方应无条件地接受。

（二）裁决的执行

1. 争端解决机构的裁决

争端解决机构就当事方提交的贸易争端依谅解所规定的程序作出的裁决，对争端各方立即产生效力。

谅解具体规定了当事方执行裁决的期限。

（1）在专家小组报告或上诉机构报告通过之后30天内举行的争端解决机构会议上，裁决所涉及的有关当事方应将其准备如何执行裁决的意向通知争端解决机构。

（2）如果立即执行裁决内容实际上难以做到，则有关当事方应确定一个履行裁决的合理期限，这一"合理期限"可由有关成员方提出，并得到争端解决机构的认可，也可在通过裁决的45天内，由争端各当事方协商一致加以确定；还可在裁决通过后90天内经有约束力的仲裁确定一个履行期限。仲裁所确定的期限原则上不应超过自专家小组或上诉机构报告通过之日起的15个月。

（3）自专家小组设立之日起，至确定履行裁决的合理期限之日止，这段时间不得超过15个月。

（4）成员方对有关当事方提出的为执行裁决将采取的措施有不同意见时，可将此分歧意见提交原来的专家小组加以解决，专家小组应在此事提交它处理后的90天内公布其决定。

2. 争端解决机构的监督

争端解决机构应对已通过的各项裁决的执行情况予以监督，任何成员方对执行中出现的问题可随时向争端解决机构提出。在按上述规定确定合理履行期限后的6个月内，如果争端问题仍未得到解决，有关裁决的执行问题将列入争端解决机构会议的议事日程，并在问题得到解决之前一直保留在争端解决机构的议事日程之内。应履行裁决的成员必须在每次此类争端解决机构会议召开前10天，向争端解决机构提交一份关于执行进展情况的书面报告。

3. 裁决未得到执行时当事方可采取的措施

在合理期限内裁决未得到执行，当事方可以采取适当方式保护自己的利益不受损害。

（1）赔偿。这是指由当事方通过协商达成的切实可行的赔偿方案，如果有关成员方在确定的合理履行期限内未能取消或修改其采取的与有关协议不一致的措施，则经他方请求，该成员方应与其他成员方进行谈判，以确定双方都能接受的赔偿。赔偿是自愿的，其方案内容应与有关协议的精神相一致。

（2）减让或其他义务的中止。在已确定的履行期限到期后的20天内，争端各当事方未能履行裁决，并且也未能达成各方满意的赔偿协议，则任何当事方可请求争端解决机构授权其中止对有关成员方继续履行其承诺的减让义务或其他义务。在确定应中止哪些减让及其他义务时，应遵守的原则和程序是：当事方应首先谋求中止对违反有关协议的同一部门的减让义务或其他义务；如果中止该同一部门的减让义务或其他义务难以实行的话，该当事方可以谋求中止同一协议中其他部门的减让或其他义务；如果该当事方认为中止涉及同一协议其他部门中的减让或其他义务不是切实可行的，并且情况已十分严重，则它可以中止另一有关协议中的减让或其他义务。争端解决机构在接到中止减让或其他义务的请求后，应在规定的履行期限到来后的30天内授权中止这类减让或其他义务。除非争端解决机构一致拒绝该项请求，由争端解决机构授权的减让或其他义务的中止程度应以补偿当事方所受到的损害为限。如果有关协议规定禁止此类中止，则争端解决机构就不能授权中止这些减让或其他义务。

(三) WTO贸易争端解决机制的特点

WTO争端解决机制在很大程度上承袭了东京回合拟订的《解决争端的程序》，多边磋商与通过专家小组程序等核心内容被完整地延续下来，但其更具规范统一、及时有效和法律约束力强的特点。

第一，鼓励成员通过双边磋商解决贸易争端，禁止未经授权的单边报复。争端当事方的双边磋商是WTO贸易争端解决的第一步，也是必经的一步。即使是贸易争端进入专家小组程序后，当事方仍可通过双边磋商解决贸易争端。WTO鼓励贸易争端当事方通过双边磋商达成相互满意的解决方案，不能采取未经授权的报复行动，从而增强了争端解决机构的权威性。

第二，以保证WTO规则的有效实施为优先目标，贸易争端解决机制的目的是使贸易争端得到积极有效的解决。贸易争端当事方可通过磋商，寻求均可接受并与WTO有关协定或协议相一致的解决办法。在未能达成各方满意的解决办法时，贸易争端解决机制的首要目标是确保成员撤销被认定违反WTO有关协定或协议的措施。

第三，确立了统一的贸易争端解决程序和法理完备的上诉制度，使争端解决机构更具准国际司法机构的特征。WTO的贸易争端解决程序不仅适用于货物贸易，也同样适用于服务贸易和知识产权领域，交叉报复的机制使各项协议都能得到有效运作；迅速解决贸易争端是WTO贸易争端解决机制的一项重要原则，贸易争端解决程序的各个环节均被规定了严格、明确的时间表，贸易争端解决的效率也大大提高。这些完善的制度对推进WTO由权力导向规则导向过渡，提高审理效率和树立法律权威是至关重要的。

第四，实行"反向协商一致"的决策原则，是对传统议事规则的重大变革，赋予了专家小组和上诉机构报告得以自动通过的机制。WTO贸易争端解决机制中最核心、最有特色的就是"反向协商一致"原则，在争端解决机构审议专家小组报告或上诉机构报告时，只要不是所有的贸易参与方都反对，则视为通过，排除了败诉方单方面阻挠报告通过的可能，极大地增强了争端解决机制的约束力和强制性。

然而，WTO贸易争端解决机制在取得许多重大成就的同时，也存在一些不可忽视的问题。如发展中国家成员方由于其贸易实力、人才和财力的限制，不能有效地使用贸易争端解决机制；WTO贸易争端解决机制处理问题的期限太长，解决一个争端从启动至胜诉方获得救济，大约需要28个月，而当最终的救济手段得以落实时，有关国家的出口已经遭受实质性影响。

案例6-1

美国虾及虾制品进口限制案

海龟是一种珍稀动物，已濒临灭种。为此，国际社会在1973年就商定的《濒危野生动植物种国际贸易公约》(the Convention on International Trade in Endangered Species of Wild Fauna and Flora, CITES) 中将海龟列为最高级别的保护物种。美国也在1973年制定了《濒危物种法》。为防止捕虾时顺带捕获海龟，美国组织科技力量发明了一种救活装置——海龟驱逐设施 (Turtle Excluder Device, TED)。1987年，美国根据1973年《濒危物种法》发布规章，要求所有美国的拖网捕虾船在对海龟有潜在危害的区域捕虾时使用TED或采取拖网时间限制，这些规章于1990年全部生效。

1989年11月21日，美国又在《濒危物种法》中增设了第609节。规定凡未能在捕虾的同时放活海龟者，禁止该国海虾向美国出口。为实施第609节的规定，美国国务院先后于1991年、1993年、1996年发布几次指令，作为第609节的实施细则。其中1996年指令规定，所有进口美国的虾必须附有"虾出口商声明"，表明虾或是在第609节认证的国家的水域捕获，或是在对海龟无害的条件捕获。

1996年10月8日，美国国际贸易法院裁决，如果附有对海龟无害的商业捕获技术捕虾的"虾出口商声明"，允许从非认证国进口虾，违反了第609节。1996年11月25日，美国国际贸易法院的裁决澄清用不伤害海龟的人工方法捕获的虾仍可从非认证国进口。1998年6月4日，美国联邦巡回上诉法院搁置了美国国际贸易法院10月8日和11月25日的裁定。但在实践中，对禁止从非认证国进口用TED捕获的虾的豁免，在争端提交专家组之前仍不能获得。

1991年和1993年指令将第609节实施的禁止进口的地域范围限于加勒比海/西大西洋区域的国家，给予这些国家三年的逐步实施期限。1995年12月29日，美国国际贸易法院裁决认为将地域限于加勒比海/西大西洋区域捕获的虾，违反了第609节，并指示国务院在不晚于1996年5月1日将禁止范围扩大到全球。1996年4月10日，美国国际贸易法院拒绝了国务院要求推迟该法实施最后期限的要求。1996年4月19日，美国发布了1996年指令，将第609节扩大到所有外国捕获的虾，该指令1996年5月1日生效。1996年10月8日，印度、马来西亚、巴基斯坦和泰国对美国禁止从这些国家进口虾及虾产品提出联合指控，指控美国的措施违反了《1947年GATT》第1条、第11条和第13条，使有关的利益丧失或受到损害，并就此提出磋商请求。1997年2月25日，DSB召开会议决定设立了专家组。澳大利亚、哥伦比亚、欧共体、菲律宾、新加坡、印度、危地马拉、墨西哥、日本、尼日利亚、斯里兰卡等，保留作为第三方的权利。

1998年5月15日，专家组报告分发。专家组裁定美国采取的对虾及虾产品的禁止进口，与《1947年GATT》第11条第1款不符，且不能据第20条获得正当性。

1998年7月13日，美国通知DSB，对专家组报告的法律问题和专家组的法律解释提出上诉。

专家组报告认为：美国据第609节对虾和虾产品实施的进口禁止与《1947年GATT》第11条第1款的规定不符，也不能据第20条得以豁免。专家组建议DSB要求美国修正其措施，使之符合美国按照WTO协定承担的义务。专家组还指出，成员享有制定其自己的环境目标的自由，但应以与WTO义务相一致的方式实施这些目标，而不能破坏WTO协定的目标和宗旨。

上诉机构报告：①推翻专家组从非政府渠道接受未经要求的信息与当前适用的DSU的规定不符的裁定；②推翻专家组的美国措施不属于关税与《1947年GATT》第20条允许的措施范围的裁定；③裁定美国措施尽管据第20条（g）款获得正当性，但没有满足第20条前言的要求，因而不能据第20条而得以豁免。

上诉机构认为：①美国不分具体情况要求出口国均安装使用TED，而忽视对各地特殊和具体情况加以考虑，无法确保其政策是适当的；②依据美国法律，即使各国出口商采用了规定方法进行捕捞，但若母国并不要求使用TED，美国仍可能拒绝从该出口商处进口。说明美国实质关心的是逼迫其他国家采用美国所规定的管理体系，而非虾及虾制品实质上对海龟造成的威胁；③美国成功推动了《美洲间海龟保护公约》的签订，这说明多边合作是可行的。但美国同争端四国从未通过签署多边协定寻求争议解决的类似努力；④美国给予加勒比海及西大西洋地区14个出口国三年的过渡期，而对上述成员方只给予4个月的期限，构成了歧视；⑤美国国务院作为上述条款的实施机构，在过去年度的认证过程中，无论接受或拒绝进口均无局面的正式文件，也不向被拒绝的进口商提供辩解、寻求司法救济的正式渠道，整个认证程序是非透明的。

第四节　WTO 面临的困境与改革

一、WTO 面临的困境

进入21世纪以来，WTO越来越难发挥作用，一方面，除了在2013年达成《贸易便利化协定》（Trade Facilitation Agreement）、2014年更新了《政府采购协定》（Government Procurement Agreement）外，几乎没有任何进展；另一方面，由于美国持续阻挠上诉机构大法官的遴选，WTO的争议解决机制遭遇了巨大危机，最终于2019年12月10日因上诉机构法定人数不足而停摆。与此同时，各类多边、双边区域贸易协定（RATs）如雨后春笋般层出不穷（刘敬东，2015），不断替代WTO的全球贸易治理职能，加速WTO的"空心化"，WTO正面临着前所未有的巨大困境，对WTO的改革呼声也越来越强烈（陈凤英、孙立鹏，2019）。

二、WTO 面临困境的原因

从表面来看，"谈判进程受阻""美国的刻意阻挠"及"区域化冲击"等因素导致了WTO的困境，但是其深层原因主要可以分为外部和内部两个方面。

从外部来看，世界正经历百年未有之大变局。自1995年以来，全球经济治理环境发生了巨大变化，但是WTO没能与时俱进，正如欧盟《关于WTO现代化的概念文件》中所描述："世界已经变了，但是WTO没有"①。具体包括以下三个方面。

（一）新兴经济体崛起推动全球贸易治理的权力重新分配

1995年以前，全球经贸规则的制定权，主要掌握在以美国、欧盟、日本和加拿大组成的"四方集团"手中，代表了发达国家的立场和利益。进入21世纪以来，包括这"四方集团"在内的发达国家，经济增长缓慢，全球贸易份额下降，接连遭遇金融危机和新型冠状病毒感染，治理能力涣散。同时，中国、巴西、印度等新兴发展中国家贸易及投资实力则不断上升，传统霸权的下降与新兴力量的上升改变了世界经济格局，增加了全球经济治理的冲突和摩擦（王燕，2019）。

---

① 参见 WTO Modernisantion Introduction to Future EU Proposals, http://trade.ec.europa.eu/doclib/docs/2018/september/tradoc_157331.pdf, 2022-05-05.

（二）数字经济与全球价值链分工的转变带来贸易治理议题扩大与规则深化

信息技术和人工智能等高科技的发展改变了传统全球贸易治理的对象，数据逐渐成为原材料、土地、劳动力和资本之外的新生产要素，随着跨境数据流动而引发的国家安全等顾虑渐强，但由于各经济体在数字贸易技术领域的地位不同，利益攸关各异，在WTO框架下，世界各国很难在数字贸易规则制定方面达成一致。同时，传统发达国家和新兴发展中国家在价值链中的竞争优势发生转变，前者对后者在提高投资开放和服务业准入程度、知识产权保护等方面提出了更高要求，而WTO现有规则无法满足要求，规则的更新与深化又进展缓慢。总之，WTO在规范和解决国际贸易新议题方面存在不足，特别是在数字贸易、环境标准、劳工标准以及应对全球气候变化等议题方面还留有相当大的政策空白（张蕴岭、张丽娟，2020）。此外，在推动传统经贸规则的深化方面，进展也十分缓慢。

（三）全球生产分工不断深化对就业的冲击催生贸易保护主义

科学技术的进步加快了基于"比较优势"的全球产业分工，大量的产业转移对全球市场特别是制造业造成巨大影响，全球产业布局及劳动力市场急剧分化，而大多数国家政府未能及时作出有针对性的经济政策调整，生产力严重下降、失业率上升，导致国内民粹主义、保护主义势力抬头，对奉行贸易自由化的WTO多边贸易体制形成巨大冲击和破坏（刘敬东，2019）。

（四）WTO运行存在制度性缺陷

从内部来看，WTO运行主要依赖三大机制，即"协商一致"决策机制、贸易争端解决机制与贸易政策审议机制，分别对应制定规则、执行规则和监督执行规则的主要功能。其中，作为核心机制的"协商一致"决策机制与贸易争端解决机制均出现严重的制度性问题。具体包括以下两个方面。

1. "协商一致"决策机制效率低下

1994年4月15日签署的《马拉喀什建立世界贸易组织协定》（以下简称《WTO协定》）第9条明确规定了WTO决策以协商一致为主、投票表决为辅。但是在实践中，投票表决形同虚设，WTO通常以协商一致程序进行决策。所谓协商一致，《WTO协定》脚注中进行了具体解释，"如决策过程中，出席会议的成员未正式提出反对，则应被视为经协商一致就提交审议的事项达成决策"。[1] 理论上来说，协商一致决策机制充分体现了WTO民主平等的原则，给予弱小国家平等的投票权利，避免了大国一致的弊端。然而，在具体运行中，协商一致决策机制最大的缺陷在于效率低下，特别在成员众多的情况下，经常出现一个议题久拖不决的情况。

2. 贸易争端解决机制的定位不明

理论上，上诉机构的报告由争端解决机构（DSB）按照协商一致决策机制决定是否通过，体现DSB对上诉机构的监督。但是《关于争端解决规则与程序的谅解》（DSU）第17条将制定上诉程序的权利直接授予上诉机构，加之DSB实行"反向一致"的准自动通过程序，导致DSB对上诉机构的约束与监督根本无从谈起，上诉机构事实上已经成为一个独立运行的准司法机构，这显然与WTO的"成员驱动型"特质相背离。归根结底，WTO贸易争端解决机制

---

[1] Agreement Establishing The World Trade Organization[EB/OL]. https://www.wto.org/english/docs_e/legal_e/04-wto.pdf, 2022-07-01.

的定位到底是成员驱动型还是规则导向型，现有的规则（即DSU）是不够明晰的。也就是说，WTO贸易争端解决机制的设计初衷与实际运作之间的背离亦是引发上诉机构危机的一个重要原因（刘勇、柯欢怡，2021）。

另外，在WTO运行过程中，贸易政策审议机制的"软约束"及贸易谈判机制的"透明度"等问题也广受诟病。

三、WTO的改革方案

对WTO进行必要的改革已经是主要WTO成员的共识[①]。中国、美国、欧盟、日本、加拿大和澳大利亚等诸多WTO成员均以不同方式提出了自身的改革设想和方案，涉及维系争端解决机制、提高透明度、规制工业补贴、发展中国家特殊及优惠待遇等方面（郑伟、管健，2019）。但是各方案代表着不同国家的利益诉求，内容上存在较大差异，WTO要在改革中摆脱困境，需坚持WTO宗旨，折中各方提议，积极适应外部环境变化，务实解决决策机制效率不高等核心问题。可行的改革方案，包括以下几个方面。

（一）坚持以发展为导向

WTO改革应坚持以发展为导向，以及对发展中国家的特殊及差别待遇原则，照顾发展中国家的合理诉求。已有WTO经贸规则的制定，主要是由发达国家主导，很大程度上代表了发达国家的立场、利益和当时的权力结构，对发展中国家所关切的发展议题关注不够。当前以世界贸易治理权力结构为代表的世界贸易治理环境已经发生巨大变化，发展中国家的声音不可能被忽视。欧美国家在WTO改革中提出的大幅调整发展中国家和发达国家，逐步退出WTO框架下特殊与差别待遇的提议，根本上背离WTO的发展宗旨。

（二）采纳协商一致与"关键多数"谈判并存的复合决策机制

多边贸易谈判乏力是WTO所面临的贸易治理困局的主要表现。协商一致决策机制虽具有非常重要的价值，但在成员数目众多且利益多元化的多边贸易谈判中亦导致谈判陷入僵局，因此需在既有的协商一致决策机制下创建具有灵活性的补充谈判机制以赋予多边贸易谈判新的活力，在自由化议题和发展议题的冲突中寻求突破的路径。

（三）采用诸边模式的谈判机制

有学者主张，达成基本共识的WTO部分成员可建立一个新的上诉机构，所有成员均可选择参加或不参加。该机制的优点在于一方面可以最大限度地保留WTO规则体系的统一性，另一方面又可以破解原上诉机构停摆所带来的争端解决困局（孔庆江，2019）。

（四）以"软法合作"机制补缺正式条约的签署

WTO法实体规则明确，并且配以完善的争端解决机制，是典型的"硬法"模式。在该模式下，WTO实体规则的发展演进取决于各缔约方的政治意愿，自多哈回合谈判以来，南北利

[①] G20 Leaders' Declaration: Building Consensus for Fair and Sustainable Development, http://www.g20.utoronto.ca/2018/2018-leaders-declaration.html, 2018-12-10.

益冲突长期得不到解决，WTO通过贸易谈判制定新规则的功能陷入停滞。在善意缺位的情况下，作为"硬法"的WTO法难以在全球贸易治理中充分发挥主导作用（宁红玲，2021）。因此有学者建议WTO应关注"软法①合作"，总结WTO等其他国际经济组织在"软法合作"中的经验与教训，实施"软法"与"硬法"的混合之治。

本章小结

（1）WTO是在关税与贸易总协定基础上产生和发展起来的。其宗旨是促进经济增长，扩大货物和服务的生产与贸易，并通过削减贸易壁垒、取消国际贸易中的歧视待遇来实现其宗旨。它致力于建立公平无扭曲的贸易规则，并保持贸易政策的透明度和可预见性。

（2）WTO是一个基于规则的组织。它在贸易自由化的基础上建立了一整套包括货物贸易、服务贸易和知识产权保护的规则体系，并通过贸易政策审议机制和贸易争端解决机制敦促成员方遵守规则。

（3）WTO经过近几十年的运作，对全球经济贸易的发展作出了重大贡献。但随着全球竞争格局的演变、数字经济与全球价值链分工的深化，以及全球公共卫生事件的影响，WTO发展面临前所未有的挑战，需要进行改革并完善规则。

延伸讨论

关于WTO困境与改革的讨论由来已久，2018年美国对上诉机构法官遴选的阻挠，使得WTO改革成为国际社会广为关注的议题。2018年9月，欧盟发布了WTO改革的"概念文件"，提出在关键方面增强WTO功能。随后美国、加拿大等国相继阐述了关于WTO改革的立场和建议，中国政府也于2018年11月发布《中国关于世贸组织改革的立场文件》，明确提出WTO改革的三项原则和五点主张，并于2019年5月向WTO提交《中国关于世贸组织改革的建议文件》，分四个方面、十二个领域提出改革具体主张。

请自行查找相关文件，思考以下问题：

（1）结合各国贸易、经济等情况，分析中国、美国等世界主要国家关于世界贸易组织改革的立场和建议有何不同？为什么？

（2）如何应对贸易治理议题扩大与规则深化？

（3）如何协调区域经济一体化与多边贸易治理机制的关系？

---

① 软法（soft law），是指那些不能运用国家强制力保证实施的法规范。软法是相对于硬法（hard law）而言的，后者是指那些能够依靠国家强制力保证实施的法规范。

第七章　国际经济治理中的国际货币基金组织

学习目标

学完本章之后，你应该能够：
- 了解国际货币基金组织产生和建立的背景
- 掌握国际货币基金组织进行国际经济治理的宗旨和职能
- 熟悉国际货币基金组织的组织结构和运作机制
- 理解国际货币基金组织进行改革的必要性和方向

随着世界市场的出现、国际贸易和国际投资的发展，国际金融成为国际经济活动的重要角色，通过国际货币及金融组织的治理与协调，有助于世界各国实现国际收支的平衡，稳定国际市场汇率，为国际贸易多边化、国际资本有序流动创造条件，促进各国经济发展，打造更为健康积极的国际经济环境。

第一节　IMF 的产生和建立

一、国际货币基金组织产生的时代背景

19世纪末20世纪初的国际货币体系是早期的金本位制度，即以黄金作为货币的价值衡量单位，国家间的货币兑换是由各国货币的含金量作为汇率。由于黄金可以自由出入境，金币可以自由铸造和熔化，金本位下的汇率变动相当有限，一般围绕铸币平价（Mint Parity）在黄金输送点（Gold Tarnsport Point）范围内上下波动，国际货币兑换相对稳定。在这种国际货币制度下的国际贸易通常处于自由放任的状态，实行自我调节。金本位制度本身是存在缺陷的，一方面由于黄金的供应受自然界因素的影响，当黄金不能满足经济活动增长需要的时候，经济活动往往会受到通货紧缩的压力；另一方面，在一些特定条件下（如战争、严重失业等），国家必须通过通货膨胀等措施刺激经济，保证供给充分，而金本位制下的国际收支自动调节

约束了对国内经济增长的刺激。

工业革命以后的西方资本主义国家扩大了世界市场的范围，各种生产与消费开始面向世界，原材料的来源地和产品的消费地遍及地球各个角落，旧时代传统意义上的自给自足、闭关自守状态逐渐被打破，世界经济格局开始呈现彼此相互依存的状态。在不断发展的国际经济依存关系中，一个有效且稳定的国际货币体系成为了国家经济发展和世界经济繁荣的前提。从微观上看，良好而健全的国际货币体系可以为国际贸易提供适合的支付手段，为对外投资创造稳定的信贷工具；从宏观上看，稳定而有效的国际货币体系可以使国际收支失衡得到有效的调节，促进经济的繁荣与社会的稳定。由此可见，国际货币体系对世界贸易、对外投资、生产与就业、国际政治经济稳定与发展至关重要。

1929—1933年世界经济大萧条期间，各资本主义大国彼此间"以邻为壑"的经济民族主义政策使得19世纪建立的自由国际贸易体制受到重创，贸易保护主义代替了自由贸易；同时由于两次世界大战严重破坏了世界经济和贸易基础，国际货币体系的分裂导致了金本位制度的崩溃。为了能够重建国际货币秩序，恢复国际贸易自由进行，国际主流社会呼吁国家间在国际经济领域进行合作，建立开放的国际经济体制以保障各国经济发展和世界福利增加。

二、国际货币基金组织的创设构想

第二次世界大战尚未结束时，英美两国就已经开始设计战后的国际金融秩序，双方一直就战后的国际货币体制进行谈判。美国希望新建立的国际货币秩序能够克服战前国际货币关系的混乱状态，重新建立一种既可以保持稳定，又能够通过国际合作确保各国经济发展要求的国际货币体制。

1943年4月7日美英两国分别发表了关于战后国际货币制度的方案。美国财政部官员哈里·怀特主导了美国的"怀特计划"，主要内容如下所述。

（1）主张建立一个由各成员方以存款方式为基础的国际货币稳定基金组织，由各成员方以黄金、本国货币、政府债券等认缴形式设立总额50亿美元的基金，各成员方认缴的份额按各国的黄金外汇储备、国民收入和国际收支状况确定，各成员方在基金组织内的投票权也由各国认缴的份额确定。

（2）基金组织发行可以和黄金进行兑换的国际货币Unita，该货币可以在成员之间的国际结算中使用。

（3）各国货币与Unita之间按一定的比价建立固定的汇率，未经基金组织许可其汇价不得任意变动，由此各国货币汇率形成固定的比价。

（4）基金组织的主要任务是稳定汇率，对国际收支赤字的成员提供必要的帮助，例如通过短期信贷的方式协助解决国际收支失衡等问题。

英国提出的计划由著名经济学家约翰·梅纳斯·凯恩斯主导，即"凯恩斯计划"。该方案的主要内容包括以下几方面。

（1）由国际清算银行发行一种名为Bancor的国际货币，该货币作为各国中央银行或财政部之间的清算使用。

（2）Bancor与黄金建立固定的比价，各国货币按一定比价与Bancor建立固定的汇率，该汇率可以进行调整，但是成员方不能进行单方面竞争性货币贬值，汇率调整须经过相关规定程序。

（3）各国中央银行在国际清算同盟开立账户，彼此用Bancor进行清算；发生盈余时将盈余存入账户内，发生赤字时可以提存或者按照规定申请透支；借贷余额超过份额一定比例的成员方有义务调整该国的国际收支。

三、国际货币基金组织的建立

二战以后美国的政治和经济实力都远远超过了昔日的霸主英国，因此在制定战后国际货币制度过程中美国的意见居于主导地位。1944年7月1日在位于美国新罕布什尔州的布雷顿森林小镇的华盛顿山酒店，来自44个国家的代表以联合国的名义召开了讨论战后重建问题的货币金融会议，会议期望建立国际货币与金融交易的新标准，以促成战后世界贸易及经济的繁荣，史称"布雷顿森林会议"。会议经过3周的讨论通过了以"怀特计划"为基础制订的《联合国货币金融协议最后决议书》和《国际货币基金组织协定》《国际复兴开发银行协定》两个附件，以上文件总称为《布雷顿森林协定》（Bretton Woods Agreements）。布雷顿森林体系有助于国际金融市场的稳定，为国际贸易的扩大和世界经济增长创造了有利的外部条件，结束了一战以来的混乱的国际金融秩序，对二战后的世界经济复苏起到了一定的作用。布雷顿森林体系本质上是英美两国为维护战后自身利益妥协的结果，反映了美国在当时全球经济中绝对霸主地位，美元作为世界货币的地位法律上得以确认，最终导致了20世纪美元霸权的产生。

1945年12月27日，参加布雷顿森林会议的部分国家代表（22个国家）在《布雷顿森林协定》上签字，正式成立了两个国际金融机构：国际货币基金组织（International Monetary Fund, IMF）和国际复兴开发银行（International Bank for Reconstruction and Development, IBRD）。两大机构自1947年11月15日起正式成为联合国常设专门机构。前者负责向成员方提供短期资金借贷，以保障国际货币体系的稳定；后者负责向成员方提供中长期信贷以促进成员方经济复苏。

《布雷顿森林协定》关于国际货币问题的主要内容包括以下几方面。

（1）成立国际货币基金组织，作为战后稳定国际货币关系的主要机构。

（2）美元作为国际主要储备货币，实行美元黄金本位制，即：美元直接与黄金挂钩，1盎司＝35美元，各国政府或中央银行可以随时按照这个价格向美国兑换黄金；其他成员方的本国货币按照固定汇率和美元挂钩，该固定汇率只有在成员方出现严重国际收支失衡，经相关程序批准才能进行较大幅度的调整。

（3）国际货币稳定基金由各成员以黄金、可兑换的货币和本国货币缴纳，所缴份额由各成员的国民收支、黄金与外汇储备、平均进出口额及出口额在GDP中的比例等因素决定。

（4）国际货币基金组织使用国际货币稳定基金向发生国际收支失衡的成员方提供短期资金融通，帮助其恢复国际收支平衡；该成员方需提供国内相关经济数据及国际货币基金组织认可的经济调整方案。

（5）成员方必须废除外汇管制，不能对经常项目支付进行限制，不得采取歧视性的货币措施。

第二节　IMF 进行国际经济治理的宗旨和职能

IMF 是多国共同建立的从事国际金融合作、承担全球金融治理功能的国际组织，一直将维护国际金融稳定当作首要和核心任务。

一、IMF 进行国际经济治理的宗旨

作为国际经济治理体系重要组成部分，IMF 在协调事关全球宏观经济的重要议题、引领和完善全球金融治理实践中发挥着重要的影响力。

《国际货币基金组织协定》第一部分阐明了 IMF 的以下宗旨。

（1）建立一个常设性的、开放性的全球经济组织，以促进国际汇率的稳定和全球货币合作，便于组织内各成员方就货币与金融问题进行磋商和协作。

（2）通过促进国际经济活动的扩大和平衡发展，把促进和保持成员方的就业、生产资源的发展以及提高实际收入水平作为经济政策的首要目标。

（3）通过维持成员之间有秩序的外汇安排，避免竞争性汇率贬值。

（4）协助成员方建立经常性交易多边支付体制，消除妨碍世界贸易的外汇管制。

（5）为成员方提供临时性的资金援助，通过纠正国际收支失调，减轻国际收支不平衡，避免成员方采取危害本国或国际繁荣的措施。

二、IMF 进行国际经济治理的职能

为了稳定国际金融体系，IMF 通过监督检查、资金援助、技术支持等一系列职能来实现借由国际货币体系运作达到国际经济治理的目的。

（一）监督检查

为了保持金融体系稳定，防止国际货币体系发生危机，IMF 对成员方的国别政策实施监督检查，跟踪各国（地区）及全球经济和金融的发展，向所有成员方提供相关建议，在必要时提出警告；作为 IMF 的成员需要同意 IMF 对其经济和金融政策进行监督检查，为了避免不公平竞争势力操纵汇率，该成员方还要承诺推行有序的经济增长政策和合理的价格稳定政策，并向 IMF 提供经济数据。

IMF 致力于对全球和地区发展趋势、经济、政策的相关条款进行定期监测，找出金融或经济不稳定的原因。IMF 的监督职能主要分为如下三个层面。

（1）国家监督（Country Surveillance）。采用与单个成员进行定期（通常是每年一次）全面商讨的形式，并根据需要开设临时讨论会。IMF 工作人员将访问某个成员，收集经济和金融数据并就该国政府和中央银行的经济政策进行商讨；IMF 工作人员也可会见企业、工会和民间社团的代表。IMF 工作人员根据磋商情况撰写磋商报告，提交 IMF 执行董事会讨论，IMF 按照成员方自愿原则以公共信息公告的形式向外界公布讨论磋商报告的情况。

（2）区域监督（Regional Surveillance）。作为国家监督的补充，IMF还依据区域协议对地区性的经济和金融政策进行检查。IMF定期与欧盟、西非经济与货币联盟、中非经济与货币联盟及东加勒比货币联盟等地区性组织进行磋商，并参与地区性机构的活动，如南部非洲发展共同体、东南非共同市场、东盟、西半球财政会议和海湾国家合作委员会等，与各方进行经济发展和关键政策的问题讨论。

（3）全球监督（Global Surveillance）。IMF执行董事会经常就世界经济和市场发展情况举行非正式讨论会，对全球经济发展和趋势、国际金融市场的发展、前景和政策进行评估，每年出版对全球经济前景的评估的《世界经济展望报告》和对全球金融市场的评估《全球金融稳定报告》，内容包括主要货币区的发展情况、如何改善成员方财政和货币政策、监督国际资本流动的发展与变化、关注金融衍生工具、发挥外国银行在新兴市场中的积极作用等；IMF的《财政监测报告》提供对公共财政发展的评估，此外还有一系列的地区经济展望。

（二）资金援助

当成员方遭遇国际收支危机时，IMF可以提供资金援助，支持成员方有关政策的规划，纠正其宏观经济存在的根本问题，避免和限制可能对成员方和全球经济产生的不利影响，帮助市场重建信心并保持经济稳定和增长；IMF会为经济基本稳健的成员方提供预防性的信贷额度以预防经济危机。IMF的融资为成员方解决国际收支问题提供了缓冲空间，成员方根据贷款条件制定调整和实施规划，IMF根据这些规划的有效实施与否来决定是否继续提供贷款支持。

在成员方提出请求后，IMF工作小组将与该成员国政府进行讨论，以评估该成员方的经济和财政状况及整体资金需求规模，商定经济政策计划。该成员方必须承诺采取某些政策行动，即政策条件。IMF会对政策行动实施情况加以监测，积极保证受援国的经济和财政恢复健康，并确保该成员方向IMF偿还贷款。

（三）技术支持

技术支持是监督和援助职能之外的重要补充。通过技术支持与成员方政府直接合作，协助改善其政策和程序，有助于增进成员方对IMF政策建议的理解，IMF与各成员方分享其专业知识技能，帮助成员方加强实施稳健经济政策的能力，通过提供技术和培训相关人员帮助各成员方提高设计有效经济政策的能力。IMF定期从相关机构派出短期工作人员或在成员方安排常驻顾问，对成员方财政部、中央银行等政府机构进行相关实践指导、研讨会和政策导向型培训；提供广泛的培训课程，包括宏观金融、货币和财政政策、国际收支问题、金融市场和机构以及统计和法律框架。IMF也为严重内乱或战后需要重建政府机构的国家提供咨询意见。IMF技术支持侧重于以下领域。

（1）财政政策：向各国政府提供关于筹集收入和有效管理支出方面的建议，包括税收和关税政策、预算制定、公共财政管理、国内和国外债务以及社会安全网，以使各国政府能够提供更好的公共服务，比如学校、道路和医院。

（2）货币和金融部门政策：与各国中央银行一起对该国金融体系（如汇率、通胀和债务政策）和银行监管进行现代化改革，从而保持成员方金融稳定，促进国内增长和国际贸易。

（3）法律框架：帮助各成员方实现本国法律和治理框架与国际标准的统一，有利于实施稳健的财政政策和金融改革、抵制腐败以及打击洗钱和恐怖主义融资。

（4）统计：帮助各成员方编制、管理和报告各种宏观经济和金融统计数据，以便实现对其经济状况的准确了解，促进相关国家制定更加明智的政策。

IMF的培训一般提前一年通过在线课程目录公布课程。通过面对面或线上形式提供；同时通过地区能力建设中心提供实践性、政策导向型培训。近年来IMF大幅度地增加了在线课程以作为向政府官员提供培训的载体，公众可以随时通过网络公开课学习相关在线课程。

第三节　IMF 的组织结构和运作机制

一、IMF 的组织结构

（一）理事会（Board of Governors）

理事会是IMF的最高权力机构，每个成员方有一名理事（Governor，通常由成员方的财政部部长或央行行长担任）和一名候补理事（Alternate Governor，候补理事只有在理事缺席的情况下才能投票），任期为5年，由各成员方自行任免。由于理事会成员都是各成员方财政和货币领域的官员，不可能经常集中，一般每年只召开一次年会处理有关问题。特殊情况下，理事会经由15个成员方或者持有1/4总投票权的成员方请求时，可以召开临时会议。按照规定，每次理事会会议的法定人数应为半数以上的理事且不少于2/3的总投票权。除非另有规定，理事会的所有决定由多数投票做出；理事会投票方式可以是开会投票或远程投票（如非年会期间，理事会有重大问题需要作出决策时可以通过邮递、电子邮件、传真、IMF网上投票系统进行远程投票），各成员方的投票权为基本票（所有成员方平均分配）加上基于份额的投票权。

理事会负责选举执行董事会并将其大部分权力授予执行董事会，保留以下主要职权：批准和接纳新的成员方；决定成员方退出IMF；修订IMF的条款；批准IMF的份额规模与特别提款权的分配，批准成员方货币平价的普遍调查；讨论国际货币与金融重大问题；对与组织协定解释有关的问题作出最终裁决。

IMF理事会和世界银行理事会每年都要联合举行两次重要的会议，主要讨论全球关注的问题，包括世界经济前景、全球金融稳定、消除贫困、就业和增长、经济发展以及援助有效性等。两次年会分别固定在春、秋两季举行，一般称为"春季会议"和"秋季会议"，均为部长级会议。秋季会议的规模比较宏大，因而也被称为IMF和世界银行的"年会"，除各成员方央行行长、财政或发展部长等理事率政府代表团参加外，还邀请众多国际组织、私人企业高管、民间社团以及学者参加。年会一般在每年的9月或10月举行，通常连续两年在总部（美国华盛顿）举行，第三年在美国以外的某一成员方举行。年会期间，理事会一般就两个机构的未来工作、相关主要政策议题作出决定，随后由各自的执行董事会具体实施。每年年会的一般议程是：首先由大会主席简要介绍世界经济和贸易的发展情况；其次由IMF总裁和世界银行行长各自介绍本组织一年来的发展概况；再次由两个部长级委员会主席向理事会介绍各自委员会一年来取得的成就和今后的工作；最后由各国理事发言，发表对世界经济和两机构工作的看法，并介绍各自国家的经济发展。年会期间还可能对执行董事会提交的决议进行表决。春季会议的规模比较小，主要是由国际货币与金融委员会和发展委员会参加的会议，这两个机构在秋季年会期间也会同时举行会议，会议均在国际货币基金组织总部（美国华盛顿）举行。

由于理事会过于庞大，每年一次的年会在应对国际货币及金融形势发展的需要方面不太灵活，而执行董事会又没有充分权力来对重大的国际经济与货币问题做出决定，因此在理事会和执行董事会之间还有两个部长级委员会：国际货币与金融委员会和发展委员会，两个委员会的功能主要是讨论国际货币体系和开发援助等重大问题。

（二）国际货币与金融委员会（Monetary and Financial Committee）

IMF于1974年成立了"国际货币基金组织关于国际货币制度的临时委员会"，简称"临时委员会"（Interim Committee，1999年改为现名），该委员会每年召开两次会议，第一次是春季会议、第二次在秋季年会期间，讨论国际货币与金融领域出现的重大具体问题，由24名成员代表来代表所有成员方，委员会一般采取协商一致的原则，不进行正式投票。委员会在每次会议结束发布公报概述其观点，作为IMF工作计划指引。该委员会所提出的建议实质上具有管理与协调国际货币体制运作的决定权。

（三）发展委员会（Development Committee）

1974年10月，根据24国集团的建议，IMF和世界银行共同设立了"世界银行和基金组织理事会关于向发展中国家转移实际资源的联合部长级委员会"（以下简称发展委员会）。发展委员会主要负责就新兴市场和发展中国家经济发展中的有关问题向IMF和世界银行提供咨询。发展委员会向IMF和世界银行汇报关于向发展中国家转移实际资金的所有问题并提出意见，致力于促进各国对关键的发展问题达成共识。和国际货币与金融委员会一样，发展委员会由25名成员组成（一般由成员方财政部或发展部部长担任）。该委员会每年举行两次会议，第一次是春季会议、第二次在秋季年会期间，会议议题由会议主席、IMF总裁、世行行长和IMF和世行执行董事提出。

（四）执行董事会（Board of Executive Directors）

执行董事会由24名执行董事组成，每两年选举一次（一般在逢双年份的年会上举行，必要时也可在年会外的时间举行补缺选举），分别代表一个国家或一组国家，其中8名执行董事由美国、英国、法国、德国、日本、中国、俄罗斯、沙特阿拉伯任命，其余执行董事由其他成员组成的选区选举产生，一般选区包括4个以上的国家，最大选区包括24个国家。选举时由单国组成的选举选区会全部投票投给本国提名的执行董事候选人；多国选区内的国家一般在投票前会就下一位执行董事人选进行协调，本选区国家投票给该候选人即可，很少出现一个选区内不同国家投票给不同候选人的情况。每个选区选出的执行董事行使的表决权是其所代表选区各国表决权的总和，其投票代表的是所在选区，而非自己的国家。

执行董事会的主要职能有：接受理事会的委托行使理事会的权力，处理日常各种政策和行政事务并向理事会提交年度报告；对成员方的经济健康状况进行年度检查；随时对成员方在经济方面的重大问题，特别是国际金融方面的问题进行全面研究；履行理事会赋予的其他职权。

执行董事会通常根据协商一致原则作出决定，有时也进行正式投票。当执行董事会需要就有关问题进行投票表决时，各执行董事按照其所代表的国家或选区赋予的投票权进行投票。执行董事会每星期至少召开三次正式会议，每次会议的法定人数同样是需要超过半数的执行董事参加，并代表不少于半数的总投票权。参会的执行董事一般是各国的财政或货币方面的官员，通常需要常驻IMF总部。执行董事不能出席会议时，可以指定一名副董事代行执行董事之职。

执行董事会设有1名总裁及4名副总裁。IMF理事和执行董事可以提名IMF任何一个成员方的公民来担任总裁的职位。尽管可以通过多数投票的方式选出总裁，但是IMF历来按照协商一致的原则任命总裁，总裁任期5年，可以连任，根据不成文的规定一般由欧洲人担任；作为各方政治势力的均衡与妥协，世界银行的总裁则一般由美国人出任。

总裁可以出席理事会但没有表决权；总裁担任执行董事会主席，在执行董事会中一般不参加表决，只有在赞成票与反对票相等的情况下总裁可以投出一票。总裁同时还作为IMF工作人员的首脑，负责工作人员的组织、任命和解雇。现任总裁是克里斯塔利娜·格奥尔基耶娃，于2019年10月1日出任。

（五）业务部门与工作人员

为使IMF的各项职能得以实施，在总裁和副总裁之下，设置了一系列业务部门。在IMF成立初期只有行政、研究、法律、会计、秘书5个处，后来随着业务的扩展相关行政机构逐渐扩充演变。目前，包括7个地区部门、15个职能部门和行政后勤部门以及若干驻外办事处，地区部分别为：非洲部、中亚部、东南亚和太平洋部、欧洲一部、欧洲二部、中东部和西半球部。此外，职能部门、后援部门以及统计、联络、资料等部门包括：财政事务部、法律部、货币与汇兑事务部（原中央银行部）、研究部、政策发展与检查部、司库、基金组织学院、统计部、计算服务局、语言服务局、秘书部、预算与计划办公室、内部审计与检查部、对外关系部、行政管理部等。除总部机构外，在巴黎和日内瓦还设有两个海外机构以及驻联合国特别代表。

总裁领导下的部门拥有来自100多个国家的2000多名工作人员，主要由各国的经济学家、统计学家、金融专家和其他辅助人员构成，属于国际公务员，只接受IMF总裁领导，不对任何国家或地区负责。IMF工作人员在执行公务时享受法律程序上的豁免权以及成员方给予其他成员方官员和代表在移民限制、国民服役和汇兑限制等方面同等的豁免权以及旅行便利等方面的同等待遇。基于机构需要和成本控制，IMF也从市场上雇佣短期专业化人员或者进行任务外包。

阅读材料：

IMF总裁的遴选

2011年以前IMF总裁候选人提名一般由IMF执行董事会的24名成员负责提交，2011年以后IMF理事也可以提交候选人提名。2011年执行董事会开始采用强化程序，包括拟定入围人选和遴选合适人选，希望能够用更加公开、择优和透明的方式选出新的总裁。

IMF总裁候选人的一般要求包括：候选人应具有高层经济决策的卓越经历，可以进行有效的沟通；候选人应具有出色的专业背景，具备领导全球性机构所需的管理能力和外交技巧，可以是成员方中任何一个国家的国民；候选人应具有为高素质、多样化、富有敬业精神的工作人员提出战略愿景的能力，通过与执行董事会的密切协作建立共识，致力于推进实现IMF

各项关键政策及目标；候选人应当了解IMF遍及全球的成员国所面临的多样化政策挑战，坚定不移地推动多边合作，能够被证明有能力做到客观和公正。

具体遴选流程是在提名期结束后IMF秘书长向执行董事会宣布候选人被提名者名单；执行董事会根据对候选人的要求确定并宣布三个入围人选；执行董事会在IMF总部会见入围人选；执行董事会开会讨论并做出选择。一般以各方达成共识的方法进行选拔，很少采用多数投票选出总裁。

二、IMF的运作机制

（一）IMF的组织规则

1.IMF的加入和退出

按照IMF章程，只要某个国家愿意遵守该组织的权利与义务章程，都可以申请加入。加入IMF的程序首先由申请国提出申请，执行董事会对其申请进行审议和讨论，确定接受新成员方的份额、缴纳份额的本国通货比例等。执行董事会与申请国经过谈判达成协议后形成决议，提交理事会进行表决。如表决获得通过，则该决议在投票结束日开始生效。申请国有六个月时间用来考虑是否接受加入IMF条件，在此期间，申请国需要向IMF提交一份证明文件，保证其国内法律允许其履行IMF的相关协定条款的有关义务；另外还需要提交一份加入书，明确表示接受相关加入IMF协定的有关条件。该程序完成后，申请国即可在协议上签字，正式成为IMF成员。

根据IMF协定第26条规定，IMF成员可以自愿退出，任何成员可以随时以书面的形式通知IMF总部退出该组织，退出从IMF接到该书面通知之日起随即生效。根据强制退出的规定和程序，如果成员不能按照IMF的规定履行义务，在多数投票权同意的情况下，IMF可以中止该成员的投票权，甚至中止其成员资格；到目前为止，还没有成员被强制退出。

2.IMF的投票机制

IMF的投票权和其他国际组织有很大不同，不是采取的一个成员一票，而是以各成员缴纳的基金份额为基础的加权投票机制。成员方的投票权分为两个部分：一个是基本投票权，每个成员方都有250张基本投票权；另外一个是加权投票权，每10万单位的特别提款权为一票。另外各成员方的投票数还可能因为借款原因发生增减，如果成员方为IMF提供借款，每40万单位特别提款权可使该成员在投票时增加一票；反之如果成员方向IMF借款则每40万单位特别提款权减少一票。

IMF的一般决定由简单多数投票决定，但是比较重要的决定需要采取较大比例甚至绝对多数投票通过。根据IMF章程，1类问题需要绝对多数通过，21类问题需要总投票数的70%多数通过，18类问题需要总投票数的85%多数通过。IMF这种特殊的投票机制导致发达国家长期拥有比较大的投票权，根据2001年1月的统计，IMF前10名投票权最多的国家（少数发达国家）占总投票权的54%以上，比剩余其他所有成员方投票权的总和还要多。发达国家可以很容易左右IMF的各项决策、贷款方向与条件；例如美国占到15%以上的投票权，可以否决绝大多数的方案。

(二) IMF 的资金来源

IMF 支持成员方改善国际收支状况的资金来源主要有两个：普通资金和对外借款，其中普通资金是 IMF 最主要的资金来源。普通资金主要源自成员方认缴的份额及其产生的收入，以黄金、成员方货币和特别提款权三种形态体现。为了保证资金来源稳定，降低汇率影响程度，IMF 要求成员方认缴的份额均以 IMF 发行的记账单位"特别提款权"表示。根据协议 IMF 为弥补资金来源的不足，也可以通过向成员方或其他途径进行借款以提供暂时性的补充资金。

1. 成员方份额

每个 IMF 成员方加入时根据自身在世界经济中的相对地位会被分配一定的份额（Quota）。份额决定成员方对 IMF 资金的最大出资规模。成员方的份额决定了该成员方与 IMF 的金融和组织关系，IMF 利用份额公式评估其相对地位。现行的份额公式通过以下变量进行加权平均，即：GDP（权重为 50%）、开放度（权重为 30%）、经济波动性（权重为 15%）、外汇储备（权重为 5%）。以上公式中的 GDP 是由基于市场汇率计算的 GDP（权重为 60%）和基于购买力平价计算的 GDP（权重为 40%）二者的混合变量进行计算得出的。

份额认缴是 IMF 资金的核心，首先，成员方认缴的份额决定了该成员方向 IMF 提供资金的最高限额。成员方在加入时必须全额缴纳份额，其中 25% 必须以特别提款权或者可广泛被接受的货币（如美元、欧元、日元或英镑）进行缴付，其余的 75% 以成员方的本币进行缴付。其次，份额决定了成员方在 IMF 决策中的投票权。每个成员方的投票权由基本票和每 10 万特别提款权份额增加一票加权票构成。最后，成员方从 IMF 获得的贷款融资的限额亦以其份额为基础，在备用和中期安排下，成员方每年可以借入其份额 145% 以内的资金，最多不超过份额的 435%，特殊情况下还可以提高限额。

迄今为止，IMF 已经向成员方分配了 2042 亿单位的特别提款权（相当于 2910 亿美元），截至 2016 年 9 月 12 日，IMF 以份额为记账单位的最大的成员方是美国，份额为 829.9 亿特别提款权（约合 1160 亿美元），最小的成员方是图瓦卢，份额为 250 万特别提款权（约合 350 万美元）。

IMF 理事会一般每隔五年进行份额总检查，且不经常性进行总检查之外的特别增资。份额总检查可以就总增资规模及增资在成员方之间进行分配，可以增加成员方的份额，反映该成员方在世界经济中相对地位的变化。份额的任何变化都必须经 85% 的总投票权批准，且一个成员方的份额未经本国同意不得改变。2010 年 12 月 15 日，理事会完成了第 14 次份额总检查，涉及总份额增加一倍及份额比重大幅调整的一揽子改革方案。该方案于 2016 年 1 月 26 日生效，特别增加 54 个国家的份额，提高了富有活力的新兴市场国家的代表权；通过将基本票增加至原来的近三倍，提高了低收入国家的发言权和代表权。主要成果包括以下几点。

（1）份额从约 2385 亿特别提款权增加到约 4770 亿特别提款权。

（2）从代表性过高的成员方转移了 6% 以上的份额到代表性不足的成员方。

（3）至少有 6% 的份额转移到有活力的新兴市场和发展中国家。目前 IMF 份额最大的十个成员方中有四个新兴市场国家和发展中国家（巴西、中国、印度和俄罗斯）。

（4）份额比重显著调整，中国成为 IMF 第三大成员方。

（5）最贫穷国家的份额和投票权比重予以维持。

2. IMF 的黄金

IMF 持有约 9050 万金衡制盎司（2814.1 公吨）的黄金，是全球黄金最大的官方持有者之一。根据历史成本计算，IMF 的黄金持有总量为 32 亿特别提款权（约合 45 亿美元）。按照目前市场价格计算，IMF 的黄金持有总量约为 801 亿特别提款权（约合 1127 亿美元）。1944 年 IMF 成立时规定初始认缴份额以及后来增加份额的 25% 使用黄金支付，另外的 75% 以本国货币缴纳，这是早期 IMF 最大的黄金来源；另外，成员方使用 IMF 贷款偿还本金和利息以及支付相关费用通常也是用黄金完成。[①]

IMF 严格限制黄金的使用，只有获得成员方总投票权 85% 多数同意，方能出售黄金或接受成员方以黄金支付，但不能购买黄金或参与进行其他黄金交易。根据执行董事会的授权，IMF 于 2010 年 12 月出售了 403.3 公吨黄金（约占持有量的 1/8）。黄金出售收益用于设立一项基金，用于补贴对低收入国家的优惠融资。

3. 特别提款权

特别提款权（Special Drawing Right, SDR）是 IMF 于 1969 年创设的用于补充成员方官方储备的国际储备资产，作为 IMF 和其他一些国际组织的特殊记账单位。根据 IMF 协定，IMF 可以在满足条件时按照份额比例将特别提款权分配给参加特别提款权账户的成员方（即普遍分配）。特别提款权机制属于自我融资性，成员方可以在市场上自愿买卖特别提款权，也可自愿用特别提款权兑换货币。根据需要 IMF 也可以指定成员购买特别提款权。特别提款权既不是货币，也不是对 IMF 的债权，是可以对 IMF 成员方自由使用货币的潜在求偿权，特别提款权可以与主要货币进行兑换，可以和黄金、美元并列作为成员方国际储备的一部分，俗称"纸黄金"。

1 特别提款权最初的价值确定为相当于 0.888671 克纯金（相当于当时的 1 美元），布雷顿森林体系解体后，1971 年 7 月起 IMF 宣布特别提款权与黄金脱钩，其价值重新定义为"一篮子货币"（basket of currencies），即由主要货币构成的货币篮子确定，当时采用 1968—1972 年出口额占世界总额 1% 以上的 16 个国家的货币加权计算。1980 年起规定，前五年世界最大商品与劳务出口国的五种货币定值，以伦敦时间每天中午外汇市场的即期汇率来确定特别提款权的美元价值。

阅读材料：

SDR 的篮子货币

纳入特别提款权篮子的货币必须满足以下条件：出口标准，成员方系世界前五大出口国之一，货币发行国必须是 IMF 的成员方或者某个货币联盟（该联盟必须包括 IMF 成员方）；IMF 认为该货币为"可自由使用的"货币；该货币在国际交易支付中广泛使用，并在主要外汇市场上广泛交易。

执行董事会每隔五年或在必要时检查特别提款权的货币篮子，以确保其反映各组成货币在世界贸易和金融体系中的相对重要性。通常会对涵盖特别提款权的定值方法、选择篮子货币时使用的标准和指标、篮子货币数量、初始货币权重等的关键要素进行检查。篮子货币的数量在特别提款权的五年定值期内通常保持不变，随着篮子货币间的交叉汇率变动，篮子货币的实际权重也会发生波动。

2015 年 11 月 IMF 执行董事会认为中国的人民币（RMB）满足纳入特别提款权篮子的标准，决定自 2016 年 10 月 1 日起，人民币与美元、欧元、日元和英镑一起构成特别提款权的篮

---

① 1976 年牙买加会议废除了黄金官价，IMF 取消了以黄金缴纳 25% 份额的规定，成员国可使用可兑换货币或特别提款权缴纳。

子货币,中国三个月国债基准收益率被纳入特别提款权利率篮子。篮子货币的权重为:美元占41.73%,欧元占30.93%,人民币占10.92%,日元占8.33%,英镑占8.09%。按以上比例,特别提款权的价值将是以下数量的每种货币的价值之和。人民币的加入使得特别提款权篮子更加多元化,更能代表世界主要货币。2022年5月11日,国际货币基金组织(IMF)执行局完成了对构成特别提款权(SDR)的篮子货币估值方法的五年期审查,更新后的货币篮子权重将于2022年8月1日生效。特别提款权货币篮子见表7-1。

表7-1 特别提款权货币篮子

币别	权重(2015年)	固定货币单位数	权重(2022年)
美元	41.73	0.58252	43.38
欧元	30.93	0.38671	29.31
人民币	10.92	1.0174	12.28
日元	8.33	11.900	7.59
英镑	8.09	0.085946	7.44

资料来源:https://www.imf.org/en/Topics/special-drawing-right, 2022-08-07。①

(三)IMF的资金使用

IMF的资金主要用于向有需要的成员方发放贷款,使用IMF的贷款需要满足一定的限制性条件(Conditionality),这些限制性条件基本上都与成员方实施某些经济调整计划有关。与一般性的商业贷款有所不同,IMF的贷款不针对成员方的具体经济项目,而是针对成员方的国际收支失衡。这是由IMF的宗旨所决定的,其目的是为受援国获得喘息的空间,以便有序地实施宏观经济调整政策,从而恢复经济稳定和可持续增长。IMF认为如果能借给成员方一部分外汇资产充实其储备,该成员方就不需要采取紧缩经济等方法来调整国际收支,而是能够在平衡发展的前提下纠正国际收支逆差。借款时成员方用本国货币向IMF"购买"(purchase)外汇或SDR;还款时则用外汇或SDR向IMF"回购"(Repurchase)本国货币。这种方式可以在不改变货币总量即不影响该成员总的货币供给的前提下改变外汇与本币资产的结构,达到缓解国际收支紧张的目的。

IMF的贷款的额度与成员方的份额成正比例,无论以什么货币提供,都以SDR计值,利息也用SDR缴付。贷款主要是提供给成员方的财政部、中央银行、外汇平准基金等政府机构,用途限制于贸易和非贸易的经常性支付。受援国调整政策根据国情而异,如主要出口商品价格暴跌的成员通常需要财政援助,同时采取措施强化经济并扩大该成员的出口基础;资本外流的成员则需要提振投资者的信心,减少预算赤字、防止债务存量增长过快。

IMF针对不同类型的国际收支需求以及成员方的具体国情提供贷款,不少项目是临时根

---

① 根据执行委员会采用的现有SDR估值方法,SDR货币篮子每五年审查一次,上一次SDR估值审查于2015年结束。目前的审查比原定计划晚了大约一年,因为执行局于2021年3月决定将当前的篮子延长至2022年7月31日,以优先考虑基金组织应对COVID-19大流行的工作,下一次审查将在2027年。

据需要设立，后续可能改变使用或者取消，因此贷款类型比较复杂。

IMF的贷款分为以下几种。

1. 普通贷款（BasicCredit Facility）

这是IMF最基本的一种贷款，主要解决成员方短期性的国际收支失衡，利用各成员方认缴份额所形成的基金，对成员方提供短期信贷。成员方普通贷款最高额度是该成员所缴份额的125%，贷款期限为3~5年，利率随期限递增。

普通贷款实行分档政策（Tranche Policies），即可借用的贷款分成以下几个部分。

（1）储备部分贷款（Reserve Tranche），即成员方申请不高于其份额25%的贷款，因为成员方加入时使用黄金缴纳了该成员份额的25%，也称"黄金份额（Gold Tranche）贷款"，这个部分可以自动提用，无须经特殊批准。

（2）信贷部分贷款（Credit Tranche），即成员方申请贷款的额度在所缴份额的25%~125%之间，按份额的25%均分为4个档次。成员方借款使用完储备部分贷款之后，可以依次使用各档次的信贷部分。随着贷款档次升高，审批手续也越来越严格。

IMF对信贷部分贷款第一档的审批条件较松，递交相关克服国际收支困难的具体计划即可获得批准；信贷部分贷款第二档以上的贷款又称"高档信贷部分贷款（High Credit Tranche）"，除需提供改善国际收支的方案外，还要制定全面的财政稳定计划和采取适当的财政、货币、汇率政策等；IMF还要对贷款的使用过程进行监督。

信贷部分贷款一般可以采用备用信贷安排（Stand-by Arrangement）方式提取，即与IMF确定贷款额度后在一定时间内根据实际需要分次借取；第一档信贷部分贷款也可以采取直接购买外汇的方式借取。

普通贷款之外为适应成员方需要增设的特殊类型的贷款，有些是常设的，有些是临时的。

2. 中期贷款

中期贷款又称"扩展贷款"（Extended Fund Facility），是为了解决成员方较长期限结构性国际收支赤字而于1979年9月设立的，贷款额度比普通贷款大。中期贷款与普通贷款两项总额不得超过借款方份额的165%。中期贷款适用于刚从减贫与增长贷款项目"毕业"的成员方、不能进入国际资本市场融资的转轨经济体。

获得中期贷款需要满足以下条件：必须确认成员方的国际收支困难确实需要更长期限的贷款才能解决；申请方必须提供贷款期的货币和财政等经济政策的目标、一年内有关政策措施的详细说明；贷款将根据申请方执行有关政策的实际情况分期发放，如果无法达到IMF的要求，贷款将停止发放。

3. 减贫与增长贷款（Poverty Reduction and Growth Facility）

减贫与增长贷款属于优惠性贷款，期望通过向有关成员方提供优惠性资金，支持其经济结构调整规划，持久改善其国际收支状况，达到促进经济持续增长、提高人民生活水平、减少贫困的目标。

减贫与增长贷款1976年开始发放，当时IMF将其持有的部分黄金（总持有量的1/6）按照市场价格卖出，所得部分价款建立了信托基金（Trust Fund），按照比较优惠的条件向低收入发展中国家提供宽松的优惠性贷款；1986年改为"结构调整贷款"（Structural Adjustment Facility, SAF），以突出结构调整的重要性；1987年升级为"加强型结构调整贷款"（Enhanced Structural Adjustment Facility, ESAF），贷款条件更加严格，采用高档信贷的贷款条件；1999年更名为"减贫与增长贷款",强调经济的可持续增长和减少贫困。

4. 补偿与应急贷款(Compensatory and Contingenting Facility)

补偿与应急贷款又称"出口波动补偿贷款",设立于1963年。用于出口收入减少或者谷物进口支出增加而导致的临时性国际收支困难。贷款满足条件为:出口收入下降或谷物进口支出增加是申请方无法控制的原因造成的;国际收支困难是暂时性的;申请方同意与IMF合作执行国际收支的调整计划。

5. 补充贷款(Supplementary Financing Facility)

补充贷款设立于1977年,当成员方遇到严重的国际收支失衡,借款总额已达IMF普通贷款的高档信用部分,仍需要大额长期资金时,可以申请该项贷款。

国际货币基金组织的贷款条件见表7-2。

表7-2 国际货币基金组织的贷款条件

目的	贷款机制	资金来源	期限	条件
当前、预期或潜在的国际收支需求	备用安排	普通资金账户	不超过3年,但通常为12~18个月	事后条件,必要时有事前条件(先期行动)
	备用信贷	减贫与增长信托	1至3年	
长期国际收支需求/中期援助	中期贷款	普通资金账户	不超过4年	事后条件,重点是结构性改革,必要时有事前条件(先期行动)
	中期信贷	减贫与增长信托	3年至4年,可延长至5年	
紧急的国际收支需求/紧急融资援助	快速融资工具	普通资金账户	直接购买	没有审查/事后条件,但可能有事前条件(先期行动)
	快速信贷	减贫与增长信托	直接拨付	
当前、预期或潜在的国际收支需求(非常强健的经济基本面与政策)	灵活信贷额度	普通资金账户	1年或2年	两年期安排有事前条件(资格标准)和年度审查要求
当前、预期或潜在的国际收支需求(稳健的基本面与政策)	预防性和流动性额度	普通资金账户	6个月(流动性窗口)或1年或2年	事前条件(资格标准)和事后条件
非资金的/起到发出信号作用的工具	政策支持工具	不适用	1年至4年,可延长至5年	事后条件,必要时有事前条件(先期行动)
	政策协调工具	不适用	6个月至4年	

资料来源:https://www.imf.org/zh/About/Factsheets/IMF-Lending, 2020-08-15.

IMF对成员方在一定时间内的全部贷款设定了限额：每年借款额一般不超过份额的102%；3年累计借款净额不超过份额的306%；全部累计借款上限为份额的600%；上述各项贷款，成员方不能同时借取；各项贷款要收取手续费或利息，利息水平按照国际金融市场利率水平及成员方借款数额确定，储备部分贷款、减贫与增长贷款以优惠利率水平提供或者仅仅收取手续费用，其余贷款的利率在4%~7%之间。从积极的角度看，IMF发放的各类贷款无疑在成员方克服国际收支困难和稳定汇率方面发挥了重要作用，但是贷款附加的各种条件也给成员方的经济活动带来了一些负面效应，导致IMF遭到不少批评。

第四节　IMF的改革

二战结束后，不少国家黄金外汇储备枯竭、货币贬值、国际收支困难，刚刚成立的IMF为成员方提供各项短期贷款缓和了危机，对世界经济的恢复和发展起了积极作用。随着时间的推移和国际环境的变化，IMF的作用也在不断发生变化。在历经了20世纪70年代石油危机、80年代拉美债务危机、90年代东欧经济体制转型以及进入21世纪前后金融危机等种种重大事件后，IMF从早期为成员方的国际收支困难提供临时援助，到帮助成员方建立和改革宏观经济制度。在这一过程中，IMF进行了持续不断的改革，希望通过实现国际金融稳定能够给世界经济带来更多的利益。在现行多元化的全球金融治理体制中，IMF作为正式的全球性政府间国际组织，其地位和作用无疑是非常重要的。

但是任何一项制度、任何一个国际组织都不可能是完美无缺的，IMF同样存在缺陷和不足。IMF是二战结束后成立的，随着时间的推移和国际经济格局的变化，IMF的相关组织及结构安排已经逐渐背离了现实的国际经济活动。IMF多年来围绕美国等发达国家进行关系协调，对新兴经济体成员及发展中成员的利益关注甚少。长期以来，由于在资金来源、领导决策机制、预警监督能力等方面存在的缺陷，IMF逐步沦为发达国家对发展中国家推行金融霸权的工具；在历次金融危机中IMF涉及各国财政政策领域、多角度地干预成员方国内事务也为世人所诟病。经济全球化发展使世界经济格局发生了很大变化，IMF的止步不前让国际社会对其改革的要求和呼声日益强烈。

一、IMF存在的主要问题

（一）IMF的份额及投票权分配办法不合理

IMF是维护国际货币体系稳定的国际机构，按照国际法准则，其成员之间应当是平等主体之间的关系，只有每个成员方享有平等的话语权，其决策过程才能具有普遍性和代表性，其重大决策才能最大程度上反映所有成员方的意愿。IMF成立以来，世界经济格局发生了许多变化，发展中国家在国际经济活动中的作用日益凸显。一直以来IMF以份额为基础的加权投票方式使得各成员方的投票权和话语权处于失衡状态，其决策过程不具普遍性和代表性，无法维护大多数发展中国家的利益。

首先，由于份额的计算和分配主要是考虑成员方的外汇储备、对外贸易规模及国民收入等因素，所以占成员方大多数的发展中国家分配到的份额比发达国家份额要少得多；其次，各成员方享有的投票表决权主要取决于所获份额的大小，发展中国家在国际货币体系框架下处于弱势的地位；最后，根据IMF绝大多数的原则，重大决策需要85%的投票通过，考虑到目前美国拥有的IMF投票权占全部投票权的16.77%，也意味着美国拥有了一票否决权，基本上控制了IMF的重大决策权；更多时候IMF呈现的都是少数国家在监督协调多数国家的局面，导致一些政策偏颇和执行不公。以上情况说明IMF的份额分配公式及投票权分配办法都早已过时，应该采用全新的办法分配份额和投票权，扩大参与管理和决策的国家数量，改善当前发展中国家的劣势地位，以使IMF的决策更具有民主性。

（二）IMF的资金援助及贷款条件复杂且严苛

保持国际金融体系和成员方币值稳定是IMF的核心目标，资金援助是实现这一目标的重要工具，但是IMF资金援助职能一直以来都受到各方的批评。IMF不断创造新的贷款方式使得资金使用规则越来越复杂，与世界银行的差异越来越小，在多数情况下更是混同于一般的贷款机构。

首先，使用IMF贷款所附加条件非常严格，如开放金融市场、汇率自由浮动、压缩公共开支等，往往使受援国付出了很大的代价并且牺牲了长远利益。无法满足IMF苛刻条件的成员方一般也不太可能从国际金融市场上筹措到所需要的资金，经济很容易陷入困境，不利于这些成员方的经济复苏。其次，IMF提出改革建议时往往"一刀切"，不考虑各成员方实际面对的具体情况、历史原因和结构因素。例如关闭资金发生困难的银行或金融机构、对国企进行私有化改造导致失业率上升和社会动荡；削减公共开支、取消生活必需品的财政补贴、增加税收则直接影响了大多数人的切身利益。最后，IMF的宏观改革方案对各国货币金融以外的事务指点过多，没有把重心放在调节国际收支方面，反而要求受援国对相关机构和经济制度进行大幅度的改革，这在亚洲金融危机中表现得尤为明显，从而引发了受援国的广泛不满，甚至发生冲突。国际社会认为IMF应该恢复和回归其本来面目，即通过提供短期融资为受援国提出咨询和建议。

（三）IMF监管和技术支持职能没有与时俱进

20世纪70年代以来的金融自由化为国际短期资本的快速流动提供了空间，为了逃避金融管制，规避利率风险，国际金融市场开始了大规模的金融创新，各种复杂的金融衍生工具层出不穷，大量的银行和金融机构从事国际投机交易，各种国际投机私人资本无所顾忌地大规模流动，冲击发展中国家金融体系，引发全球或区域性金融危机，造成国际金融市场动荡。对此IMF发挥的作用十分有限，既缺乏对投机资本的有效监督和约束机制，也不能为国际金融市场和成员方提供预警防范。IMF技术支持职能是期望通过各种方式、工具向有需求的成员方提供专业性的技术支持和培训。近年来，成员方就全球化和投资有关的问题向IMF提出了许多新的技术支持要求，例如针对防范国际洗钱、财政风险管理、金融管理国际标准和准则及债务可持续性分析等，IMF目前还不能满足这些技术支持需求。

二、IMF 的改革任务

作为管理国际货币、汇率的机构，IMF 自成立以来在加强国际货币合作、建立多边支付体系等许多方面作出了积极的贡献，取得了不可替代的成果。建立一个行之有效的国际货币体系不是件容易的事情，虽然 IMF 在建设与维持等多方面不尽如人意，但是全面地评价其功过得失同样困难。毋庸置疑，IMF 在政策、制度机构上的缺陷制约其发展，改革是大势所趋。

（一）改革份额和投票制度

所有围绕 IMF 的改革，最关键的是份额和投票制度的改革，IMF 的投票权分配由各成员方缴纳的基金份额决定，投票权与份额成正比。从份额公式的调整看，应当反映当前世界经济格局中新兴经济体快速发展的导向，按照新兴经济体和发展中国家在全球经济中所占比重，增加相应份额和投票权。从表决方式的调整看，可以考虑在降低特别多数投票要求的前提下兼顾基本投票权和各国份额比例，实现决策权的合理转移。以上改革可以通过增加 IMF 份额的方式逐步进行，一方面可以向外汇储备充足的新兴经济体增发特别提款权，既可以增加 IMF 的贷款额度，又可以提高这些成员在 IMF 中的份额和投票权，在一定程度上改善目前的结构缺陷；另一方面可以使用特别增资代替普遍增资，允许代表性不足的成员方提高份额增资，这样既可以无形中降低未增资成员方所占比重，又可以提高进行增资成员方的权重和比例。

（二）强化稳定国际金融环境的职能

IMF 应当继续发挥维持全球金融稳定和国际收支平衡的作用，重新定位其维持汇率稳定方面的核心职能，IMF 需要做的是采取积极措施维持成员方之间外汇安排平衡问题，帮助陷入国际支付危机的成员方提供短期融资，改革贷款职能中的错配，逐步减少对发展中国家的相关贷款和援助，将这部分职能让位于世界银行。IMF 在发挥贷款职能方面需要改进贷款条件，减少不合适的干预，就目前的贷款条件而言，事后贷款条件比事前贷款条件合理，范围需要保持和扩大；另外，发生国际收支危机的成员方初始条件及经济结构不尽相同，IMF 贷款条件中有关经济调整政策要根据受援方国内状况制定；涉及国家主权范围的调整政策应当尊重受援方的国家主权，不能强制执行。

（三）完善监督和技术支持功能

首先从立法层面看，目前 IMF 仅靠定期发布《全球金融稳定报告》《世界经济展望》《财政监测报告》对成员方进行指导和建议是没有法律约束力的，IMF 没有事前事后监督范围和目的的原则性条款，也缺乏有效的监督工具。对全球金融市场进行监测时，应制定一套有约束力的最低要求的金融监管规则并纳入协定宗旨，从而明确 IMF 监督职能的核心目标和基本原则。其次从执行层面看，目前 IMF 的监督职能依靠执行董事会制定相关制度并加以执行，可以考虑成立独立于执行董事会的专门的监督机构并赋予监督职能，监督机构应该采用更加公平的决策和运作机制。最后，目前单一的监管标准显然不适合经济状况和发展水平各异的成员方，对于不同成员方应当根据其自身金融体系的特点实行差别化监督，合理提升监管的有效性。

IMF 的技术援助和咨询服务是目前 IMF 能够发挥重要作用的领域，金融政策和宏观经济方面的技术专家，可以就成员方的金融政策、宏观环境、统计数据进行专业分析，但是这些服务的深度和广度有待拓展。IMF借助自身平台和资源为成员方制定宏观经济政策、提供咨询服务，这些优势是其他机构所无法比拟的，IMF应该加强这方面的技术支持职能，在核心领域系统化地对成员方进行援助。

（1）IMF是为了促进国际汇率稳定和全球货币合作、便于成员方就货币与金融问题进行磋商和协作而建立的开放性的全球经济组织。IMF的组织机构是理事会、执行董事会和办事机构的三级架构。

（2）IMF用以支持成员方改善国际收支状况的资金主要来源于成员方认缴的份额及其产生的收入，以黄金、成员方货币和特别提款权三种形态体现。IMF针对成员方的国际收支失衡向有需要的成员方发放贷款，使用IMF的贷款需要满足一定的限制性条件。

（3）随着时间的推移和国际经济格局的变化，IMF的相关组织及结构安排已经逐渐背离了现实的国际经济活动。IMF多年来围绕美国等发达国家进行关系协调，对新兴经济体成员及发展中成员的利益关注甚少，亟须针对政策、制度、机构上的缺陷进行改革。

韩国在饮鸩止渴？

1997年亚洲金融危机爆发后，IMF向被救助国提供贷款时，以债权人的身份规定了许多苛刻的条款，虽然其目的是让对方尽快恢复国际收支平衡，但是对被救助国国内的经济状况却考虑甚少。由于担心苛刻的救援条件不利于本国经济，一些亚洲国家不愿接受援助，即便接受，也希望尽快脱身。以泰国为例，为了得到IMF172亿美元的贷款，必须永久性地关闭56家负债累累的金融公司，以符合借贷条件；时任马来西亚首相马哈蒂尔表示，由于IMF的贷款条件过于苛刻，包括开放国内金融市场等，这将导致本国银行可能被外国银行收购，因此马来西亚拒绝了IMF的援助（2000年未接受援助的马来西亚取得了8.5%的经济增长）。韩国在1997年12月3日接受贷款条件后，国内媒体和民间人士一致怒责并称当天为"国耻日"。韩国接受IMF贷款的条件极苛刻，其中包括：①削减公共开支，减少投资性开支，削减政府支出预算；②提高商品关税及其他直接税率；③减少进口限额；④降低通货膨胀率到5%以下；⑤允许外国银行拥有韩国银行50%股权；⑥允许外国银行在韩国开业；⑦把次年经济增长率压缩至3%（过去均为8%）；⑧保证中央银行独立"作业"不受政府干涉，并使各银行作业透明化，作业不良的金融机构必须关闭。愤怒的韩国社会弥漫着反美情绪，把主导IMF贷款的美国斥为趁火打劫，硬逼韩国打开了金融及国内消费市场，打击对美国厂商造成威胁的韩国大企业集团。有评论认为韩国经济基本层面尚好，IMF的做法无异于让韩国走向不必要的经济衰退，夺取韩国大部分经济主权的做法是否明智令人怀疑。

IMF在1998年9月发表的年度报告中承认：在未能掌握受援国金融状况的情况下，IMF不恰当地要求其实行过分的财政紧缩和金融改革，结果加剧了这些国家的经济衰退；在IMF的1999年1月的报告显示：亚洲金融危机爆发后IMF在泰国、印度尼西亚和韩国推行经济调整计划没有达到制止私人资本外流的目的，没有起到恢复投资者信心的作用，相反这三个国家的资本外流问题变得更加严重，加剧了经济危机。实践表明，各国出现金融危机和经济困难的原因错综复杂，IMF凭借过去的经验要求成员方实行的经济政策未必能够对症下药，这也是该组织经常受到批评和诟病的重要原因。

　　问题分析：应如何正确处理IMF与受援国的关系？

第八章 国际经济治理中的世界银行

学习目标

学完本章之后,你应该能够:
- ◆ 了解世界银行进行国际经济治理的宗旨和职能
- ◆ 熟悉世界银行集团、世界银行的组织结构和运作机制
- ◆ 理解世界银行进行改革的必要性和方向

作为布雷顿森林体系三大支柱之一的世界银行在国际经济治理中发挥着非常重要的作用,是促进国际经济交流合作与发展的重要途径。世界银行集团是联合国的一个专门机构,于1944年成立,主要从事对国际金融业务的经营,同时提供技术与金融方面的支持,扶持发展中国家的经济发展。它不但向受援国提供优惠贷款,而且对援助项目进行策划、设计、监督,并协助受援国创建良好的宏观经济环境以达到获得世界银行贷款的条件。世界银行倡导和注重经济发展,关注发展中国家的文化教育、妇幼保健、公共管理、环境保护等领域,为低收入国家提供支持和便利。

第一节 世界银行进行国际经济治理的宗旨和职能

1944年7月,布雷顿森林会议通过了《联合国货币金融协议最后决议书》《国际货币基金组织协定》和《国际复兴开发银行协定》,这些文件总称为《布雷顿森林协定》,根据该协定建立了两大国际金融机构,即国际货币基金组织和国际复兴开发银行(世界银行)。世界银行通过向发展中国家提供低息贷款、无息信贷和赠款来帮助这些国家克服贫困并提高国民生活水平。

一、世界银行进行国际经济治理的宗旨

世界银行是为发展中国家的资本项目提供贷款促进经济发展的国际金融机构,其目标是通过促进成员方可持续经济增长以减轻贫困,推动国际直接投资和国际贸易,为资本投资提

供便利。世界银行不是一家普通的银行，世界银行集团是联合国系统下的多边开发机构，包括五个机构：国际复兴开发银行、国际开发协会、国际金融公司、多边投资担保机构和国际投资争端解决中心，其中前三个机构是世界银行集团的主体。世界银行的股东是世界各主权国家，其贷款对象仅限于成员方中资金困难的各国政府，个人无权申请世界银行贷款。根据《国际复兴开发银行协定》，通过向中等收入国家和信用好的贫困国家提供贷款和分析咨询服务，促进公平和可持续的发展，创造就业，减少贫困，应对全球和区域性问题。《布雷顿森林协定》关于世界银行宗旨的主要内容有以下几点。

（1）为用于生产目的的投资提供便利，协助成员方的复兴与开发，鼓励不发达国家的生产与资源的开发。

（2）通过保证或参与私人贷款和私人投资的方式，促进私人对外投资活动。

（3）为了促进国际贸易的长期平衡发展，维持国际收支平衡，鼓励国际资本投资开发成员方生产资源。

世界银行开展的业务都是以上述宗旨为准则的，此外为保证实现上述宗旨，该协定还规定世界银行及其官员不得干预任何成员方的政治，一切决定只应与经济方面的考虑有关，不应受有关成员方政治体制的影响。

二、世界银行进行国际经济治理的职能

（一）倡导扶贫助困，促进全球经济发展

首先，世界银行通过运用本身的资本、筹集的资金及其他资源，为成员方的生产提供资金，帮助成员方的国内建设，促进欠发达国家的生产设施与资源的开发；其次，世界银行利用担保、私人贷款及其他私人投资的方式，促进成员方的外国私人投资；在适当条件下不能合理获得外国私人投资时，运用本身的资本、筹集的资金及其他资源，补充外国私人投资的不足，促进成员方外国私人投资的增加；再次，世界银行鼓励国际资本投资开发成员方生产资源，促进成员方的国际贸易长期均衡增长，保持国际收支的平衡，协助成员方提高生产力、生活水平和改善劳动条件；最后，世界银行在贷款、担保及组织其他渠道的资金时，优先保证重要项目和时间紧迫的项目，同时在业务中适当照顾各成员方境内的工商业，避免其受到国际投资的过大影响。

（二）协调经济关系，稳定世界经济秩序

世界银行承担着世界经济关系协调者与稳定器的职能。双边援助常常由于信息不对称而产生较高的交易费用。而世界银行恰恰可以利用自己的多边援助平台来集中管理资源和信息，降低援助的交易成本。此外，世界银行还积极协调发达国家与欠发达国家间的债务问题，努力使双方达成共识。作为稳定器，世界银行的作用之一在于避免世界经济因国际突发事件而受到整体性的冲击。

此外，世界银行还向各国提供政策咨询服务，搜集国家或部门统计数据，为发展中国家培训高级经济管理类人才和技术人才。

作为多边开发性银行的先驱，世界银行在促进发展中国家经济发展、扶贫济困、稳定世

界经济等方面做出了巨大的贡献，引领了多边开发银行的职能拓展，在国际经济治理中发挥着重要作用，并且拓展进入了气候、环境管理和能源等全球治理领域。

第二节 世界银行集团的机构

世界银行（World Bank, WB）和世界银行集团（World Bank Group, WBG）在组织机构方面需要加以区分。世界银行集团由5个国际机构组成，职能分别是：国际复兴开发银行提供基于主权担保的债务融资；国际金融公司针对私人企业提供非主权担保的融资；国际开发协会提供主权担保下的无息贷款等优惠融资；国际投资争端解决中心为私人企业提供针对特定风险（如政治风险）的保险；多边投资担保机构通常和政府合作以减小投资风险。其中，国际复兴开发银行与国际开发协会一般合称为世界银行。5个机构各自独立，业务相互补充，领导层相对统一，各自有自己的协定、法律和财务。

一、国际复兴开发银行

国际复兴开发银行（International Bank for Reconstruction and Development, IBRD）是世界银行集团中成立的第一个组织，成立于1945年。20世纪上半叶的两次世界大战使得全球经济陷于衰退，全球经济的全面复苏和发展面临着严峻复杂的形势。1943年4月，美国政府公布了《怀特计划》(《联合国国际货币稳定基金方案》)，主要包括两项内容：一是建立稳定基金，以保证国际汇率的相对平衡稳定，世界经济和金融秩序；二是建立国际复兴开发银行，为遭受战争创伤的国家提供贷款，帮助这些国家恢复生产、振兴经济。1943年9月至10月间，美国和英国代表在华盛顿举行了关于国际货币问题的会谈，英国被迫放弃了凯恩斯的"国际清算联盟计划"而接受了美国的"稳定基金计划"。1943年11月美国发表了《联合国家复兴开发银行协定草案》。1944年7月"布雷顿森林会议"成立了三个委员会，第一委员会由怀特主持，讨论基金组织问题；第二委员会由凯恩斯主持，讨论世界银行问题；第三委员会由苏亚雷斯主持，讨论国际金融合作的其他问题。会议最终通过了《联合国货币金融协议最后决议书》及《国际货币基金组织协定》《国际复兴开发银行协定》两个附件。1945年12月，共有22个国家在《布雷顿森林协定》上签字，这些国家认缴的股份达70亿美元，超过了协定生效的规定要求，国际复兴银行和国际货币基金组织正式宣布成立，1946年6月25日，世界银行正式开始营业，世界银行的贷款用于支持发展教育、卫生、基础设施、交通等多项事业。

联合国所有的成员方都至少要参加国际复兴开发银行，同时参加世界银行集团其他4个机构中的几个，因此国际复兴开发银行共有189个成员方，国际开发协会有174个成员方，国际复兴开发银行的成员方也同时是国际货币基金组织的成员。

二、国际金融公司

国际金融公司（International Finance Corporation，简称IFC）成立于1956年7月，主要是通过为项目提供贷款和股本投资，鼓励不发达国家和地区的生产性私营企业增长，以促进经济发展，从而补充国际复兴开发银行的各项活动。国际金融公司虽然是世界银行的重要组成部分，但是从法律地位和资金来源来说，它是一个独立的国际金融机构，有自己的业务和法律工作人员，在行政和其他服务方面则依靠世界银行。

1949年1月，美国提出"技术援助落后国家计划"，建议在世界银行下设立国际金融公司，专门对私人企业提供无须政府担保的贷款，与私人投资者一起以当地货币对私人企业进行投资或者直接入股。1951年联合国表明了支持成立国际金融公司的立场，联合国发表的专家小组报告认为私人资本可以在经济发展中发挥重要的作用，国际金融公司可以通过提供资金支持国内外私人投资者，对有潜力的项目进行投资，可以吸引外国投资者将资金投入到相关国家有潜力的项目中，同时也鼓舞私人投资者的投资信心。二战以后新独立的发展中国家认为国际复兴开发银行只是向发展中国家的政府进行贷款，如果要向这些国家的私人企业进行贷款，则必须另外成立一个新的机构。1956年7月20日，国际金融公司正式宣布成立。国际金融公司的宗旨是通过鼓励成员方，特别是欠发达国家生产型私人企业的增长，促进经济增长，并以此补充国际复兴开发银行的活动。国际金融公司的一些机构和人员由世界银行相应的机构和人员兼任，另外设有自己的部门和工作人员。国际金融公司设立有理事会、董事会、董事会主席、总经理以及其他官员和工作人员执行公司所规定的各项职责，另外还有两个顾问机构：银行业务顾问小组和公司业务顾问委员会。国际金融公司的资金来源主要包括：成员方认缴的股金、从世界银行和其他金融市场借入的资金、公司留存的收益及银行贷款。

三、国际开发协会

国际开发协会（International Development Association, IDA）成立于1960年9月，主要向不能满足国际复兴开发银行短期商业贷款条件的较贫困的发展中国家提供帮助。国际开发协会的宗旨是促进世界欠发达国家和地区的经济发展，通过提高生产率来提高社会发展水平。

国际复兴开发银行主要为中等收入国家提供资本投资和咨询服务，国际开发协会是国际复兴开发银行的补充机构，向最不发达国家提供长期免息或低息贷款。国际开发协会在法律上和财政上独立于国际复兴开发银行，但是和国际复兴开发银行共用一套班子，对项目的资助也采用国际复兴开发银行的标准。

由于很多欠发达国家的经济基础薄弱，还贷能力差，在国际信贷市场上属于资信不好的对象，因此国际复兴开发银行不能向这些国家进行贷款，以避免损害其自身在国际市场上的借款能力，这样一来许多欠发达国家就被排除在国际复兴开发银行的贷款名单之外，而他们恰恰需要更为优惠的贷款以谋求国家的发展。

1949年，联合国提出建立一个发展机构，由有关捐款国提供资金，对于各种发展项目提供低息贷款，该主张引起了亚非拉各国的强烈反响，世界银行也支持这一议题。1958年，美国建议利用所有可能的资金，包括政府的其他捐款，用来资助创立国际开发协会，向发展中国家提供低息的长期贷款。1959年，世界银行理事会年会通过相关草案，1960年9月，各国批准了这一协定，国际开发协会正式成立。国际开发协会接受各国的捐款，发放信贷条件优惠且没有利息，成为低收入发展中国家解决发展经济所需要资金的重要来源。国际开发协会的融资帮助各国实行减贫战略，在各个领域致力于提高生产力，提供可信赖的公共治理和改善私人投资环境，增加穷人接受教育和卫生保健的机会。

国际开发协会的资金主要来自包括发展中国家在内的较富裕成员方的捐款,其来源包括三个方面:成员方认缴的股金、成员方和其他资助国提供的补充资金和特别补充捐款、世界银行从其业务净收益中拨来的赠款。国际开发协会主要对贫穷国家提供优惠贷款,其信贷分配审查标准有:借款信誉、受援国的贫困程度①、受援国的经济成就、人口规模、自然环境等。

四、国际投资争端解决中心

国际投资争端解决中心(International Centre for Settlement of Investment Disputes, ICSID)成立于1966年10月,它和多边投资担保机构是两个彼此独立的机构,该中心通过调停和仲裁外部投资者与东道国之间的争端,鼓励外国投资,力求创造成员方和外国投资者彼此相互信任的氛围,凡是国际复兴开发银行的成员方都可以参加该组织,除解决争端外,该中心还承担研究、咨询服务,以及仲裁和投资法相关的出版任务。

二战结束以后,国际投资成为国际经济关系的重要活动内容,由于国际投资方与受资方之间经常发生投资争议,各国国内的相关仲裁机构和仲裁规则难以解决国际的投资争端,因此国际社会迫切要求建立一个专门的国际仲裁机构并制定相应的仲裁规则,以促进投资争议的有效解决。

世界银行认为外国私人投资是发展中国家获得所需资金和技术的重要来源,建立正常国际经济秩序是寻求公平、合理地解决外国投资者与东道国之间争端的重要途径,同时也是能够保障发展中国家经济问题的解决。世界银行于1962年草拟了《关于解决各国和其他国家的国民之间的投资争端的公约》,执行董事会于1965年3月正式通过了该公约,1966年10月14日该公约正式生效,根据公约规定在华盛顿正式成立,总部设在世界银行总部内,与世界银行密切联系,两者在法律上相互独立中心,由行政理事会、秘书处、调停人小组和仲裁人小组组成。

五、多边投资担保机构

多边投资担保机构(Multilateral Investment Guarantee Agency, MIGA)成立于1988年,其目的是鼓励外国直接投资发展中国家,主要通过对投资提供担保,防范非商业风险,如征收、战争、内乱、违反合同等,鼓励外国投资者向发展中国家投资,以保证投资活动的正常进行,此外多边投资担保机构还提供技术支持和咨询服务,以帮助各国获得有关投资机会的信息,提高投资分析和决策能力,传播有关投资机会信息。多边投资担保机构有自己的业务和法律工作人员,属于在法律上和财政上独立于世界银行的实体。

20世纪五六十年代,发展中国家的民族解放运动蓬勃发展,一大批殖民地国家摆脱了长期被压迫地位,相继获得独立。新独立的国家对一些外国私人公司采取了征收、国有化等措施,这使得外来资本和外来投资对这些新独立国家望而却步。由于类似政治风险而引发的商业性风险在很大程度上危及了国际经济的稳定和持续发展,迫切需要寻求一个稳妥的解决办法。由于国际社会和各国政府的相关保险机构能力有限,不愿意对投资的非商业性风险进行

---

① 主要与人均国内生产总值相关,只有最贫困的国家才能得到国际开发协会的信贷。

担保，因此成立一个以承担非商业性风险为目的的多边投资担保机构显得十分必要，有助于欠发达国家创造有利的投资环境，吸引外国投资促进经济的发展。1985年9月世界银行执行董事会推出《多边投资担保机构公约》的草案，该公约于1985年10月11日在世界银行年会上通过，1988年4月12日公约正式生效。多边投资担保机构通过提供担保直接促进私人资本向发展中国家流入，弥补了世界银行集团功能上的不足，凡是国际复兴开发银行的成员方，均可申请加入多边投资担保机构，机构设有理事会、董事会、总裁和办事机构。一般说来，多边投资担保机构只对汇兑限制、没收、违约、战争等政治风险提供担保。

第三节 世界银行的组织结构和运作机制

一、世界银行的组织机构

世界银行的总部位于美国首都华盛顿，其组织结构同样是理事会、执行董事会和办事机构的三级架构。

（一）理事会

理事会（board of governors）是世界银行的最高权力机构，代表所有成员方的权益，每个成员方委派一名理事（governor）和一名副理事（或代理理事，alternate governor，只有在理事缺席时才有投票权），所有理事是世界银行的最终决策者。理事和副理事一般由成员方的财政部部长、央行行长或级别相当的一名高级官员担任，任期五年，可以连任。

理事会的主要职能有：接受新成员方和中止成员方资格；增加或减少核定股本；决定世界银行净收入的分配；决定执行董事根据《国际复兴开发银行协定》中的诠释提出的申诉；作出与其他国际组织合作的正式和全面安排；终止进行业务；增加当选执行董事人数；审批《国际复兴开发银行协定》修正案。除这些重要职能以外，一般情况下理事会授权执行董事会代行其他职能。

理事会每年举行一次会议，必须有行使全部投票权的2/3以上的理事参加。一般在每年九月的世界银行和国际货币基金组织理事会联合举行的秋季年会期间集中一次，国际开发协会和国际金融公司的理事会届时也合并举行。必要时由理事会具有全部投票权1/4的成员方提议，可以召开特别会议。非理事会年会期间，执行董事会可以就具体问题采取通信办法获得各理事的投票。

（二）执行董事会

执行董事会（board of executive directors）是负责世界银行日常事务的机构，除必须由理事会保留行使的职权以外，执行董事会组织领导和处理所有其他世界银行的工作。执行董事会的董事产生规则与IMF相同，根据《国际复兴开发银行协定》第五条第4（b）款的规定，经理事会投票赞成票达到总票数的80%以上可以增加执行董事人数。

首任执行董事会由12名执行董事构成，后来由于有多个新成员方加入世界银行，执行董事的人数陆续增加到目前的25名。执行董事分指派和选举两种，每两年指派、选举一次。世界银行早期最大的五个股东国（美国、日本、德国、法国和英国）各任命一名执行董事，中国、俄罗斯联邦和沙特阿拉伯任命各自的执行董事，其余的执行董事由其他成员方按照地区组成的选区进行选举产生，一般情况下认购份额最多的当选该选区的执行董事，特殊情况下也有成员方之间利用拥有的投票权进行结盟选出执行董事。每个选区选出的执行董事行使的表决权是所代表选区的成员方表决权的总和，各方投票权总数必须作为一个统一的单位，不能分开使用。对于不能单独指派执行董事的成员方，在讨论该成员方提出的申请或者对该成员方有特殊影响的事务时，该成员方可以派遣一名代表出席执行董事会的会议。

执行董事会设主席一名，由世界银行的行长兼任，行长主持执行董事会的会议，通常没有表决权，特殊情况下如赞成票和反对票持平的时候，主席可以投出决定性的裁决票。每个执行董事可以任命一个副执行董事，如果执行董事缺席，副执行董事可全权代表执行董事行使职权。此外，允许高级顾问协助各执行董事开展工作，他们可以以顾问身份和副执行董事一起出席大部分的执行董事会会议，但没有表决权。

执行董事会每周至少开两次会，对世界银行的业务进行监督，根据章程，执行董事会的主要职责有：审批贷款和赠款、新政策、管理预算、国别援助战略；审查年度财务计划、业务计划和行政预算，决定下一年度的资金和人员的使用；审查具体政策建议，决定政策的方向；审查世界银行对各项工作的评价，保证世界银行和各成员方从已有的经验教训中受益；负责向理事会提交财务审计、行政预算和年度经营报告等。在执行董事会认为有必要时，可以根据情况设立各种委员会，委员会的成员不限于世界银行的理事、执行董事。执行董事会下面最重要的委员会是与IMF共同成立的"发展委员会"。

（三）世界银行行长和办事机构

执行董事会和以行长为首的世界银行办事机构之间的关系类似于股份公司董事会和以总经理为首的业务机构之间的关系。行长和办事机构按照执行董事会的指示经营银行实际业务，有关贷款的发放、债券的发行、预算的编制、写作的报告等，都必须报告执行董事会进行审议和决定然后加以执行和落实。

世界银行的办事机构非常庞大，目前在全世界各地设有100多个办事机构，在巴黎、伦敦、东京、纽约、日内瓦等地均设有办事处，其中巴黎的欧洲办事处最大。这些办事处与有关的各国际机构、各国政府及资本市场建立联系。世界银行通过上述办事机构、派出机构、常驻代表及常驻世界银行的执行董事与各成员方保持联系。所有办事机构分别由29名副行长领导，在这29名副行长中有4位常务副行长，负责协调世界银行内部各机构之间的关系，监督世界银行的业务工作，并向部门和专业副行长就政策和战略问题提供咨询。根据世界银行的规定，世界银行行长、官员和工作人员在执行任务时，应完全对世界银行负责，而不对其他官方负责。各成员方应当尊重其职责的国际性，在他们执行任务时不施加任何影响；同时世界银行官员也不应干预任何成员方的政治。

世界银行总部机构设在华盛顿，按照地区和专业设有60多个部门，总部的几千名员工来自100多个国家，其中2/3是专业人员，1/3是行政工作人员；专业人员中有一半以上来自发达国家，世界银行还会特别聘用青年、妇女及非洲国家的工作人员。

世界银行行长是世行行政管理机构的首脑，负责召集执行董事会会议、主持银行的日常行政管理工作、任免银行高级职员和工作人员。行长人选必须是理事或董事以外的人,任期五年,可以连任,大多数行长都有在金融领域工作的相关经验。按惯例行长人选一般是最大的股东美国提名的美国公民(美国总统提名、执行董事会通过)(根据成立时达成的默契,国际货币基金组织的总裁一般由欧洲人担任),行长职务的终止由执行董事会决定。行长下设副行长若干人,协助行长工作。目前共有2名执行副行长(executive vice president)、3名高级副行长(senior vice president)及24名副行长(vice president)。另外,世界银行行长同时也是世界银行集团总裁,也是世界银行集团其他四个机构的总裁。世界银行历任行长介绍见表8-1。

表8-1 世界银行历任行长

	姓名	在任时间	背景
1	尤金·迈耶	1946—1946年	前美国联邦储备委员会主席
2	约翰·麦克洛伊	1947—1949年	前美国战时副国务卿
3	尤金·布莱克	1949—1962年	前美国联邦储备委员会主席
4	乔治·伍兹	1963—1968年	前第一波士顿银行高级主管
5	罗伯特·麦克纳马拉	1968—1981年	前美国国防部长
6	奥尔登·克劳森	1981—1986年	前美国银行高级主管
7	巴伯·科纳布尔	1986—1991年	前美国国会议员
8	刘易斯·普雷斯顿	1991—1995年	前摩根大通银行高级主管
9	詹姆斯·沃尔芬森	1995—2005年	美籍澳大利亚裔、银行家
10	保罗·沃尔福威茨	2005—2007年	前美国国防部副部长
11	罗伯特·佐利克	2007—2012年	前美国常务副国务卿
12	金墉	2012—2019年	美籍韩裔、前达特茅斯学院校长
13	戴维·马尔帕斯	2019年至今年	前美国财政部国际事务副部长

资料来源:https://hangzhang.shihangjituan.org/zh/president, 2020-12-01.

二、世界银行的运作机制

(一)世界银行的议事规则

1.世界银行成员的资格

根据《布雷顿森林协定》的规定,只有IMF的成员方才能申请加入世界银行,目前IMF的成员方也都是世界银行的成员方。

世界银行的成员方退出分为两种：自愿退出和强制退出。根据世界银行的章程，任何成员方都有权自愿退出该组织，只需将退出的意愿以书面的形式通知世界银行，退出自收到书面通知之日起生效。成员方如果不能履行对世界银行的义务的则适用强制退出，其过程如下：经过持有总投票权半数以上的多数表决通过，世界银行暂停其成员方资格；暂停一年后，如果没有简单多数表决恢复该成员方资格的，自动终止成员资格。在暂停资格期间该成员方有权退出世界银行，不享有任何成员方权利但是仍然承担其所欠世界银行的债务（如有）。此外，如果成员方丧失了IMF的成员方资格，则会在三个月后自动丧失世界银行的成员方资格（除非有总投票权的3/4多数表决通过保留该成员在世界银行的成员方资格）。世界银行自成立以来只有极少数的成员方退出过。

2.投票权

世界银行在形式上采用简单多数通过的表决制度，任何重要决议时必须要有85%的同意票才能通过①。世界银行各成员方的投票权和IMF一样，也是和认缴的股权联系在一起的加权投票制。世界银行的成员方资格面向IMF的所有成员方开放，每个成员加入时自动拥有250张基本票，之后每认缴世界银行股本中所持股份的一股即增加一票（成立之初是10万美元为一股，后改为10万个特别提款权为一股）。1979年世界银行通过普遍增资决议后，分配给每个成员250股，每个成员方得以认购250股但不需缴纳股金，所以事实上每个成员方的基本票增加到了500张。

由于发达国家拥有较多的股权，因此这些国家在世界银行的各项决策中起主导作用。例如美国在创建初期认缴的股份最多，拥有的投票权也最多，1947年曾经拥有37%的总投票权。执行董事会进行政策决定和考虑个别项目贷款时一般采取协商一致的方式，很少采用投票表决。

2010年的世界银行改革中修改了投票权的分配，增加发展中国家尤其是中国的股份，除中国外，韩国、土耳其、墨西哥、新加坡、希腊、巴西、印度和西班牙的投票权也明显增加，大多数发达国家的投票权有所缩减。表8-2所示为世界银行投票前十位成员方。

表8-2 世界银行投票权前十位成员方

成员方	投票权票数	所占比例/%
美国	398737	15.76
日本	193720	7.66
中国	119375	4.72
德国	106118	4.19
法国	98429	3.89
英国	98429	3.89

① 美国的投票权为15.76%，即使其他成员方都同意的决议，只要美国投反对票，该决议就无法通过。

续表

成员方	投票权票数	所占比例/%
印度	76765	3.03
加拿大	71198	2.81
俄罗斯	62248	2.66
沙特阿拉伯	62248	2.66

资料来源：https：//finances.worldbank.org/zh/ 2020/12/15。

（二）世界银行的资金来源

世界银行的资金来源主要是三个：成员方认缴的股份、世界银行在国际金融市场上发行的债券收入、出让银行债权的收入。

1.成员方认缴的股份

按照《国际复兴开发银行协定》第二条第二节的规定，世界银行成立时法定资本约为一百亿美元，每股十万美元共十万股，只限成员方认购[①]。各成员方根据自身条件参照在IMF所缴纳的份额来决定其在世界银行认缴的股份。成员方认缴的股份分两个部分：加入时以现金形式认缴其中的20%[②]，另外的80%则在必要时再缴纳，暂存在成员方的中央银行作为世界银行的担保资金。各成员方以本国货币认缴的18%的部分经过成员方同意后世界银行可以使用。各成员方有义务维持本国货币汇率稳定，货币升值时可以要求世界银行退回升值的部分，反之货币贬值时也必须补足价值不足的部分。1959年世界银行增加资本时成员方的实缴额并未相应增加，现金部分黄金和美元缴付的部分降为1%，本国货币缴付的部分降为9%，其余的90%待缴资本并不缴付，只在世界银行需要偿付其债务时才向各成员方进行征缴。

2.国际金融市场上发行债券收入

世界银行在国际债券市场上发行的中长短期债券有两种形式：一种是直接向成员方政府机构或中央银行出售的中短期债券；另一种是通过投资银行、商业银行等包销商向私人投资市场出售的中长期债券。这些债券主要向资金充足的西方发达国家和西亚国家进行发售，偿还期从2年到25年不等，利率依国际金融市场行情而定。自20世纪80年代以来，世界银行每年在国际金融市场上出售债券总额都接近或超过100亿美元，这些发行的债券已经占到世界银行资金来源的近70%，是世界银行最主要的资金来源。

3.出让银行债权的收入

在特定条件下世界银行会将贷出款项的债权转售给私人投资者，其对象主要是国际商业银行等金融机构，这样可以提前回收一部分资金，加快贷款资金的周转并提高资金的使用效率。

除了以上主要资金来源以外，世界银行每年股本的回报、成员方缴纳的会费及世界银行

---

① 世界银行以后又经过多次扩股。
② 其中2%使用黄金或美元支付，18%使用本国货币支付。

贷款所得的利息也是世界银行的资金来源。

（三）世界银行的贷款

世界银行的贷款主要用来促进成员方经济发展和社会进步，应当投向成员方国民经济中优先发展的部门。根据这一宗旨，世界银行的贷款项目主要集中于基础设施（能源、交通等）、农业、社会发展（教育、卫生等）、工业开发等部门。

1. 一般贷款流程

世界银行的贷款在发放的时候有非常严格的审查程序，在资金的使用过程中也会严格进行监督。首先，贷款前世界银行会对申请方的经济结构现状和未来发展前景进行调查，以确定贷款项目；其次，世界银行派出专家小组对已确定的项目进行全面评估；再次，世界银行和申请国进行贷款谈判，条件达成以后签署贷款和担保协议等法律文件；最后，贷款发放以后，世界银行还要对有关商品和劳务质量进行监督，发现问题会随时中止贷款。

世界银行要求申请国在使用贷款时必须注意经济效益，使用世行贷款进行采购的商品和劳务必须在国际范围内进行公开招标，本国企业只有在不超过外国企业到岸价格的15%以内才有中标资格。为了保证合理使用，贷款的发放一般是按项目的进度发放且专款专用，只有项目合同签订后，经过世界银行审查认可以后才能将款项直接支付给供应商或承包商。

世界银行集团的不同机构的贷款对象有所区别，国际复兴开发银行的贷款对象一般是发展中国家；国际开发协会的贷款对象主要是低收入发展中国家；国际金融公司的贷款对象主要是发展中国家的中小企业。

2. 贷款种类

世界银行提供的贷款主要分为以下几种。

（1）项目贷款是世界银行贷款业务的主要部分，也称"特定投资贷款"，主要领域涉及农业和农村发展、教育、能源、工业、交通、城市发展和供水等。项目贷款的主要目的在于创造生产性资产、培育人才及增加投资产出。通常用于发展中国家经济和社会发展的基础设施及大型生产性投资。项目贷款的评估和监督主要由世界银行的工作人员负责完成，执行期一般为4~9年。

（2）部门贷款又称"行业贷款"。包括部门投资贷款、部门调整贷款和中间金融机构贷款三种。部门投资贷款主要用于改善部门政策和投资重点，加强借款国制定和执行投资计划的能力，特别是中等收入国家业务机构能力较强的部门，可以按照与世界银行商定的标准，进行分项目的评估和监督。这类贷款在项目安排、资金使用等方面比较灵活、贷款金额较大、支付速度较快，执行期一般为3~7年。部门调整贷款主要用于支持具体部门进行政策和体制改革，使用前提是借款国的总体经济改革状况或经济规模不允许进行全面的结构调整。这类贷款通常为具体部门的进口提供需要的外汇，预先确定受益人或根据双方商定的标准选择受益人，执行期一般为2~4年。中间金融机构贷款主要是面向开发金融部门和农业信贷机构的贷款，由世界银行作为一个独立项目贷给中间金融机构，再由中间金融机构分贷给各分项目。使用前提是双方就转贷对象的选择标准、转贷利率和加强机构建设具体措施等达成协议，执行期为3~7年。

（3）技术援助贷款的主要目的是保证借款方相关机构制定发展政策和准备投资项目的能力。一般分为两种情形：一种是对大型投资项目的技术援助，为投资项目提供技术咨询和人员培训的资助；另一种是对组织机构的技术援助，对制定和参与经济发展战略规划的机构提供咨询服务和研究课题的资助,执行期一般为3~6年。

(4)结构调整贷款又称"纯政策性贷款",主要是帮助借款国在宏观经济、部门经济和结构体制方面进行全面的调整和改革,有效利用资源,从而实现中长期的国际收支平衡。一般在成员方的国际收支不平衡时使用,条件比较严格、苛刻,如果借款国无法按照预定条件执行则停止支付后续贷款,执行期一般为1~2年。

(5)紧急复兴贷款又称"紧急重点贷款",主要是帮助成员方在遭受自然灾害或其他灾难时解决一些实际困难,为灾后的重新建设提供贷款,该类型贷款适用于成员方出现紧急问题的具体情况,执行期一般少于4年。

(6)联合贷款又称"联合融资",实际上并不是世界银行的贷款种类,是世界银行与借款国以外的其他贷款者合作,共同对世界银行贷款资助的项目提供贷款。一般分为两种情形:一种是平行式联合贷款,即世界银行和其他贷款者对一个世界银行贷款项目共同出资,分开采购,各方按照各自的规则进行管理;另一种是组合式联合贷款,即不分资金来源,根据项目需求混合使用。

3. 世界银行贷款的特点

世界银行的贷款不同于一般的商业银行贷款,其特点如下所述。

首先,贷款时间长利息低,贷款的期限比较长,短则数年,长的可达35~40年;贷款的利率比较优惠,一般低于市场利率且收取的费用很少。国际开发协会提供无息贷款,期限长达50年,只收取0.75%的手续费[①]。

其次,贷款必须按时归还,不能延长和拖欠。世界银行自成立以后鲜少出现贷款清偿拖欠或者改变还款日期的情况,世界银行和借款国签订贷款协定之后,不是把贷款金额全部提供给借款国,而是作为支付承诺计入借款国的名下,随着项目工程建设的进度逐笔由借款国申请提款,经过世界银行审核后直接支付给供应商或承包商,直至工程结束。由于世界银行的一般项目贷款的提款支付要持续5到7年的时间,在此期间贷款项目如果部分或全部地产生效益则为贷款单位的还贷提供了可能性。

再次,贷款与特定的项目联系,手续和管理严密,所需时间较长。世界银行的贷款项目必须经过世界银行工作小组的精心挑选、认真审核、严密监督和系统分析,为此借款国必须向世界银行提供有关经济财政以及贷款项目有关情况和统计资料,世界银行的贷款一般只能提供项目所需的外汇资金,约占项目总投资额的30%~40%,个别项目可提高到50%,因此借款国项目单位必须筹足其余50%~70%的国内配套资金,如果没有配套资金则一般不予贷款,从项目提出到认定、评估、到取得贷款一般要一年半到两年。

最后,世界银行贷款项目的设备采购、土建工程、专家聘请等,要按照世界银行的有关采购指南,使用国际招标按照有关规定程序进行。

阅读材料:

贷与不贷

世界银行的贷款发放有以下原则。

贷款只贷放给成员方。世界银行的贷款只能贷给成员方的政府及其机构和企业,对私营企业贷款必须有政府或中央银行担保,国际开发协会的贷款只贷给成员方政府,但可以由其

[①] 国际复兴开发银行的贷款收取利息,期限较短,国际开发协会的贷款没有利息,期限较长;一般为了加以区别,前者的贷款称为贷款(Loan),后者的贷款称为信贷(Credit)。

转贷。新独立的国家即使预期不久会成为成员方,也只有在正式成为成员方之后才能申请贷款,特殊情况下,如果资助项目在成员方的领土内,世界银行也向某成员方管辖之下的地区承诺贷款。

贷款一般用于银行批准的特定项目。世界银行贷款一般必须用于借款国的特定项目,该项目需要通过世界银行的技术和经济可行性审核,并确认是发展该国经济优先需要考虑的对象。世界银行在特殊的情况下也发放非项目贷款,通常是为了支持成员方已有的生产性设施提供采购进口物资及设备所需外汇。

世界银行对资助项目一般只提供货物和服务所需的全部外汇部分(一般不限定所需外汇占总投资的比例),在某些特殊情况下也可以提供部分国内的费用。如对一些成员方在经济发展上必须优先建设的项目,其国内费用比较高而需要使用的外汇部分又很少。世界银行根据各成员方实际情况确定相关贷款在项目总投资中的比例。

贷款只发放给有偿还能力的成员方,充分注意经济效益,必须专款专用,成员方接受世界银行的监督,保证贷款只用于世界银行规定的项目和目的。

非政治化贷款原则。世界银行的贷款一般只考虑经济因素,而不管申请国的政治条件和政治制度,《世界银行协定》规定,世界银行不能仅仅因为该国的政治制度而拒绝提供贷款或附加某种政治条件提供贷款。

世界银行一般会在以下情况下拒绝为成员方提供贷款:

(1)银行认为申请国提出的项目不是经济发展需要的最优先项目,或不够妥善、准备工作不足;

(2)世界银行认为申请国完全可以从其他来源获得该项目的资金;

(3)世界银行认为申请国偿还贷款能力不足,提供贷款的风险不可避免;

(4)世界银行认为申请国提出的项目不在银行经营的贷款范围内。

第四节　世界银行的改革

一、世界银行存在的主要问题

作为布雷顿森林体系的重要支柱之一,世界银行对战后全球经济恢复和发展无疑起到了非常积极的促进作用。战后初期的贷款主要流向西欧国家,对西欧的战后经济复兴效果显著;后期贷款主要是流向发展中国家,提升了发展中国家的增长潜力。世界银行的贷款一方面有利于发达国家利用相对闲置的资金,采用国际招标形式使用贷款也有拉动发达国家的生产与就业作用;另一方面发展中国家的经济发展也为发达国家提供了新兴的市场,对国际关系中的合作与协调有着积极的促进作用。

随着世界经济的发展以及历史的原因,世界银行在功能运作、治理框架等方面开始面临越来越多的挑战。世界银行现行的许多规则基本上都是在20世纪中期制定的,随着国际经济环境的变化,这套规则和机制已经无法满足国际经济发展的快速步伐。

(一) 世界银行没有发挥促进经济发展的功能

世界银行自成立以来其职能已经发生了多次转化，从最早的关注战后国家重建，到20世纪80年代关注债务重组、救助金融危机等，世界银行的关注目标一直随着世界经济的变化而不断改变。但是世界银行促进世界经济发展的核心职能并没有得到很好地发挥：一方面如何做好贷款援助，使贷款项目更好地符合申请国的需求和变化的国际环境，提高贷款项目的实际效果及有效控制风险都是世行面临的主要工作；另一方面，由于发展中国家在世界银行的投票权不足，无法让世界银行的资金运作更多地满足发展中国家的需求，一些欠发达国家认为世界银行对于较贫穷的国家帮助不大，甚至在某种程度上加剧了本国的贫困；不少专家学者认为世界银行的做法导致发达国家更加富有，世界贫富差距加大。

(二) 投票权的不均衡问题

投票权的不均衡问题是世界银行自建立以来一直为人诟病的地方，发达国家长期控制着世界银行绝大部分的投票权，发展中国家的要求长期无法得到合理充分的反映，这种局面明显与当前发展中国家经济快速发展的国际经济格局不相称。投票权不均衡状态下美国对世界银行的垄断是亟待解决的问题。美国拥有世界银行实质意义上的否决权和行长的决定权，世界银行被美国视为是其外交和国家利益的延伸，以实现美国利益最大化为要旨的"有条件贷款"越来越成为受援国负担，世界银行基本沦为维护美国利益的工具。

(三) 世界银行没有明确的发展方向

一直以来，世界银行自身的定位都不是特别明确，经过几十年的风风雨雨，世界银行成立之初的宗旨和纲领日渐模糊，世界银行的执行董事主要代表本国的国家利益行事，难以达成制定长期发展战略的共识，执行董事会下的机构庞大且缺乏效率，也缺乏经济发展方面的专家和相关专业知识。

二、世界银行改革的方向和进展

世界银行经历70多年的发展运行，当前正在推进促进成员方经济发展、增强包容性、促进创新、提高效率等多项改革，为了能反映目前国际经济发展实际情况、承认和给予发展中国家更大话语权，世界银行一直在进行深化改革，同时取得了一定的进步和发展。

(一) 投票权改革

投票权的改革涉及增加发展中国家的发言权和参与权，要在国际金融组织增加发展中国家的话语权、提高发展中国家的参与度、增加发展中国家的代表性。世界银行正在实行阶段性的改革，涉及投票权改革、机构改革、世界银行的内部治理、行长选举等问题，希望通过投票权、股权改革逐步提高发展中国家和经济转型国家在世界银行中的地位，目标是把发展中国家的整体投票权提高到50%以上，以确保发展中国家和经济转型国家可公平参与世界银行的决策。

（二）改革投资贷款模式

世界银行的贷款体系从20世纪60年代开始几乎没有发生太大规模的变动，投资贷款及项目贷款仍然是世界银行的主要贷款工具，占实施贷款总额的90%以上。随着世界经济形势的变化，旧有的贷款模式已经越来越难以适应申请国的需要。世界银行近期大力改革的目标在于开发更灵活、高效的贷款工具，新的贷款模式更倾向于简化那些低风险项目的审批流程，重视监督检查相对高风险的投资项目，以便更适应不断变化的全球经济环境。

（三）提高透明度

通过对信息披露制度进行改革，增加信息获取渠道、增加信息公开力度以提高世界银行的透明度，一方面有利于世界银行内部的信息利用，另一方面也便于外部更好地监督世界银行的运行。世界银行自1985年公布了第一份有关信息披露的指导材料，此后执行董事会和银行管理层也在不断扩大信息披露范围。2009年世界银行将信息披露类型由从前的能够披露什么类型的信息（肯定列表）转变为可以公布除特殊情况外的任何信息（否定列表），增强了信息披露的范围与力度，进一步增加了世界银行分享全球信息的机会，同时通过提供更多项目和规划的信息以增加国际社会更大的参与度。

（四）反腐败改革

世界银行近年来一直致力于在公共部门绩效、公共财政管理、透明与问责等领域进行反腐败治理，其目标是通过对腐败风险的评估、披露、监督及监控机制以确保世界银行的发展资金用于规定的项目领域。世界银行在2006年秋季年会上开始着手进行反腐败治理，在各领域贷款项目的设计中将反腐败治理内容纳入其中，防范发生财务腐败及采购风险。反腐败问题的治理可以帮助成员方政府或公共机构制定和执行合理的政策，更好地提供公共服务和制定市场规则，从而帮助成员方消除贫困。

本章小结

（1）世界银行集团由五个国际组织机构组成，包括国际复兴开发银行、国际金融公司、国际开发协会、国际投资争端解决中心、多边投资担保机构。国际复兴开发银行与国际开发协会一起组成世界银行。五个组织各自独立，业务相互补充，领导层相对统一，有各自的协定、法律和财务。

（2）世界银行是为了消除贫困、推动国际直接投资和国际贸易，为资本投资提供便利而建立的全球性开放的经济组织，不是普通的银行。世界银行的组织机构是理事会、执行董事会和办事机构的三级架构。

（3）世界银行的资金来源主要是成员方认缴的股份、发行的债券收入、出让债权的收入。世界银行的贷款是用来促进成员方经济发展和社会进步，主要投向成员方国民经济中优先发展的部门。

（4）世界银行在功能运作、治理框架等方面面临越来越多的挑战。世界银行现行的许多规则是在20世纪中期制定的，随着国际经济环境的变化，这些规则已经无法满足国际经济发展的快速步伐，需要在投票权、贷款的条件方式及透明度等方面进行深化改革。

 延伸讨论

《世界银行2020年年度报告》节选：应对新冠大流行

2020年初，世界各国受到新型冠状病毒感染（COVID-19）打击，卫生系统面临巨大挑战，同时也引发了大规模封锁措施，学校停课、企业关闭、工人失业。几乎所有国家都面临前所未有的经济衰退。世界银行集团一直处于全球疫情响应的最前沿。3月，执董会批准了一项新的快速通道基金，帮助各国应对紧迫卫生需求并促进经济复苏。4月世界银行部署了该基金下的第一批项目，加强有关国家的卫生系统、疾病监测和公共卫生干预。为了缓和疫情对经济的打击，IFC和MIGA快速行动起来提供融资，帮助企业保持运营以及向员工支付工资。

世界银行集团预计在到2021年6月为止的15个月内部署高达1600亿美元资金，通过一系列新业务、现有业务重组以及触发巨灾支用期权等措施支持各国应对新型冠状病毒感染，同时支持通过可持续的私营部门解决方案推动重组和重建。新型冠状病毒感染可能导致2020年约1亿人陷入极端贫困。不发达国家在疫情的健康、社会和经济影响面前尤其脆弱。世界银行对这类国家的支持主要围绕以下方面：投资于危机预防，在危机局势中维持接触，保护人力资本，向包括流离失所人口在内的最弱势和边缘化群体提供支持。由于供应链中断和出口限制威胁粮食供应，最贫困和最脆弱的国家还面临粮食不安全问题。为解决这个问题，世界银行敦促各国确保食品供应链的继续流动和安全运转，并帮助有关国家监测疫情对人们食品购买力的影响。世界银行倡导针对最贫困、最弱势群体建立有力的社会保护计划，在保护他们生计的同时确保他们能够负担和获得基本食品供应。

世界银行的研究和知识产品考察了疫情的广泛影响——这些产品包括最新经济形势报告、关于全球汇款下降的报告以及一份关于疫情对教育和儿童未来冲击的政策说明。但即使在眼下的危机消退很久以后，各国仍需要获得支持以减轻疫情影响，推动长期增长。世界银行的政策建议为各国提供了实现这一目标的方法，包括改善治理和营商环境、应对金融市场动荡、通过教育和健康投资改善人力资本、通过提高债务透明度促进新投资、扩大穷人的现金安全网、审查能源价格政策以及实施有助于资本和劳动力快速适应疫情后经济结构的改革。

与私营部门合作对应对这场危机至关重要，作为世界银行集团疫情响应行动的一部分，IFC预计到2021年6月为止将提供470亿美元资金支持。作为初步支持方案，IFC已提供80亿美元帮助企业维持经营、保留就业。这一救助方案将为基础设施、制造业、农业和服务业等受疫情冲击较大行业的现有客户提供支持，向金融机构提供流动性，使其可以为进出口企业提供贸易融资以及向企业提供信贷，增加企业营运资本。

问题分析：世界银行集团在国际经济不稳定的环境下如何发挥自身优势？

第九章 国际经济治理中的其他组织和机构

学完本章后，你应该能够：
- 熟悉联合国、国际峰会组织和区域经济一体化组织在国际经济治理中的作用
- 了解联合国与国际峰会组织的国际经济治理体系特点
- 分析区域经济一体化组织迅速发展的原因
- 探讨国际组织在国际经济治理中面临的困境和改革方向

二战结束后，伴随着世界经济恢复和重建的迫切需要，国际合作快速发展。组建国际组织，制定规则，创建有序的国际环境，在全球政治经济安全，生态环境和气候变化，极地、海洋和太空开发利用等诸多问题上开展对话与协调显得尤为重要，由此催生了全球性、区域性的多层次的政府和非政府组织，在国际治理中发挥重要作用。

第一节 国际经济治理中的联合国

二战结束后，国际政治经济秩序紊乱，全世界人民强烈呼唤一个国际性组织对混乱的国际秩序进行管理，联合国应运而生。1945年10月24日，《联合国宪章》在美国旧金山签订生效，标志着联合国正式成立。联合国把所有国家纳入其管理体系，通过《联合国宪章》和一系列公约，构建了基于规则的现代国际治理体系，是维护和促进全球安全、发展与进步的最核心机构。作为当今世界最具代表性和权威性的综合性国际组织，在维护世界和平、缓和国际紧张局势、解决地区冲突、协调国际经济关系、促进世界各国经济、科学、文化的合作与交流等方面都发挥着积极的作用。

一、联合国的国际治理构架

《联合国宪章》明确将促进国际和平与发展作为宗旨，其所倡导的合作、平等、和平、公正等理念，成为当代国际社会协调合作所秉持的基本价值观与行为规范。《联合国宪章》包括19章111条，表达了使人类不再遭受战祸的决心，规定了联合国的宗旨、原则、权利、义务及主要机构职权范围。联合国的宗旨是"维护国际和平及安全""发展国际上以尊重各国人民平等权利自决原则为基础的友好关系""解决国际上的经济、社会、文化和人道主义性质的问题"和"促成国际合作"等；宪章规定联合国及其成员应遵循各国主权平等、以和平方式解决国际争端、在国际关系中不使用武力或武力威胁，以及不得干涉各国内政等原则。

为了参与全球治理，联合国建立了以大会、安全理事会、经济及社会理事会、托管理事会、国际法院和秘书处为核心的六大主要机构（表9-1），这些机构均是1945年联合国成立时依据《联合国宪章》设立的。此外，联合国构建了以世界银行、国际货币基金组织、世界卫生组织、国际粮农组织、教科文组织等10余个专门机构为支撑的一整套全球治理的多边机制安排，几乎覆盖了全球治理的各个方面。此外，联合国还与各类区域国际组织、非政府组织、私营部门等建立了广泛的协作与咨商关系，被誉为"全球公共事务管理的核心"（赵黎青，2012）。

表9-1　联合国六大主要机构信息简表[①]

机构名称	机构职责简介
大会	大会是联合国的主要审议、决策和代表性机关，由联合国全部193个会员国组成，是唯一具有普遍代表性的机关。每年九月，大会的所有会员国齐聚纽约，在联合国大会会议厅召开年度会议，并举行一般性辩论，多国国家元首出席一般性辩论并发表讲话。大会对于重要问题的决定，例如关于和平与安全、接纳新会员国和预算事项的决定，必须由三分之二多数通过；其他问题只需以简单多数通过。大会每年选举一名大会主席，任期一年
安全理事会	根据《联合国宪章》，安全理事会负有维护国际和平与安全的首要责任。安理会有15个理事国（五个常任理事国和十个非常任理事国），每个理事国有一个投票权。《宪章》规定，所有理事国都有义务履行安理会的决定。安全理事会率先断定对和平的威胁或侵略行为是否存在。安理会促请争端各方以和平手段解决争端，并建议调整办法或解决问题的条件。在某些情况下，安全理事会可实行制裁，甚至授权使用武力，以维护或恢复国际和平与安全。安全理事会设立轮值主席，任期一个月
经济及社会理事会	经济及社会理事会是就经济、社会和环境问题进行协调、政策审查和政策对话并提出建议，以及落实国际发展目标的主要机关。经社理事会作为联合国全系统开展各项活动的中央机制，其下设立多个涉及经济、社会和环境领域的专门机构、附属监督机构和专家机构。经社理事会共有54个理事国，经大会选举产生，任期三年。经社理事会是联合国对可持续发展问题进行反思、辩论和创新思考的核心平台

[①] 联合国官网 https://www.un.org/zh/about-us/main-bodies，[2024-03-13]。

续表

机构名称	机构职责简介
托管理事会	托管理事会于1945年根据《联合国宪章》第十三章设立,对由7个会员国管理的11个托管领土实行国际监督,并确保管理国采取适当措施为托管领土的自治或独立做好准备。截至1994年,所有托管领土都已取得自治或独立。托管理事会于1994年11月1日停止运作。根据1994年5月25日通过的决议,托管理事会对其议事规则作出修正,取消每年举行会议的规定,并同意根据托管理事会或托管理事会主席的决定,或托管理事会多数成员或大会或安全理事会提出的要求,视需要举行全体会议
国际法院	国际法院是联合国的主要司法机关,位于荷兰海牙的和平宫,是联合国六大主要机关中唯一设在美国纽约之外的机关。国际法院的职责是依照国际法解决各国向其递交的法律争端,并就正式认可的联合国机关和专门机构提交的法律问题提供咨询意见。国际法院依照《国际法院规约》行使职权
秘书处	秘书处由秘书长和在世界各地为联合国工作的数万名国际工作人员组成,负责处理大会和其他主要机关委任的各项日常工作。秘书长是联合国的首席行政长官

此外,还有与联合国保持工作联系的专门机构(表9-2),联合国专门机构是根据协定而同联合国建立关系的或根据联合国决定而创设的那种对某一特定业务领域负有国际责任的政府间专门性国际组织。有些组织在第一次世界大战前已经存在,有些组织与国际联盟有关,还有些组织几乎与联合国同时创设,其他一些组织则是联合国为满足新需求而设立。

表9-2 联合国专门机构信息简表[①]

专门机构名称	总部所在地	机构职责简介
联合国粮食及农业组织	意大利罗马	联合国粮食及农业组织(粮农组织)领导国际社会为战胜饥饿而努力。它既是发展中国家和发达国家谈判协定的论坛,也为援助发展提供技术知识与信息
国际民用航空组织	加拿大蒙特利尔	国际民用航空组织制定国际空运标准,并协助其193个缔约国共同利用世界天空,实现自身社会经济效益
国际农业发展基金	意大利罗马	国际农业发展基金(农发基金)自1977年成立以来,专注农村减贫工作。基金与发展中国家的农村贫困人口合作以消除贫困、饥饿和营养不良,提高他们的生产力和收入,并提升他们的生活质量
国际劳工组织	瑞士日内瓦	国际劳工组织(劳工组织)通过制定有关结社自由、集体谈判、废除强迫劳动以及机会与待遇平等的国际标准以增进国际劳工权利

① 数据来源:联合国官网,https://www.un.org/zh/about-us/un-system.[2024-03-13].

续表

专门机构名称	总部所在地	机构职责简介
国际货币基金组织	美国华盛顿哥伦比亚特区	国际货币基金组织(基金组织)通过为各国提供临时财政援助其缓解国际收支困难,以及给予技术援助来促进经济增长和创造就业
国际海事组织	英国伦敦	国际海事组织(海事组织)建立了一个详尽的航运法规框架,处理安全和环境议题、法律事项、技术合作、海事安全和船运效率
国际电信联盟	瑞士日内瓦	国际电信联盟(国际电联)是联合国负责信息和通信技术的专门机构。国际电联致力于连通世界各国人民——无论他们身处何方,处境如何。国际电联通过自身工作,保护并支持每个人的基本通信权利
联合国教育、科学及文化组织	法国巴黎	联合国教育、科学及文化组织(教科文组织)关注包括师资培训、提高全球教育以及保护世界重要历史文化遗产在内的一切事务
联合国工业发展组织	奥地利维也纳	联合国工业发展组织(工发组织)是联合国的专门机构,通过促进工业发展来实现减贫、包容性全球化和环境可持续性
世界旅游组织	西班牙马德里	世界旅游组织(世旅组织)是联合国负责促进负责任的、可持续的和人人可享受的旅游业的机构
万国邮政联盟	瑞士伯尔尼	万国邮政联盟(万国邮联)是邮政行业参与方之间合作的主要论坛,有助于确保建立一个最新产品与服务的真正全球网络
世界卫生组织	瑞士日内瓦	世界卫生组织(世卫组织)负责全球疫苗接种运动,应对公共卫生紧急情况,防范大流行性流感以及引领致命疾病的根除运动,例如脊髓灰质炎和疟疾
世界知识产权组织	瑞士日内瓦	世界知识产权组织(知识产权组织)通过管理23个国际条约保护全世界的知识产权
世界气象组织	瑞士日内瓦	世界气象组织(气象组织)促进气象数据和信息的全球自由交换,进一步提高其在包括航空、航运、安保及农业等一系列事务中的运用
世界银行	美国华盛顿哥伦比亚特区	世界银行关注减轻贫困和提高全球生活水平,为发展中国家提供低息贷款、无息信贷和赠款,用于教育、卫生、基础设施、通信和其他方面

为适应全球治理的需求和国际形势的变化，联合国在其七十余载的发展历程中，进行了多次制度创新。

一是建立以安理会"五常"为核心的大国协调机制，维护了世界的总体和平与稳定。自成立以来，联合国主要通过强化以安理会为平台的大国经常性磋商机制，创设和发展国际维和机制，强化以联合国秘书长和秘书处为中心的国际冲突斡旋与调解机制，巩固其主导下的集体安全体制。

二是构建以联合国为主导的全球多边发展框架。这个过程分四个阶段推进：第一阶段从二战结束至20世纪70年代，针对二战后新独立的发展中国家普遍存在的发展困境，助力其实现经济社会独立。呼吁国际社会帮助新独立的发展中国家建立自主的国民经济体系，明确发展中国家的发展权。第二阶段从20世纪70年代末至90年代初，首次提出可持续发展理念，强调实现经济、社会协调发展，提出经济增长等衡量各国可持续发展的具体指标；减少贫富差距；改革不合理的国际经济、金融及贸易体制；健全各国宏观经济治理；强化国际发展合作；促进最不发达国家发展。第三阶段从20世纪90年代初至21世纪初期，在国际关系与全球治理的新形势下，发展问题和非传统议题受到重视，联合国提出经济发展、环境保护和社会发展，强调联合国在发展问题的全球治理框架中要发挥"中心角色"的作用。2000年，在联合国千年峰会上，与会代表通过《千年宣言》，提出要共同推进全球发展问题的治理，从八个方面详细列明人类所面临的治理任务，即建立包容、以发展为指向的共同价值观和原则；国际安全和裁军；消除贫困和推进增长；保护环境；人权、民主和善政；保护弱势群体；推动非洲发展；加强联合国，使之成为国际治理的有效工具。第四阶段从21世纪初至今，结合"千年发展目标"实施经验，联合国积极推动"2015后发展议程"的制定，所涵盖的领域更为系统和全面，提出了共同维护粮食安全、资源安全、能源安全、健全各国医疗保障体系等新发展目标，同时将关注重点由推进世界各国均衡发展拓展到促进人的全面发展[①]。

三是强化人权监督与保护，建立以联合国为核心的国际人权多边治理机制。1948年，联合国通过了《世界人权宣言》，将推进人权事务作为联合国多边治理机制的重要内容。1966年，《公民权利和政治权利国际公约》明确各国尤其是新独立的发展中国家拥有自决权等集体人权，以及选择适合本国国情发展道路和民主模式的权利。从20世纪60年代至80年代中后期，联合国进一步建立起一系列人权机制，落实反对歧视妇女、保护儿童、禁止歧视移民、反对酷刑等国际公约。此后，联合国积极推进人权事务"主流化"，推动人权同发展、安全等问题共同成为"联合国的主要任务"。21世纪以来，联合国全面推进落实人权"主流化"，将人权委员会从经社理事会独立出来，设立人权理事会，与安理会、经社理事会并立。

综上所述，联合国成立至今虽历经质疑与挑战，但在全球发展、人权和安全领域，已逐渐构建起较为系统和全面的治理机制与治理框架，为继续承担其在全球治理中的责任打下了坚实的基础。

二、联合国在国际经济治理中的作用

联合国作为最具代表性和权威性的政府间国际组织，它在国际经济治理中的作用不容小

---

① 中国现代国际关系研究院课题组：《联合国改革与全球治理的未来》，《现代国际关系》2015年第9期。

觑。联合国在国际经济治理发挥的作用体现在以下几个方面。

（一）促进国际经济可持续发展

联合国的一项中心任务是推动公众生活水平的提高，帮助实现充分就业，为经济和社会进步创造条件以及促进发展。联合国系统所开展工作中70%是为了执行这一任务。

（二）推动国家和地区间的合作，建立伙伴关系

自成立以来，联合国为推动全球合作发展做出了不懈努力，在"南北"合作、"南南"合作、区域合作等方面，联合国为国家之间的合作架起了沟通的桥梁，为各国促进贸易、投资、经验交流与分享提供了平台。联合国促进国际经济治理主体机制网络的建立与完善，协调各国政府、正式的国际组织与非正式的全球公民社会之间的关系。联合国作为参与者最多的组织具有普遍性，肩负起建立与完善国际经济治理主体机制网络的责任，对各个行为主体的参与进行协调分配，保证主体高效完成治理目标，同时协调好各方关系，为经济的协调发展作出贡献。

（三）创立大量对国际社会中各类行为体经济活动进行调整的全球性法律原则、规则和制度等国际经济治理规制

为保证国际经济运行中争议或冲突能够得到妥善解决，联合国为许多经济行为出台相关的法律或制定了相关的规则和制度，对不同主体行为进行了约束。如为消除各国国内法不统一对国际贸易发展造成的严重阻碍，1966年联合国大会设立了联合国国际贸易法委员会，制订一系列有关商业交易的公平且协调统一的法律准则，包括世界各国可接受的公约、示范法和规则，并提供判例法和统一商法的最新资料和对法律改革项目的技术援助。如1980年《联合国国际货物销售合同公约》，1978年《联合国海上货物运输合同公约》（即《汉堡规则》），1976年《联合国国际贸易法委员会仲裁规则》，1980年《联合国国际贸易法委员会调解规则》、1988年《联合国国际汇票和国际本票公约》等。

（四）为经济发展筹集资金

国际经济治理离不开稳定的资金支持，联合国通过募资、会费及捐助等方式筹集资金，为世界经济发展服务，并以此带动其他公共和私人部门投资来支持全球经济发展事业。在资金使用方面，联合国为发展中国家提供各方面援助、为企业提供信贷途径、应对金融危机等，致力于为世界经济发展提供有利的资金环境。在全球抗击新冠疫情过程中，联合国通过发布预警、募集资金、公布数据，提供技术与管理援助等多项措施，充分发挥其协调作用。

三、联合国参与国际经济治理面临的挑战与改革

（一）联合国参与国际经济治理面临的挑战

进入21世纪以来，联合国所处的国际环境发生了深刻变化，联合国的体制与运行机制受到严峻挑战。加之世界各国间的依存制约关系不断加深，《联合国宪章》所强调的主权原则，与防范国际金融危机、国际恐怖主义、气候灾变及跨国疫病流行等客观上要求超越传统的主

权国家界限进行全球合作的活动有冲突。多极化,尤其是新兴大国的崛起,打破了传统权力结构平衡,围绕权力再分配的各方博弈升级,以安理会"五常"为核心的大国协调与集体安全机制受到冲击。信息化的发展导致个人、非政府组织等的影响力显著提升,使得现有治理安排更加脆弱。国际环境的变化、成员国的政策分歧,都在一定程度上弱化了联合国在国际经济治理中的地位。

一是全球经济治理需求日益增强,联合国系统低效、职责重复、机构重叠等现象日趋凸显。以联合国大会为例,每年各方提出的议案数量众多,内容多样,但重复、讨论程序繁杂,使其难以聚焦国际社会普遍关注的重大问题。同时,联合国系统的代表性与权威性下降,尤其是在安理会、经社理事会与人权理事会等核心机构中,新兴与发展中国家的代表性严重不足。

二是成员国的政策变化也冲击着联合国的地位和作用。某些国家在联合国推行单边主义,自恃其强大实力,试图使联合国成为其霸权战略工具,这与《联合国宪章》中各国平等、协商一致的原则产生了根本性的矛盾,严重损害了联合国的信誉与权威。

(二) 联合国国际经济治理职能改革

在可预见的未来,由于难以出现能够替代联合国的更权威、更合法并更具实践经验的国际组织,联合国仍将是全球经济治理的中坚力量。在推进21世纪全球经济治理方面,联合国责无旁贷。为了更好地履行全球经济治理使命,联合国应顺应时代变化,进一步深化改革。

第一,以效率和公平兼顾为原则完善联合国治理机制,提升联合国在全球经济治理中的权威性。一是持续深化机构改革,整合优化内部机构和裁撤冗员,促进资源有效利用,缓解机构重复设置、政出多门的难题,进一步加强经社理事会等机构的地位,加大安理会决议的执行力度。二是加快联合国财政改革。完善联合国会费、维和费用等经费系统改革,探讨保障措施,确保联合国获得稳定充足的财政支持,拒绝通过停止缴纳会费等手段来迫使联合国按其意图进行改革的行为。三是稳步推进安理会改革。安理会改革是联合国改革的难点,不仅关系着世界权力的再分配,还涉及《联合国宪章》修改的复杂程序,特别是牵涉到大国敏感神经的否决权问题,需要广泛协商一致,制定出切实可行的方案。

第二,进一步强化各国间分工与合作,夯实联合国的国际经济治理基础。考虑到国际经济治理的长期性和稳定性,联合国应该积极搭建平台,推动成员国各司其职、各尽所长。一是加强安理会"五常"协调合作。安理会"五常"作为联合国决策的重要决定因素,应当切实维护世界金融、经济的稳定性,避免冲突或对抗,寻求更广阔的合作机遇,对国际和地区热点问题加以管控、积极寻求冲突解决方案,并顺应全球化合作共赢趋势。二是团结广大中小国家。联合国应加强对中小国家利益的关照,给予更多政策上的优惠与便利,积极推进南南合作和南北合作,助力国际经济治理向公平公正方向迈进。三是推进与"七国集团"(G7)、"二十国集团"(G20)、"金砖国家"(BRICS)等组织的协调合作。与联合国相比,这类组织成员数量少,效率相对高,行动能力相对强,在国际经济治理中发挥着独特作用。联合国与这些组织可互取所长,充分发挥自身在处理金融、贸易债务、地区热点、全球性挑战等领域实务的优势,逐步全面推进国际经济治理。

第三,深化与地区组织和非政府组织的合作,壮大国际经济治理团队。在与地区组织合作方面,联合国需进一步与地区组织明确职责与分工,建立起长期有效的合作机制,共同促进地区的和平与发展；在与非政府组织合作方面，虽然非政府组织已在和平、安全、裁军、人权、扶贫、发展、环境等众多领域参与了联合国事务，但其参与权力有限的问题仍未解决。

第二节 国际经济治理的峰会机制

国际经济治理除了通过正式的国际组织实现外，国际非正式的峰会机制也在发挥积极作用。非正式机制指的是通过参与成员达成的共识来创立和维持，基于共同的利益或者君子协定执行，并通过相互监督来确保协定实施的国际机制（Puchala, Hopkins, 1982）。如七国集团（G7）、金砖国家（BRICS）、二十国集团（G20）、亚太经济合作组织（APEC）等，这些组织有一个共同的特点，即一般不设立秘书处等常设机构，而是采用在成员方轮流举办会议的方式就当前共同关注的国际经济问题进行平等协商、出台政策建议。它们作为定期政策性对话机构，为国际经济中的突发事件提供灵活的应急安排，从而为实现各国经济政策的有效协调和推动世界经济的发展提供了重要保障。在国际峰会的议事日程中，经济危机、粮食危机、人口资源等全球性问题一直占据着重要位置。

一、七国集团

20世纪70年代初，为共同解决世界经济和货币危机，协调经济政策，重振西方经济，美、英、德、法、日、意六国于1975年11月成立了六国集团，1976年加拿大加入，七国集团（G7）正式成立，1997年俄罗斯加入成为八国集团。

（一）七国集团峰会的发展历程

1975年11月15日，在法国总统瓦莱里·吉斯卡尔·德斯坦的倡议下，美、英、德、法、日、意六国领导人及其外交部长在法国巴黎郊外的朗布依埃首次召开最高级经济会议，就当时国际形势进行讨论，意欲协调各国经济政策，重振西方经济，为这些发达国家谋求最大的经济利益。在1976年6月的第二次首脑会议上，加拿大正式加入，七国集团也正式成立，由于其由各国首脑定期参加，也被称"西方七国首脑会议"。七国集团峰会由此成为一项正式制度，每年一次轮流在各个成员国召开。在1994年第20次峰会上，俄罗斯获准参加政治问题的讨论，形成了暂时的"7+1"机制。1997年七国首脑会议在美国丹佛举行，时任美国总统克林顿作为东道主邀请俄罗斯以与会者身份参加会议，并首次与各国首脑以八国集团首脑会议的名义共同发表公报。

七国集团峰会建立之初，其根本目标就是协调经济政策以解决世界经济难题，因此也被称为"七国经济最高级会议"。七国集团峰会的发展历程大致可分为三个阶段。

1975—1980年，这一时期内七国集团峰会的议题主要是以经济问题为中心，讨论国内失业、通货膨胀和贸易等问题，协调成员国宏观经济政策和成员国之间的经济关系。

1981—1994年，这个阶段各国经济问题频发，大国矛盾加剧，国际形势的不断变化带来了巨大的不确定性，七国集团峰会在议题的选择上更加侧重于对政治、外交等非经济方面的关注。

从1995年—至今，国际环境变化多端，全球化进程不断发展，跨国问题越来越频繁地出现在峰会的讨论中。比如亚洲金融危机、安全问题及全球可持续发展等。峰会议题逐渐与国际形势相适应，讨论当时国际最热切关注的问题，协调各方的矛盾，为其谋求利益的最大化。

（二）七国集团在国际经济治理中的作用

从应对石油危机到金融危机，七国集团在国际经济治理中发挥了非常重要的作用。

1. 协调成员方经济政策

七国集团通过定期召开首脑峰会，协调成员间的宏观经济政策及对外经济的关系，反映成员方的利益诉求。除了首脑峰会，G7还定期举行部长级会议，对贸易、就业、通货膨胀及能源问题进行讨论，以达到在化解石油危机、经济危机等方面的目标，提高成员方的整体利益。七国集团对于各成员方经济政策的协调，有益于发达国家的经济稳定及发展，在一定程度上缓解了汇率波动，保证了经济的平衡发展。

2. 推动全球议程的设定及国际经济规则制定

七国集团成员的整体经济实力在全世界是名列前茅的，在国际经济治理机制中的话语权非常大。例如，在国际贸易方面，七国集团一直是GATT/WTO多边自由贸易体制的积极领导者和推动者，帮助设定多边贸易谈判的议程，推动东京回合和乌拉圭回合多边贸易协议的达成，在一定程度上促使西方发达国家做出政策调整和让步，暂时缓解了贸易摩擦，抑制了贸易保护主义的进一步发展。在国际金融方面，为应对东南亚金融危机，倡导国际金融体制改革，签署了一系列的国际金融体系和国际机构改革的议程。

但是近年来，七国集团的国际经济治理能力已大不如从前，表现在解决世界经济问题上难以做出有效的、一致性的决策。作为一个非正式的峰会机制，没有设立常设性机构，虽然其灵活性较好，但其正式性仍然不够，难以展开实质性充分讨论。加之成员方关注的战略目标已从经济扩展到政治、安全、环境、社会问题等诸多方面，这无疑增加了实践上的可操作性难度。

二、金砖国家峰会（BRICS）

2001年，美国投资银行高盛公司首席经济师吉姆·奥尼尔（Jim O'Neill）在其研究报告"建设更好的全球经济金砖"中首次提及"金砖国家"（BRICS），"BRIC"引用了巴西、俄罗斯、印度、中国四个新兴市场国家的英文首字母，由于该词与英文中的"砖"（brick）类似，因此被媒体和学者译为"金砖国家"。

（一）金砖国家峰会的发展历程

2009年6月，巴西、俄罗斯、印度和中国四国领导人在俄罗斯叶卡捷琳堡举行首次正式会晤，有意愿延续金砖国家峰会机制，定期召开会议。金砖国家合作机制参与到全球治理的进程中，提高了新兴市场和发展中国家在全球治理中的代表性和话语权，标志着以金砖国家为代表的新兴市场国家变革现有国际经济政治秩序的诉求已经有了实质性的进展。2010年南非正式加入后，金砖四国扩大到五国，成为与七国集团齐肩的具有国际影响力的国际论坛。

经过十多年的发展，金砖国家成为带动世界经济进一步发展，推动全球经济治理变革、完善现有全球经济治理体系的重要力量。

截至2021年，金砖国家领导人峰会已经举办了12届，经过议题的不断深化，金砖国家之间的合作也越来越多。金砖国家的合作可以分为三个阶段（张立，2018）。第一阶段从2009年正式成立到2011年南非加入，是金砖国家的建立及扩大阶段。第二阶段从2012年至2014年，是国际金融治理机制的发展时期，从设立金砖国家新开发银行可能性构想到正式运作，各国分别确定了其在金砖国家新开发银行中的资本份额、分配比例等。这是发展中国家参与国际金融治理的重要举措，金砖国家新开发银行的设立进一步巩固了金砖国家在全球治理中的地位，他们也从被动接受者的身份转换到主动参与者的身份。第三阶段从2015年至今，是金砖国家合作及议题的发展和深化阶段，每一次的峰会都在巩固金砖国家在经济及其他领域合作、延伸峰会议题方面达成共识，且随着时间的推移，金砖国家合作的机制也越来越完善，成员方之间的合作也越来越深入。金砖国家历届峰会主要成果见表9-3。

表9-3　金砖国家历届峰会主要成果①

时间	地点	主要成果
2009年6月	俄罗斯叶卡捷琳堡	巴西、俄罗斯、印度、中国四国领导人首次举行正式会晤，就国际金融机构改革、粮食安全、能源安全以及"金砖四国"未来对话与合作前景等重大问题进行交流，发表《"金砖四国"领导人俄罗斯叶卡捷琳堡会晤联合声明》，承诺推动国际金融机构改革，正式启动金砖国家之间的合作机制
2010年4月	巴西巴西利亚	发表《金砖国家领导人第二次会晤联合声明》，推动"金砖四国"合作与协调的具体措施，敦促各国抵制各种形式的贸易保护主义，金砖国家合作机制初步形成，同年12月商讨吸收南非为正式成员的事宜
2011年4月	中国三亚	南非首次参与会晤；通过"三亚宣言"，就国际形势、经济、金融、发展等问题深入交换意见，对金砖国家未来合作进行详细规划，决定深化在金融、智库、工商界、科技、能源等领域的交流合作；首次推行本币贸易结算，加强金融合作
2012年3月	印度德里	推动金砖国家之间的务实合作，强化金砖国家合作机制维护新兴国家和发展中国家利益的特征；积极参与全球经济治理，进一步拓展金砖国家之间的合作领域。发表《金砖国家领导人第四次会晤德里宣言》，继续强调提高发展中国家在国际经济治理机构中发言权的诉求

---

① 资料来源：金砖国家官网 http://brics2022.mfa.gov.cn/chn/gyjzgj/ljldrhwcgwj/. [2024-03-13].

续表

时间	地点	主要成果
2013年3月	南非德班	发表《金砖国家领导人第五次会晤德班宣言》，拟批准成立金砖国家新开发银行，建立外汇储备库；同时成立金砖国家工商理事会和智库理事会；在财金、经贸、科技、卫生、农业、人文等近20个领域形成新的合作行动计划；加强金砖国家和非洲国家在基础设施领域的合作，促进非洲大陆互联互通
2014年7月	巴西福塔莱萨	决定成立金砖国家新开发银行，总部设在上海，建立金砖国家应急储备安排；五国领导人还共同见证了多项合作协议的签署，发表《金砖国家领导人第六次会晤福塔莱萨宣言》
2015年7月	俄罗斯乌法	围绕"金砖国家伙伴关系—全球发展的强有力因素"主题，就全球政治经济领域重大问题以及金砖国家合作深入进行讨论；发表《金砖国家领导人第七次会晤乌法宣言》及其行动计划、《金砖国家经济伙伴战略》等一系列纲领性文件，为金砖国家在贸易、投资、能源、农业等领域的合作提供指南
2016年10月	印度果阿	通过《金砖国家领导人第八次会晤果阿宣言》，在农业研究、海关合作等方面签署了谅解备忘录和文件，加强务实合作；进一步推动保险和再保险市场合作、税收体系改革、海关部门互动等
2017年9月	中国厦门	通过《金砖国家领导人第九次会晤厦门宣言》，深化文化、教育、科技、体育、卫生、媒体机构、地方政府等领域的合作，打造金砖国家合作的第三支柱，加强金砖国家间的人文交流；继续强调构建更加高效的全球经济治理机构，增加新兴市场国家和发展中国家的话语权；举行新兴市场国家与发展中国家对话
2018年7月	南非约翰内斯堡	通过《金砖国家领导人第十次会晤约翰内斯堡宣言》，重申深化金砖战略伙伴关系，坚持多边主义，巩固经济、政治安全和人文交流"三轮驱动"的合作格局，并加强同其他新兴市场国家和发展中国家的对话合作；加强金砖团结合作，深化战略伙伴关系
2019年11月	巴西巴西利亚	推动创新和行动，加强粮食生产体系新方案，为农业合作指明方向；加强妇女在农业中的作用；在粮食生产力、粮食安全和环境安全等领域提供更多机会并加强合作
2020年11月	视频会议	通过《金砖国家领导人第十二次会晤莫斯科宣言》，致力于建设一个和平、稳定、繁荣、相互尊重和平等的世界，维护以《联合国宪章》宗旨和原则为基石的国际法，维护以联合国为核心的国际体系。呼吁各主权国家合作维护和平与安全，推动可持续发展，促进和保护民主、所有人的人权和基本自由，在互利合作的基础上构建人类命运共同体

续表

时间	地点	主要成果
2021年9月	视频会议	通过《金砖国家领导人第十三次会晤新德里宣言》。宣言称，"我们重申致力于加强金砖政治安全、经贸财金、人文交流'三轮驱动'合作"，"我们回顾以往丰硕合作成果并为之自豪，包括建立新开发银行、应急储备安排、能源研究平台、新工业革命伙伴关系和科技创新合作框架等成功合作机制"

经过这些年的发展，金砖国家机制一步步发展，逐渐变得成熟，所涉及的议题越来越广泛，成为发展中国家和新兴市场国家利益的代言人。

（二）金砖国家在国际经济治理中的作用

近年来，金砖国家整体的实力在不断增强，为金砖国家致力于改变传统的西方少数国家主导的国际经济治理体系，为发展中国家谋求更多的话语权提供了物质上的有利条件。金砖国家在国际经济治理中的作用主要体现在以下几个方面。

1. 促使国际经济治理体系更加公平合理

在少数西方发达国家主导的国际经济治理体系中，发展中国家和不发达国家仅仅是被动的接受者。金砖国家合作机制的建立及其成立的一些实体组织，打破了原有的西方国家主导的国际经济治理体系，提高了发展中国家及新兴经济体在国际上的话语权，相对而言提高了国际经济治理体系的公平性。

2. 为新兴市场国家提供合作平台

在原有国际经济治理体系中，能够代表广大新兴市场国家利益的合作机制处于空缺的状态。金砖国家合作机制的成立及其开放包容的合作模式，为广大新兴市场国家和发展中国家提供了一个与发达国家在经贸合作、提出自身利益诉求的更有话语权的平台。

3. 推动国际金融改革

为了在面对危机时稳定货币的币值，减少波动，金砖国家成立了金砖国家新开发银行，在一定程度上可以作为IMF的补充，以抵御未来可能再次发生的金融危机，其货币互换机制、应急储备基金等都为金砖国家搭建起了具有真实防护意义的保护网。金砖国家新开发银行的成立是金砖国家推动国际金融机构改革的一个重要举措，有利于推动多边开发银行体系朝着有利于发展中国家的方向发展，提高发展中国家及新兴市场国家在国际货币体系中的地位。

三、二十国集团

二十国集团（G20）是在充满危机和动荡的国际形势中应势而生的。1997年7月亚洲金融风暴席卷泰国，不久，这场风暴波及马来西亚、新加坡、日本、韩国等。一年后又波及俄罗斯，随后美国也被卷入其中。这场危机使得当时的七国集团意识到，仅仅依靠发达国家已经很难在经济全球化不断深化的情况下维持世界金融的稳定，新兴经济体等发展中国家的参与是不可或缺的。因此1999年6月七国集团财长在德国科隆会议上倡议成立由阿根廷、澳大利亚、巴西、加拿大、中国、法国、德国、印度、印度尼西亚、意大利、日本、韩国、墨西哥、俄罗斯、沙特阿拉伯、南非、土耳其、英国、美国以及欧盟20方组成二十国集团，目的是防止类似亚洲金融危机的重演，同年12月第一次在柏林召开二十国集团财长和央行行长会议，二十国集团应运而生。

在2008年国际金融危机爆发之前，G20是部长级会议机制，仅仅举行财长和央行行长会议，是世界主要国家的财长和央行行长就诸如国际金融货币政策、国际金融体系改革、世界经济发展等问题的磋商论坛。2008年国际金融危机爆发后，G20升格为首脑级峰会机制，是国家元首和政府首脑之间就解决全球问题的进行磋商的论坛。2009年9月举行的匹兹堡峰会确定G20取代G7成为国际经济合作的主要论坛，标志着全球经济治理改革取得重要进展，新兴经济体在全球治理中的参与度及话语权得到进一步的提升。

（一）二十国集团的发展历程

G20自2008年升级为首脑峰会机制后，每年举行首脑会议，由成员方各国元首和政府首脑参加。主席团每年也会邀请参加一些国家以及主要国际和区域组织的代表来参与二十国集团峰会，从而使峰会讨论出的结果符合更多国家的利益。截至2024年，G20峰会至今已经召开了19届，在这一过程中，峰会所涉及的议题得到了极大的拓展，从最初的仅限于对国际金融危机解决的问题发展到现在将发展援助、贸易、能源安全、粮食安全、反腐败等问题也囊括其中（表9-4）。

表9-4　历届二十国集团峰会的主要议题[①]

时间	地点	议题
2008年11月	美国华盛顿	国际金融危机、维护世界经济稳定、反对贸易保护
2009年4月	英国伦敦	全球经济复苏和增长、国际金融监管、反对贸易保护主义、改革国际金融机构
2009年9月	美国匹兹堡	世界经济复苏、国际金融监管、国际金融机构和国际货币体系改革
2010年6月	加拿大多伦多	宏观经济政策协调、世界经济复苏、应对欧洲主权债务危机、国际货币基金组织份额改革
2010年11月	韩国首尔	宏观经济政策协调、国际金融机构和国际货币体系、国际货币基金组织量化改革、世界经济不平衡
2011年11月	法国戛纳	强劲、可持续和平衡增长框架、宏观经济政策协调、增长和就业行动计划、新兴市场
2012年6月	墨西哥洛斯卡沃斯	保增长、促就业、促稳定、欧洲债务危机、国际金融体系、贸易、发展

---

① 资料来源：https://www.g20.org/en/about-the-g20/previous-summit，2024-04-10.

续表

时间	地点	议题
2013年9月	俄罗斯圣彼得堡	宏观经济政策协调、国际金融监管改革、国际货币体系改革、反对贸易保护主义、世界经济复苏、经济增长和就业
2014年11月	澳大利亚布里斯班	跨国征税合作、经济增长、就业和抗风险、跨国反腐败合作
2015年11月	土耳其安塔利亚	经济包容和稳健增长、全面增长战略、就业和投资、打击恐怖主义、应对难民危机
2016年9月	中国杭州	全球贸易和投资、包容和联动式发展、可持续发展、创新增长、"一带一路"倡议、国际投资体系
2017年7月	德国汉堡	全球经济形势、贸易金融和税收、美俄关系、发达经济体和中国债务增长、朝鲜核问题
2018年11月	阿根廷布宜诺斯艾利斯	维护多边贸易体制、世贸组织改革、应对气候变化
2019年6月	日本大阪	自由、公平和非歧视的自由贸易、经济强劲发展、可持续发展、全民健康
2020年11月	沙特阿拉伯利雅得	保护生命、恢复经济增长、后疫情时代国际秩序
2021年10月	意大利罗马	应对气候变化、新型冠状病毒感染以及全球经济复苏
2022年11月	印度尼西亚巴厘岛	共同恢复,更强大地恢复
2023年9月	印度新德里	一个地球,一个家庭,同一个未来
2024年11月	巴西里约热内卢	建设公正的世界和可持续的地球

G20成员国内生产总值约占世界生产总值85%,人口占世界总人口近2/3,包括世界上最大的发达国家和新兴经济体。除G20成员外,主席团每年也会邀请参加一些国家以及主要国际和区域组织的代表来参与会议,从而使峰会讨论出的结果更能够代表大多数国家的利益。自G20升级为领导人峰会后,其经济治理就重点聚焦于自由贸易和经济增长。G20成员的多样性促进了发达国家与新兴经济体之间的合作,同时也大大提升了新兴经济体参与全球治理的积极性和责任感。

(二)二十国集团推动了国际经济治理体系的重构

二战结束后,"以美元为核心"的金汇兑本位制的建立,确立了美元在国际金融领域的霸主地位,也健全了美国主导下运行的全球经济治理体系。随着石油危机以及布雷顿森林体系的解体,让西方发达国家意识到全球经济治理需要新兴经济体的参与。G20的成立以及在2008年国际金融危机后升级为领导人峰会正是适应了这样的需求,它与包含发达国家的"七国集团"峰会和包含新兴经济体的"金砖国家"峰会相比,更具广泛代表性。比联合国、世界银行、国际货币基金组织等正式的国际组织更具有效性,在国际金融危机和经济治理方面所做的贡献是有目共睹的。

1. 强化了新兴经济体与发达国家在国际经济治理中的平等话语权

G20成立的初衷是应对全球经济危机带来的动荡。1997年亚洲金融危机爆发,传统的国际金融治理机制,如七国集团、国际货币基金组织等都面临应对无力的困扰,其行动能力受到国际社会的广泛质疑。发展中国家的快速成长使其在全球经济发展中的贡献越来越大,由发达国家主导、反映发达国家利益的国际经济秩序已无法满足当前世界各国的需要。2008年国际金融危机爆发后,在国际经济体系中处于边缘地位的G20在危机中大显身手,成为力挽狂澜的主角。2008年G20由部长级会议升格为首脑级峰会机制,2009年9月举行的匹兹堡峰会确定G20取代G7成为国际经济合作的主要论坛,反映了发达国家与发展中国家协同治理全球经济的局面得到认同。而且G20的议题也从发达国家所关注的气候变化、反恐、金融稳定等逐渐向发展中国家所关注的对外援助、粮食安全、国际金融机构改革等议题倾斜,体现了发展中国家和新兴经济体在全球经济治理中的地位不断提升。

2. 发展中国家的参与使国际经济治理议程的包容与开放性得以显现

G20轮值主席国将成员方核心关切的全球经济治理优先议程不断推进与落实。成员方在全球经济稳定、多边贸易发展等议题上有着相同的偏好,但在其他议题上存在差异化诉求。因此当不同国家轮值主席国时,其所关注的核心议题也会有所不同。例如,在2016年杭州峰会上,中国担任G20轮值主席国,将创新增长、技术革命和数字经济纳入其核心议程。2019年大阪G20峰会关注议题扩展到提供优质基础设施、减少灾害风险、气候变化、女性赋权、保健和教育、全民健康等。G20成员方的多样化,以及在举办会议时会邀请一些国家以及主要国际和区域组织的代表来参加,使其比之前的G7/G8更具代表性,也更能涵盖发达国家和发展中国家的核心关切。在国际经济治理的发展过程中,发展中国家相对于发达国家一直处于依附的状态,而随着发展中国家经济的亮眼表现,其参与国际经济治理的需求不断提升。如G20伦敦峰会决定向国际货币基金组织提供补充资金和追加贷款储备金后,国际货币基金组织在向经济困难的国家发放贷款时不再附加苛刻条件,成为发达国家和发展中国家在国际经济治理中团结合作的典范。

3. 以维护贸易和投资自由化为己任

贸易规模的扩大,贸易在全球经济中的地位越来越显著,国际社会经济和金融问题也越来越多地需要通过各国间的贸易合作来解决。近年来,全球多边自由贸易发展中问题频发,发达国家和发展中国家诉求不同,利益分歧不断加深,各方协商难度加大、会议通过的议题难以推进等,这些都成为一些国家实施单边主义和贸易保护主义的借口。G20峰会机制作为一个同时包含发达国家和发展中国家的国际平台,自觉担起了自由贸易和多边贸易体制维护者的角色,制定不少全球贸易投资规则及应对贸易保护主义,降低各国投资成本,加强各国之间的协商合作。如2016年举办的杭州峰会通过了《G20全球投资政策指导原则》(以下简称《指导原则》),确定了全球贸易投资规则的总体框架,为各国协调制定国内投资政策和对外投资协定提供重要指导。《指导原则》确立了反对跨境投资保护主义,营建开放、非歧视、透明和可预见的投资政策环境,为投资者和投资提供保护,确保政策制定透明度,推动投资促进可持续及包容性发展和投资者企业社会责任等九大原则。

当然,G20在国际经济治理中也存在着明显缺陷,它没有常设的秘书处,缺乏规范的运作机制；每次峰会达成协议很容易，但对违约没有惩罚手段，表现出该组织低效的一面。

第三节　国际经济治理中的区域经济一体化组织

一、区域经济一体化的发展历程

区域经济一体化①的发展已经有数百年的历史，1664年法国出现了省际关税同盟，18~19世纪，奥地利与周边的五个国家签订了自由贸易协定之后的两百年中，区域经济一体化发展迟缓。1860年，英国和法国签订了以无条件最惠国待遇为基础的商业协定后，区域经济一体化在欧洲迅猛发展。到20世纪初期，英国与46个国家、德国与30个国家、法国与20个国家签订了双边贸易协定，极大地推动了欧洲一体化的发展进度。经济史学家Irwin将这一时期称为"激进的双边主义时代"（progressive bilateralism）（Irwin，1993），它掀起了欧洲和全球削减关税的浪潮，其历史作用堪比二战后的GATT。

区域经济一体化的发展虽然因第一次世界大战而中断，但新一轮的区域主义在战争结束后开始迅速发展，这个时期签订的区域贸易安排更具歧视性和政治性，如1928年法国与其殖民地国家签订的关税同盟、1932年英国与英联邦成员建立的英联邦优惠制度，便是以巩固英法帝国控制为立场。这些以邻为壑的双边贸易协定盛行，结果自然加剧了国家间的经济和政治冲突。

二战结束后的半个多世纪中，区域经济一体化已经成为世界经济发展的主流现象，可以说，区域经济一体化改变了二战后国际分工与贸易发展的方向，对于全球经济格局变化产生了重大影响。目前，全球的区域经济一体化组织呈现三足鼎立、百花齐放的态势。欧洲以欧盟（EU）为轴心，不仅建立了关税同盟和共同市场，而且成员之间还实现了经济联盟和统一货币，是目前全球经济一体化程度最高、影响力最大的区域经济组织。美洲以《美墨加协定》（USMCA）和南方共同市场（MERCOSUR）最具影响力；亚太地区的一体化发展以《区域全面经济伙伴关系协定》（RCEP）、全面与进步跨太平洋伙伴关系协定（CPTTP）为代表。同时各类双边、多边区域贸易协定（RTAs）层出不穷，截至2022年4月全球生效的RTA数量达到577个，比2008年增长了超过一倍②。

此外，区域经济一体化所涵盖的范围和所确定的贸易管理体制已经远远超越现行多边贸易体制的规则，它不再满足于货物领域的自由化，而是愈来愈多地延伸到服务贸易自由化，同时也愈加重视经济技术合作和贸易投资便利化措施。对多边贸易谈判中有争议的议题，如投资保护、竞争政策、环境保护、劳工标准、知识产权保护等，也经常被考虑在内。为了减少和更有效地解决贸易摩擦，区域经济一体化组织普遍在反倾销、特殊保障等方面作出更严格的规定与限制；在原产地规则和贸易争端解决机制上也采取了有别于现行多边贸易体制的做法，以最大限度地保证贸易自由化的有效实施。之所以会出现这种趋势，是由于在经济全球化过程中，处于不同经济发展水平和历史阶段的各国在可以预见的时间和空间范围内，很

---

① 区域经济一体化包括优惠贸易安排、自由贸易区、关税同盟、共同市场、经济同盟和完全的经济一体化六种层次类型。
② 数据来源WTO | Regional trade agreements，2022年4月25日访问。

难找到一个共同的经济利益均衡点，因此，建立区域经济一体化组织是应对经济全球化特别是WTO框架中多边协议难以达成时的一种次优选择。

二、全球主要区域经济一体化组织

（一）欧洲主要区域经济一体化组织

欧洲联盟（EU）创始成员国有六个：德国、法国、意大利、荷兰、比利时、卢森堡。截至2022年6月有27个成员国：奥地利、比利时、保加利亚、塞浦路斯、克罗地亚、捷克、丹麦、爱沙尼亚、芬兰、法国、德国、希腊、匈牙利、爱尔兰、意大利、拉脱维亚、立陶宛、卢森堡、马耳他、荷兰、波兰、葡萄牙、罗马尼亚、斯洛伐克、斯洛文尼亚、西班牙、瑞典。

欧盟实现了当今世界上发展水平最高、规模最大的区域一体化，其最大的创举是在政府间合作基础上构筑了具有超国家性职能的国际调控体系。随着欧洲一体化的深入发展，欧盟逐步建立完善了一系列共同政策，其中主要有关税同盟、共同农业政策、共同渔业政策、共同地区政策、共同社会政策、共同货币政策、共同外交和安全政策、保护消费者政策及共同外贸政策等。欧盟经济一体化进程以关税同盟为起点，通过实施共同市场、统一大市场而最终向全面的经济货币联盟迈进。

欧盟于1968年7月1日取消了各成员方之间的所有关税，实现贸易自由化，对外建立起共同的海关税则，初步建成关税同盟，对区域外国家的产品实行共同的关税政策，以促进区域内贸易和经济的发展。同年实施共同农业政策，其主要内容是实施统一的农产品价格管理制度、对农产品提供出口补贴、建立农业指导基金和保证基金，以提高农业的劳动生产率、确保农业人员的"公平"收入、稳定农产品市场。1993年欧盟启动内部大市场，在成员方之间实行人员、物资、资本和服务自由流通。1999年，欧盟中11个成员方率先放弃货币主权，共同采用统一的货币——欧元，这一里程碑助力于整个欧洲经济的稳定发展。目前欧盟在经济领域已有85%以上的事务实行主权共享，在农业、交通运输、工业、渔业、能源、科技、环境、贸易和金融等方面实行不同程度的共同政策，还实施了共同的竞争政策、地区政策和发展合作政策，以及相当程度的财政和税收协调政策。在成员方日益多样化情况下，随着统一市场建设难度不断增加以及向经济货币联盟的推进，成员方之间在一体化取向和利益等方面的差距日益明显，"多速度"发展逐渐被接受，即以欧元区为核心，以发达资本主义国家为紧密层，以中等落后国家为紧密联系层，通过制度性和法律约束的经济一体化，带动欧洲经济的繁荣和增长，渐次过渡的国家联盟形式。

（二）北美主要区域经济一体化组织

《美墨加协定》（USMCA）[①]成员方包括美国、加拿大、墨西哥。USMCA的前身北美自由贸易区（NAFTA）于1994年1月正式生效，是世界第一个由最富有的发达国家和发展中国家组成的区域经济贸易集团。与欧洲联盟性质不一样，北美自由贸易协议不是凌驾于国家政府和国家法律上的一项协议。时任美国总统特朗普认为该协定对美国的就业和制造业造成了损

---

① 2018年11月30日，美国、墨西哥、加拿大三国领导人在阿根廷首都布宜诺斯艾利斯签署《美国–墨西哥–加拿大协定》，替代《北美自由贸易协定》。

害，因此重启了NAFTA的谈判，以期为美国争取"更好的条件"。2019年12月，特朗普政府与加拿大和墨西哥达成了更新版协定，即USMCA。2020年初，USMCA在美国国会获得多数表决通过，并于7月1日正式生效。

USMCA的主要内容继承和发展了NAFTA的框架。其主要内容包括以下几方面。①有关贸易壁垒的移除。协定中关于市场开放条款逐步消除所有关税和大多数非关税壁垒，主要针对自贸区生产和贸易的商品，而且在协定生效的十五年内实行。在纺织品、服装、汽车和农业等方面还有一些显著的变化，即逐步消除对这些重点行业的贸易壁垒。②在运输业方面，三国间国际货物运输的开放有一个10年的转换期。3年后，墨西哥的卡车允许进入美国边境各州，7年后所有三国的国境对过境陆上运输完全开放。③在通信业方面，三国的通信企业可以不受任何歧视地进入通信网络和公共服务业，开展增值服务也无任何限制。④在金融保险业方面，在协定实施的最初6年中，美国、加拿大银行只能参与墨西哥银行8%至15%的业务份额；在第7至15年间，如墨银行市场中外国占有率超过25%，墨西哥则有权实行一些保护性措施；墨西哥在美国、加拿大银行市场中一开始就可以享受较为自由的待遇。协定还允许美国、加拿大的保险公司与墨西哥的保险公司组成合资企业，其中外国企业的控股权可逐年增加，到2000年在墨西哥的保险企业中外国企业的股份可达到100%。⑤在能源工业方面，墨西哥保留其在石油和天然气资源的开采、提炼及基础石油化工工业方面的垄断权，但非石油化工业将向外国投资者开放。另外，协定同时规定对投资者给予国民待遇，对投资者不得规定诸如一定的出口比例、原产品限制、贸易收支、技术转让等限制条件。

USMCA主要在劳工标准、原产地规则、争端解决机制等方面进行了改革，并且规定将在协定生效6年之后进行再次审查①。

（三）亚太主要区域经济一体化组织

1.《全面与进步跨太平洋伙伴关系协定》

《全面与进步跨太平洋伙伴关系协定》（CPTTP），脱胎于《跨太平洋伙伴关系协定》（TPP）②，2018年3月8日签署仪式在智利圣地亚哥举行，由日本、加拿大、澳大利亚、新西兰、马来西亚、新加坡、越南、文莱、墨西哥、智利和秘鲁共同签署。同年12月30日，该协定正式生效。

2021年9月16日中国提交正式申请加入CPTTP的书面信函，2022年韩国为加入开启申请，2021年2月1日英国正式申请加入。CPTTP新架构共识保留原TPP95%以上的项目③，在市场准入、贸易便利化、电子商务和服务贸易等方面均无差异，主要冻结旧协定关于知识产权等内容的20项条款。

---

① 详细内容参见https://www.fas.usda.gov/topics/us-mexico-canada-agreement-usmca.[2022-06-10].
② 《跨太平洋伙伴关系协定》（TPP），是重要的国际多边经济谈判组织，前身是《跨太平洋战略经济伙伴关系协定》（Trans-Pacific Strategic Economic Partnership Agreement，P4），是由新西兰、新加坡、智利和文莱四国发起，从2002年开始酝酿的一组多边关系的自由贸易协定，原名亚太自由贸易区，旨在促进亚太地区的贸易自由化。2017年1月23日，美国正式退出跨太平洋伙伴关系协定（TPP），同年11月更名为CPTPP。
③ TPP协议条款超过以往任何自由贸易协定。既包括货物贸易、服务贸易、投资、原产地规则等传统的FTA条款，也包含知识产权、劳工、环境、临时入境、国有企业、政府采购、金融、发展、能力建设、监管一致性、透明度和反腐败等亚太地区绝大多数FTA尚未涉及或较少涉及的条款。

2.《区域全面经济伙伴关系协定》

《区域全面经济伙伴关系协定》（RCEP）于2012年由东盟发起，历时8年完成，2020年11月15日，第四次区域全面经济伙伴关系协定领导人会议以视频方式举行，会后东盟10国和中国、日本、韩国、澳大利亚、新西兰共15个亚太国家正式签署了《区域全面经济伙伴关系协定》，标志着覆盖世界近一半人口和近三分之一贸易量，世界上涵盖人口最多、成员构成最多元、发展最具活力的自由贸易区诞生。

2022年1月1日，RCEP正式生效，首批生效的国家包括文莱、柬埔寨、老挝、新加坡、泰国、越南等东盟6国和中国、日本、新西兰、澳大利亚等非东盟4国。2022年2月1日起RCEP对韩国生效，2022年3月18日起对马来西亚生效。

RCEP内容涵盖广泛。货物贸易方面，各成员普遍实现较高自由化水平，积极推动免税降税，实施原产地累积规则，简化通关手续，就检验检疫、海关程序、技术标准等达成一系列高水平规则；服务贸易方面，各成员总体上均承诺开放超过100个服务贸易部门；投资方面加大开放程度，对原有投资规则进行整合升级；此外还针对知识产权、电子商务、贸易救济、竞争、政府采购等议题做出符合区域特点和需要的规定。

作为世界上参与人口最多、成员结构最多元、发展潜力最大的自贸区，RCEP的签署不仅推动亚太地区的区域经济一体化进程，更加彰显了亚洲经济体坚定不移构建开放型世界经济、支持多边贸易体制的信心，有助于在亚洲区域内构建相对稳定的多边贸易秩序，营造良好市场环境，提振了市场信心和增长动力，减轻因贸易保护主义引发的负面影响。同时对中国参与国际经贸规则重构，助力中国加快形成"国内国际双循环"新发展格局具有重要意义。

3.中日韩自贸区

该设想于2002年提出，迄今进行了16轮谈判，意在自贸区内关税和其他贸易限制将被取消，商品等物资流动更加顺畅，区内厂商生产成本降低，获得更大市场和收益，消费者获得价格更低的产品，促使三国整体经济实现增长。

（四）南美主要区域经济一体化组织

1991年3月26日，阿根廷、巴西、巴拉圭和乌拉圭4国总统在巴拉圭首都签署《亚松森条约》，宣布建立南方共同市场（MERCOSUR）。该条约于当年11月29日正式生效。1995年1月1日MERCOSUR正式运行。截至2022年6月，MERCOSUR正式成员方包括阿根廷、巴西、巴拉圭、乌拉圭、委内瑞拉（因国内局势自2017年8月起被无限期暂停成员方资格）。联系国为智利、秘鲁、哥伦比亚、厄瓜多尔、苏里南、圭亚那、玻利维亚（尚未完成"入市"程序）。

南方共同市场最初的设想是通过贸易自由化实现像欧盟一样的政治——经济统一体。南方共同市场签署了多项协议，通过这些协议，MERCOSUR在自由贸易、经济政策协调、对外共同关税方面取得了一定进展。

1998年，MERCOSUR就相互开放电信、交通、金融、能源等领域的服务贸易达成一致。

1999年，确定通过协调成员方的宏观经济政策，建立本地区货币联盟的战略目标。

2000年，决定制定统一宏观经济政策，并提议建立欧盟式的货币同盟和解决贸易争端机制。

2001年，签署了汽车贸易协定。

2003年，成员方就成立MERCOSUR常设代表委员会、协调共同关税政策、加强贸易仲裁法院作用、合理解决贸易纠纷、完善MERCOSUR金融体系等达成共识。

2004年，MERCOSUR通过正式设立贸易争端仲裁法庭和加强成员方之间信息、环境保护、农业技术合作等决议；宣布成立MERCOSUR统一基金，以此减少区内成员方的经济差距，还签订了避免双重征税协定（协定从2008年起执行）。

2005年5月，MERCOSUR落实了地区一体化基金的数额和运作方式。

2010年，成员方通过了《共同关税条例》，并就取消双重征税、加强基础设施一体化、加快与欧盟商签自贸协定等议题达成一致。

2013年，MERCOSUR宣布将在非洲设立联合商务处，推进与欧亚关税同盟商签经贸合作协议等。MERCOSUR积极发展同世界主要国家或集团的关系，已同中国、欧盟、东盟、日本、俄罗斯、韩国、澳大利亚、新西兰等建立了对话或合作机制。

（五）非洲主要区域经济一体化组织

1. 西非国家经济共同体

西非国家经济共同体（ECOWAS）于1975年5月28日建立，是非洲最大的发展中国家区域性经济合作组织。截至2024年2月，成员方有贝宁、布基纳法索、多哥、佛得角、冈比亚、几内亚、几内亚比绍、加纳、科特迪瓦、利比里亚、马里、尼日尔、尼日利亚、塞拉利昂、塞内加尔。

西非国家经济共同体自成立以来，一直致力于协调成员方经济发展，推动地区经济一体化进程。在关税同盟方面，为应对经济全球化带来的挑战，西非国家经济共同体2003年首脑会议号召成员方加快自身发展，力争到2008年建立西非国家经济共同体关税同盟，并宣布将启动冈比亚等5国组成的第二货币区。2009年西非国家经济共同体批准对西非单一货币实施路线图进行修订，拟于2020年开始实行单一货币。此外，为加快西非地区经济一体化进程，从2004年1月起，西非国家经济共同体开始实行统一护照，完全实现了成员方间人员的自由流动。2021年6月19日，西非国家经济共同体在加纳首都阿克拉举行峰会。西非国家经济共同体15国决定于2027年发行统一货币，新货币名为"ECO"。

2. 中非国家经济共同体

中非国家经济共同体（CEEAC），于1985年1月开始运作，包括安哥拉、布隆迪、喀麦隆、中非、刚果（布）、刚果（金）、加蓬、赤道几内亚、乍得、卢旺达、圣多美和普林西比十一国。

中非国家经济共同体的宗旨是促进和加强成员国间的协调、合作与均衡发展，提高在经济和社会各领域的自主能力，改善人民生活水平，保持经济稳定发展，巩固和平，为非洲的进步与发展做贡献。主要目标是取消成员国之间的关税和各种贸易壁垒，制定共同的对外贸易政策，建立共同的对外贸易关税率；协调各成员国的国内政策，逐步取消在人员、财产、劳务、资金等方面自由流动的障碍，建立合作和发展基金，促进内陆、小岛和半岛欠发达国家的发展。

（六）跨区域的经济一体化组织

1. 跨大西洋贸易与投资伙伴协议

2013年7月12日，美国与欧盟在华盛顿展开《跨大西洋贸易与投资伙伴关系协定》（TTIP）首轮谈判。截至目前已进行了五轮谈判，谈判议题涉及服务贸易、政府采购、原产地规则、技术性贸易壁垒、农业、海关和贸易便利化等。协议不仅涉及关税减免，还消除非关税贸易壁垒，包括相互开放银行业、政府采购等，统一双方的食品安全标准、药品监管认证、专利申请与认证、制造业的技术与安全标准，并实现投资便利化等。

2. 日本与欧盟经济伙伴关系协定

日本与欧盟经济伙伴关系协定（EPA）于2019年2月1日正式生效。

根据协定，欧盟将取消日本进口商品99%的关税；日本将取消欧盟进口商品94%的关税；双方将在投资、服务等广泛领域提高自由化程度。除传统议题，协定还包括国有企业、知识产权、监管合作等21世纪高标准自贸协定通常包含的内容，在投资议题上包括了投资自由化内容，但未包括投资保护和投资争端解决等，双方同意继续就此加强磋商。

3. 中欧双边投资协定

中欧双边投资协定（BIT）于2020年12月30日完成谈判。2021年5月20日，遭到欧洲议会冻结。

其核心内容为：保证相互投资获得保护，尊重知识产权，确保补贴透明性；改善双方市场准入条件；确保投资环境和监管程序清晰、公平和透明；改善劳工标准，支持可持续发展。2020年年底中欧投资协定完成谈判，2021年5月20日欧洲议会通过了冻结中欧投资协定的议案。

4.《数字经济伙伴关系协定》

《数字经济伙伴关系协定》（DEPA），由新加坡、智利、新西兰三国于2020年6月12日线上签署，是旨在加强三国间数字贸易合作并建立相关规范的数字贸易协定。

该协定以电子商务便利化、数据转移自由化、个人信息安全化为主要内容，同时还规定要加强人工智能、金融科技等领域的合作。2021年11月1日，中国向正式DEPA保存方新西兰提出加入申请。

三、区域经济一体化组织与多边国际经济治理体系

自1995年WTO成立以来，国际经济贸易治理体系一直是以WTO的多边贸易体制为核心。直到2008年国际金融危机对世界经济发展造成巨大冲击，发达国家与新兴经济体之间的经济实力对比发生巨大变化，世界生产、分工与贸易方式也随科技发展不断转变，世界各国开始重新审视现有的国际经济治理体系与贸易规则（王春、冯莉，2020），包括中国、美国和欧盟在内的多个国家均提出了对WTO的改革要求。

在外部环境不断恶化以及WTO的体制性问题得不到解决的情况下，以WTO为核心的多边治理体系逐渐式微，世界各国更倾向于发展双边和区域自由贸易协定等区域经济一体化组织，并且在多数情况下，区域经济一体化组织内部所实行的优惠待遇不论在广度还是深度上都超过WTO的标准（刘敬东，2015），在劳工标准、环境条款、竞争政策等WTO框架下颇有争议的议题上，不断取得进展。全球经济治理逐渐从全球化向区域化转变（王健，2022），2020年新型冠状病毒感染的蔓延再次推动了这一进程（鞠建东，2020）。2020年亚洲、欧盟区域内贸易总额均高于与域外的贸易总额，其中北美自贸区域内贸易总额也大有赶超域外贸易交易总额之势，三地贸易区内总额为16.54万亿美元，比区域间贸易总额高出10%[①]。

---

① 联合国贸发会数据库（UNCTA DSTAT），https://unctadstat.unctad.org/wds/TableViewer/tableView.aspx?ReportId= 24397.2022年6月10日访问。

从上述事实可以看出，目前区域经济一体化组织与以 WTO 为核心的多边国际经济治理体系处于"此消彼长"的状态，但是关于二者关系的意见并不统一。从 Bhagwati 于 1993 年首先明确审视了区域贸易协定（RTAs）对世界多边贸易自由化的作用，提出了著名的"绊脚石"和"垫脚石"问题（Bhagwati, 1993）。二者的关系就开始被广泛讨论，目前主要包括三种观点：第一种观点认为区域经济一体化组织是对多边国际经济治理体系起到促进的作用，是全球化的必经阶段；第二种观点是区域经济一体化组织与多边国际经济治理体系是相互对立的，区域化是全球化的阻力；还有部分学者保持中立态度，认为二者的关系之间存在某个临界点，在达到临界点前后，区域经济一体化组织对多边国际经济治理体系的影响不同（黄宁，鄢佩，2015）。

持区域经济一体化组织对多边国际经济治理体系起促进作用的观点的学者认为，区域经济一体化组织的最基本的目标是通过建立自由贸易区实现贸易自由化，这与全球经济一体化所倡导的多边贸易体制基本目标是一致的。而且区域经济一体化组织无不将实现全球贸易自由化作为其最高宗旨（李双元，李赞，2005）；在全球经济一体化不可能在短时期内实现的情况下，区域经济一体化是一种务实的选择，并可为全球经济一体化积累经验。因此区域经济一体化是推进全球经济一体化和实现全球贸易自由化的"营造物"（Building - blocks）。更有学者乐观地预期区域经济力量很可能代替为数众多的主权国家构筑起国际经济结构的新框架，从而向着全球经济一体化的方向不断迈进（张幼文，1999）。同时在多边国际经济治理体系改革进展缓慢的情况下，区域经济一体化组织的建立与运作，将为新一轮多边贸易谈判提供可能的样本。

持区域经济一体化组织对多边国际经济治理体系起阻碍作用的观点的学者认为，区域经济一体化组织是一种新型的集团式贸易保护主义。与传统的单边贸易保护主义相比，因其有了合法的外衣而变得更为隐蔽，因而其对全球贸易自由化的危害性更大；随着区域经济一体化的繁衍及其活力的与日俱增，多边贸易体制势必走向崩溃，甚至全球经济与政治稳定将受到威胁。分析全球各国区域合作的动因和效应不难发现，区域经济一体化组织的建立未必能真正推动全球的经贸合作，恰恰相反，区域化已经成为全球化的阻力。因此区域经济一体化是推动全球经济一体化、实现全球贸易自由化的"阻碍物"（Stumbling - blocks）。区域合作的增强还在相当程度上加剧了全球经济发展的不平衡性，近年来的南北经济发展差异进一步扩大就是明显例证。从长远看，支离破碎的全球经济格局将意味着全球性经济福利的减少并可能导致各国冲突。而且区域化创造了新的贸易壁垒，就在 WTO 为消除全球贸易壁垒进行积极努力的同时，区域化则以区域合作为名为贸易保护提供了一种新的手段。

本章小结

（1）联合国作为当今世界最具代表性和权威性的综合性国际组织，在国际经济治理中的作用主要体现在促进国际经济可持续发展，推动国家和地区间的合作，创立大量对国际社会中各类行为体经济活动进行调整的国际经济治理规则和为经济发展筹集资金等方面。

（2）近年来，国际非正式的峰会机制，包括七国集团、金砖国家、二十国集团等，也在国际经济治理中发挥积极作用。这些峰会组织强化了新兴经济体与发达国家在国际经济治理中的平等话语权，使国际经济治理议程的包容与开放性得以显现，呈现出治理领域不断深化的特点。

（3）区域经济一体化组织与以WTO为核心的多边国际经济治理体系常常处于"此消彼长"的状态。在全球贸易化受阻的情况无疑下，通过区域经济合作加强经济贸易联系是一种次佳选择，但它也加剧了全球经济发展的不平衡。区域经济一体化的议题比全球经济一体化更为深入全面，除贸易自由化外，还涉及投资保护、竞争政策、环境保护、劳工标准、知识产权保护等在多边贸易谈判中有争议的议题。

延伸讨论

2020年4月10日，习近平主席在中央财经委员会第七次会议上发表重要讲话，提出要构建以国内大循环为主体、国内国际双循环相互促进的新发展格局。构建"新格局"的战略部署，是应对"大变局"的重要举措。"百年未有之大变局"，逆全球浪潮愈演愈烈，国际贸易摩擦不断升级，反全球化的表象下隐藏的是全球经贸秩序之争，以WTO为核心的多边贸易体系不断空心化，其职能逐渐被层出不穷的双边、区域贸易协定（RTAs）所代替，不断推动国际经济治理体系与国际经贸规则的重构，这对中国而言既是"机遇"也是"挑战"。

请结合所学知识与课外积累，分析在上述背景下，中国应该如何抓住机遇，迎接挑战，成为新一轮国际经济治理体系构建和国际经贸规则制定的积极参与者，维护全球秩序，构建新发展格局？

第十章 国际贸易治理

学习目标

学完本章之后，你应该能够：
- 了解国际贸易治理的起源
- 理解并掌握国际贸易治理的内容
- 熟悉国际贸易治理的演变过程
- 分析当前国际贸易治理所面临的挑战

随着全球化的日益加深，国际贸易治理对于促进世界经济发展、维护国际市场秩序、解决贸易争端具有至关重要的作用。有效的国际贸易治理能够推动贸易自由化和便利化，确保公平竞争，提高全球资源配置效率。作为全球贸易体系的核心，世界贸易组织在制定国际贸易规则、解决成员间的贸易争端、监督成员的贸易政策等方面发挥着关键作用。然而，当前国际贸易治理也面临诸多挑战，例如多边贸易谈判进展缓慢、贸易新议题层出不穷，贸易面临不确定性及区域经济一体化的兴起等。因此，国际社会需要加强合作，推动国际贸易治理体系的改革与完善，构建更加开放、包容、普惠、平衡、共赢的全球贸易环境。

第一节 国际贸易治理的产生

国际贸易治理作为国际经济治理的核心组成部分，关乎国际多边贸易规则及其谈判、制定和执行的机制与体系的构建。二战后，为促进世界经济的复苏及世界的和平稳定，国际贸易治理制度应运而生，旨在消除各国贸易壁垒，降低交易成本。二战后，世界贸易组织及原关贸总协定成为国际贸易治理的核心，不仅为国际贸易提供了一个多边合作的制度框架，更形成了一套系统而完整的国际贸易治理规则体系，确保了国际贸易的公平性、透明度和持续性。

一、国际贸易规则

贸易保护主义的兴起推动了全球贸易规则的建立和国际贸易治理体系的形成。20世纪二三十年代，各国为了保护自身利益，普遍采取了高关税等排他性贸易政策，特别是1929年经济危机后，美国颁布的《斯姆特-霍利关税法》（Smoot-Hawley Tariff Act）使美国的平均关税率提高到52%，促使美国的贸易伙伴国采用了相应的报复性高关税。最终，各国因贸易壁垒而陷入冲突与对抗。二战结束后，为重构世界经济秩序，同盟国在国际贸易领域成立国际贸易组织（International Trade Organization，ITO），扭转日益盛行的贸易保护主义，促进国际贸易的发展。由50多个国家共同起草的《ITO宪章》草案包括世界贸易规则、就业、商品协定、限制性商业惯例、国际投资及服务贸易等多个方面。但因美国国会的反对，最终并未达成协议，成为二战后国际经济体系中唯一一次失败的尝试。在ITO谈判期间，有23个国家已达成45000项关税减让承诺，约占世界贸易的1/5，同时谈判成员就《ITO宪章》草案中的部分贸易规则达成一致。

为尽快推动贸易自由化，纠正大量遗留的贸易保护措施，保护谈判达成的关税减让的经济价值，1947年关税及贸易总协定创建时则强调"实质性地降低关税和其他贸易壁垒"，建立以消除对国际贸易活动的歧视性待遇的互惠、互利协定。货物贸易关税减让是1947—1962年谈判前五个回合的主要内容。为了解决日益严重的非关税壁垒问题，1964年5月—1967年6月的肯尼迪回合第六轮多边贸易谈判开始，谈判领域首次关注非关税壁垒等问题，如出口补贴、反倾销措施、国内法规的透明度等。GATT时期经过多轮回合的谈判，成功将工业品的平均关税降至4.7%，刺激并维持了20世纪五六十年代世界贸易的高速增长，年平均增长率在8%左右。20世纪80年代，发达经济体服务贸易快速发展，贸易中的假冒商品问题日益严重。1993年结束的乌拉圭回合谈判中，美国等发达经济体将服务贸易、知识产权问题、与贸易有关的投资措施作为新议题引入谈判，该回合最终达成了包括《服务贸易总协定》（GATS）、《与贸易有关的知识产权协定》（TRIPS），知识产权问题被纳入国际贸易规则体系。GATT的建立标志着国际贸易治理的制度体系开始形成。

1995年在GATT基础上创建的WTO致力于"建立国家间全球贸易规则的国际组织，确保贸易流动的流畅性、可预测性和最大可能的自由化"。《贸易便利化协定》作为WTO成立阶段性的成果之一，对简化与标准化海关流程、提高贸易政策透明度等方面具有重要意义。WTO成立20多年来，世界关税水平从高于15%下降到不足8%，60%的商品实现了零关税。特别是许多传统上高保护国家的关税得到显著削减。此外，WTO成立前成员的约束关税平均覆盖率为74%，而当前绝大多数成员的约束关税覆盖率已达到100%。同时，非关税壁垒也在不断降低。例如，按照GATT乌拉圭回合的承诺，以配额和出口自动限制形式存在的数量限制得以废除；多边化的《进口许可程序协议》使发放进口许可的透明度与公开性大为提高；《技术性贸易壁垒协定》降低了技术性贸易壁垒对贸易的扭曲程度，并成为现行WTO内解决与贸易相关的规制问题的唯一平台。WTO的建立是GATT国际贸易治理的延续，启动了国际贸易治理的新航程。GATT/WTO无论是从理论还是实践方面都表明国际贸易规则建立的目的是通过协调各国的关税等政策，减少阻碍贸易自由流动的制度因素。

国际贸易治理体系的三个基本要素是理念、机构与规则。当前，国际贸易治理体系正发生深刻变革，其中以多边和双边为主的新自由主义贸易政策受到前所未有的挑战，而更加注重维护市场公平竞争秩序及社会公共利益等方面的新型国际经贸规则正在形成。面对发展中国家在某些领域竞争力增强、在全球贸易中地位提升，近年来国际贸易治理更多强调"公平贸易"原则，而淡化国际贸易治理体系长期倡导的"自由贸易"理念，这便会对国际治理体系演变方向产生深远影响。WTO多边贸易体系是国际贸易治理的主要平台，其达成的规则构成了国际贸易规则的基石。但是，WTO作为国际性的多边贸易治理机制也有一些缺陷，旨在进一步加强市场准入、建立平衡的贸易规则、促进经济发展和解除贫困问题的多哈回合谈判[①]受阻，即发达国家与发展中国家拥有不同的利益诉求，在一系列问题上各不相让，坚持己见；WTO的决策机制效率低下，协商一致的原则难以完全实现；WTO争端解决机制工作效率低、审查时间长及上诉机构成员遴选持续受阻导致WTO争端解决机制陷于瘫痪停摆。这些缺陷也使得WTO改革已经提上日程。此外，近二十年来，区域经济合作组织如雨后春笋般涌现，成为国际贸易治理体系的新平台，对制定国际贸易新规则发挥着重要作用。随着世界贸易模式的演变和阻碍贸易流动因素的不断增多，到目前为止，全球已经逐渐形成了以WTO多边贸易机制为核心，多国集团形式（G20等）、区域贸易协定和双边贸易协定为补充的国际贸易治理体系。

二、国际贸易治理的基本内容

国际贸易治理的核心宗旨在于构建并维护一个开放、公平的全球贸易环境，旨在降低各国贸易政策中的不确定性，进而推进全球经济的持久健康发展。国际贸易治理的内容主要涵盖以下几个方面。

（一）推进贸易自由化是国际贸易治理的基本使命与核心目标

国际贸易治理专注于应对在贸易自由化进程中出现的全球性问题及相关挑战。从GATT国际贸易治理的初期阶段，到以WTO为中心的现代国际贸易治理体系，其宗旨始终围绕着减少关税壁垒、推动自由贸易而展开。WTO不仅通过其严谨且有效的贸易政策审议机制，对成员方的贸易政策与实践的合规性进行持续的监督与评估，而且致力于推动自由贸易体系的进一步发展与深化。

此外，区域贸易协定的签署也是推动贸易自由化的关键力量。通过成员之间的深入磋商与紧密合作，有效降低了关税与非关税壁垒，促进了商品和服务的自由流通。区域贸易协定通过整合市场、统一规则、增强透明度，为国际贸易提供了更便利的条件，同时也为发展中国家提供了更多市场准入机会，支持了全球经济的均衡发展。区域贸易协定的实施，不仅为成员方带来了经济互利共赢的机会，还为全球贸易治理体系的完善和发展提供了动力，共同促进了全球经济的繁荣与进步。当今世界，贸易自由化的理念已经深入人心，为全球经济的发展和繁荣奠定了坚实的基础。

[①] 2001年11月WTO在卡塔尔首都多哈举行WTO第四届部长级会议并设立WTO未来工作计划，即"多哈发展议程"。多哈回合谈判的宗旨是通过降低贸易壁垒和修改贸易规则等方法，对国际贸易体系进行重大改革，以改善发展中国家的贸易前景。

（二）经济发展是国际贸易治理的中长期目标

在国际贸易治理的宏伟蓝图中，经济发展作为中长期目标扮演着至关重要的角色。贸易自由化不仅是推动世界经济实现恢复性增长和持久繁荣的关键动力，也是实现这一目标的核心策略。世界贸易组织自成立之初就设立了贸易与发展委员会（Committee on Trade and Development, CTD），致力于通过一系列具体的理念和措施，包括技术援助、专业培训，以及对不发达成员的特殊关怀等，促进贸易与发展的深度融合，并为这一融合提供坚实的支撑。

这些努力的目的不仅是打破贸易壁垒，促进全球市场的自由流通，而且还在于通过贸易活动来支持发展中国家的经济增长和社会进步。通过这种方式，WTO旨在构建一个更加均衡、包容的国际经济体系，确保所有成员都能从全球贸易中获益。

在多哈贸易回合谈判中，这一理念得到了进一步的展示和强调。该轮谈判集中讨论了市场准入、非歧视待遇、透明度原则及知识产权保护等关键议题，特别是在经济发展方面。2001年11月，第四次部长级会议在多哈召开，标志着多哈回合谈判的正式启动。这不仅为国际社会提供了一个深度审视和改进贸易争端解决机制的契机，而且与联合国千年发展目标紧密相连，与全球粮食安全、气候变化等重要议题以及发展伙伴关系框架形成了紧密的联系，共同构成了国际经济合作的关键支柱。

WTO在推动国际贸易自由化方面取得的初步成效，结合各国优化的经济政策，如收入分配改革等，已经为全球经济增长与减贫事业作出了显著贡献。这些成果不仅证明了贸易自由化的重要性，也展示了国际贸易治理在促进全球经济平衡发展中的关键作用。通过这些措施，WTO成员正在共同努力，以确保贸易能够成为推动全球经济持续、健康增长的引擎，同时为所有国家，特别是发展中国家带来经济和社会的全面进步。

（三）国际协调合作是维护国际贸易治理秩序的重要途径

国际上的协调合作是维护国际贸易治理秩序的重要途经。国际贸易治理要求治理主体的多元化和治理机制的多样化。目前，国际贸易治理的主体不仅包括主管全球贸易治理的政府间国际组织WTO，也包括国际货币基金组织、世界银行等国际组织。例如，2008年国际金融危机爆发后，WTO与经济合作与发展组织（OECD）和联合国贸易与发展会议（UNCTAD）合作定期对成员方贸易自由化政策的执行情况和所采取的临时性贸易限制措施进行盘点、披露与监督[1]，有效地避免了类似20世纪二三十年代经济"大危机"中全球"贸易战"的重演，对遏制贸易保护主义爆发与促进世界经济复苏作出了积极贡献。此外，WTO还通过与其他国际组织与机构加强合作实现"包容性发展"。WTO与世界银行、国际货币基金组织等机构紧密合作确保对外开放与贸易成为发展中经济体与最不发达经济体的发展战略，协助它们识别并克服其在经济一体化和开放路径上的各类障碍，并为其提供所需的技术、能力建设和资金援助[2]。在国际协调合作中，除了强调规则法治的重要性外，多元主义的世界观亦应成为我们

---

[1] 金融危机后至今，WTO共发布两份贸易监督报告以增强各成员方贸易政策的透明度：一是WTO定期对所有成员方和观察国与贸易相关的发展问题进行监督并报告，二是WTO与OECD和UNCTAD合作，对所有G20经济体的贸易与投资措施进行监督并报告。

[2] 世界贸易组织和经济合作与发展组织发布的《2022年贸易援助概况报告》指出，2020年贸易援助承诺增长18%，达到646亿美元的历史最高水平。在2006年至2020年期间，贸易援助总共支付了5560亿美元。

关注的重点。这一观点鼓励我们从不同的角度审视问题，促进不同文化、不同利益群体之间的对话与交流。同时，伙伴关系的管理同样至关重要，它要求我们在合作中建立互信、互利、共赢的关系，确保各方利益得到平衡和保障。此外，积极的实践活动也是推动国际协调合作不可或缺的一环，通过实际行动将理念转化为具体成果，为构建更加和谐、稳定的国际秩序贡献力量，这些领域的建设与发展有助于国际协调合作向更高水平发展。

案例 10-1

我国在国际经贸治理体系中的角色演变

自 2001 年加入世界贸易组织以来，我国逐步融入国际经贸治理体系中，在国际经贸治理体系中的话语权日渐提升。入世前，我国经济发展游离于全球经贸体系之外，更无权参与国际经贸治理。入世之后，我国在国际经贸治理体系中的参与权日渐增强，角色开始逐渐从被动向主动转变。

（一）2001—2005 年：被动适应

这一时段，因刚刚加入 WTO，主要处于融入全球经济发展的阶段。当时，我国刚刚加入多边贸易体系，开放型经济体系、市场经济制度等规则建设还较为滞后。为了更快地融入全球贸易体系，我国在这一时期积极接受国际经贸治理规则，成为多边贸易规则的学习者和适应者，逐步从多边贸易体系的局外人转变成局内人。在被动适应的过程中，不断加深对全球经贸规则的理解。

（二）2005—2008 年：主动参与

这一时段，我国已经逐步开始从被动者变成主动者，从多边贸易规则的学习者变成国际经贸治理的践行者。在多边贸易谈判过程中，逐步对多边贸易规则有更为清晰的认知，开始主动参与多哈回合谈判，实现了从非缔约方向缔约方的转变，在国际义务履行中主动行使自身的权利。其中，有几个典型的时刻，印证了我国角色之转变。2005 年 12 月，我国作为 WTO 第六届部长级会议的举办国，在发达国家和发展中经济体之间谈判搭建了应有的桥梁作用，获得了 WTO 各成员方的一致认可，提升了自身谈判的能力和信心。2007 年 5 月，我国在 WTO 公布的农业谈判相关文稿中发现有不少侵犯我国利益的内容。为了维护我国的核心利益，我国政府主动寻求与 WTO 秘书处联系和协商，修订了文稿的内容表述，维护了我国的核心利益。

（三）2008 年至今：积极引领

2008 年，国际金融危机爆发。我国作为负责任的大国，积极履行自身的国际义务，肩负着推进全球经济一体化的重任，扮演着开放型经济引领者的角色，积极参与国际经贸治理体系改革，为全球经济复苏及国际经贸治理变革做出了重要的贡献。在逆全球化进程中，坚定维护多边贸易体系的权威性和有效性，在反对贸易保护主义的同时主动扩大开放，优化国内产业结构和贸易结构，减少非税措施缓解国际经贸的压力，积极参与多边贸易体系的规则制定、市场准入等议题的谈判，提出了 WTO 改革的明确主张，提升了我国在国际经贸治理体系中的影响力和话语权。我国主动顺应全球经济发展趋势，积极应对国际贸易格局变化，创造性地提出了

"一带一路"倡议，建立了共享共建以及共同参与的全球经贸治理价值观。此外，我国在非正式制度的对话中积极发挥出负责任大国的作用。如在G20杭州峰会上提出了促进全球贸易增长的"G20全球投资主导规则"，该规则自提出以来已经逐渐被其他国家所接受。

资料来源：
吴雪.逆全球化背景下国际经贸治理体系改革及我国的应对策略[J].宏观经济管理，2020（6）：78-83.

第二节　国际贸易治理的发展过程

国际社会对国际经济治理和贸易治理的努力从未停止过。二战结束后，国际贸易的发展对贸易领域的国际治理的不断完善提出了要求，进一步推动了国际贸易组织及其贸易规则的发展。关税及贸易总协定提升为规范的国际贸易组织——世界贸易组织；适应世界经济格局变化的二十国集团的出现对贸易领域的国际治理产生着重大影响；建立在全球价值链贸易模式上的新一代区域贸易协定的快速发展推动着区域贸易治理的发展。总的来说，国际贸易治理的发展过程正是世界各国为适应经济全球化变化对国际贸易治理方式进行变革的表现。

一、关税及贸易总协定的建立

20世纪三四十年代，世界贸易保护主义盛行，战争与参与国际贸易的国家间相互限制成为造成世界经济萧条的重要原因。第二次世界大战结束后，除美国外的资本主义国家经济遭到严重破坏，希望重建世界经济。因此，解决当时复杂的国际经济问题，特别是制定国际贸易政策，成为战后各国所面临的重要任务之一。同时，各国普遍认识到，没有一个良好的贸易环境，很难避免各国在开拓市场方面的竞争。1945年12月6日，美国政府单方面提出《扩大世界贸易和增加就业的建议》，主张在这个建议基础上制定国际贸易宪章，以重建国际贸易秩序。这是战后国际贸易治理领域的第一个具有法律性质的建议。1946年由美国、英国等19个国家组成的联合国贸易与就业会议筹备委员会，起草了《联合国国际贸易组织宪章》；1947年11月在古巴哈瓦那举行的联合国贸易和就业会议上通过了该宪章，通称《哈瓦那宪章》。与此同时，美国邀请包括中国在内的23个国家，根据这一宪章中有关国际贸易政策的内容，进行了关税减让的多边谈判，采纳了《哈瓦那宪章》中关于国际贸易政策的内容，签订了《关税及贸易总协定》，简称关贸总协定，并从1948年1月1日起临时生效。

虽然关贸总协定是临时性协定，但是它一直作为协调多边贸易与关税关系的、对缔约方具有约束力的重要文件，并主导安排缔约方之间的旨在追求贸易自由化的谈判。在关贸总协定演变为世界贸易组织的四十多年间，缔约方的数量由初期的23个扩大到128个，缔约方之间的贸易更是占到全球贸易总额的90%。关贸总协定对二战后的经济复苏以及后来的全球发展与增长贡献了许多力量，国际贸易总量得到了极大增长。20世纪后半叶国际贸易的迅速发展，得益于关贸总协定的建立。

关贸总协定的主要宗旨是通过大幅度削减关税和其他贸易壁垒、取消国际贸易中的歧视、促进贸易自由化，以期达到充分利用世界资源和扩大生产与贸易的目的。作为当时唯一的国际多边贸易治理体系，关贸总协定将经济发展水平不同的经济体纳入同一个国际框架体系下，实施公平但又有差别的贸易规则约束和协调，从而使得各国都能接受多边治理体系，并把加入关贸总协定作为寻求开放贸易的一项基本政策目标去实现。于是，关贸总协定及相应原则成为全球公认的具有权威性的国际贸易规则体系，是20世纪全球发展最重要的成就之一。

二、世界贸易组织的成立

关贸总协定（GATT）时期，贸易自由化的成功只限于那些主要工业国家有战略利益的领域，而对那些农业出口国和新独立的发展中国家而言，在它们拥有利益的领域，贸易壁垒依然存在。而且GATT比较适合于处理国与国之间的货物贸易，面对国际经贸领域不断涌现的服务贸易、技术贸易、与贸易有关的知识产权和投资措施等新的贸易形式，不能通过削减关税和解除非关税壁垒的自由化贸易措施来加以协调。伴随各国贸易、经济相互联系的加强，建立一个法理基础上的更广泛的世界贸易组织成为各国追求的目标。因此，经过一段时间的谈判，原来《关税及贸易总协定》的缔约方签署协定，同意建立世界贸易组织，替代GATT，形成真正意义上的世界贸易组织。1995年1月1日，世界贸易组织（WTO）正式开始运行，标志着全球多边贸易体系达到顶峰。经过一年的过渡，1996年1月1日，世界贸易组织正式取代《关税及贸易总协定》，发挥国际贸易治理体系的作用。WTO负责调整成员方之间的经济与贸易秩序，其基本原则是通过实施市场开发、非歧视和公平贸易等原则，实现世界贸易自由化的目标。

WTO是GATT国际贸易治理的继续发展，开启了国际贸易治理的新航程。WTO成立几十年以来硕果累累，推动了国际贸易的发展。WTO参与国更多，极大扩展了国际贸易体系的代表性和涵盖范围，有力推动了世界贸易发展；管理范围也扩大了，涵盖内容从货物贸易扩展到服务贸易、与贸易有关的知识产权协议和投资措施协议等。WTO还完善了争端解决机制，建立了贸易政策审议机制，有效维护了成员间贸易关系的稳定，通过有力的争端解决机制，防止了成员间贸易冲突的发生，遏制了一些国家的贸易保护倾向。同时，WTO加强与世界银行、国际货币基金组织、经济合作与发展组织等国际组织的联系，以更有效地进行全球经济决策的协调。

WTO的成立是成员方（不论发展水平如何）迈向充分融入由共同的承诺、规则与机会组成的一个全球贸易体系的重大一步。它标志着人类历史上第一个以普遍公认的原则与规则为基础的经济共存与合作制度的建立。前WTO总干事帕斯卡尔·拉米曾宣称WTO是驾驭全球化并能为全球治理制度建设作贡献的一个实验室。到目前为止，WTO仍然是国际贸易治理领域的最主要平台，当前的国际贸易规则与体系也是基于WTO协议的基本条款构建而成。

三、二十国集团的出现

二十国集团（G20）治理模式的产生和发展适应了世界经济调整过程中对全球治理的内在需求。伴随着世界政治经济的持续巨大变化、世界经济金融的创新、新技术的不断发展，全球化进程不断加快；但同时世界也面临着巨大的危机和挑战，结构性矛盾和深度调整的压力依然存在，全球宏观经济失衡，贸易增速下滑，金融形势复杂。过去仅仅凭借一国或一个集团的实力来影响全球、确保世界经济稳定发展的模式已不再适用，国际治理日益倾向于依靠一个范围更广的领导人集团来实现，G20作为符合这一规律的多边治理机制应运而生。

G20的出现标志着国际经济治理进入了一个新阶段。2009年9月举行的匹兹堡峰会上将G20确定为国际经济合作的主要论坛，标志着国际经济治理改革取得重要进展。自2008年11月第一届二十国集团领导人峰会在美国华盛顿召开以来，已成功举办16届[1]，目前成为国际经济治理的最重要平台和机制之一。

国际经贸合作作为G20的重要支柱之一，对保持世界经济和贸易的良好发展至关重要。首先，G20成员方覆盖范围广，代表性强，是世界主要经济体的代表，经济总量占全球GDP的86%，人口占世界的65%，贸易额占全球贸易总额的80%。其次，从会议议题来看，反对保护主义、促进全球贸易增长、加强国际贸易合作、建设开放型世界经济等一直是G20峰会关注的重要内容，多年来为世界贸易发展和国际贸易体系构建作出重大贡献。在承诺保持市场开放方面，G20提出确保公平竞争，营造自由、公平、包容、非歧视、透明、可预期、稳定的贸易投资环境。在提高全球供应链可持续性和韧性方面，承诺帮助发展中国家和最不发达国家更好融入贸易体制。此外，G20还制定政策指南，鼓励中小微企业积极参与国际贸易投资，促进经济包容增长。

从2008年到2013年，G20峰会关于贸易，主要是"危机应对"思维，反对贸易保护主义，不提高贸易投资壁垒，不设置新的出口限制，不执行违反WTO规则的出口刺激措施；支持多哈回合谈判，支持研究全球价值链的影响。2014年布里斯班峰会首次提到增长战略，包括通过降低成本、简化海关程序、减少监管负担、加强有利于贸易的服务等改革措施，以促进贸易便利化。2015年安塔利亚峰会，只是简单重申通过调整后的增长战略等措施，加强协调，推动贸易和投资。2016年G20杭州峰会从危机应对机制向长效机制转变，具有里程碑意义，有助于有效整合全球资源和各要素等，助推世界经济全球化进程，更好促进世界经济增长。这是"中国方案"向G20的集体倡议和共同行动的转变，有助于提高G20在国际合作中的地位和影响力，并极大激发各方合作热情，帮助发展中国家通过经济多样性和工业升级，从更加开放的全球市场中受益。2020年G20领导人第十五届峰会上批准《二十国集团应对新冠肺炎、支持全球贸易投资集体行动》，在加强政策协调、提高贸易便利、促进国际投资、畅通物流网络等8个领域采取38项具体合作举措。此外，达成维护多边贸易体制的重要共识，形成关于世贸组织未来的利雅得倡议，重申WTO目标和原则，推进WTO的必要改革。

四、区域贸易治理的酝酿发展

自WTO成立以来，国际贸易治理的两极体系逐步形成。第一极是以WTO为核心、基于传统贸易的多边贸易体制，第二极是涵盖中间品货物和服务贸易、投资和知识产权、资本流动和关键人员流动等的新型区域贸易协定。2008年国际金融危机爆发后，全球贸易和投资进入低速增长期。逆全球化思潮涌现，一些国家采取了单边主义措施，主动发动贸易战。以

---

[1] 自2008年爆发国际金融危机后，金融体系成为全球关注焦点之一，G20提升为领导人峰会，2009年和2010年每年举办两届，2011年之后每年举办一届，截至2021年已成功举办16届。

WTO为核心构建的多边贸易体制长期以来一直以贸易谈判、约束性承诺、法律条约义务等形式加以推进。但面对国际竞争格局的变化以及不同成员的多元化利益诉求，WTO面临着"适应能力"危机。多哈回合的停滞也引起各界对多边治理模式的质疑和反思，WTO改革提上日程，但不同成员尚未就改革的关键问题达成共识。区域合作组织如雨后春笋，成为制定国际贸易新规则的重要平台。新区域主义的蓬勃发展更是对多边治理模式构成了直接的挑战，这是战后以多边主义为基础的国际贸易治理体系的重大转向。

在GATT乌拉圭回合谈判时，全球范围内的区域贸易协定数量逐渐增多，进入了增长的快车道。由于WTO谈判停滞不前，20世纪90年代以来，区域经济一体化蓬勃发展，新一代区域贸易协定数量快速增长。据WTO统计数据，已生效并实施的RTAs从1990年的20个增加到2022年355个[①]，2008年爆发的国际金融危机给贸易治理带来一定影响，区域贸易协定增长放缓，而2018年至今，高标准大型区域贸易协定加速出台。区域贸易合作总体上处于上升状态[②]，越来越多的国家关注和参与进来，这对世界贸易格局和国际贸易治理产生了深刻的影响。一方面，在区域经济一体化的发展中，区域内国际贸易的比重上升，国家之间的竞争向区域集团之间的竞争演变；另一方面，由美国和欧盟推动的，涉及国内政策、要求提高市场开放度和规范性标准的贸易规则在区域贸易治理层面开始酝酿发展。

在国际贸易与投资的内容、规则和体系正在发生深刻调整的情况下，区域贸易协定的发展也呈现出了新的趋势和特点。从内容方面看，自2012年后世界货物贸易增速放缓，服务贸易与投资进入了加速发展阶段，成为引领全球经贸发展的新增长点。从规则方面看，WTO体系下以关税削减等边界措施为代表的传统贸易规则逐渐处于次要地位，而以规则一致、竞争中立、国有企业等为代表的边界后措施正在成为区域或国家间谈判的关注重点。

建立在全球价值链贸易模式上的新一代区域贸易协定[③]比现有WTO多边贸易体系下拥有更为严格和苛刻的准则。以此形成的区域贸易治理模式从深度和广度两个维度上拓宽了规制的范围。具体而言，当前的贸易协定发展的一个新趋势就是涵盖的议题范围持续扩展，规则深度不断提升。这突出表现在贸易协定中对传统议题的深化和新议题的不断涌现，其议题涵盖范围由传统的边境上议题向边境后议题不断延伸，进一步向多元化、深度化方向发展，即一方面在WTO框架内既有议题下实行更高标准要求（WTO-plus，WTO+），另一方面拓展了目前尚未被纳入WTO框架范围内的条款准则（WTO-extra，WTO-X）。高标准在传统议题中表现为货物贸易和服务贸易全面的市场准入，新议题的涌现体现在越来越多的国家开始关注商品或投资跨越关境之后所面临的经营环境，日益重视边境后的措施[④]。

---

① 数据来源于WTO网站：http://rtais.wto.org/UI/PublicMaintainRTAHome.aspx。
② 虽然全球范围内的RTAs的签署数量呈现出井喷式增长，但是期间仍经历了两次倒退。一是2008年的国际金融危机致使全球经济陷入持续的结构性低迷，同时投资贸易保护主义不断升级，致使RTAs的年度签署数量基本维持在24.5项左右，国际贸易出现"弱全球化"趋势；二是随着发达国家国际单边主义、民粹主义等开始抬头，"逆全球化"趋势愈演愈烈，RTAs的年度签署数量急剧下滑至2018年的6项。
③ 新一代区域贸易协定以全球价值链模式为核心，即21世纪贸易协定；早期的贸易协定以各国产业比较优势为基础，即20世纪贸易协定。
④ 新议题的涌现：一是竞争中立原则，主要是发达国家为限制新兴经济体的国有企业的发展而提出的，主要包括国有企业、投资保护等议题；二是电子商务议题，主要包括取消电子产品关税、在线消费者保护、无纸化交易、跨境数据的自由流动等；三是高标准的知识产权保护，随着全球化的不断发展，资本、劳动、技术、服务在全球配置的趋势越来越明显，尤其是技术在全球配置必然要求各国知识产权有一个大致统一的保护。

在国际贸易治理体系中，规则变化是核心，贸易投资规则的竞争将成为国家间贸易竞争的关键。Horn（2010）等通过将欧盟及美国签订的贸易协定进行分析，识别了52个政策领域并将这些条款分类为WTO+条款和WTO-X条款，并在此基础上进一步构建能够捕获RTAs条款深度的综合指数：衡量贸易协定的条款规则深度的总深度指数和对贸易与投资产生重要影响的衡量贸易协定的条款规则深度的核心深度指数[①]。如表10-1所示，记录了不同年代全球范围内签署的RTA条款规则深度变化情况，从中可以发现近年来签署的RTA质量水平较过去签署的RTA有了明显提升，突出表现在近年来签署的RTA中涉及WTO+领域和WTO-X领域内的条款数量不断增加，涉及的核心深度条款的数量也在不断增加。这表明全球RTA条款规则深度呈现出不断上升的趋势。21世纪10年代以来的RTA中，WTO+领域条款的平均深度超过11，WTO-X领域条款的平均深度超过10。而核心深度条款的平均深度超过14，这说明有较多协定已经开始将WTO-X领域的竞争政策条款、知识产权保护条款、投资条款及资本流动条款纳入其中。由此可见，在多边谈判进展陷入困境的情况下，区域贸易协定成为各国重塑国际贸易治理体系，抢占规则制定主导权的工具。

表10-1　不同年代全球范围内签署的RTA条款规则深度变化情况

年代	协定数量	WTO+领域		WTO-X领域		核心深度条款	
		条款数量	平均深度	条款数量	平均深度	条款数量	平均深度
20世纪70年代	11	106	9.64	81	7.36	126	11.45
20世纪80年代	8	68	8.50	65	8.12	75	9.38
20世纪90年代	59	400	6.78	270	4.58	490	8.31
21世纪00年代	130	1338	10.29	1027	7.90	1661	12.78
21世纪10年代	68	773	11.37	737	10.84	968	14.24

数据来源：世界银行RTA文本深度数据库。

发达国家还通过大型区域贸易协定以推动高标准规则谈判，参与国际贸易治理。2008年，美国加入跨太平洋伙伴关系协定（TPP）谈判[②]，谋求将其打造成亚太经济一体化的主要平台。当前，CPTPP[③]成员达到11个。相对于以往的自由贸易协定，CPTPP/TPP关于服务和投资的

[①] 总深度指数是所有WTO+条款及WTO-X条款简单系数的总和，核心深度指数是对贸易和投资产生重要影响的十四项WTO+条款和四项WTO-X中条款（分别为竞争政策、知识产权、投资和资本流动）。
[②] TPP谈判历经五年，在2015年10月5日宣布完成谈判。其中，国有企业、中小企业、电子商务、竞争政策、环境等被称为"21世纪的新议题"，第一次被正式写入协定；同时，TPP还在开放程度、劳工标准、原产地规则、知识产权保护等已有一体化协定中已经涉及的内容提出了新的、更高的标准。
[③] 2017年1月23日美国新任总统特朗普签署行政命令正式宣布退出TPP协定，原TPP协定的11个成员方暂停了原协议中的一系列条款，以"全面与进步跨太平洋伙伴关系协定"（Comprehensive and Progressive Agreement for Trans-Pacific Partnership，简称"CPTPP协定"）形式继续推动TPP协定，2018年12月30日CPTPP协定正式生效。

谈判将更为积极。CPTPP/TPP 谈判的目标不仅是开放市场，更在于在一个单一文本中建立一个关于结构、规则、监管原则、部门覆盖范围、金融服务、资本流动和投资者权益及保护等方面的系统范例，这将成为服务贸易总协定（GATS）、其他自由贸易协定，特别是亚太经济合作组织（APEC）的标杆。2012 年 12 月，美国、欧盟、日本等 21 个经济体组成了服务业真正之友集团（Really Good Friends of Services, RGF），进而展开服务贸易协定（Trade in Servia Agreement, TISA）谈判①，成为全球化进程中各国服务贸易领域的一条新通道。2013 年 6 月，美欧宣布启动跨大西洋贸易与投资伙伴协议（TTIP）谈判②。TTIP 协议目的是实现跨大西洋地区更高水平的经济一体化，保持美欧经济体的繁荣和持续全球化。

案例 10-2

为全球贸易治理注入中国力量——中国入世 20 年回顾与展望

加入世界贸易组织（WTO）（以下简称"入世"）是中国为抓住国际产业结构调整和经济全球化纵深发展的重要战略机遇而作出的重要决策。入世 20 年来，中国成为全球制造和贸易中心，为世界经济发展特别是开放型世界经济的构建作出了积极贡献。与此同时，中国全面履行入世承诺，促进自身法律体系的建设，并坚定支持多边主义，倡导开放、包容理念，为以 WTO 为代表的多边贸易治理体系贡献积极力量，成为多边贸易体系发展的重要支持者和推动者。

中国入世显著促进了世界经济发展及全球贸易治理体系完善。入世 20 年，中国成为世界经济发展的重要贡献者。一方面，中国经济的稳定发展为世界其他经济体的复苏提供了重要的外部需求，另一方面，中国完备、高效的工业体系为全球提供了优质优价的产品，保持了全球供应链的稳定性。据海关总署统计，以人民币计价，2021 年前 10 月，中国出口总值 17.49 万亿元，同比增长 22.5%，比疫情前的 2019 年同期增长 25%；进口总值 14.18 万亿元，同比增长 21.8%，比 2019 年同期增长 21.4%。与此同时，中国跨境电商等贸易创新模式的发展，为全球化发展提供了新的动力。

中国积极推动构建更开放、更包容的世界格局。在多哈回合贸易谈判受阻，多边贸易体制面临危机时刻，中国始终坚定支持 WTO 作为全球贸易治理的主渠道，支持 WTO 所遵循的非歧视性、更加开放、可预见性和透明性、更具有竞争性、保护环境等基本原则，反对贸易保护主义。同时，支持 WTO 关注发展议题，支持特殊和差别待遇原则。在贸易开放等方面，支持给予不发达国家更多时间进行调整。在适用贸易规则方面，认为 WTO 规则应该体现世界贸易组织中约四分之三的发展中国家及经济转型国家的利益诉求，倡导构建开放、包容、可持续发展的贸易治理体系。

---

① TISA 对于模式四下自然人的移动、数据跨境自由流动、跨境服务的国民待遇和限制等促进更广泛领域和更多国家或地区的标准规范进行了谈判。

② TTIP 将美欧关税水平从目前的平均 3%～5% 降至零，覆盖世界贸易量的 1/3、全球 GDP 的 1/2 以上；在服务贸易和政府采购上扩大市场准入，制定统一的贸易规则、产业行业标准、双方市场内部的监管规则、基本劳工标准和环保规则，协调食品安全、转基因生物、音像制品等行业管理制度，推进贸易和投资便利化、服务贸易和公共采购的自由化。TTIP 作为全球最发达两大经济体的联合，其国际贸易治理标准将至少达到或高于 TPP 的标准。

中国逐步从适应全球国际经贸治理体系，到参与全球经济治理，再到如今成为全球经济治理的重要贡献者。中国积极推进贸易投资自由化和便利化，促进WTO《贸易便利化协定》的签署和实施。2016年，二十国集团杭州峰会上实现了G20框架下的贸易投资合作的突破，首次设置了贸易和投资工作组，促进二十国集团的贸易部长会议常规化和机制化，发布了第一份二十国集团贸易部长会议共同声明批准的《二十国集团全球贸易增长战略》，成为继世界贸易组织巴厘会议、内罗毕会议之后，全球贸易自由化推进的重要内容，具有里程碑意义。

资料来源：
东艳. 为全球贸易治理注入中国力量——中国入世20年回顾与展望[N]. 中国财经报，2021-12-07（7）.

第三节　国际贸易治理的挑战

自WTO成立以来，多边贸易谈判已经成为国际贸易治理的基石，并对全球经济产生了深远的影响。WTO在推动成员方遵循多边主义规范方面发挥了关键作用，并有效地维护了全球自由贸易体系。进入21世纪，随着贸易的快速发展，全球贸易结构和格局正在经历趋势性转变，这成为推动国际贸易治理体系变革的主要动力。多边贸易谈判的步伐变得缓慢，现有规则在适应数字技术等新兴议题方面显得力不从心。因此，国际贸易治理面临一系列的挑战，主要包括贸易利益分配不平衡、国际贸易面临不确定性、国际贸易新议题层出不穷及区域经济一体化的蓬勃发展等。这些挑战需要国际社会采取协同行动，确保贸易治理体系能够灵活适应全球经济的新变化，并推动实现一个公平和可持续的全球贸易发展环境。

一、贸易利益分配不平衡

全球价值链（Global Value Chain，GVC）生产活动是当前经济全球化深入发展的显著特征，其兴起与深度发展提高了生产效率，进而促进了全球经济的增长。根据世界银行发布的报告《全球贸易观察：2016年贸易发展》，全球价值链参与率每提升10%，生产率就会提升1.7%。全球价值链的扩张使得各经济体之间的相互依存更加紧密，特别是对那些不具备完整产品生产能力的发展中国家而言，全球价值链生产活动为它们融入全球经济提供了新的机会。

但是，全球价值链的扩张也带来了收益分配不均的问题，主要体现为国家与国家之间和国家内部的分配不平衡。就国家之间而言，这种分配不平衡发生在发达国家与发展中国家之间、生产网络中心区与生产网络外围区之间。在当前的全球价值链分工体系中，发达国家长期占据价值链的高附加值环节，即占据着"微笑曲线"的两端，它们所获得的收益远远高于处于"微笑曲线"低端的发展中国家所获得的收益。此外，全球价值链生产活动并不是无选择的、直线贯通的产业链条，而是由中心和外围区域构成的生产网络。目前北美、西欧以及东亚构成了全球三大区域生产网络，那些处在生产网络中心位置的国家（如美国、德国）往往凭借高端制造业、服务业及创新活动获得高额收益，而那些处于生产网络边缘或远离生产网络的国家（非洲和拉美国家）因在全球价值链中参与度低而获益较少。这些被边缘化的国家甚至陷入"贫困化增长陷阱"。收益分配的国内不平衡主要体现在区域发展不平衡和劳动者收入不平衡。因为全球价值链生产活动是企业层面的生产活动，所以企业往往选择那些基础设施条件好的大城市进行价值创造活动。这往往使得一部分地区的发展因参与全球分工企业的集聚而快于其他地区。

全球价值链生产活动还拉大了高技能劳动者与低技能劳动者间的收入差距。就发达国家而言，制造业外流减少了低技能劳动者的就业机会，从而恶化了这部分群体的收入状况。就中低收入的发展中国家而言，嵌入全球价值链企业的资本有机构成的提高降低了对低技能劳动者的需求。全球价值链企业的资本密集度往往高于国内其他类型的企业。随着资本密集度的提升，低技能劳动比高技能劳动更容易被资本和设备所替代。其原因在于，物质资本与技能型劳动的互补性高于物质资本与非技能型劳动的互补性。

二、贸易面临不确定性

2008年国际金融危机和此后缓慢的经济复苏过程，使得贸易保护主义重新抬头，逆全球化成为一股强劲的势力，全球贸易增长速度明显放缓。受近年来的贸易保护主义抬头、中美贸易摩擦以及英国脱欧等因素影响，当前的国际贸易面临着前所未有的不确定性。2020年新型冠状病毒感染肆虐全球，世界经济深度衰退，经济全球化遭遇逆流，多边贸易体制国际贸易治理面临严峻挑战。

2008年国际金融危机后，世界经济的走势已逐步呈现逆全球化趋势。一是国际贸易的增长率持续低于全球GDP增速。根据WTO《2018年世界贸易报告》，2012—2016年间世界贸易的平均年增长率约为2.24%，低于全球经济平均增长速度2.46%。随着2018年中美贸易冲突不断加剧，国际贸易增长速度（WTO预测约为3%）和世界经济增长率（IMF预测约为3.7%）之间的差距将进一步扩大（高疆，2020）。二是伴随世界政治经济格局的不断演变，单边主义行径严重破坏了基于普惠的多边贸易体系规则和国际经济秩序，给世界贸易和投资带来了巨大的不确定性。例如，美国单边主义行为违反WTO规则，挑战多边贸易体制的法律基石[①]。其后果是中美贸易摩擦和欧美贸易摩擦不断升级，导致世界政治经济环境愈发不稳定，贸易政策不确定性上升。

贸易政策的不确定性及其政治经济博弈成为全球贸易新常态。一方面，各国希望从全球化和贸易开放中受益；另一方面，各国保护那些不能完全开放或不能对等开放的国内产业或部门，这使得贸易决策过程与贸易政治密不可分。一国贸易政策常常在自由贸易和贸易保护之间不断摇摆，在政府与市场之间不断碰撞，在国际利益与国内利益之间不断重复选择。贸易问题是全球化所带来的一系列问题的表象，政治家们有时出于某种政策偏好或政策需要，

---

① 在法律上，美国将国内法凌驾于国际法之上，以国家安全为由，援引301、232等条款单方面提高来自中国、欧盟等国家（地区）出口货物的关税，这种行为严重违反了WTO的非歧视原则和自由贸易原则。在行动上，美国采取贸易保护主义措施，阻挠上诉机构法官的遴选，退出多个国际组织。2009—2018年，美国针对其他国家共采取了1913项贸易保护主义措施，居各国之首。美国以WTO存在的系统性风险未得到解决为由，屡次拒绝其他成员方要求启动遴选上诉机构成员的建议，导致WTO争端解决机制面临前所未有的危机。2017年以来，美国退出TPP、《巴黎气候协定》、联合国教科文组织、《伊核协议》、《全球移民协议》，并在COVID—19大流行期间退出WHO等国际组织。美国单方面的"退群"行为使得国际法的权威性和约束力遭到削弱，给多边主义进程带来了诸多负面影响。

宣称全球化导致失业加剧、收入不平等和经济不安全，并形成各种各样"去全球化"的力量。因此，不断增强的贸易不确定性和日渐扩大的国内利益影响，也构成了新全球化下国际贸易治理面临的挑战。

三、贸易新议题层出不穷

伴随着成员数量的增长和国际贸易议题的扩大，WTO进一步推动贸易自由化进程难度加大。WTO在规范和解决国际贸易新议题方面仍存在不足，尤其关于劳工标准、环境标准、数字贸易及应对全球气候变化等新议题方面还留有相当大的政策空白。

随着经济全球化的进一步深入，贸易与劳工和环境标准领域的联系愈加密切，劳工标准和环境标准在国际贸易政策的制定中发挥越来越重要的作用。它们虽然是由发达经济体最早就公平性贸易提出的新议题，但实际上也是贸易政策在自由贸易和贸易保护主义之间摇摆与选择的结果。在环境和劳工标准问题上，发达经济体面临现实的国内政治压力，发展中经济体也将面临满足社会更高需求和提高民生福利的需要，尽管短期内还不能就这些议题达成国内共识，但也已经开始意识到，加入区域协定或者接受更高的国际标准有利于推动国内相关议题的改革。而且这些议题在区域贸易协定层面已经取得了系列成果。

近年来，服务贸易特别是数字化的服务贸易和数字贸易的加快发展，将成为全球贸易的新引擎。数字贸易等新兴贸易活动和贸易方式，需要有新的国际规则。然而，虽然多边贸易协定有效约束了货物及服务贸易的关税及非关税壁垒，相关协定和条款也有利于数字贸易，但未就数字贸易所需的数据收集、流动、存储进行有效规制，其具体体现在以下三方面。

一是数据跨境流动问题。数字贸易的快速发展建立在数据能够跨境自由流动的基础之上，然而各国出于自身利益和国家安全等因素的考虑，对数据自由流动的态度有明显差异。例如美国极力主张数据流动自由，希望将《美墨加协定》（USMCA）中有关数据自由流动的规则在全球范围内铺开，以获得更大的经济利益。美国的数字经济和数字贸易处于全球领先地位，数字贸易顺差从2005年的745.93亿美元增长至2019年的2233.28亿美元。而俄罗斯和欧盟与美国的积极态度正好相反，俄罗斯和欧盟则出台了严格的数据流动相关政策。根据欧洲国际政治经济研究中心（ECIPE）发布的《数字贸易限制指数2018》报告，俄罗斯的"数据政策"指数在65个国家中排名第一，这表明俄罗斯对于数据流动的管控政策最为严厉。欧盟也加强了对数据跨境流动的管理，如2018年实施的《通用数据保护条例》（GDPR）确立了"长臂管辖"原则，可以对任何向欧盟居民提供服务的企业进行监管，这明显提高了企业的合规成本。因此，如何在数据跨境流动和国家利益、安全之间找到一个平衡点，是数字贸易治理面临的一大难题。

二是数据存储本地化问题。数据存储本地化要求数据存储在数据来源国境内。美国反对数据存储本地化，认为数据存储本地化是一种数字贸易壁垒。欧盟、中国、俄罗斯、巴西、印度、印度尼西亚等纷纷制定法律法规，要求数据的本地存储。如中国于2016年颁布的《中华人民共和国网络安全法》明确规定在中国境内搜集或产生的数据应存储在中国境内。俄罗斯在《关于"进一步明确互联网个人数据处理规范"对俄罗斯联邦系列法律的修正案》中指出："对俄罗斯公民的个人数据进行搜索、记录、整理、保存、核对（更新、变动）、提取的数据存放于俄罗斯境内。"根据欧洲国际政治经济中心发布的报告，2000年全球实施数据本地化的国家数量为19个，然而在"棱镜门"事件后，这一数字急剧上升，到2016年增长到85个。就境外企业而言，数据存储本地化要求提高了全球信息流动的成本，从而打消了一些企业在特定国家提供服务的念头。

三是知识产权保护有待加强。数字化服务贸易和数字贸易的核心是数据的跨境流动，然而数据能够零成本进行复制，这为数字盗版和数字侵权在全球范围内的猖獗提供了动力。由于数字化的产品和服务具有虚拟性，监管难度大，以及各国在知识产权保护力度方面的差异，数字盗版问题已经成为阻碍当前数字贸易发展的主要问题。数字盗版现象在电影电视和音乐行业尤为普遍。据盗版监测公司Muso给出的数据，新型冠状病毒感染期间数字电影泛滥到了前所未有的水平。据统计，2020年3月，盗版网站浏览量在美国、俄罗斯、印度、法国分别达到了11亿次、7.27亿次、5.81亿次和3.94亿次。尽管目前数字盗版给各国带来的经济损失还没有统一的数据，但根据美国国会研究服务局（Congressional Research Service，CRS）的研究，当前数字盗版音乐、电影和软件给美国造成的经济损失高达2130亿美元。加强知识产权保护需要各国携手同行，共同构建被广泛认可的多边知识产权国际制度，为数字贸易发展保驾护航。

当前，国际贸易治理面临的挑战，既来自贸易新议题，也来自对原有贸易议题设立新标准，这些新标准主要关注贸易伙伴的国内竞争机制和环境，包括监管一致性、国有企业的竞争中立、中小企业发展等。对原有议题设置新标准包括知识产权保护，原产地规则，服务业开放、投资条款、环境和劳工标准等。与以往不同，当今国际贸易治理的大部分议题都超越了传统的边境壁垒，延伸到了国内的营商环境和规则制度的质量与竞争力。

四、区域经济一体化的蓬勃发展

区域经济一体化的发展是一个复杂而渐进的过程，它随着全球经济格局的演变而不断深化。起初，区域经济一体化的目标是通过降低贸易壁垒，促进成员之间的经济合作与整合。随着全球化的加速，区域经济一体化逐渐成为各国应对国际竞争、增强经济实力的重要策略。它通过消除成员间的关税和非关税贸易壁垒，实现商品、服务、资本和劳动力的自由流动，从而形成一个统一的、更大的市场。这种一体化不仅促进了贸易和投资的增长，还加强了成员间的经济联系和相互依赖。

进入21世纪，区域经济一体化进入了新的发展阶段。随着信息技术的发展，区域间的联系更加紧密，经济活动的跨国界特征更加明显。此外，区域经济一体化也开始关注更为广泛的领域，如环境保护、知识产权保护、劳动力流动等，这些都是现代经济活动中不可或缺的组成部分。总体来看，区域经济一体化的发展是全球经济一体化的重要组成部分，它不仅促进了区域内部的经济繁荣，也为全球经济的稳定增长作出了贡献。

与此同时，区域经济一体化也给国际贸易治理带来了一系列挑战。首先，区域经济一体化会导致全球贸易规则的碎片化，不同区域间不同的贸易标准和法规使得贸易成本显著增加，形成新的贸易壁垒。其次，区域经济一体化可能会引发贸易转移效应，偏离了全球范围内的比较优势原则，损害非成员方的利益。最后，区域一体化也可能会加剧成员间的经济发展以及贸易利益分配不平衡。为了有效应对这些挑战，需要加强国际合作，确保区域经济一体化与全球贸易治理的协调发展，维护一个公平、开放的国际贸易环境。

总之，当前国际贸易治理面临诸多挑战，需要适应新兴经济体的崛起和多元治理时代的要求进行调整。未来的国际贸易治理应朝着"普遍开放""平等参与"和"合作共治"的方向发展，以提高治理效率并促进全球化的平衡发展。改革和完善国际贸易治理体系，对于遏制贸易保护主义、维护经济全球化大局至关重要。营造自由贸易的国际环境，需要多边贸易体系继续发挥基石作用。在全球经济一体化进程中，各国应积极参与多边贸易，维护并推动多边贸易体制的发展。世界贸易组织的改革是关键，各国需要积极参与其中，就多边贸易谈判和争端解决达成共识，并进行必要的改革。这将增强世界贸易组织的权威性和有效性，推动国际贸易治理体系向更加公正合理的方向发展。综合来看，有效的国际贸易治理依赖于全球性的协作与共同努力。世界贸易组织等机构的改革，对于打造一个开放、包容、互惠、公平及共赢的全球贸易体系至关重要。这一体系将为各国提供一个稳定和可预测的贸易环境，有助于促进经济增长，确保所有国家都能从国际贸易中获益，进而支持全球经济的长期稳定与持续发展。

案例 10-3

多边贸易谈判困境与中国角色

目前全球正在兴起新一轮的区域性贸易投资谈判，大有取代世界贸易组织（WTO）的趋势，人们由此产生了对WTO被边缘化的忧虑。李钢研究员指出，以GATT/WTO为代表的多边贸易谈判自成立后的半个世纪是全球贸易治理的重要制度框架，对促进全球贸易和经济增长具有重要贡献。然而进入21世纪以来，多边贸易谈判举步维艰，难以达成共识，全球贸易治理遇到困境。这主要表现在"逆全球化"趋势和全球治理的分化。美国对多边和区域谈判失去兴趣，双边谈判可能成为未来的趋势。他同时指出，中国在全球贸易治理中的角色已经发生变化，从被动的适应者、追随者转变为参与者和建设者，但中国的发展水平和全球治理能力仍不足，有待进一步提升与完善。

宋泓研究员也指出，2008年以来多边贸易体制的谈判功能陷入困境，其主要原因是多边贸易谈判核心成员的格局发生了根本变化，由原来的美国、欧盟、加拿大和日本等四方，转变为了美国、欧盟、澳大利亚、印度、巴西、中国等六方。这样的变化形成了一种新的格局，就是发达成员与发展中成员，发达大国与发展中大国的直接对比。正因为格局的变化，多边谈判形成一揽子协议共识几乎不可能。至于WTO的发展前景，宋泓研究员认为成员会分化，基于实用主义态度，成员方有可能放弃一揽子达成协议和协商一致的原则。当下中国的立场应该是逐渐跟上发达成员的脚步，积极参与诸边协定，对TPP等持开放态度，积极推进RCEP和"一带一路"的建设。

屠新泉教授认为，多哈回合谈判长期陷入僵局是全球贸易治理机制新变化与WTO新定位这一问题产生的背景，从根本上说主要是两点原因，即全球经济权力结构的变化导致WTO领导者缺位以及发展理念的差异导致共同价值取向的空白。他由此引出全球化进程中的"不可能三角"，即超级全球化、民主政治和国家主权三者很难同时兼顾。屠新泉教授认为，诸边主义是当前推动贸易治理机制发展的最佳选择。在启动和推动诸边谈判时，各国应当制定一个多边行为准则，在正式的WTO程序中治理相应的诸边谈判问题，平衡各方的权利和义务，缓和对诸边协定的顾虑，同时给成员提出程序性的指南和对未来权利和义务的事先规则，包括参加方应有能力执行协定、诸边谈判中的议题应当得到WTO成员的充分支持、只有参加方才可以提起相关争端、禁止跨协定的报复、应当允许秘书处全程参与诸边谈判、未来如何吸收新参与方等。此外，还应当增强WTO作为一个日常管理者的能力。

资料来源：

唐宜红，符大海. 经济全球化变局、经贸规则重构与中国对策："全球贸易治理与中国角色"圆桌论坛综述[J]. 经济研究，2017，52（5）：203-206.

本章小结

（1）国际贸易治理的核心目标在于构建一个开放、公平且稳定的全球贸易环境，以消除各国贸易政策中的不确定性，进而推动全球经济的长期、健康与可持续发展。

（2）第二次世界大战后，《关税及贸易总协定》（GATT）的签署标志着国际贸易治理的制度体系初步建立。目前，全球已经形成了以WTO多边贸易机制为核心，区域贸易协定、多国集团等机制为补充的国际贸易治理体系。

（3）推动贸易自由化是国际贸易治理的基本任务和核心目标，经济发展是国际贸易治理的中长期目标，国际协调合作是维护国际贸易治理秩序的重要途径。

（4）国际贸易治理面临一系列的挑战，主要包括：贸易利益分配不平衡，国际贸易面临不确定性，贸易新议题层出不穷及区域经济一体化的蓬勃发展等。

延伸讨论

随着中国综合国力和国际影响力不断上升，不仅国际社会要求中国在国际贸易治理中承担更多的责任和发挥更大的作用，中国自身的发展也需要从国际规则"被动接受者"的角色向"制定者"转变，从"跟随者"向"共同领导者"转变。请和小组同学讨论当前贸易治理环境下，中国参与国际贸易治理的途径有哪些？

第十一章 国际金融治理

学完本章后,你应该能够:
- 了解国际金融治理的产生与演变过程
- 熟悉国际金融治理的基本内容
- 认识国际金融治理面临的挑战

20世纪70年代以来,随着美元危机和石油危机的爆发,布雷顿森林体系瓦解,国际货币体系趋向多元化和区域化,并进入浮动汇率制时代。1997年亚洲爆发了金融危机,此次危机愈加凸显了国际金融治理的必要性,使得各国首次从金融角度研究国际金融治理问题,重点关注和讨论如何对国际金融体系进行有效的治理。2008年因美国次贷危机而爆发的全球性金融危机,进一步彰显了金融全球化背景下金融风险全球蔓延的破坏力。因此,随着金融全球化加剧,金融治理已经从一个国家内部的问题演变成一个全球性问题,频繁发生的区域性以及全球性金融危机更显示了从国际层面进行金融治理的紧迫性。因此,国际社会需要各国金融监管机构和国际金融组织通过协调、合作、确立共识等方式参与国际金融治理事务的管理,以建立和维持稳定健康的国际金融秩序。

第一节 国际金融治理的产生与演变

国际金融治理是全球经济治理的关键构成,其形成与演变深受历史脉络中金融与经济危机的影响。国际金融治理体系在自由与管制之间,根据不同历史时期的特定需求与挑战,经历了不断的交替与平衡。目前,国际金融治理已经形成一个结构严谨、层次分明的体系,专注于实现其核心目标:确保全球金融市场的稳定性,推动经济的持续健康发展,以及有效预防和控制系统性风险。这一体系涵盖了国际货币基金组织、世界银行、金融稳定委员会(FSB)等重要国际组织机构,它们与全球各国的中央银行和监管机构协同工作,共同维护国际金融秩序和促进全球经济福祉。

一、国际金融治理的产生

在19世纪末至20世纪初期的金本位制时代，尤其在1929年发生经济大萧条之前，世界各国政府普遍没有干预金融机构的市场行为，而是采取一种自由竞争的市场机制，让"看不见的手"在金融市场上进行资源配置以及发挥修复调整的作用。在这一时期，国际金融治理处于相对自由和较少约束的阶段，其特点主要是大型金融集团对跨境资本流动的自我监管、大型金融集团与中央银行之间的合作，以及中央银行与中央银行之间的合作。其中，中央银行之间的合作以及私人部门和公共部门间的合作到21世纪依然是国际金融治理的主要手段之一。

进入20世纪后，特别是在1929年的经济大萧条期间，自由主义分化成了两个学派，一个是主张市场化、私有化和自由化的新自由主义学派，另一个是主张政府进行宏观调控的凯恩斯主义。在1929年经济大萧条之后，美国率先采取行动，重新界定了政府在经济市场中的职能，增强了政府对经济活动的宏观调控。此举不仅产生了积极的经济效应，而且促进了凯恩斯主义经济理论的广泛传播。凯恩斯主义强调通过政府干预来调节总需求，以实现宏观经济的稳定。该思想对二战后国际金融秩序的重建产生了深远的影响，特别是在塑造国际经济合作与金融监管框架方面发挥了关键作用。这一时期的国际金融治理处于管制阶段，为了降低金融市场崩溃的风险，政府对金融机构的具体业务活动实行外部管制，以维持金融体系的健康与安全，避免由于金融市场崩溃所带来的负面影响。

20世纪70年代，西方国家陷入长达十年的经济滞胀，经济低速增长甚至停滞不前、高通货膨胀和高失业率同时并存。这一现象被认为是政府过度干预的结果，凯恩斯主义受到了质疑甚至是否定，从而导致凯恩斯主义的主导地位被西方国家持续十年之久的经济滞胀所打破，新自由主义思想开始流行。在滞胀危机期间，英国积极推行新自由主义，大幅度实行改革：减少政府在福利方面的开支、限制政府对经济的干预、实施紧缩的财政政策等。另外美国在20世纪80年代初提出的"里根经济学"也是新自由主义的一个代表，强调了经济自由化特别是金融自由化的改革，减少政府干预，促进市场化改革。从实践层面来看，1971年，第三次美元危机在英镑危机之后爆发，美国单方面退出布雷顿森林体系下达成的国际承诺，并以《史密斯协议》作为退出的追加理由，但很快美国又背弃了《史密斯协议》，布雷顿森林体系彻底崩溃。在这一阶段，国际金融治理进入自由时期，以美元为中心的国际货币体系崩溃，主要表现为以美元和其他国际储备货币为基础的浮动汇率制取代固定汇率制，以效率优先为监管目标，反对国家干预，放松金融管制，刺激金融市场的活跃度，促进金融市场自由化的改革。

在20世纪80年代后半期，伴随着金融自由化革新的浪潮，各国逐渐放开了对金融业的管制，为各领域金融机构的发展创造了良好环境，同时也形成了健康的竞争机制。2008年爆发的国际金融危机加速推动了全球经济增长格局和发展路径的变革，是国际金融治理转变的一个重要节点。在此之后，各种影响国际金融治理的因素变化趋势日益明显，例如，发达经济体和新兴经济体在全球经济中的相对重要性，国际金融治理中的不同国家集团发挥的作用等，诸多因素有力推动着国际金融治理向着更为公平、有效的方向发展，但是与此同时也给国际金融治理带来全新的挑战。

二、国际金融治理的演变过程

国际金融治理实践的发展历程可以粗略分为古典时期、布雷顿森林体系时期、牙买加体系时期和建制时期,其沿着一条自由—管制—自由的主线。整体来看,在古典时期,国际金融治理由金本位制度的自动运行机制来维持。布雷顿森林体系时期,国际金融治理实行间接的金本位制度,通过固定汇率制度来维持。牙买加体系时期,金本位制度彻底瓦解,国际金融治理采用浮动汇率制度因而回到自由竞争状态,但不像古典时期的"无为而治",而是开始以制度化和民间化的组织形式出现,七国集团(G7)和国际货币基金组织(IMF)在这一时期的国际金融治理中发挥着重要作用。建制时期,以2008年美国次贷危机为标志,主要是在维持现有国际金融秩序的条件下,根据全球经济格局的变化,对国际金融治理进行体制性和系统性建构。在此阶段,国际社会为应对美国金融危机向全球蔓延,建立了二十国集团(G20),从而打破了发达国家对国际金融治理的垄断性权力,这也标志着对国际金融治理结构的权力转移给予了制度化确认。

(一)金本位时期的国际金融治理(19世纪至20世纪30年代)

国际金本位制度是以黄金作为国际本位货币的制度,其特点是各国货币之间的汇率由各自的含金量比例决定,黄金可以在各国间自由输出输入,国际收支具有自动调节机制。英国于1816年率先实行金本位制度,19世纪70年代以后欧美各国和日本等国纷纷仿效,使许多国家的货币制度逐渐统一。在这一时期,各国基本上都采用了英格兰银行的货币政策,自发地协调在国际金融治理中占主导地位,这也是当时国际货币汇兑关系保持稳定的重要原因。除了货币制度外,这一时期没有其他固定的制度安排,体现了国际金融治理的自发性、自由性和稳定性。各国建立中央银行制度的目的是统一管理货币的流动,而不是为了监管整个金融系统的运作。

第一次世界大战后,1924—1928年是资本主义世界相对稳定的时期,主要资本主义国家的生产恢复到战前水平,并有一定的发展。各国试图重建金本位制,但由于黄金流通的基础已经遭到削弱,不可能重新建立典型的金本位制。当时除美国以外,其他大多数国家只能实行没有金币流通的金本位制,即用可以兑换黄金的银行券代替了金币,这就是金块本位制和金汇兑本位制。不过1929—1933年的世界性经济大萧条的冲击使得各国逐渐放弃该制度,都开始发行不兑现的纸币。1936年9月,美国、英国、法国三国财政部和中央银行的官员经过双边和多边谈判,达成了有关外汇市场管理方面的《三国货币协议》。《三国货币协议》是国际金融史上的第一个国际多边货币协议,在国际金融治理的发展中具有划时代的意义。国际金融治理这一时期体现为各国在国际货币合作和协调方面的一些尝试。这样的尝试具有一定的偶然性,往往发生在货币动荡之后,尤其是在发生金融危机之后,各国之间的冲突升级,通过金融外交协调货币政策问题的必要性就变得更加明显。

(二)布雷顿森林时期的国际金融治理(20世纪40年代至70年代)

1944年7月1日,来自44个国家或政府的经济特使在美国新罕布什尔州的布雷顿森林召开了联合国货币金融会议(布雷顿森林会议),讨论战后国际货币体系建设。会议通过了以"怀特计划"为基础制订的《联合国货币金融会议最后决议书》以及两个附议,即《国际货币基金协定》和《国际复兴开发银行协定》,确立了以美元为中心的国际货币体系,即布雷顿森林体系。

布雷顿森林体系建立了国际货币基金组织和世界银行两大国际金融机构。前者向成员方提供短期金融信贷，以确保国际货币体系的稳定；后者则提供中长期信贷来重振成员方经济发展。其主要内容包括：第一，美元与黄金挂钩，各国确认1944年1月美国规定的35美元一盎司的黄金官价，每一美元的含金量为0.888671克黄金；第二，其他国家货币与美元挂钩，其他国家政府规定各自货币的含金量，通过含金量的比例确定同美元的汇率；第三，采用可调整的固定汇率制，《国际货币基金协定》规定，各国货币对美元的汇率，只能在法定汇率的基础上上下浮动1%，如果市场汇率波动超过法定汇率的1%，政府有义务对外汇市场进行干预，以保持汇率稳定；第四，各国货币兑换性与国际支付结算原则，即各国货币自由兑换的原则：任何成员方对其他成员方在经常项目往来中积存的本国货币，若对方为支付经常项货币换回本国货币；第五，确定国际储备资产，《国际货币基金组织协定》中关于货币平价的规定，使美元等同于黄金，从而成为各国外汇储备中最主要的国际储备货币；第六，国际收支的调节，国际货币基金组织成员方份额的25%以黄金或可兑换成黄金的货币缴纳，其余则以本国货币缴纳。

从1947年国际货币基金组织正式运营到1971年尼克松实行"新经济政策"，布雷顿森林体系的运行可分三阶段。第一阶段为初期阶段，从开始运行到20世纪60年代初，特点是美元短缺，美国以外的绝大多数国家国际收支困难，体系处于近乎瘫痪状态。其根源在于战后国际经济的不对称格局。美国以外绝大多数国家国际储备严重缺乏，加之其生产恢复阶段国内需求量大，出口创汇能力有限，急需进口却缺乏必要的支付手段，为进口而支付给美国的黄金美元储备难以回流，形成世界范围的美元短缺。第二阶段从西欧十国恢复其货币可兑性开始，到60年代中期结束。其特点是多边自由汇兑与美元危机相伴随，布雷顿森林体系的运营根基开始动摇。美元危机指的是美元作为战后中心货币的信誉发生动摇，表现为美国以外形成大量过剩美元使人们对美元的价值产生怀疑，从而竞相抛售美元；在美国的国际账户上，则表现为美国国际收支由盈余向赤字的转变。第三阶段是60年代中期以后，布雷顿森林体系的运营进入最后阶段，其特点是美元危机加深，推动西方国家转向改革现存国际货币体系。布雷顿森林体系是一个试图建立在管制与秩序之上的国际金融治理体系，主要体现在明确界定体系参与方的权利与义务，这些复杂而详尽的规则构成了一套完整的运行体系。

（三）牙买加体系时期的国际金融治理（20世纪70年代至20世纪末）

随着布雷顿森林体系的解体，1976年1月8日，国际货币基金组织（IMF）的临时委员会在金斯敦会议上达成了一项具有深远影响的国际货币制度改革协议，即牙买加协议。协议的核心内容主要包括：第一，废除了汇率平价和美元的中心地位，允许成员方根据自身国情自由选择汇率制度，从而确立了浮动汇率制度的合法地位；第二，取消了黄金的官方定价机制，各国央行可依据市场供需自由进行黄金交易，同时不再强制要求使用黄金进行债权清算；第三，降低了黄金的货币属性，提高了特别提款权（SDRs）作为国际储备资产的地位，并加强了IMF对国际清偿能力的监管；第四，设立了信托基金，旨在以优惠条件支持最贫困的发展中国家，并相应扩大了IMF的信贷额度；第五，显著增加了成员方的基金缴纳份额，特别提款权由292亿美元提升至390亿美元，其中增长主要集中在石油输出国组织成员国。

牙买加体系时期国际金融治理采取的主要手段是市场机制和制度规范，其特点是强调市场运行效率，弱化政府干预。整体上来看，此时的国际金融治理体系呈现多层次、多主体、多渠道的特征：第一，国际组织协调和大国多边协调、双边协调并存；第二，全球性协调和区域性协调共同发展；第三，规则性协调和相机性协调相辅相成。牙买加协议后的国际货币制度实际上是以美元为中心的多元化国际储备和浮动汇率的体系，其汇率制度多样化，这种比较灵活的复合汇率体制能够灵敏地反映不断变化的客观经济状况，为各国维持经济发展与稳定提供了灵活性与独立性。另外，牙买加体系采取多种调节方式相互补充来调节国际收支，包括经济政策、汇率政策和国际融资等，在一定程度上缓和了布雷顿森林体系对调节机制失灵的问题。牙买加体系基本上摆脱了布雷顿森林体系时期的各国货币间的僵硬关系，为国际经济提供了多种清偿货币，并在一定程度上解决了"特里芬难题"——以单一国别货币（如美元）充当世界货币时，该种货币将面临的保持币值稳定和提供充分的国际清偿力之间的矛盾。在牙买加体系形成后，美元不再是唯一的国际储备货币及国际清算和支付手段。

牙买加体系的建立对维持国际经济运转、推动世界经济继续发展有着积极作用，但同时也暴露出许多弊端：首先，许多国家都采取浮动汇率制，汇率波动频繁而剧烈，汇率体系极不稳定；其次，国际收支调节机制并不健全，各种现有的渠道都有各自的局限，牙买加体系并没有消除全球性的国际收支失衡问题；最后，在多元化国际储备格局下，储备货币发行国仍享有"铸币税"等多种好处，同时，在多元化国际储备下，缺乏统一的稳定的货币标准，这本身就可能造成国际金融的不稳定。正是因为牙买加体系存在这些弊端，从而促进国际金融治理进一步进行改革。

（四）建制时期的国际金融治理（2008年至今）

2008年金融危机后，随着旧秩序受到冲击，新生的力量在竞争中迅速发展，以中国为代表的新兴国家逐渐参与到国际金融治理当中。中国发起的亚洲基础设施投资银行和金砖国家新开发银行等引起了国际社会的广泛关注，对旧的国际金融治理秩序产生了巨大影响。新兴国家的国际金融治理理念和其代表的发展中国家的竞争性对未来国际金融治理体系的建构意义重大。此外，在外部冲击下，现存的、旧的国际金融治理体系也进入金融改革和调整的时期。由于世界经济格局向多极平衡发展，发展中国家实力增强，各种有代表性的力量，均在竞争中发挥各自在国际金融治理中的制度建构作用。虽然目前国际金融治理参与者处于自由竞争和有限对抗的状态，但是国际金融治理的前景是明晰的，即努力实现全球性的、永久性的制度安排。

国际金融治理改革中的中国角色与实践

新型冠状病毒感染暴发对全球金融的稳定造成了严重影响，使国际金融治理更加艰难。后疫情时代中国参与全球金融治理改革面临着复杂的国内外环境：一方面，疫情冲击下，全球经济复苏势头不稳，全球金融治理面临着全球化割裂、全球金融治理包容性不足、国际金融秩序混乱、国际金融组织治理低效、国际金融权力失衡等问题，国际货币体系无序，国际金融监管乏力，国际金融治理变革需求与期待加大；另一方面，中国已深度融入全球经济体系并在全球发挥重要引领作用,已从世界经济的主要参与者转变为积极建设者和主要领导者,同时国内经济发展已进入"新常态",经济和金融体制改革进入攻坚期和深水区,人民币国际化顺利推进但也面临诸多挑战。中国在全球治理中的地位已有显著提升,应以此次疫情冲击为契机,积极参与建构国际金融治理体系。在这一背景下,中国如何在全球金融组织治理改革中明确自身定位并发挥积极影响,成为突破既有格局和贡献自身智慧的关键。

中国在当前全球金融秩序中的地位具有双重特征。一方面,中国曾经是旧有全球经济与金融组织和规则的融入者和受益者。传统全球金融组织的建立及其所确立的全球经贸和金融规则,对经济全球化的纵深发展起到了重要的推动作用。改革开放以来,中国也正是通过融入这些组织以及由其所制定的全球规则发展开放型经济,并取得了举世瞩目的成就,中国对这些组织和规则是一种主动加入与适应;另一方面,中国也是当前传统的全球经济与金融组织和规则中的弱势方和受损方。中国迅速跃升为世界第二大经济体,并成为当今世界经济增长的重要动力,然而中国在全球金融组织中的地位和话语权仍未发生根本性的变化。同时,西方发达国家利用现有国际制度和在国际组织中的主导地位,并频频使用量化宽松货币政策,严重地冲击了以中国为代表的新兴市场和发展中国家的经济持续稳定发展。这一双重特征决定了中国在全球金融治理改革中的角色与定位。

一方面,中国应积极推动全球金融治理的"存量"改革,努力贡献中国方案。尽管传统国际金融治理组织和机制弊端重重,但现行国际金融体系和格局尚未到"推倒重来"之时。贸然推动相关改革,不仅可能会导致全球经济秩序紊乱,更会造成中国的利益受损。此外,中国国内经济和金融体制改革尚未完成以及市场经济体制尚未完全健全,也决定了中国在推动国际金融治理改革过程中应遵循循序渐进的原则。因此,当前中国在做好传统国际金融体系和金融组织的维护者和修复者的同时,根据本国利益和广大发展中国家的诉求,利用不断上升的经济实力和影响力,做好传统国际金融治理改革的引领者和建设者,以提高新兴市场国家和发展中国家的代表性和话语权为优先领域,积极推动其朝着公开、公平、公正的方向改革,充分发挥中国智慧与中国领导力,提出全球金融组织和规则改革的中国方案。

另一方面,中国应努力推动国际金融治理"增量"改革,倡导更具包容性的全球金融治理改革。面对当前传统全球金融治理改革进程远远滞后于全球经济力量变化格局的现实,为实现全球经济强劲、可持续、平衡和包容性增长的目标,中国应主动承担大国责任和履行大国义务,以传统全球金融治理的不足和困境为立足点,努力寻找新的突破口,积极倡导以发展为导向的全球金融治理观,从思路和格局上超越现有利益冲突,尝试建立新型金融机构,发起新的金融合作倡议,推动全球金融治理改革。在治理结构上,强调平等合作与对话,反对霸权和等级制,强调不同发展水平的经济体共治、共享、共赢;在治理目标上,强调将发展议题置于全球金融治理的最突出位置,摒弃单一的市场导向治理模式;在治理方式上,强调多元、灵活,坚持多边主义作为全球金融治理的基石,同时鼓励开展多种形式单边、双边与区域合作,形成相互补充的全球金融治理网络。

资料来源:
盛斌,马斌.全球金融治理改革与中国的角色[J].社会科学,2018(8):13–26.

第二节　国际金融治理的基本内容

国际金融治理一般被视为国际经济治理在金融领域的延展与应用。国际金融治理也被称为全球金融治理，是随着全球金融依赖程度加深，导致出现潜在或现实的金融风险时，相关利益方联合采取的事前、事中或事后的应对行为。国际金融治理既不是各国政府，也不是各国际金融机构之间的简单结合，而是它们各方之间的合作，是从国家层面到区域层面，乃至全球层面共同促进国际金融体系健康稳定有序发展的合作方式①。

一、国际金融治理概念的产生

相比国际金融治理的实践，国际金融治理概念产生较晚。20世纪90年代，在新自由主义思潮的引导下，许多国家较大程度地放松金融监管，从而导致全球先后爆发了一系列金融危机，包括1994—1995年墨西哥金融危机、1997—1998年亚洲金融危机和2001年阿根廷金融危机。也正是20世纪末一系列金融危机的冲击，促进了2000年后国际金融治理概念的产生。2001年，卡尔顿大学教授兰德尔·杰曼（Randall Germain）明确地将"国际金融治理"视为一个包含内涵和外延的正式概念。此后"国际金融治理"作为金融治理的一个独立领域，其研究得到广泛的发展。

二、国际金融治理的主体

国际金融治理是一个多维体系，其参与主体囊括了国家层面的政府职能机构以及国际和非政府组织。具体而言，国家层面的参与主体包括财政部、中央银行和金融监管机构等，它们在国家金融政策的制定与执行中发挥关键作用。在国际层面，国际货币基金组织、世界银行等国际组织机构扮演着规则制定者、监督者和协调者的角色，致力于维护国际金融稳定和推动全球经济发展。

除此之外，非政府组织也在国际金融治理中占据了一席之地，国际评级机构和跨国金融机构通过其专业服务和市场活动，对全球金融市场的运作产生影响。此外，跨国企业、金融机构、公民和社会组织等非国家行为体，也以各种形式参与到国际金融治理中，它们从民间角度出发，对金融政策的制定和执行提供反馈，促进治理过程的透明度和问责性。这些多元主体在不同领域和层次上相互作用，共同推进国际金融治理的进程，旨在构建一个更加稳定、

---

① Germain, R 将国际金融治理定义为"用于管理国际上活跃的金融机构的广泛的规则与程序结构"。联合国训练研究所（UNITAR）将国际金融治理定义为"为国际货币体系的可预见性和稳定性提供支持，并对国际经济交易提供便利化支付服务，它也为国际金融体系提供监督，以保护世界的储蓄者和投资者的利益，同时能在所有潜在借款人之间实施有限和公平的信贷资源分配"。王国兴等认为国际金融治理是指各国金融监管机构和国际金融组织，通过协调、合作、确立共识等方式参与全球金融监管事务的管理，以建立或维持理想国际金融秩序的过程。瞿栋认为国际金融治理是指在国际金融体系中，多元行为体通过平等对话与协商合作，以共同应对世界经济问题和全球金融变革挑战的一种规则机制、方法和活动。

高效和公正的国际金融治理体系，国际金融治理主体见表（11-1）。

表 11-1　国际金融治理主体

主要事件	成立年度	成立主体	主导主体
第一次世界大战	1930	国际清算银行（BIS）	比利时、德国、法国、意大利、日本、英国
第二次世界大战	1944	国际货币基金组织（IMF）、世界银行（WB）	美国
石油危机	1975	七国集团（G7）、巴塞尔银行监管委员会（BCBS）	G7
亚洲金融危机	1999	二十国集团（G20）、金融稳定论坛（FSF）	G8、G7
国际金融危机	2008	二十国集团（G20）、金融稳定理事会（FSB）	G7、G20

（一）国际货币基金组织与国际金融治理

国际货币基金组织至今仍然是国际金融治理最重要的协调机构，在促进国际金融合作和监管以及维持成员方国际收支平衡方面发挥着关键作用。20世纪70年代爆发的石油危机使国际货币基金组织的许多成员方陷入了严重的国际收支失衡，宏观经济发生了动荡。尤其是发展中国家，迫切希望能得到国际货币基金组织的信贷援助。为了维持成员方的国际收支平衡，国际货币基金组织更新了借款政策和工具，包括临时信用贷款（TFF）、补偿与应急贷款（CCFF）、信托基金贷款（EFF）等。

国际货币基金组织重要职能之一是在成员方发生金融危机时提供帮助。20世纪80年代的拉美债务危机、1994年墨西哥金融危机以及90年代末亚洲金融危机中，国际货币基金组织均发挥了积极的作用。在亚洲经济危机中，国际货币基金组织实行了有史以来最大的一次援助行动，先后向泰国、印度尼西亚和韩国发放了1000亿美元的贷款。1997年1月，国际货币基金组织与25个成员方签订了《借款新安排》（NAB），其拥有的资金量相比《借款总安排》（GAB）更多。GAB和NAB的资金也在亚洲金融危机中得到了使用。除此之外，国际货币基金组织一直不断改进金融监管和风险防范工作。进入21世纪，国际货币基金组织开始致力于提高发展中国家在其中的地位和作用。2006年9月18日，在新加坡年会上，国际货币基金组织增加了中国、韩国、墨西哥和土耳其的认缴份额和投票权的提案获得通过。2010改革方案通过之后，新兴经济体比从前增加超过6%的国际货币基金组织份额，中国、巴西、印度、俄罗斯等新兴市场国家与美国、日本、法国、德国、意大利、英国跻身国际货币基金组织前十大成员方。目前，中国缴纳的份额从3.994%上升到6.39%，投票权份额从3.8%提高到6.071%，排名第三。

（二）七国集团与国际金融治理

从20世纪70年代中期开始，国际金融治理中大国之间的协调开始频繁起来。其中，西方七国首脑会议最具有代表性,它是由七个最大的工业化国家组成(美国、英国、法国、日本、德国、意大利、加拿大)的。七国集团(G7)定期就各国关心的重大国际政治问题和经济问题进行协商,协调各国的意见和立场。从20世纪70年代至今,以G7为首的工业化国家在货币金融领域开展了很多有效的合作,比如对外汇市场的联合干预、货币政策的国际协作、货币金融危机的救助、贫穷国家债务减免、反洗钱等。从20世纪90年代至今,G7对全球金融危机的防范与救助发挥着重要作用。

1. "金融预警系统"与"紧急融资机制"的提出

在墨西哥金融危机之后,G7认为国际货币基金组织需要建立一个"预警系统",该系统的有效运作取决于成员方及时向国际货币基金组织提供所有经济信息。但问题是,首先,有关国家是否准备披露所要求的信息;其次,国际货币基金组织从分析信息中得出的结论是否为各国所接受。因此,要建立与完善这样的机制是非常困难的。即使被成员方接受,但该机制能否有效预防金融危机还是个问号。因此,国际货币基金组织通过了建立在《国际借款总协定》(GAB)的基础之上的"紧急融资机制"的改革方案。GAB的规模扩大了近1倍,达到1000亿美元以上的水平。这一机制强调了国际义务的分摊原则,扭转了G7以前划分金融势力圈的做法(如德国对波兰负责,美国对墨西哥负责)。预防和干预国际金融危机是国际社会共同的责任和义务。从而将处理国际金融问题的重要责任由G7转移到国际货币基金组织,以国际货币基金组织提供补充贷款的方式进行危机救助,这将大大提高运作效率。

2. 鼓励私人部门参与金融危机的防范与化解

亚洲金融危机的爆发和蔓延引起了国际社会对现有国际金融体系的深刻反思。2001年,热那亚国际峰会通过了改革现行国际金融体系的建议,参加会议的各国一致同意,应该强化国际货币基金组织在国际金融领域的监管作用,完善国际金融规则与标准;鼓励私人部门参与金融危机的预防和解决,改进国际货币基金组织借款机制;提高国际货币基金组织的透明度和可信度。G7认为国际货币基金组织在金融危机的防范与救助中,只发挥了最基本的作用。处于危机之中的国家收支失衡是非常严重的,而国际货币基金组织自身的资源是有限的,不足以弥补危机国家的融资短缺。因此,私人资本参与危机防范与救援是非常必要的。为此,国际货币基金组织做了很多努力,并取得了一些进展。但G7认为,仍需在以下方面进一步来推动此项工作:第一,各国政府与私人部门间应实现信息共享,加强彼此间的对话;第二,采取统一的行动计划,保证危机救援的有序实施,这要求国际货币基金组织进一步完善相关的业务框架;第三,为了加强国际货币基金组织在决策和评估国家金融态势方面的工作,有必要收集详细的私人部门融资来源,以及评估方案实施的预期影响;第四,审查国际货币基金组织施行的与呆账相关的业务政策;第五,在评估私人债权人参与债务重组的规模和程度时,加强巴黎俱乐部和国际货币基金组织之间的联系,协调各方在这个问题上的立场;第六,确保透明的事后监测和评估,以便对私人部门的参与和预期结果进行比较和分析。

3. 成立金融稳定论坛,完善国际金融标准和准则

1999年,G7财政部部长和中央银行行长达成协议,成立了金融稳定论坛(FSF),提出了12项金融稳定标准,以维持国际金融体系的稳定。G7还强调,需要促进建立国际公认的标准并且基于这些标准加以监督。亚洲金融危机后,G7提议加强对标准与准则的监督与实施。首先,在标准与准则的实施过程中,应增强市场和官方部门的互动,加强与市场的联系。国际货币基金组织应该对实施标准与准则的效益进行持续的分析。其次,应充分评估技术援助在

改进标准和准则方面的重要作用,国际金融机构应最大限度地利用其资金、技术和人力资源,填补标准实施中的资源缺口。最后,将准则和规范的遵守情况报告(ROSCs)和金融部门评估规划(FASP)作为主要和永久性工具,应持续对各国遵循标准与准则的情况进行独立、连续性的评估,同时应该考虑到每个国家的改革和发展重点以及机构具体特点。

4.建立打击金融犯罪的机制

早在1989年的G7财长和央行行长会议上,参加会议的各国认识到国际金融犯罪的严重性。随后,反洗钱金融行动特别工作组(Financial Action Task Torce on Money Laundering,FATP)正式成立。1990年2月,FATP公布了《关于洗钱问题的40项建议》,这成为国际反洗钱领域的主要标准。自"9·11事件"后,打击恐怖主义成为国际社会的一项重要任务。为配合反恐工作,G7财长和央行行长会议决定,在最初的40条反洗钱标准的基础上,增加8项准则以打击恐怖主义融资。国际货币基金组织和世界银行最早采用这些标准和准则,并根据这些标准和准则出版了《关于遵循标准和准则报告》(ROSC)。此后国际货币基金组织和世界银行都将反洗钱和打击恐怖金融活动列为各自的工作重点之一。国际货币基金组织和世界银行的努力包括:第一,加强对金融行业监管;国际货币基金组织和世界银行对金融行业(银行业、保险业和资本市场)的审慎监管情况进行评估,包括监管规则、实施能力和实施的有效性。第二,提供技术援助,世界银行资助了40个项目,这些项目惠及115个国家。其中包括增强立法人员的能力、培训计划和协助起草法律文件、建立"金融情报所"。第三,国际货币基金组织和世界银行联合成立国际技术援助协调机制,从而确保了打击洗钱和反恐融资的实际效果。第四,世界银行建立了一个"全球对话机制",各国有关专家和高层官员通过视频会议的方式交换意见,每次能够有5个国家同时参与。

(三)二十国集团与国际金融治理

二十国集团(G20)属于非正式论坛,旨在促进工业化经济体和新兴经济体之间的建设性和开放性的对话,就国际经济、货币政策和金融体系的重要问题进行讨论和协调,合作推动国际金融体制改革,完善国际金融体系架构,促进经济的稳定和持续增长。

1999年12月G7邀请来自全球新兴市场国家的财长和央行行长在柏林召开了第一次非正式会议,这标志着包含新兴市场国家在内的非正式对话机制——G20宣告成立。有学者指出,G20的成立是朝着"全球性"的国际金融治理结构改革迈出的第一步,也是关键性的一步。因为它第一次将新兴市场国家纳入讨论国际金融治理的结构。但是,从1999年到2008年的最初十年间,G20部长级会议作为一个新兴的国际制度形式,虽然每年都召开例行的双部长会议,但它并没有发挥出国际金融治理的实际功效。2008年国际金融危机的爆发及其对整个国际金融体系的破坏性影响为此次根本性的制度变革提供了前所未有的契机。2009年G20部长级会议升级为G20峰会,G20也正式取代G7成为国际金融治理体系的核心。与此同时,金融稳定论坛升级成为金融稳定理事会(FSB),并将新兴市场国家纳入其会员体系之中。自此,一个以G20和金融稳定理事会为结构核心的国际金融治理网状体系形成了。

在应对2008年金融危机中,G20顺利实现了制度升级,成为应对危机的重要平台。并初步显示了其治理成效。这主要源于它一方面适应了国际权力结构的改变,另一方面其又具有相对较低的制度建设成本。这两方面的原因共同推动了国际金融治理机制从"G7时代"向"G20时代"的改变。首先,G20将新兴市场国家参与国际金融治理的地位制度化。在G20峰会中，新兴市场国家以完全平等的身份参与了治理金融危机的政策商讨。G20峰会还达成了取消关于世界银行行长和国际货币基金组织总干事必须分别是美国人和欧洲人的意向性共识。其次，G20对传统的治理乏力的国际机构进行了改革，加强其行为能力。它确保国际货币基金组织、世界银行和其他多边开发银行拥有充足的资源以帮助在危机中受到严重打击的发展中国家，并提供贸易和基础设施的融资。除此之外，G20还决定一次性增发2500亿美元的特别提款权，它将分配给其所有成员。不仅如此，G20峰会达成加强对金融市场进行监管和金融产品信息通报的合作共识。最后，各国达成联手刺激经济和扭转国际经济失衡的共识。各国领导人承诺通过财政政策和货币政策来抵消全球经济几十年来最剧烈的减速[①]。

（四）其他主体

全球性的多边金融组织如世界银行，以及地区性的发展银行如亚洲开发银行。此外，新兴金融机构如金砖国家新开发银行和亚洲基础设施投资银行也是国际金融治理主体。作为全球最具影响力的国际发展援助组织，世界银行的核心宗旨在于向成员方提供资金援助和专业技术支持。尽管初期主要集中资源支持欧洲战后的重建工作，但从1948年开始，其贷款策略发生了显著变化，转而聚焦在亚洲、非洲及拉丁美洲的发展中国家，特别是在完善基础设施、扩展交通网络和优化能源供应等方面提供了大力援助。进入20世纪80年代，受到全球债务危机的冲击、经济疲软现象的蔓延以及新自由主义思潮的兴起，世界银行进一步将重心转移到发展型贷款上，并鼓励成员方采取结构性的改革措施。这一策略旨在推动成员方的经济实现持续增长，并促进社会的全面和可持续发展。

金融监管与标准制定类国际金融治理主体主要包括国际清算银行（BIS）和金融稳定论坛（FSF）。BIS成立之初主要致力于解决第一次世界大战后德国的战争赔款和战争债务的结算与支付问题，目前则致力于扩大世界各国或地区货币当局和金融监管部门的合作，制定全球金融监管标准，维护货币和金融稳定。它设有巴塞尔银行监管委员会（BCBS）、全球金融体系委员会、支付和市场基础设施委员会、市场委员会、欧文·费舍中央银行统计委员会和中央银行治理论坛六个常设委员会，分别负责制定全球银行监管标准、监测金融市场稳定、监测支付和市场基础设施发展、检查金融市场运行与制定外汇市场行为准则、应对货币和金融稳定、提高货币当局治理水平等问题。FSF是亚洲金融危机后G7为了维护全球金融稳定、完善金融市场运作和减少系统性风险而创设的新机构，其主要职能是评估全球金融体系存在的问题及缺陷，确定和监督为解决这些问题而采取的必要行动，促进成员方内主要金融稳定事务管理部门合作与信息交换。它通过高杠杆机构、资本流动、离岸金融中心、存款保险和标准实施小组五个非常设性工作组开展工作。

三、国际金融治理的目标

国际金融治理目标的明确设定对于确立全球经济稳定与增长的理论基础和实践指南至关重要。这些目标不仅为国际金融政策的制定提供一致性框架，降低政策冲突，还有助于预防和管理全球金融体系的潜在风险，确保金融市场的稳定运行。此外，国际金融治理目标促进

---

① 在第一次G20峰会上，中国做出了投入4万亿元人民币以刺激经济复苏的决议。日本提出了27万亿日元的刺激政策。华盛顿峰会后，德国于2008年11月和2009年1月出台了两轮经济刺激计划，美国也于2009年2月出台了《美国复苏投资法案》。

了国家间及国际组织间的合作与协调，这对于解决跨境金融问题、支持可持续发展目标均具有重要意义。

首先，国际金融治理的首要任务是强化国际合作与协调，完善全球金融防火墙和安全网[①]，防止系统性风险的发生。在金融自由化和全球化的浪潮下，跨国金融机构的迅速扩张和层出不穷的金融创新模糊了传统金融市场的界限。同时，国与国之间的金融联系日益紧密，金融风险在各国间传递和扩散的趋势加剧，这使得传统的以国别为基础的金融监管方式显得捉襟见肘。此外，各国监管政策的不统一，跨国金融机构有可能利用其在全球的分支机构规避监管，从事高风险乃至非法活动。因此，深化金融监管的国际合作与协调，以防范系统性风险，成为国际金融治理体系不可或缺的一环。

其次，国际金融治理要求面对突发性公共危机，应提供合理有效的金融支持。具体来说，当面对灾难性公共危机时，除了直接的金融贷款支持，国际金融治理体系还应从宏观金融合作和其他层面提供多元化的支持策略。例如，当危机爆发，尤其是伴随高传染性的流动性紧缩时，国际金融机构应尽快提供低息且附带一定条件的金融救助，以维护国际资金流动性的稳定。这种策略旨在通过国际协作，迅速应对危机，减轻其带来的负面影响。国际货币基金组织在其中扮演着必不可少的角色，它可通过向危机国提供贷款，减轻突发性公共危机对经济的影响，解决国际收支暂不平衡的问题。例如，面对2020年的新型冠状病毒感染疫情，国际货币基金组织利用灵活的紧急应对工具——快速融资工具（RFI）和快速信贷（RCF）——帮助有紧急国际收支需求的国家。快速融资工具面向所有成员方，而优惠的快速信贷为符合"减贫和增长信托"条件的成员方提供零利率贷款，两者都不需要开展全面的规划。此外，国际货币基金组织的控灾减灾信托（CCRT）也能为最贫穷和受影响最严重的国家减免对基金组织的债务，为控制和缓解公共危机释放关键的资源。

再次，促进经济发展，减少全球贫困。国际金融治理应促进金融资源在时间、区域方面的高效配置，强化对发展中国家，尤其是经济欠发达国家的金融支持。当前贫困问题已上升为全球关注的焦点，各国政府及金融机构间的紧密合作尤为重要。为此，发展中国家可积极寻求与国际货币基金组织、亚洲基础设施投资银行、丝路基金等多边金融机构的广泛合作，建立符合本国实际情况的扶贫战略和长期稳定的协作机制，以实现减贫目标。例如，国际货币基金组织的功能之一就是为成员国提供技术支持和咨询服务。作为全球最具权威性的多边金融机构之一，世界银行致力于通过提供长期且稳定的贷款与技术援助，为发展中国家构筑坚实的反贫困防线。其贷款策略聚焦于医疗设施和教育体系等关键性基础设施的完善与提升。此外，世界银行集团汇聚了国际开发协会（IDA）和国际金融公司（IFC）等多方力量，共同构建了一个全面而有力的优惠贷款与援助网络，以支持发展中国家的发展需求。世界银行集团的目标明确，即到2030年，以可持续的方式终结极度贫困，同时推动全球经济的共同繁荣与发展。具体而言，国际开发协会（IDA）专注于向全球最贫困的国家提供无息贷款和赠款，旨在从根本上改善这些国家的发展环境。而国际金融公司（IFC）则侧重于为发展中国家的私营部门提供融资、股权投资及专业咨询服务，通过激发私人部门的活力与创造力，推动经济增长和社会进步。这一目标的实现，不仅是对世界银行集团自身使命的履行，更是对全人类

[①] 所谓全球金融防火墙和安全网，是指包括自我保险（储备资产）、双边融资安排（央行货币互换）、区域融资安排、IMF多边融资安排在内的一系列危机防范和应对措施。

福祉的贡献。

最后，保障国际货币体系顺畅运行，维持金融领域各项活动的健康发展。一方面，现行的国际货币体系仍是一个美元占优的体系，由于缺少必要的约束与限制，往往造成美元国际供给的无序与泛滥，不受监管的国际流动性将推动资产价格泡沫急剧膨胀，不利于世界经济发展。在现行体系下，国际货币基金组织充当最后贷款人的角色，然而，它本身不具备创造货币的能力，无法在危机发生时迅速为市场创造流动性。国际最后贷款人机制建设缺失将会导致危机救援与管理效果不力。另一方面，在布雷顿森林体系瓦解后，浮动汇率制合法化，并逐渐成为发达经济体汇率制度的主流，但世界各国对汇率制度的选择存在较大的差异。由于主要国际货币间存在内在不稳定性，提供了国际投机获利的巨大机会，也刺激了短期国际投资资本的巨大流动，导致各国难以完全避免国际汇率波动风险与投机资本冲击。因此，维持国际货币体系稳定运行，是经济金融领域健康发展的关键。

第三节　国际金融治理面临的挑战

在全球化和金融自由化进程中，金融市场的一体化趋势日益显著。在此背景下，现行国际金融治理体系在抵御金融危机的冲击、促进国际金融监管合作、维护全球金融市场稳定以及推动世界经济发展等方面，扮演了关键角色。然而，自2008年国际金融危机以来，伴随着国际政治经济格局的重大转变和大国间博弈的复杂化，现行国际金融治理体系遭遇了结构性的挑战，面临着潜在的分散瓦解与碎片化风险。

因此，国际金融治理正面临多方面的挑战，这些挑战要求对现有治理架构进行深入的反思和必要的改革。2020年新冠疫情的暴发进一步凸显了国际金融治理体系的脆弱性，并暴露了其在应对突发全球性事件时的不足和缺陷。疫情对全球金融市场造成的冲击，凸显了加强国际金融治理、提高其韧性和适应性的紧迫性。

一、现行国际货币体系缺少内在稳定机制

在布雷顿森林体系（固定汇率制）崩溃后，国际货币体系再一次进入没有稳定机制约束的浮动汇率制。虽然浮动汇率制度能够适时反映外汇市场的供求变化，避免固定汇率制中因背离市场供求而造成的价格扭曲，但也提高了货币恶性竞争和市场过度投机的风险。牙买加体系因汇率随市场供求自由浮动，缺少了内在稳定机制，增加了汇率波动的风险。由于实际经济规模较小或较弱的国家承受浮动汇率冲击的能力较弱，牙买加体系允许一些经济体从浮动汇率制度转为中间汇率制度。中间汇率制度是指固定和浮动汇率制度并存的汇率制度，包括有管理的浮动汇率制度、联系浮动汇率制度、区域合作的浮动汇率制度等。它是一种依靠或创造一种锚定货币来实现汇率相对稳定的浮动汇率制度，有两个主要特点：固定汇率制度的稳定性和浮动汇率制度的弹性。然而，20世纪90年代的货币危机表明，原本被认为是结合了固定和浮动两种汇率制度优势的中间汇率制，但也可能结合两种汇率制度各自的缺点，造成更大的货币危机和危害。正是这些不断爆发的货币危机推进了国际货币的多元化和区域化。

二、软法属性及争端解决机制空白化

国际金融治理兼具硬法和软法两种手段。"硬法"是指能够准确界定及授予某个行业部门解释和执行法律的权威的诸多法律职责。在国际关系中使用硬法,有助于国际行为体降低交易成本、提高其承诺可信度、发展和实施可行的政治战略以及解决不完全契约问题,但它限制了国际行为体的行为,甚至是其主权。而软法具有硬法不具备的优势,如节省签约成本、降低主权成本、减少不确定性以及充当妥协的手段。Lipson指出,一些国际协议之所以采用非正式的形式,源于相关行为体对成本和收益的比较:希望避免做出正式承诺和获得批准的烦琐;有能力适应环境变化对协议重新磋商或修订;需要快速达成协议(Lipson,1991)。在金融危机爆发后,软法在国际金融治理中的作用变得越来越明显。在缺乏全球性政府和中央银行的国际环境中,软法发挥着节约谈判成本、避免主权限制、允许不同的政策偏好、确保统一的国际标准、应对现实的不确定性及提供持续协商的基础方面的重要作用。国际金融危机爆发后,金融稳定委员会的重构就证明了软法的必要性和重要性。国际金融的复杂性使不同领域的标准制定机构都开始重视利用软法进行监督和管理,并影响到许多国家的内部监管体系和实践。巴塞尔协议对金融机构资本充足率的要求就是这方面的一个典型例子。然而,软法的局限性是它没有硬性约束力,相关行为体对有关规范和标准的遵守取决于各种因素,如遵守规范和标准的行为体的数量多少、守规带来的损益对比、违规成本的承受能力以及对国际金融不稳定的潜在损失。在未来国际金融治理机制变革中,有待解决的一个重要问题是如何让被接受的软法实现"硬化",从而超越软法的"软行为约束"。

另外,全球金融软法中纠纷解决机制的空白导致了授权困境。国际投资争端解决中心(ICSID)提供的争端纠纷解决平台促进了国际贸易、投资领域的成功,其裁决明晰了条约与规则的具体内涵,使行动标准进一步细化。虽然IMF在《2007年决议》中确定了评判汇率操纵的7项指标,但IMF至今的改革决议都没有赋予任何第三方在制度层面解决汇率争端的权限,因此IMF即使确定了有汇率操纵的行为,但也缺乏类似于上述的争端解决机制来执行结论。这是IMF在实践中从未判定任何国家是"汇率操纵国"的原因之一。由于缺乏汇率争端解决机制,霸权国可以利用国内法代替国际法,肆意通过单边行动指责他国汇率政策。

三、国际金融政策协调机制缺失

第二次世界大战以来,国际货币体系经历了布雷顿森林体系和牙买加体系两个发展阶段,实行了固定汇率制、浮动汇率制和中间汇率制,但作为国际货币的美元本位制并未得到实质性改变。这表现为,在国际贸易中美元仍然是最主要的标价和结算货币,同时美元也是大多数国家进行本币干预的对手货币,在国际储备资产中,美元仍然占据着最重要的位置。在美元本位制下,美国实行的金融政策会传导给世界各国经济,产生巨大的溢出效应。一方面,如果美国经济运行平稳,世界经济协调发展,那么美元本位制的积极作用可以得到较充分发挥,全球经济也能平稳顺畅发展。另一方面,当全球经济发展与美国经济增长相悖时,为了恢复美国经济增长,美国便利用美元本位制将危机尽快转嫁到其他国家和地区,迫使其他国家为解决美国经济危机买单。当美国经济受到竞争对手的威胁时,如果美国认为现行的国际贸易和国际金融的政策协调机制对其不利,就会放弃、退出或破坏这些机制,以抑制竞争对手和维持美国的经济地位。

美元本位制的主权货币性质赋予了美元特权，但却缺少国际金融政策协调机制来制约美元特权行为。在美元本位制下，美国没有外汇储备的约束，而各国的外汇储备则可以成为一种资金注入来促进美国经济运转[1]。同时，美元拥有国际铸币税特权，国际储备持有者财富可能会由于美元贬值而缩减。另外，美元流动性泛滥不仅在世界范围内产生蔓延效应，还会刺激更大的金融泡沫，使国际金融动荡加剧，成为世界经济发展新的不稳定来源。

四、国际金融监管体系不健全

自20世纪60年代以来，国际金融危机不断爆发，每次危机的性质都不尽相同，但是监管全球系统性金融风险的机制却不健全。从监管体系上看，国际金融风险监管主要包括：第一，国际货币体系的监管，包括汇率稳定、国际收支相对均衡、国际储备充足、制止货币恶性的竞争等；第二，银行业的风险监管，包括市场准入、国际兼并、行业自控、限制跨国违规违法交易等；第三，证券金融市场的风险监管，包括公平、高效和安全的证券市场交易，相对稳定的资产价格和限制非法跨境交易。然而，在实行浮动汇率制度时，国际货币体系并没有受到有效监管，国际银行和国际证券市场分别由国际清算银行（BIS）的巴塞尔委员会和国际证券委员会监管。由于国际金融监管体系的碎片化和多元化，BIS的巴塞尔委员会和国际证券监管委员会的监管功能有所强化，他们发布的文件和规则已被广泛接受和采纳，但没有法律约束力，只是在行业自律和国际惯例框架的软性约束，其监督作用有限。受全球经济一体化程度的限制，现阶段尚无法形成统一健全且有法律效力的国际金融治理监管体系。

五、国际金融治理制度性话语权失衡

第二次世界大战后迄今，国际金融治理格局的一个重要特征是美国对主要国际经济组织的实际控制，最具代表性的就是国际货币基金组织（IMF）和世界银行（WB）。IMF和WB为美国在国际金融治理中左右决策程序、主导全球重大货币金融事务，提供了制度上的合法性基础。1999年之前（G20成立之前），国际金融治理的制度性话语权基本由美国和发达经济体掌控，新兴经济体和发展中国家没有制度性话语权，更没有规则制定、政策协商、制度变革的参与权，只能被动跟随。国际金融治理中缺少发展中国家利益考量的立场和角度使得其话语权配置处于失衡状态，影响了国际金融治理的公平性和有效性。

随着新兴经济体的崛起，发展中国家在全球经济中的占比、承担的责任和义务、对世界经济的贡献及影响力得到提升，但与之相匹配的制度性话语权却相对不足。G20机制形成后，因有新兴经济体的加入，情况逐步有所好转，但距离实现公正、高效、优化的国际金融治理仍然任重道远。

---

[1] 罗伯特·特里芬指出美元作为国际储备货币具有不可克服的内在矛盾，即依靠一国或少数国家货币作为国际储备资产货币，一方面无法保证国际储备的增长，另一方面人们对储备货币的信心损失，最终导致该体系的崩溃。

六、数字货币带来全新挑战

数字货币已经开启了货币历史新阶段。数字货币作为货币信用形式现代化的必然产物,其特点有以区块链为技术基础、减少发行和运营成本、便于数据溯源监管和更好服务实体经济,本质与传统货币一脉相承,多国央行研发法定数字货币无疑给国际金融治理带来了新的挑战。

首先,数字技术创新的速度远超相应治理机制的升级速度。去中心化的数字货币在一定程度上削弱了国家金融监管的效能,而国际金融治理的有效性又高度依赖于主权国家的治理能力。虽然区块链等技术在数字货币的推动下迅速被模仿和应用,但治理机制和结构的创新却需要经历长时间的试验、总结与经验的积累。特别是在国际金融治理层面,其创新更需全球范围内的共识、协调与博弈。尽管各国政府和世界组织已对数字货币的治理给予了高度重视,但相关的风险评估与监管机制仍有待进一步完善。

其次,各国在数字货币领域的态度和偏好具有显著的差异。在全球金融治理机制逐渐呈现碎片化趋势的同时,数字货币所依赖的区块链技术也面临着同样的问题,这无疑增加了监管的难度。例如,虽然比特币去中心化交易网络已经建立,但不同区块链之间的协调与合作仍然相对有限,构建一个全球统一的区块链体系将是一个长期且复杂的过程。同时,数字货币的多样性也带来了其收益与风险的不确定性、法律地位的模糊性以及治理原则的缺失,为全球监管带来了诸多挑战。

最后,在数字货币的演进过程中,其去中心化的特性虽可以减少传统中心化结构所带来的风险,然而,这一特性同样可能潜藏新的隐患。具体而言,私营数字货币的匿名与安全特性往往建立在区块链算法的基础之上,然而,随着技术的持续进步,这些算法有可能孕育出新的中心点,即某些实体可能会逐步成为去中心化体系的核心。此外,数字货币的运作高度依赖于网络基础设施,这同样可能催生新的网络中心化现象。因此,在数字货币的推广与应用中,不仅要积极推动其发展,更应提高警惕,采取相应的措施来防范和应对可能出现的新中心化风险。

案例11-2

中国的碳中和机制与绿色金融

我国绿色金融自2005年起步,2016年出台顶层设计文件,2019年以来发布《绿色产业指导目录》和《绿色债券支持项目目录》等新版标准,2020年发布《银行业存款类金融机构绿色金融业绩评价方案》,目前初步形成绿色信贷、债券、保险等多层次市场。具体来看,绿色信贷已经建立包括分类统计制度、考核评价制度和奖励激励机制在内的政策体系;绿色债券根据不同债券类别逐步形成包括发行标准认定、信息披露和续存期管理等制度的差异化政策体系;对于绿色证券指数、绿色保险和环境权益交易市场的政策建设仍在推进中。未来中国需要投资进行大规模的绿色更新。自2013年起,中国工业化进入平台期,城市化成为新的碳排放的关键,新建和存量交通、建筑、基础设施改造成为重大投资和绿色金融支持的领域。根据中金公司的估算,2021—2030年累计绿色投融资缺口约5.4万亿元,年均0.54万亿元。这种缺口或将由于投资需求后滞而进一步扩大，假如没有政策干预，2030年后绿色投融资缺口可能会迅速上升至每年1.3万亿元以上。

由政府机构、市场平台（如交易所）、资产委托机构（如主权财富基金、退休基金、家族办公室等）、资产受托机构（信托平台）、评级公司、认证机构、信息收集与数据整合机构、合规服务商、指数编制机构、金融中介（如投资银行、商业银行）、上市公司与非上市企业等多元主体组成了完整的绿色金融生态系统。在这一生态系统里，绿色债券、社会责任债券、可持续发展债券、绿色信贷、绿色保险、碳金融、碳交易等以及各类与ESG相关的金融产品应运而生，给生态系统的各方参与者提供了丰富多样、极具吸引力的可持续发展机会。其中，政府增强型市场激励机制是这一生态驱动的核心因素，特别是在管制—标准—激励方面需要更多的政策框架支持。当前大量的绿色发展，如绿色建筑、新能源、循环经济等大类别发展已经进入全面可商业化阶段，但是国内相应服务供给较慢，原因在于涉及多利益主体，需要新的政府—市场—ESG主体三者协调，所以稳定的绿色发展制度框架最为重要。实现这一框架需要多方利益共同努力。政府增强市场机制将推动微观层面基于环境、社会责任和治理承诺加速的中国绿色资产管理。企业加强与地方政府、行业协作，先行先试，制定碳中和机制，并推动企业本身的绿色生态圈与之对接，形成自上而下和自下而上的治理机制，促进交易、更新和绿色资产的智慧管理。

资料来源：
张小溪.碳中和机制下的中国可持续发展[J].中国发展观察,2021（21）：42-43.

本章小结

（1）国际金融治理是指全球治理在金融领域的应用和发展，是随着全球金融依赖程度加深，导致潜在或现实的金融风险时，相关利益方所联合采取的事前、事中或事后的应对行为。

（2）国际金融治理发展历程主要经历了古典时期、布雷顿森林体系时期、牙买加体系时期和建制时期。

（3）国际金融治理仍面临着现行国际货币体系缺少内在稳定机制、软法属性及争端解决机制空白化、国际金融政策协调机制缺失、国际金融监管体系不健全、国际金融治理制度性话语权失衡、数字货币出现及数字化金融治理的挑战。

延伸讨论

近年来，在我国的积极倡导与持续努力下，金砖国家新开发银行、亚洲基础设施投资银行等"新金融组织"陆续建立，并发挥着越来越大的作用，逐步消解西方国家对国际金融组织体系的垄断。席卷全球的金融危机和逐步崛起的新兴市场国家，既对传统国际金融组织体系造成巨大冲击，也给我国争取更大的话语权、参与重塑国际金融组织体系带来了新的战略机遇。请查找相关资料，思考并回答以下问题：

（1）中国作为新兴市场国家的代表，如何通过参与国际金融组织改革以及利用"一带一路"等现有机制和倡议框架内的金融治理合作，争取更大的话语权？

（2）中国应该采取哪些措施以更好地参与和推动国际金融治理？

第十二章 国际投资治理

 学习目标

学完本章后，你应该能够：
- ◆ 了解国际投资治理体系的现状、特征与成因
- ◆ 熟悉国际投资治理的内容与规则
- ◆ 认识国际投资治理面临的挑战

投资作为推动经济发展的"三驾马车"之一，在经济全球化进程中扮演着至关重要的角色，被誉为全球经济增长的"助推器"。在国际经济治理的框架下，国际投资治理的主旨在于促进全球投资环境的健康发展与可持续性。其核心目标是确保非歧视性原则得到广泛实施，以构建一个公平、自由、规范的国际投资架构。为实现这一目标，国际投资治理通过一系列具有法律约束力的规则来实现，这些规则全面覆盖了投资促进、保护、便利化和自由化等多个方面。各国通过协商和谈判，共同制定一套完善的国际投资规范，以确保投资活动的自由化、规范化和公平性。

二战后，尤其是1991年后，跨国公司如雨后春笋般涌现，推动国际投资迅速发展，其规模与影响力持续扩大。与此同时，国际投资领域的争端愈演愈烈，投资风险向多样化和高危害性方向发展，投资自由化与保护主义之间的矛盾不断激化，国际投资治理成为必然选择。为适应经济全球化和国际投资发展的要求，解决国际投资领域的问题，各国积极制定本国对外投资规则，并积极参与国际投资规则的谈判，建立了包括投资自由化、投资保护、投资争端解决程序等内容的投资治理体系。随着经济全球化和国际投资实践的发展，现有国际投资治理体系也面临着诸多挑战，未来新型国际投资治理体系的发展也将纳入更多新的议题①。

---

① 与传统投资治理体系不同，热议中的新型国际投资治理体系将国际投资保护、国际投资自由化、国际投资环境、国际投资产业结构、国际投资风险、双边或多边的相关国际投资协议、投资争端解决机制、主权财富基金等纳入新议题。

第一节　国际投资治理的产生与演变

国际投资治理的产生与演变是与经济全球化和国际资本流动自由化紧密相连的。在早期，国际投资主要通过双边协定进行规范，这些协定着重于保护投资者权益和促进资本跨境流动。随着时间的推移，尤其是1991年后，全球化进程加速，跨国公司和国际资本的兴起推动了国际投资治理向更为复杂的多边体系发展，以适应跨境投资的增长和复杂性。面对投资争端解决、风险管理和政策协调等新挑战，国际社会构建了包括多边投资协定、国际投资争端解决中心（ICSID）以及世界银行集团下的多边投资担保机构（MIGA）等在内的治理结构。进入21世纪，随着新兴经济体的崛起和可持续发展目标的整合，国际投资治理进一步发展，开始更多地关注投资者的社会责任和东道国的发展需求。国际投资治理的演变体现了国际社会对投资规则的不断适应和响应，旨在平衡投资自由化与东道国政策空间、投资者权利与东道国发展需求之间的关系。这一治理体系的持续演进，旨在构建一个更加公平、稳定且有利于全球共同繁荣的国际投资环境。

一、国际投资治理的发展历程

（一）国际投资治理萌芽时期（1945—1964）

二战结束后，美国与多国就《友好通商航海条约》系列进行了广泛磋商，这些条约主要聚焦于贸易议题，同时亦涵盖了一系列旨在保障外国财产权益的条款。1948年拟定的《国际贸易组织宪章》在保障各国在合理范围内对其境外投资的所有权主张的同时，进一步明确了各国在接纳外资方面所享有的自主决策权。1949年，国际商会（ICC）制定了一份具有里程碑意义的文件——《外国投资公正待遇草案》。该草案对外国投资的流入环境进行了明确而详尽的规定，旨在为国际投资提供一套公正合理的法律框架和指导原则。首先，草案中严格禁止任何形式的歧视性措施，包括但不限于政治干预、法律限制或行政阻碍，以确保外资能够在一个公平、公正的环境中流入。其次，草案详细规定了在外资征收过程中，必须遵循严格的正当法律程序，确保程序的透明度和公正性。最后，草案还强调了在征收外资时，必须按照国际法的标准，为受影响方提供公平、合理的经济补偿，以保障其合法权益不受侵害。通过这一草案，国际商会为促进国际投资的稳定和发展，保护投资者的合法权益，以及推动东道国和投资者之间的互信与合作作出了重要贡献。

在20世纪五六十年代，国际环境呈现错综复杂的局势。在这一背景下，各国难以在投资政策上达成广泛的共识。即使这样，投资协定领域仍然取得了显著的进展，特别是在区域性和双边协定方面。1957年，欧洲六国在罗马联合签署了《欧洲经济共同体条约》，这一文件不仅标志着欧洲一体化进程的重要一步，也为区域内的投资合作奠定了法律基础。紧接着，在双边层面上，1959年，当时的联邦德国与巴基斯坦和多米尼加共和国签署了世界上首批双边投资保护协定。随后，其他欧洲国家也开始效仿这一做法，纷纷与不同国家签订双边投资协定。这些协定的广泛签署和实施，极大地推动了国际投资环境的改善，为跨国投资提供了更为稳定和可预测的法律框架，从而有助于促进全球经济的发展和繁荣。

（二）国际投资治理成型时期（1965—1989）

从20世纪60年代中期到80年代末，国际投资机制在多个方面都得到稳步发展。1965年，《华盛顿公约》的签署标志着国际投资争端解决中心（ICSID）的正式成立，这成为首个专门解决国际投资争端的仲裁机构，为国际投资法律体系的建立奠定了重要基础。随后，多个国际组织参与进来，推动了一系列与国际投资相关的体系框架和制度规范的建立。例如，1967年，经济合作与发展组织（OECD）起草了《保护外国人财产权公约草案》，该草案旨在确立对外国投资者财产权益的保护，为国际投资提供了更为坚实的法律保障。1974年，联合国通过《建立新的国际经济秩序宣言》和《建立新的国际经济秩序行动纲领》，旨在推动构建一个更加公正合理的国际经济秩序，其中包括对国际投资规则的改革。1976年，OECD还发布了《跨国公司行为准则》，为跨国公司的国际运营提供了一套明确的指导原则，以促进其负责任的商业行为。

1982年，联合国经济及社会理事会（ECOSOC）下属的跨国公司委员会提出了《跨国公司行为准则（草案）》，进一步完善了对跨国公司行为的规范，旨在促进国际投资市场的健康发展，确保跨国公司在全球范围内的经营活动能够符合东道国的社会、经济和环境标准。总体而言，这一时期的国际投资机制发展，不仅增强了对投资者权益的保护，还推动了国际经济秩序的改善，为国际投资的稳定增长和全球经济一体化的深入发展提供了坚实的法律和制度基础。

从20世纪70年代中期起，奥地利、日本、英国和美国等国家纷纷启动了双边投资协定的制订计划，进一步推动了国际投资协定体系的发展。1982年，美国制定了首个投资谈判的蓝本，几经修订成为与传统德国模式有所区别的"美国现代模式"投资协定范本。在外资政策层面，加拿大、美国和澳大利亚等发达国家自70年代起便加强了对外资的监管和审查力度，旨在确保外资的合规性与市场稳定性。进入20世纪80年代，随着全球经济的持续繁荣，西方发达国家开始积极鼓励外资的流入，并为跨国公司的资本输出营造有利的环境。同时，国内的立法与监管体系亦在不断完善，外资审查相关工作得到进一步强化，从而为外资的引进与管理提供了更为全面、系统的制度保障。

（三）国际投资治理高速发展时期（1990—2007）

在20世纪90年代，全球经济进入了一个空前繁荣的新时代，世界经济步入了一个长期而稳定的增长阶段。在这样的大背景下，国际投资环境趋向自由化，跨国公司在全球范围内配置资本的能力和效率达到了历史新高。这种趋势不仅在发达国家中表现显著，发展中国家也积极参与其中，大力推进投资自由化，并深度参与双边投资协定和条约的协商与制定。联合国贸易和发展会议（UNCTAD）1999年发布的《世界投资报告》的研究显示，从1991年到1998年，发展中国家对其外资政策的调整幅度达94%。这些调整不仅体现了发展中国家对全球经济一体化进程的积极响应，也反映了它们对国际资本流动重要性的深刻认识和战略重视。

在1992年的全球多边协定框架下，世界银行与国际货币基金组织联合发布了《外国直接投资待遇指南》，该指南虽不具备法律强制力，却为外资准入、待遇、征收政策和合同变更等关键议题提供了影响深远的指导性原则。随着乌拉圭回合谈判的深入，世界贸易组织在国际贸易自由化方面取得了显著进展，并缔结了包括《与贸易有关的投资措施协定》《服务贸易总协定》《与贸易有关的知识产权协定》和《补贴与反补贴措施协定》在内的多项与国际投资机制紧密相关的协定。这些协定不仅加强了国际投资的法制基础，还为全球贸易与投资合作提供了明确的规则框架，促进了成员之间在贸易自由化和投资政策上的协调一致，为全球经济的稳定与繁荣提供了重要支撑。

1998年4月《能源宪章条约》的正式生效标志着国际能源投资领域的一个重要里程碑。该条约不仅全面规定了国际能源投资争端的解决机制和仲裁制度，还明确了征收条件及相应的补偿措施，并强调了可持续发展的重要性。总体来看，20世纪90年代的国际投资环境变化，标志着全球经济一体化进程的加速，以及各国特别是发展中国家对国际投资规则制定的积极参与和贡献。这一时期的发展趋势为21世纪初国际投资治理体系的进一步发展奠定了坚实的基础。

（四）国际投资治理改革时期（2008年至今）

2008年国际金融危机之后，国际投资环境经历了三大转型。首先，欧美等发达国家在对外直接投资领域的地位，因金融风暴和经济低迷的猛烈冲击而显著削弱。与此同时，以中国、印度、巴西、俄罗斯为首的新兴经济体在对外直接投资方面取得了引人瞩目的成绩，为了适应这一新的全球经济格局，这些国家开始通过自由贸易协定和经济合作框架中的投资条款，来填补或更新先前的投资条约和协定，以确保投资政策能够与国际投资环境的演变保持同步。

其次，全球国际投资协定的增长趋势已逐步稳定，发展的重点正从传统双边投资协定转移到覆盖更广的区域性投资协定。这种转变反映了国际社会在投资合作上寻求更广泛区域一体化的努力，以及对更大范围内经济整合和投资流动自由化的需求。以欧盟为例，2007年欧盟成员国共同签署的《里斯本条约》具有里程碑意义，它明确将外国直接投资纳入欧盟的专属权限范畴之内。这一重大战略调整不仅体现了欧盟在投资领域的自主性和整合性，同时也对欧盟未来与其他国家进行双边投资协定的协商产生了深远的影响，标志着国际投资协定结构正逐步向区域化方向转变。

最后，投资国与东道国之间的投资争端案例呈持续增长态势，且问题的复杂性日益凸显。为了有效应对这些挑战，各国间采用仲裁机制解决争端的案例也显著增多。面对新兴经济体，特别是中国直接投资迅猛增长的新局面，发达经济体如美国和欧盟等不得不重新审视并调整其投资审查机制与外资政策。这一调整旨在确保能够灵活应对新兴经济体投资活动带来的新机遇和挑战，进而维护国家利益和保障国际投资环境的稳定与繁荣。

二、国际投资治理的新趋势

全球投资规模的不断扩大，使得国际投资与治理机制也呈现出新的面貌，这种变化凸显了全球投资环境的演进和发展趋势。从整体视角审视，全球投资规则呈现出明显的自由化趋势，具体体现在以下几方面：尽管投资自由化与投资保护主义同时存在，但投资自由化占据了明显的优势地位；在投资领域，新的规范逐渐形成，即以国民待遇为核心，结合负面清单的管理模式，为国际投资活动提供了更为清晰和透明的框架；在制定投资规则的议题时，环境问题和劳工保护正日益受到重视，这种变化反映了投资领域关注重点的转移和演变；此外，投资争端解决机制与程序规则也得到了进一步的明确和完善，这些特征共同勾勒出了全球投资规则发展的新动向。

（一）投资规则呈现新变化

在构建投资规则体系时，"准入前国民待遇与负面清单"这一模式受到特别关注，此模式最早起源于1994年的北美自由贸易区，并已被全球范围内70多个国家和地区所采纳。在外资准入阶段，准入前国民待遇是指确保外资在进入阶段享有不低于国内资本的待遇，以此营造公平竞争的市场环境。而负面清单管理模式则如同一份投资领域的"禁投列表"，详细列出了不允许外资涉足的领域。除了清单中明确列出的限制领域外，其他所有行业、领域和经济活动均对外资开放，允许其自由投资，这一模式的实施，旨在进一步推动投资自由化，促进全球经济的繁荣与发展。

二是在全球投资规则的新发展中，环境和劳工保护问题已经成为一个不可忽视的议题。21世纪以来，日益严峻的环境问题，让国际社会对环境保护的关注度显著提升，这也使得环境保护成为国际投资规则谈判的核心议题之一。新的投资规则不仅注重投资自由化，更加强调了环境保护的重要性，明确规定不得以降低环境保护水平为代价来鼓励投资，例如，在《全面与进步跨太平洋伙伴关系协定》（CPTPP）中，各方明确承诺在追求贸易投资增长的同时，不会牺牲环境保护标准。

与此同时，劳工保护也逐渐成为国际投资治理的焦点。在全球劳动标准不断演变与劳动者权益意识显著提升的背景下，近三十年来，投资协定中的劳工条款数量呈现出稳步增长的态势。从《北美自由贸易协定》首次将劳工标准纳入其中，到CPTPP中包含更为详尽和具体的劳工权利条款，这些变革与完善充分展现了国际投资规则对劳动者权益保护的不断强化与深化。这一趋势预示着，在未来的全球投资规则体系中，劳工保护将占据更加核心和重要的地位，成为推动全球投资环境公平、可持续发展的重要因素。

三是强调竞争中立原则，澳大利亚是首个明确提出并实践这一原则的国家。作为引领竞争中立研究的国际权威机构，经济合作与发展组织坚定主张实施竞争中立政策，其核心目的在于构建一个更加公平且透明的市场竞争格局。基于这一核心原则，现行的法律体系亟待进行全面的审视和精细的调整。这一调整旨在确保国有企业在市场运营中能够享有与民营企业同等的竞争地位和条件，从而确保市场的公平竞争，推动经济的健康发展。这一做法有助于维护市场竞争的公平性，推动经济的健康发展。

（二）投资争端解决机制出现新调整

国际投资治理中的争端解决机制是确保投资规则得以遵守和执行的关键组成部分。传统的投资者与国家争端解决机制（ISDS）是一种国际法律程序，当外国投资者认为东道国的某些行为违反了双边或多边投资协定中规定的义务时，可以对东道国提起诉讼。ISDS机制的核心在于提供一个中立的第三方争端解决平台，通常由专业的仲裁员组成仲裁庭来处理案件[①]。

[①] ISDS机制的实施通常遵循特定的国际协定，如双边投资协定（BITs）或多边投资协定（MIAs），这些协定中包含了ISDS条款，明确了争端解决的程序和规则。ISDS机制的仲裁程序通常依据《关于解决国家和其他国家国民之间投资争端的公约》《华盛顿公约》设立的国际投资争端解决中心（ICSID）规则，或其他国际仲裁机构，如联合国国际贸易法委员会（UNCITRAL）的规则。

ISDS 机制的内涵包括几个关键要素：首先，它是投资者直接与东道国之间争端的解决途径，绕过了传统的外交保护手段；其次，ISDS 通常要求投资者在提起仲裁前用尽东道国的当地救济途径，即"用尽当地救济"原则；再次，ISDS 机制下的仲裁裁决通常是最终的，对争端双方具有法律约束力；此外，ISDS 机制强调的是法律的确定性和可预测性，旨在保护投资者的合法权益，同时维护东道国的主权和政策空间。ISDS 机制在促进国际投资、提供投资者保护及确保东道国法律透明度和稳定性方面发挥了重要作用。然而，这一机制也面临着许多批评和挑战，包括对东道国政策空间的潜在限制、仲裁过程的透明度和公正性问题，以及对小型和中型企业的可及性问题。

在这一现实背景下，目前一些多边协议对 ISDS 机制进行了重要的改革尝试，旨在提高争端解决的效率、透明度和公正性。以 CPTPP 为例，首先，CPTPP 对 ISDS 机制中"用尽当地救济"的要求进行了调整。传统上，投资者在诉诸 ISDS 之前必须用尽东道国的所有法律救济途径，这一要求在 CPTPP 中被放宽，简化了投资者进入争端解决程序的流程。这种调整反映了对投资者权益保护的加强，确保投资者在面临争端时能够更快捷地寻求国际层面的救济。

其次，CPTPP 对争端解决机制进行了关键性改进，增强了其可操作性，并通过设定明确的仲裁步骤与时间限制，提升了争端解决的效率与可预测性，与国际社会对 ISDS 现代化和效率化的追求相契合。在仲裁员选择上，CPTPP 着重强调了仲裁员的专业性、独立性和公正性，要求其具备深厚的法律专业知识及国际争端解决经验，确保裁决的质量和权威性。同时，CPTPP 引入了仲裁员的利益冲突披露义务，增强了程序的透明度和公正性。

最后，透明度的提升是 CPTPP 改革的一个显著特点。它要求将争端解决过程中的所有文件向公众公开，除非有特定的保密要求。非争端方和第三方机构能够获取争端解决过程中的关键文件，包括但不限于意向通知、仲裁通知、诉状、备忘录、书面陈述、庭审记录及仲裁庭的命令和裁决等。这种透明度的增强不仅提高了争端解决过程的开放性，也为公众和利益相关者提供了监督的机会，从而增强了公众对国际投资争端解决机制的信任。

总的来说，CPTPP 对 ISDS 机制的改革尝试体现了国际投资治理在争端解决领域的进步，特别是在提高争端解决效率、确保仲裁员的独立性和公正性及提升透明度方面的努力。这些改革不仅有助于保护投资者的合法权益，也有助于增强国际投资治理体系的整体效能和公信力。

（三）国际投资出现新议题

在全球化和地缘政治、经济格局不断演变的当下，国际投资治理领域涌现了一系列新的议题，这些议题反映了全球经济中出现的新趋势和挑战。随着新兴市场国家的崛起、数字经济的发展，以及对可持续发展目标的日益重视，国际投资治理需要适应这些变化，并在规则制定中纳入新的因素。

首先，在数字化时代背景下，数字经济的迅猛发展对国际投资治理产生了深远的影响，引发了一系列新兴议题的探讨与研究。一方面，数据流动作为数字经济的核心要素，其自由化与规范化成为国际投资治理的新焦点。数据跨境传输的法律框架、数据隐私保护及数据本地化要求等问题，均对传统的投资规则体系提出了更新与完善的迫切需求。另一方面，网络安全问题亦成为国际投资治理中不可忽视的议题。随着关键基础设施和商业活动的数字化，跨国投资活动越来越多地依赖于网络空间的安全与稳定。因此，如何确保投资活动中的网络安全，防范网络攻击和数据泄露风险，也成为了国际投资治理亟须解决的新问题。此外，知识产权保护在数字经济时代亦呈现出新的特点与挑战。数字技术的发展使得知识产权的创造、使用、保护和管理更加复杂。在国际投资治理中，加强知识产权的国际保护，促进知识产权的有效利用，同时平衡投资者权益与公共利益，亦成为亟待解决的新议题。

其次，在全球化的今天，国际社会普遍认识到投资活动与可持续发展目标的紧密联系，强调投资政策和实践必须与环境保护、社会责任及经济增长的平衡相结合。这一认识推动了国际投资治理领域的范式转变，要求治理机制不仅要促进资本形成和经济增长，还要积极融入可持续发展的三个维度：经济、社会和环境。具体而言，国际投资治理需要在制定和执行政策时，综合考虑环境保护的长远影响，推动投资项目对生物多样性和生态系统服务的保护，以及对减少温室气体排放和促进能源转型的贡献。此外，社会福祉的考量也日益成为国际投资治理的核心，包括但不限于劳工权益的保护、社会包容性及对当地社区的影响评估。

最后，全球公共健康事件及气候变化等非传统安全威胁的日益严峻，进一步凸显了国际投资治理在应对全球性挑战中的关键作用。全球公共健康事件对国际投资流动和全球供应链造成了显著影响，要求国际投资治理加强对公共卫生危机的预防、响应和恢复能力的建设。气候变化则要求国际投资治理促进绿色和可持续的投资，支持气候适应和减缓措施，以及向低碳经济的转型。综上所述，国际投资治理的新议题要求国际社会采取更为全面和前瞻性的视角，以确保国际投资规则能够适应不断变化的全球经济环境，并为所有利益相关者创造更大的价值。这些新议题的出现，不仅为国际投资治理带来了挑战，也为创新和改进治理体系提供了机遇。

案例12-1

2021年亚洲基础设施融资报告：全球价值链

亚洲基础设施投资银行（以下简称亚投行）于2016年1月开始正式运营，从最初的57个创始成员已扩容至104个成员。这些成员来自六大洲，包括亚洲、欧洲、非洲、北美洲、南美洲和大洋洲，覆盖了约79%的全球人口和65%的全球GDP。截至2021年10月27日，亚投行已批准了147个项目，总投资额超过289.7亿美元，涉及31个域内、域外成员。

亚投行成立五年多来，一直致力于推动多边国际机构的合作。面对新型冠状病毒感染，亚投行与世界银行、亚洲开发银行等多边金融机构合作，通过联合融资、共同出资等方式帮助发展中国家应对各类冲击。为此，亚投行于2020年4月成立了总规模为130亿美元的"新冠疫情危机恢复基金"，用于帮助成员缓解疫情对其经济、金融系统和公共医疗等领域带来的冲击。截至2021年10月27日，亚投行董事会共计批准了42个项目，为24个成员提供了超过100亿美元的支持。

亚投行将气候领域相关项目作为未来投资的核心焦点，以因应气候变化的严峻挑战。该项目的核心目标在于提升低收入成员对气候变化的适应能力，并促进新兴技术的培育与发展，以有效应对气候变化所带来的各种影响。数据显示，2020年亚投行气候相关的融资额已占据其批准融资总额的41%。亚投行计划在2025年将气候融资的占比提升至50%。这一战略转变与全球气候治理的步伐紧密相连。作为继《京都议定书》之后的第二份具有法律约束力的气候协议，《巴黎协定》为全球应对气候变化提供了明确的指导。该协定的目标在于将全球平均气温的上升幅度限制在工业化前水平的2摄氏度以内，并力求将升温控制在1.5摄氏度之内。为实现这一目标，亚投行承诺到2023年7月1日，其所有投资项目将全面符合《巴黎协定》所设定的相关目标，这标志着亚投行在推动绿色、可持续发展道路上迈出了坚实的步伐。

中国在全球价值链中的地位提升，主要依赖于现代基础设施体系的快速增长和升级、外商直接投资的增加、本国海外投资的加速，以及软基建的发展及政府对参与全球价值链的政策支持。

自改革开放以来，中国经济发展的内生动力不断增强，一些内陆省市在高新技术产业和国际贸易方面的作用也日益提升，这些积极的变化与基础设施建设的发展密切相关。如今，中国在全球价值链中占据了相当重要的位置，中国在全球价值链中地位的提升，也将逐步使其成为更加成熟的经济体，并为未来区域发展创造更多机遇，通过推动数字化进程、参与全球绿色价值链竞争以及促进包容性发展，中国将寻求更多在全球价值链体系中的发展机遇。

中国有望通过提高在全球价值链的参与程度，加快从疫情冲击中恢复经济。这种参与程度将依赖于改善基础设施、加强机构治理、提高港口效率和吞吐能力，以及与内陆地区的互联互通。着力于打造绿色供应链经济发展活动，将为中国加强未来国际竞争力提供强大动力。

资料来源：
亚洲基础设施投资银行. Asian Infrastructure Finance 2021: Sustaining Global ValueChains[R], 2021.

第二节 国际投资治理的内容

自第二次世界大战结束以来，投资自由化与投资保护之间的分歧成为国家之间讨论的焦点。在双边、多边及区域层面，这些国家围绕着投资规则的目的、架构和细节展开了反复的磋商与谈判。经过长达七十余年的演变与发展，国际投资治理的格局已逐渐明晰，形成了以双边投资协定为主导，兼容区域和多边协定的一套综合性投资规则体系。这一体系的形成，标志着国际投资领域在追求公平、透明和可持续发展的道路上迈出了坚实的步伐[①]。

一、国际投资治理规则

国际投资治理是以规则为基础的治理。与国际贸易治理和国际金融治理所不同的是，国际投资治理的多边规则相对较少，以双边和区域规则为主。

---

① 国际投资治理领域尚未达成一个具有普遍约束力的多边投资协定，全球现有的国际投资协定中约87.6%均为双边投资协定，投资条款的协定约占12.4%，这些相关条款既涉及投资准入的"边境"规则，也包含准入后的保护和促进机制等"边境后"规则和体系的建立。相较于其他全球治理体系的成熟，国际投资治理体系呈现多中心和碎片化的情形，争端解决机制亟待完善。

(一) 双边投资协定

1. 双边投资协定的概念

双边投资协定（BITs）作为两国间基于互惠原则所达成的专项条约，旨在激励、推动及保障双方之间的投资活动，这一术语可分为狭义与广义两个层面。狭义而言，BITs特指旨在促进与保护投资的双边协定；而从广义的视角出发，它则通常涵盖了更为宽泛的友好通商航海条约（FCN条约）和双边投资保证协定（IGA条约），这些协定同样在促进和保护投资活动中发挥着重要作用，目前人们所提到的BITs一般是指双边投资保护协定。

发达国家的双边投资协定主要分为欧式BITs和美式BITs两种模式，在外资准入、外资待遇、征收及其补偿、争端解决等方面，欧式BITs与美式BITs有一定的差异。在20世纪80年代以前，双边投资协定以欧式BITs为主流模式，为德国、英国、法国等西欧国家所采纳，它突出强调投资保护，并不追求投资的自由化，对外资管辖权的限制也相对较少，对外资实行的是准入后国民待遇。20世纪八九十年代开始，自由化投资成为国际投资立法的新趋势，其主要模式是美国式的双边投资条约，第一个美国式的双边投资条约是1981年美国与巴拿马签署的。与欧式BITs相比，美式BITs不但强调高水平的投资保护，更强调投资的自由化，对外资实行准入前国内待遇，强调高水平的投资保护，限制或者禁止征收外资，并且建立"充分、及时、有效"的征收补偿标准，引入投资者与国家的争端解决机制。总体来看，欧式BITs条约简约、投资准入要求较低，美式的双边投资条约设定了更高的门槛，倡导自由化的投资，对外国投资的保护要求也更为严格。特别是2012年美国发布的《2012年美国双边投资协定范本》进一步强调了这一点，迎合了投资自由化的需求，代表着未来BITs的发展方向。

2. 双边投资协定的演进

鉴于国际投资在规模、方式和整体格局上的演变，以及国际投资环境、相关法规和体制框架的约束与影响，国际投资活动正面临着新的挑战和机遇，双边投资协定的内容和形式不断调整和完善。美国于20世纪40年代末首创双边投资保证协定（IGA条约）。双边投资协定则是由友好通商航海条约发展而来，并继承了其一部分的属性。联邦德国于1959年签署投资促进和保护协定，该协定是首个现代意义的双边投资协定。

（1）友好通商航海条约。

友好通商航海条约产生于18世纪中期，旨在赋予他国国民在本国进行商业活动和享有航海运输保障的权益。在第二次世界大战之前，国际贸易占据国际经济活动的主导地位，相比之下，国际投资活动并未占据显著的核心地位。友好通商航海条约主要内容是缔约双方的贸易和航运事宜，而涉及对投资给予保护的条款很少。

二战结束后，国际投资经历了迅猛的发展。为了适应日益增长的跨国投资需求，传统的友好通商航海条约经历了显著的内容和结构变革。这些变化使得条约中关于保护国际投资的条款变得更加具体和明确，以更好地满足当时国际投资保护的需求。其主要条款有：外国人的入境权、当地法院的裁决流程与要求、仲裁的执行、雇佣技术专家的权利、有关土地租赁、税收、商品的关税待遇、产品待遇及有关限制性商业实践的协商问题等。友好通商航海条约是双边投资协定的前身，是二战前及结束初期各国保护其海外投资的主要法律工具，然而，此类条约虽涉及范围广泛、内容繁杂，但在投资保护方面的条款却显得过于简略，无法满足当今海外投资保护的实际需求。因此，美国等国家在1960年后就基本不再推行这种双边条约模式了，转而寻求其他缔约形式，以求更有力地保护国际投资。

（2）投资保护协定。

投资保护协定是美国于20世纪40年代末首创的，后被其他资本输出国相继仿效，投资保护协定的核心在于缔约双方各自承诺保障对方在本国的投资安全。此外，双方还约定，在发生政治风险事故且承保机构按照协议向海外投资者进行理赔后，该承保机构将取得代位求偿权，即有权代表投资者向东道国政府进行索赔，并享有与此相关的其他权益和地位。

二战后，美国面对当时的国际政治与经济形势，创新性地建立了海外投资保险制度。当受保人在投资东道国因政治风险而蒙受损失时，经营此项保险业务的机构会根据保险合同为其补偿损失，并自动获得向东道国代位求偿的权利。然而，海外投资保险制度在实施过程中遭遇了一个严峻的挑战，即如何促使其他国家接受并认可这一制度。为了解决这个问题，除了与其他国家签署友好通商航海条约外，美国还与相关国家签署了专门的投资保障协定。随后，这一做法引发了其他国家的效仿，它们纷纷与美国以及彼此之间签署投资保障协定。

（3）双边投资促进与保护协定。

二战后，联邦德国经济迅速复苏，积累了大量"剩余"资本，推动了其企业对外投资的浪潮，然而，随着对外投资的不断增长，仅依赖友好通商航海条约的保护已难以满足需求。1959年，联邦德国创新性地推出了投资促进和保护协定，并与巴基斯坦签订了世界上首份此类协定。

自20世纪50年代末起，联邦德国及其若干欧洲伙伴国家开始致力于从传统的"友好通商航海条约"中提炼关键要素，并在此基础上进一步强化和深化对外国投资的保护措施。在这一过程中，他们不仅关注到保护外国投资的必要性，而且借鉴了美国式"投资保障协定"中有关投资保险、代位求偿权及争端解决机制等关键条款。这些协定内容详尽，不仅包含了对双方投资的相互保护，还囊括了促进措施，实现了实体性规定与程序性规定的有机结合，通过综合"友好通商航海条约"和"投资保障协定"的精髓，这些协定更加完善地保障了投资关系的稳定与发展。

鉴于此类协定能够为资本输出国的海外投资提供全面且高效的保护机制，一经推出它们便迅速获得了发达国家的热烈响应和广泛推崇。同时，这些协定也因其显著的实用性和前瞻性，得到了发展中国家的普遍认可与接受。这一成果不仅彰显了国际投资合作领域内的创新与进步，也为全球经济的繁荣发展注入了新的动力。进入21世纪后，国际投资进一步发展，发展中国家逐渐成为主要的资本输入国和重要的资本输出国，世界各国对于投资自由化、便利化的要求越来越强烈。

各国普遍要求将促进投资自由化的目标落实到BITs的规则中，使得BITs的内容更加丰富和全面，既包括了促进和保护投资的条款，又加入投资自由化的条款。近年来，美国与其他国家签订的BITS中都强调投资自由化，《2012年美国双边投资协定范本》中也体现了投资自由化的要求。2002年，日本与韩国签署了《韩日投资自由化、促进和保护协定》，突出强调了投资自由化的要求，显示了日本在利用双边投资协定促进投资自由化方面所取得的进展。

（二）多边体制下的投资治理规则

在国际投资治理体系中，多边投资规则占据着至关重要的地位。然而，由于在众多国际投资议题上缺乏广泛共识，这些规则的实际影响力受到了显著限制。作为全球贸易治理的核心平台，世界贸易组织虽在其职能范围内包含了部分国际投资规则的内容，但同样面临类似的困境，即在寻求全球共识以推进国际投资规则制定方面遭遇了不小的挑战。

1. WTO框架下的投资规则

一方面，在《服务贸易总协定》（GATS）中，对于服务贸易的第三种模式进行了明确的界定，详细规定了外国服务提供者设立、运营或扩展其商业存在的具体条件。这些条件与跨国投资措施紧密相连，虽然其本质仍聚焦于服务贸易领域。而其中所包含的服务业市场准入与国民待遇条款，实质上揭示了一国在服务业领域的对外开放策略和承诺。这些条款不仅为外国服务提供者提供了明确的准入和运营条件，也反映了一国在服务业领域的开放程度与市场竞争力。

另一方面，《与贸易有关的投资措施协定》（TRIMs）规定成员方需要通报那些与贸易不相关的投资措施，并要求成员方逐步取消对国际贸易活动造成阻碍和扭曲的投资措施，如本地成分要求、贸易外汇平衡规定及进口外汇使用的限制等。TRIMs要求在规定期限内消除这些措施（发达国家为2年，发展中国家为5年，最不发达国家为7年）逐步消除这些措施，并设立专门的监督机构进行监督。这一举措旨在促进国际贸易的自由化和公平化，减少因投资政策导致的市场扭曲现象。

现有的多边框架下的投资规则并不是综合性的投资治理。GATS针对的是服务贸易的商业存在，并不覆盖普遍意义上的投资。TRIMs仅针对消除对货物贸易有限制作用的投资措施，并不发挥促进和鼓励国际投资的作用，而且只局限于货物贸易领域。ICSID的合法性更是受到质疑，其被认为偏向投资者的经济利益，而不顾东道国的社会利益，一些发展中国家因为不满裁决结果而退出公约。因此，全球缺乏一个能发挥实质作用又被各国广泛承认的多边投资治理机制。

2. 世界银行框架下的投资规则

世界银行作为全球最重要的多边开发银行之一，长期以来一直致力于通过投资项目融资支持各成员的经济发展。为了规范和指导借款国使用世界银行资金进行投资项目，世界银行制定了一系列投资规则，形成了一套完整的投资管理体系。早期世界银行主要关注为成员方提供基础设施建设资金支持，投资规则较为简单。随着全球经济形势的变化和可持续发展理念的兴起，世界银行逐步将环境保护、社会责任等因素纳入投资规则，形成了较为全面和系统的投资管理体系。

根据《国际复兴开发银行协定条款》的指导原则，世界银行的使命主要体现在以下几个方面：首先，通过投资于生产领域，支持成员方经济的复苏与建设，同时激励欠发达国家对资源的有效利用与开发；其次，当成员方难以在合理条件下获得私人资本时，世界银行会致力于通过多种手段，如私人贷款、自有资本及筹资等方式来助力成员方的发展；再次，它致力于通过多种策略鼓励国际投资，特别是在为成员方提供必要的支持，以提升其生产能力和促进国际贸易的均衡增长上。除此之外，世界银行还积极协助成员方改善其国际收支状况，以确保经济的稳定与可持续发展。最后，在提供贷款保证时，世界银行强调与其他国际贷款渠道的协同合作。世界银行向成员方，特别是发展中国家提供贷款，构成了世界银行的核心业务。对于旨在提升借款国发展能力的项目，世界银行不仅提供贷款，还辅以非贷款形式的援助。

世界银行框架下的投资规则是一套不断完善和发展的管理体系，其核心目标是促进成员方的经济发展，实现减贫和可持续发展。随着全球经济形势的变化和可持续发展理念的深化，世界银行的投资规则将不断演进，为全球投资治理体系的发展做出更大贡献。

3.G20框架下的投资规则

长期以来，作为全球经济治理的重要论坛，G20一直将投资议题置于其核心议程的显著位置，积极推动国际投资合作，并致力于协调各国间的投资政策。其在国际投资领域的合作与成就尤为显著，具体体现在三个方面：首先，G20坚决反对任何形式的投资保护主义，致力于维护国际投资的自由化和公平性；其次，G20积极增加对基础设施的投资和融资支持，以推动全球经济的可持续发展；最后，G20通过促进投资，为全球经济增长注入了新的动力和活力。尤其在2016年的G20峰会上，各国通过了具有里程碑意义的《G20全球投资指导原则》（简称《指导原则》），为全球投资规则的制定提供了共同的框架和指引。

G20通过的《指导原则》在国际投资治理领域中具有里程碑式的意义。首先，这一文件的诞生标志着发达国家与发展中国家在全球投资治理议题上首次达成广泛的共识，展现了各方对于共同构建公平、开放的投资环境的坚定决心。其次，这份《指导原则》为未来多边投资协定的谈判奠定了坚实的基础，它提供了一个具有前瞻性和指导性的框架，使G20成员国能够在此基础上进一步探讨多边投资协定的具体内容和可行性，为未来国际投资合作开辟新的道路。最后，作为首个关于投资政策的多边纲领性文件，该文件为各国在制定国内投资政策以及协商对外投资协议时提供了宝贵的参考和指导，对于促进全球投资环境的稳定与繁荣具有深远的影响。

（三）区域贸易协定中的投资规则

当前的区域贸易协定不仅聚焦于贸易议题，更将投资议题纳入其核心讨论范畴，各国通过将投资议题整合进自由贸易协定（FTA），旨在区域内实现投资自由化和投资保护的双重目标，这一举措不仅促进了区域内的资本流动，更通过制定和推广统一的投资规则，使各国在国际投资治理中逐渐取得更多的话语权。区域贸易协定在跨国投资的管理中扮演着日益重要的角色，成为国际投资治理体系中不可或缺的一部分。

1.FTA投资规则的范围和内容

（1）投资的准入。

在投资领域，准入条款是至关重要的一环，它详细规定了外国投资者是否具备在东道国进行绿地投资或并购的资质。这一条款不仅清晰地界定了"投资"与"投资者"的具体范畴，还明确列出了外国投资者在目标国家进行投资活动所需满足的先决条件。在多数FTA中，各国政府都强调了在特定领域和特定情况下对投资活动进行监管的必要性。因此，这些协定通常会制定一份保留清单，以明确政府在哪些领域和情况下保留监管权力。

（2）非歧视条款的嵌入。

非歧视条款是国际投资协定中的关键组成部分，其目的在于制约东道国在监管框架和限制性措施中对不同企业类别采取的自由裁量行为。此类协定通常包含两大核心原则：国民待遇和最惠国待遇。其中，国民待遇原则的核心在于确保外国投资者在投资的设立、获取、管理等各个阶段所获得的待遇，不低于东道国在相似情形下对本国投资者所提供的待遇。这一原则的实质是消除对外国投资者的不利区别对待，以实现投资领域内的平等竞争环境。最惠国待遇原则则要求在投资相关的各个环节中，缔约国提供给外国投资者的待遇至少应等同于其在相似情况下给予其他任何第三国投资者的待遇。这两项原则共同构成了投资协定的基石，为外国投资者提供了有力的保障，这些原则共同构成了非歧视条款的核心内容，有助于维护公平的投资环境。

（3）投资的监管和保护。

在国际投资协定中，资金转移条款占据核心地位。这一条款规定，缔约各方有义务确保投资者的所有资金，包括但不限于资本投入、利润分红、利息支付等，能够在其领土内自由、无阻、及时地进行跨境转移。此外，公平公正待遇条款在保障投资者权益方面起着举足轻重的作用。这一条款要求，在遵循国际主要法律体系所规定的正当程序原则的前提下，不得在刑事、民事及行政司法程序中拒绝司法，从而确保外国投资者能够享有与国际法相一致的公正待遇。这一举措旨在营造一个公平、透明的投资环境，保护投资者的合法权益，促进国际投资活动的健康发展。

（4）投资争端的解决。

所有的FTA都会对解决缔约方之间投资争端进行规定。首先，这些协定通常包含一种裁决程序，该程序是违约方无法阻止的。其次，如果违约方未能执行裁决者的决定，将采取司法授权的报复措施。然而，并非所有FTA都引入投资者与东道国之间的争端解决程序，这种机制允许投资者在国际仲裁机构直接对东道国提起诉讼。在多数FTA中，除了通用条款外，还特别制定了涉及履行责任的详细法律规定。这些规定旨在防止单方面报复行为，并鼓励受害方在采取直接报复手段之前，首先通过裁决机制来寻求问题的解决。只有在裁决结果认定违约行为后，且违约方仍未采取纠正措施的情况下，报复措施才会被视为最后的救济手段。

2.FTA投资规则的影响

近年来，大型FTA的谈判有所增加，这些FTA正逐步从简单的边境措施一体化，如降低关税和非关税壁垒，向更深层次的一体化迈进，涵盖了投资、竞争、劳动力市场管理、知识产权及环境保护等多个方面。大型FTA中的投资条款对国际经济体系可能产生深远影响。

首先，这些条款对国际投资协定进行了整合，同时也可能使其结构变得更为复杂。虽然大型FTA可能会改造当前支离破碎的国际投资协定网络，使其变得统一和更加易于管理。但与此同时，它们也可能催生数百个新的双边投资协定关系，这无疑增加了国际投资体系的整体复杂性。

其次，这些条款对多边合作框架产生了潜在的深远影响。大型FTA所确立的新规则，有可能与现有的多边合作规则产生重叠甚至冲突，从而可能削弱成员参与多边合作框架的意愿和积极性。这种潜在的冲突和不确定性，需要在推进FTA的同时，也关注其对多边合作框架的潜在影响，并寻求二者之间的协调与平衡。

最后，大型FTA的投资条款对于非成员方而言，同样具有不容忽视的显著影响。区域合作的排他性特点可能引发全球资源配置的扭曲效应，使得未能参与其中的第三方国家面临被边缘化的风险。这些国家可能因未能及时参与到最新的条约实践中，而由原本的"规则制定者"转变为"规则接受者"，从而丧失在规则制定过程中的主动权和影响力。

二、国际投资争端解决机构

从20世纪60年代中期开始直至80年代末，国际投资机制在多个方面都得到稳步发展。

在20世纪60年代，不少拉美和中东发展中国家对跨国公司的海外子公司都实行了国有化，对西方国家的境外投资影响巨大，资本输出国和东道国之间的纠纷不断加剧。1965年3月，在国际复兴开发银行（世界银行前身）的主持下，《关于解决各国和其他国家国民之间投资争端的公约》（也称《华盛顿公约》）得以缔结，从而奠定了国际投资仲裁的基本框架。1965—1989年，新增加的投资协定均加入了解决投资争端的条款。1968年荷兰与印度尼西亚签订的双边投资协定中首先加入这一条款，这一做法随后在国际上被广泛采纳，成为了处理投资争端的通用做法，进一步促进了国际投资环境的规范化和法治化。

国际投资争端解决主要有两种机制，一种是投资者与东道国之间的争端解决机制（Investor-State Dispute Settlement, ISDS），另一种是国家间争端解决（State-State Dispute Settlement, SSDS）机制。ISDS机制专注于解决投资者与东道国之间具体的投资争端，而SSDS机制则聚焦于缔约方之间关于投资条约"解释与适用"的争议。这两种机制在适用范围和适用主体上存在显著差异，通常能够并行不悖地运作。然而，在一些具体情况下，这两种机制可能会发生冲突。举例来说，澳大利亚和新西兰在加入CPTPP时通过互惠协定声明排除了ISDS机制适用，而加拿大则对美–墨–加协定（USMCA）中的ISDS机制表示了拒绝。这些案例揭示了不同机制在特定条件下的适用挑战和决策考量。

国际投资争端解决中心（ICSID）是依据1965年的《华盛顿公约》建立的第一个专门解决国际投资争议的仲裁机构。为了进一步给国家和外国投资者解决投资纠纷提供便利，促进相互之间的信任，并鼓励资本的国际流动，1965年世界银行向成员方提交了公约文本供签署批准，提出了成立ICSID的设想。中国于1990年2月9日签署了《华盛顿公约》，并于1993年1月7日正式核准。国际投资争端解决中心组织机构有：理事会，为最高权力机构，由各成员方派1名代表组成，每年举行一次会议，世界银行行长为理事会主席；秘书处，由秘书长负责，处理日常事务。其成员包括世界银行成员方和其他被邀请国。国际投资争端解决中心的宗旨和任务是制定调解或仲裁投资争端规则，受理调解或仲裁投资纠纷的请求，处理投资争端等问题，为解决成员方和外国投资者之间争端提供便利，促进投资者与东道国之间的互相信任，从而鼓励国际私人资本向发展中国家流动。该中心解决争端的程序分为调停和仲裁两种。

区域性投资争端机构主要是在不同的自由贸易协定或投资协定中国际投资争端解决条款下设立的。以欧盟为代表的一些发达国家，正在积极探索构建国际投资争端解决机制，并提出了包含上诉法庭的投资法庭系统（Investment Court System, ICS）。在一系列国际投资协定中，如《欧盟与加拿大全面经济贸易协定》（CETA）、《跨大西洋贸易与投资伙伴关系协定》（TTIP）、与新加坡的自由贸易协定（ESFTA）以及欧盟–越南自由贸易协定（EVFTA），欧盟对于投资者与东道国之间的争端解决条款进行了创新，明确了ICS的具体框架。这一举措展现了欧盟在推动国际投资争端解决方面的新思路和努力，在程序规则上，该系统参照了法院机制，设立了国际投资法院和上诉法庭，为国际投资争端的解决提供了更为完善的司法途径。

第三节 国际投资治理面临的挑战

国际投资作为组织跨国生产活动及进入国际市场的重要策略，对于全球资源的优化配置和世界经济的增长起到了关键作用。然而，尽管许多国家都签署了数量不等的投资协定，国际投资领域至今仍未构建一个全球性的专门管理机构，也尚未形成一套全面且系统的制度框架。相较于以世界贸易组织为主导的国际贸易体系和以国际货币基金组织为核心的国际金融体系，国际投资治理仍处于相对碎片化的状态。此外，逆全球化思潮的抬头，加之数字技术引致国际投资新趋势，这使得国际投资治理面临诸多挑战与困境。要有效应对这些挑战，推动国际投资治理体系的完善，需要国际社会共同努力，加强对话与合作，推动构建一个更加开放、包容、平衡、共赢的国际投资治理新格局，为世界经济增长和可持续发展提供有力支撑。

一、逆全球化思潮的抬头

在全球化进程面临挑战的背景下，区域合作的需求日益增强，形成了一种碎片化的区域合作趋势，成为当前国际投资治理领域的主导模式。2008年国际金融危机后，全球经济复苏过程步履艰难，与此同时，逆全球化的思潮愈发强烈，这无疑为投资领域的制度合作增添了极大的不确定性。在此背景下，一些发达国家通过增加关税等贸易保护手段，意图吸引制造业资本回流，预示着在未来的国际投资谈判或协定修订中，可能会增加保护性条款，旨在加强对对外投资的限制。与此同时，英国脱欧及欧元区债务危机的持续演进，也推动欧盟在投资协定谈判中更加倾向于选择在区域内投资，并相应限制对外投资的策略，这些举措反映了各国在全球化背景下对于保护本国经济利益的考量。

此外，削弱新兴经济体和发展中国家优势企业竞争力的国有企业竞争中立条款，以及针对这些国家制造业升级的禁止技术当地化条款等在美国、欧盟等国家的投资协定谈判中更为普遍。这些条款的目标不仅限于削弱新兴经济体和发展中国家的竞争力，还针对这些国家制造业的升级过程，通过禁止技术当地化的条款，限制了其在技术本地化方面的努力。这一趋势反映了对全球贸易和投资格局中新兴力量的担忧和应对策略。这类规定无疑会进一步阻碍多边合作的形成。

国际投资流动因此受到制约，旨在促进全球贸易和投资的协定在实际操作中显得力不从心。特别是新型冠状病毒感染等危机的爆发，更是加剧了这一趋势，跨境投资或资本流动的限制被进一步加大，全球投资日益转向保护主义。尽管全球投资环境面临挑战，多数国家依然选择吸引直接投资，并通过推动区域投资自由化来克服投资全球化所面临的阻碍。在此过程中，越来越多的区域贸易协定涵盖了投资条款，体现了区域经济一体化与投资自由化的结合。类似地，区域国际投资协定（IIAs）在构建国际投资格局和促进全球投资治理方面发挥着关键作用，特别是在多边国际投资规则构建受挫的背景下，区域投资规则成为了一种"次优"但不可或缺的替代方案。

此外，随着全球经济格局的不断演变，产业、贸易和金融的自由化趋势加速了全球价值链的形成与扩展，使得跨国企业能够通过各种方式，如跨境投资、技术转移和全球供应链管理等更有效地组织和协调其全球生产网络。然而，跨国企业在国际投资治理中的作用也引发了一些争议和问题，如对东道国政策空间的影响、社会责任和环境标准等。因此，如何在促进投资自由化和保护投资者权益的同时，确保投资活动的可持续性和社会责任感，是当前国际投资治理面临的重要课题。这需要国际社会加强合作，完善相关规则和机制，以实现各方的利益平衡和共赢发展。

二、数字技术引致国际投资新趋势

随着数字平台、网络供应链、客户关系管理和数据中心等领域的投资激增，数字化相关产业的FDI（外国直接投资）成为全球投资的新动力源。在全球价值链和贸易网络中，服务要素发挥着连接、创新和价值提升的关键作用。新型冠状病毒感染等危机对全球化的阻碍在进一步加强区域化趋势的同时，客观上反而加大了对数字技术应用的需求，随着数字技术的迅猛发展，数字技术公司迅速崭露头角，显著推动了制造与服务型跨国企业对于数字化转型的巨额投资。作为当前技术革命的关键驱动，数字技术在全球价值链中扮演着越来越重要的角色，对FDI的动因和模式产生了深远影响，使得跨国公司展现出明显的网络化和扁平化特征。

在数字经济领域，平台型跨国公司的快速增长在很大程度上依赖于数据资产的有效管理和运用。然而，这些公司在全球扩张的过程中，经常需要应对东道国对数据本地化存储和跨境数据流动的限制性监管要求。为了遵守这些规定，它们往往需要在东道国设立实体机构，以便合法地进行数据的收集和处理。与以有形产品或传统服务为主的跨国公司相比，数字型跨国公司更注重通过本地化运营来实现规模经济和范围经济，这反映了其FDI的市场导向型特征。这种市场导向型FDI通常涉及对东道国市场环境的深入理解和适应，以及对当地消费者需求的快速响应。

为了在东道国市场获得并保护其商业利益，数字领域的外国投资者需要与东道国政府建立并维护一种微妙的平衡关系。这种平衡不仅涉及对当地法律法规的遵守，还包括对东道国社会文化、经济政策和利益相关者期望的敏感性。此外，数字领域外国投资者与东道国政府之间的平衡关系还间接地影响了投资争端解决机制的应用。在国际投资中，争端解决机制是保护投资者权益、解决投资争端的重要法律工具。然而，在数字领域，由于数据的特殊性和监管环境的复杂性，投资者和东道国政府需要在争端解决过程中展现出更高的审慎和灵活性。

因此，在数字经济时代，国际投资不仅涉及传统的资本流动、技术和管理经验的转移，还包括对数据资产的控制和利用。外国投资者在东道国的成功运营，需要在尊重当地法律法规的基础上，与东道国政府、社会和其他利益相关者建立起互信互利的合作关系。同时，国际投资治理体系也需要不断演进，以适应数字经济带来的新挑战和机遇。

本章小结

（1）国际投资治理体系主要包括国际投资治理规则体系和国际投资争端解决机制等内容，但目前还比较缺乏有效的多边国际投资协定，国际投资治理体系呈现出多中心和碎片化特征，并出现了不少国际投资治理体系的新议题。

（2）国际投资治理是以规则为基础的治理，国际投资治理规则体系主要包括双边协定、区域贸易协定中的投资规则和多边体制下的投资治理规则。

（3）尽管所有国家都签署了数量不等的投资协定，但国际投资至今仍缺少全面的制度安排。逆全球化思潮的抬头，加之数字技术引致国际投资新趋势，这使得国际投资治理面临诸多挑战与困境。

延伸讨论

国际投资治理主要由一系列贸易协定构成，这些贸易协定的条款涵盖范围正逐步扩展，从原先主要聚焦于降低关税与非关税壁垒等边境措施的浅层次一体化，逐步深化至包含投资规则、竞争政策、劳动力市场管理、知识产权保护及环境保护等多方面内容的深层次一体化。这一转变体现了贸易协定内容的丰富化和多元化，旨在构建一个更加全面、均衡和可持续的国际贸易体系。整体国际投资治理谈判过程与最终条款都呈现出内容扩展、对外开放加强、限制减弱、准则要求更高等特点。

请自行查找相关文件，尝试和你的学习小组的同学一起回答以下问题：

（1）双边投资协定与多边体制下的投资协定在内容上有何异同？其发展目前呈现什么样的新特征？

（2）基于国际投资治理目前面临的挑战，中国参与国际投资治理需要注意哪些问题？

第十三章　国际环境治理

学习目标

学完本章后，你应该能够：
- 了解国际环境治理的基本内容和主要挑战
- 认识国际经济组织在国际环境治理中发挥的作用
- 认识区域经济一体化组织在国际环境治理中发挥的作用
- 对比分析国际环境治理中不同碳定价机制设计的适用场景

亚洲基础设施投资银行在菲律宾马尼拉投资的项目改善了当地排水系统和抽水站，保护了当地脆弱的生态环境，使其免于洪水的频繁侵扰。国际经济治理的体制不仅能在实现经济目标上发挥国际协调作用，也能通过经济治理达到国际环境治理目标。国际环境治理主要是依靠治理主体实施政策手段、建立国际环境问题的规范、搭建融资平台等方式来完成可持续发展目标（Najam，2006）。在国际环境治理中，环境保护公约和环保组织发挥着重要作用。但从目前的实际执行情况来看，这些环境保护条约的实施效果并没有预想得那么好。各缔约方在资金援助和利益分配等方面仍存在着诸多分歧，而且公约缺乏一定的执行力度，对没有达成公约目标的成员方，各协定中也缺乏相应的惩罚措施。对于促进国际环境治理而言，国际经济治理中的制度安排可能比纯粹的环境保护条约更加有效。国际经济治理通过市场和非市场的调节机制安排，可以更好地实现资源的合理配置，提高资源利用效率，从而实现环境收益的提高。

第一节　国际环境治理的基本内容

由于环境资源的特殊性，环境问题特别是气候变化问题，天生就具有国际化的性质。因此，国际组织在国际环境治理的发展过程中发挥了重要作用，其中最为重要的是联合国系统内的有关机构，主要包括联合国环境规划署和可持续发展委员会等。本节将介绍国际环境治理的主要领域、组织机构和工作机制。

一、国际环境治理体系的构成

国际环境治理始于1972年6月在斯德哥尔摩召开的联合国人类环境会议,并在20世纪末初步形成了以联合国环境规划署为核心,其他国际环境机构为补充,全球环境大会和公约缔约方会议为纽带的治理体系。

经过了"里约+20"可持续发展峰会、首届联合国环境大会、巴黎气候大会等标志性会议,国际环境治理进入了转型时期。其治理主体不仅包含主权国家、联合国体系内的相关机构和组织,还包括非联合国系统内的国际组织和机构,特别是国际经济组织,如全球环境基金、世界银行和世界贸易组织等。如今许多企业也已成为各国政府的直接合作伙伴,对于全球环境规则的制定和实施具有重大影响力,诸如碳交易市场和碳边境调节机制的主体就是企业。

国际环境治理的主要领域包括被联合国列为三大全球性危机的气候变化、生物多样性丧失和环境污染,进一步拓展的领域包括臭氧层保护、土壤退化与沙漠化防治、水域保护、资源能源开发与利用等领域,力求人与自然和谐共生。联合国在2015年通过的17项可持续发展目标(Sustainable Development Goals, SDGs)中有4项直接涉及环境治理领域[①]。

国际环境治理的具体任务包括:首先,跨国和全球化的环境问题需要通过双边和多边对话,以及全球环境会议来签署国际协定或公约,例如《联合国气候变化框架公约》和《生物多样性公约》;其次,需要国际法院和世贸组织争端解决机构等解决环境纠纷,以维护本国的环境与发展的权益;再次,在国际公约或会议宣言中会阐明国际环境问题中应当遵循的指导原则和法律规范,进一步加强协定或公约的效力;最后,国际组织除继续加强立法以外,还大力推广经济措施,为减排技术较为落后的国家提供资金支持,并且搭建融资平台促进资金的流通。比如世界银行为满足发展中国家建设基础设施的投资需求,将帮助借款国增加国内公共资源;加强国际和国内资本的动员;支持全球努力筹集和战略性部署优惠气候融资,以降低气候投资风险。

二、联合国的国际环境治理工作机制

虽然国际社会已经开始认识到环境问题,但是环境退化仍有增无减,联合国设置了专门的机构,并通过了《世界自然宪章》《到公元2000年及其后的环境展望》《生物多样性公约》《联合国防治荒漠化公约》《联合国抗微生物药物耐药性问题高级别会议的政治宣言》等一系列协定强调国际环境治理的重要性。

(一)联合国环境规划署

为了促进联合国系统内连贯一致地实施可持续发展环境层面相关政策,并承担全球环境权威倡导者的角色,联合国在1972年联合国人类环境会议之后专门成立了联合国环境规划署(United Nations Environment Programme,UNEP),其使命是激励、推动和促进各国及其人民在不损害子孙后代生活质量的前提下提高自身的生活质量,为建立关爱环境的伙伴关系提供

---

① 这4项直接涉及环境领域的目标是:目标6,"为所有人提供水和卫生环境,并对其进行可持续管理";目标13,"采取紧急行动应对气候变化及其影响(确认《联合国气候变化框架公约》是商定全球气候变化对策的主要国际政府间论坛)";目标14,"养护和可持续利用海洋和海洋资源,以促进可持续发展";目标15,"保护、恢复和促进可持续利用陆地生态系统,可持续地管理森林,防治荒漠化,制止和扭转土地退化,阻止生物多样性的丧失。"

指导和鼓励，UNEP总部位于肯尼亚内罗毕[①]。

根据1997年2月召开的联合国环境规划署19届理事会通过的《关于联合国环境规划署的作用和任务的内罗毕宣言》，UNEP的主要任务是[②]：

（1）利用现有最佳科技能力来分析全球环境状况并评价全球和区域环境趋势，提供政策咨询，并就各类环境威胁提供早期预警，促进和推动国际合作和行动；

（2）促进和制定旨在实现可持续发展的国际环境法，其中包括在现有的各项国际公约之间建立协调一致的联系；

（3）促进采用商定的行动以应对新出现的环境挑战；

（4）利用环境署的相对优势和科技专长，加强在联合国系统中有关环境领域活动的协调作为，并加强其作为全球环境基金执行机构的作用；

（5）促进人们提高环境意识，为参与执行国际环境议程的各阶层行动者之间进行有效合作提供便利，并在国家和国际科学界决策者之间担当有效的联络人；

（6）在环境体制建设的重要领域中为各国政府和其他有关机构提供政策和咨询服务。

另外，UNEP还承担着诸如《生物多样性公约》《濒危野生动植物种国际贸易公约》《蒙特利尔协定书》等多个多边环境协定的秘书处职责[③]。

（二）《联合国气候变化框架公约》

联合国大会于1992年5月9日通过了《联合国气候变化框架公约》(United Nations Framework Convention on Climate Change，UNFCCC，以下简称《公约》)，《公约》于1994年3月21日正式生效。《公约》是世界上第一个为全面控制二氧化碳等温室气体排放，应对全球气候变暖给人类经济和社会带来不利影响的国际公约，也是国际社会在应对全球气候变化问题上进行国际合作的基本框架，并为应对未来数十年的气候变化设定了减排进程。截至2022年6月，《公约》已有197个缔约方，中国于1992年11月7日经全国人大批准《公约》，《公约》自1994年3月21日起对中国生效。

《公约》第二条确立了应对气候变化的最终目标是："根据本公约的各项有关规定，将大气中温室气体的浓度稳定在防止气候系统受到危险的人为干扰的水平上。这一水平应当在足以使生态系统能够自然地适应气候变化、确保粮食生产免受威胁并使经济发展能够可持续地进行的时间范围内实现。"

为了实现上述目标，《公约》确立了五个基本原则：一是"共同但有区别的责任"的原则，要求发达国家率先采取措施，应对气候变化；二是充分考虑发展中国家的具体需要和国情原则，《公约》导语部分表示发展中国家的人均排放仍相对较低，承认发展中国家有消除贫困、发展经济的优先需要；三是风险预防原则，各缔约方应当采取必要措施，预防、防止和减少引起气候变化的因素；四是促进可持续发展原则，尊重各缔约方的可持续发展权；五是开放经济体系原则，加强国际合作，应对气候变化的措施不能成为国际贸易的堡垒。《公约》中还明确发达国家应承担率先减排和向发展中国家提供资金技术支持的义务。

---

① UNEP，2022.Structure and leadership [EB/OL]. Nairobi: UN Environment Program.
② 中华人民共和国生态环境部，2004.联合国环境规划署的主要任务 [EB/OL]. 北京：中华人民共和国生态环境部.
③ UNEP，2022.Why does an environment program matter? [EB/OL]. Nairobi: UN Environment Program.

(三)联合国气候变化大会

自1995年起,每年召开一次《公约》缔约方大会(Conference of Parties to the United Nations Framework Convention on Climate Change,UNFCCC-COP),也称之为联合国气候变化大会(UN Climate Change Conference)。联合国气候变化大会历年签订的议定书均作为《公约》的补充条款,其中最重要的是1997年12月在日本京都第3届联合国气候变化大会上通过的《联合国气候变化框架公约的京都议定书》(Kyoto Protocol,以下简称《京都议定书》)和2015年12月12日在巴黎召开的第21届联合国气候变化大会会议上通过的《巴黎协定》(The Paris Agreement)。联合国气候变化大会是各国共同研究减缓气候变化的举措的平台,也是各国围绕发展与责任开展博弈的阵地。

1.《京都议定书》

《京都议定书》于2005年2月16日正式生效,该文件是历史上首次限制温室气体排放的法规。《京都议定书》坚持"共同但有区别的责任"原则,强制要求发达国家减排,具有法律约束力。根据《京都议定书》第三条第一款和附件B的规定,附件一所列缔约方[1]必须在2008年至2012年承诺期内将温室气体[2]排放量从1990年水平至少减少5%。其中欧盟国家应减少8%,美国7%,日本6%,加拿大6%、东欧各国5%~8%。新西兰、俄罗斯和乌克兰则不必削减[3]。此外,为降低各国实现减排目标的成本,《京都议定书》还设计了三种补充性的市场机制:国际排放贸易机制、联合履行机制和清洁发展机制。以上机制不仅允许发达国家通过碳交易市场等灵活完成减排任务,也能够让发展中国家可以获得相关技术和资金。我们将在第四节中详细介绍这三个机制。

2.《巴黎协定》

《巴黎协定》是继《公约》和《京都议定书》之后,人类历史上应对气候变化的第三个里程碑式的国际法律文本。《巴黎协定》共29条,其中包括目标、减缓、适应、损失损害、资金、技术、能力建设、透明度、全球盘点等内容。《巴黎协定》最大的贡献在于它对2020年后全球气候治理作出了统一安排,体现了对《公约》和《京都议定书》的延续性,明确了全球共同追求的硬指标,即大幅减少全球温室气体排放,将本世纪全球气温升幅限制在2℃以内,同时寻求将气温升幅进一步限制在1.5℃以内的措施。《巴黎协定》于2016年11月4日正式生效,目前共有193个缔约方(192个国家加上欧盟),是具有法律约束力的国际条约。该协定按照共同但有区别的责任原则、公平原则和各自能力原则,根据各自的国情和能力自主行动,采取非侵入、非对抗模式的平价机制,让所有缔约国达成共识且都能参与。《巴黎协定》要求欧美等发达国家继续率先减排,并且开展绝对量化减排,同时为发展中国家提供资金支持;对中印等发展中国家要求其根据自身情况提高减排目标,逐步实现绝对减排或者限排目标;对最不发达国家和小岛屿发展中国家,则要求他们编制和通报反映它们特殊情况的关于温室气体排放发展的战略、计划和行动。

---

[1]《公约》根据缔约方国家承担义务的不同,将参加国分为附件一国家和非附件一国家。附件一国家即发达国家,非附件一国家即发展中国家。

[2]《京都议定书》规定的温室气体包括有二氧化碳(CO_2)、甲烷(CH_4)、氧化亚氮(N_2O)、氢氟碳化物(HFCs)、全氟化碳(PFCs)和六氟化硫(SF_6)。《多哈修正案》将三氟化氮(NF_3)纳入管控范围,使受管控的温室气体达到7种。

[3] M. Wenning, Climate Change: The Road to Ratification and Implementation of the Tokyo Protocol, presented on the 663rd Wilton Park Conference, Wilton Park, May 13-17, 2002.

《巴黎协定》在机制设计上体现了较好的经济可行性，围绕其核心制度（国家自主贡献（Nationally Determined Contributions，NDC）机制）进行国际合作，通过适当的减缓、顺应、融资、技术转让和能力建设等方式，推动所有缔约方遵循"衡量、报告和核实"的同一体系，共同履行减排贡献，但同时该协定也为发展中缔约方提供一定的灵活性。根据《巴黎协定》的内在逻辑，在资本市场上，全球投资偏好未来将进一步向绿色能源、低碳经济、环境治理等领域倾斜，因此《巴黎协定》内容也成为各类国际组织的主要环境目标。为保证《巴黎协定》的长期性，它在2018年建立了一个对话机制，盘点减排进展与长期目标的差距，促使各国提出的行动目标建立在不断进步的基础上。此外，它还建立了从2023年开始每5年对各国行动的效果进行定期评估的约束机制。

3.《格拉斯哥气候公约》

2021年11月13日，《公约》第26届联合国气候变化大会（COP26）尘埃落定，会议签署了《格拉斯哥气候公约》。格拉斯哥气候变化大会讨论的重点是发挥金融和投资的重要作用，支持企业、社会、个人和各类组织采取积极行动应对气候危机。

COP26大会就《巴黎协定》第六条关于碳交易市场和非市场性规则达成了协议，有可能释放数万亿美元用于保护森林、建设可再生能源设施和其他应对气候变化的项目。另外，为了确保旧的减排信用额不会涌入市场，规定了2013年之前发放的碳信用不得进入结转。

会议其他重要进展内容包括宣布净零排放承诺、首次承诺降低化石燃料的使用、提升缔约方自主贡献目标，以及支持绿色债务和资金等。截至2021年11月14日，全球已经有151个国家加入净零排放承诺行列，占全球GDP的90%，排放量占全球89%。在COP26召开前和召开期间，绝大多数缔约方已提交了更新后的国家自主贡献目标，按照目前更新的NDCs（国家自主贡献）计算，2030年的排放目标减少了15%~17%，预计本世纪末的升温幅度为2.7℃，较5年前NDCs下计算的3.6℃升温幅度取得显著改善。

三、其他国际环境治理的主要机构

（一）世界自然保护联盟

世界自然保护联盟（International Union for Conservation of Nature，IUCN）于1948年在法国的枫丹白露成立，总部设在瑞士格朗，是政府及非政府机构都能参与合作的国际组织之一。IUCN旨在影响、鼓励及协助全球各地的机构，保护自然的完整性与多样性，并确保在使用自然资源上的公平性及生态上的可持续发展。

（二）世界自然基金会

世界自然基金会（World Wide Fund，WWF）是在全球享有盛誉的、最大的独立非政府环境保护机构之一，其使命是遏制地球自然环境的恶化，创造人类与自然和谐相处的美好未来，保护世界生物多样性；确保可再生自然资源的可持续利用；推动降低污染和减少浪费性消费的行动。

（三）全球环境基金

全球环境基金（Global Environment Facility，GEF）成立于1991年，是关于生物多样性、

气候变化、持久性有机污染物和土地荒漠化的国际公约的资金机制。全球环境基金向发展中国家提供资金和技术支持，帮助他们履行国际环境公约，支持发展中国家和经济转型国家在生物多样性、气候变化、国家水域、臭氧层损耗、土地退化和持久性有机污染物的重点领域开展活动。截至2022年，全球环境基金通过1000多个项目，向140多个发展中国家和经济转型国家提供了大约40亿美元赠款，吸引了120亿美元的项目融资。该基金支持的国际公约包括《生物多样性公约》《联合国气候变化框架公约》《关于持久性有机污染物的斯德哥尔摩公约》《联合国防治荒漠化公约》和《关于汞的水俣公约》。

四、国际环境治理的主要挑战

（一）国际环境治理目标国家间差异较大

由于历史原因，发展中国家与发达国家在环境治理，特别是减排问题上的立场并不统一。发展中国家优先考虑的是国家发展问题，其发展带来的规模效应会与减排目标相违背。发达国家的减排目标相对激进，而且要求发展中国家也承担相应的减排任务，这一矛盾不仅让国际环境治理谈判难以达成共识，还使得发展中国家的高碳行业竞争力受到发达国家诸如碳边界调节机制等单边环境治理政策打击。而且碳泄漏[①]问题使得发展中国家与发达国家之间的矛盾愈演愈烈。发展中国家内部也存在谈判集团多，各国政治背景、经济背景和诉求不尽相同，在关键问题上凝聚力和战斗力不足等问题，急需具有领导力的国家引领国际环境治理始终坚持公平公正原则，充分反映并维护发展中国家的利益诉求。

（二）国际环境治理机制缺乏协调和落实

虽然有大量有关国际环境治理的条约和协定，但是在国际层面上各国和地区仍然是各自为政，国内层面上很多国家也缺少支撑这些国际条约和协定具体落实的政策文件。以碳中和承诺为例，各国碳中和承诺的预期可执行程度存在较大的差异。多数发达国家，如欧盟各国，是碳中和行动的重要推动者。而日本提出的策略相对保守，在目标设定上仍留有很大余地，且强调了其长期发展的不确定性。对于发展中国家来说，碳中和目标较为模糊，有些国家仅提出了部分部门的净零排放目标。不同组织和单位负责不同的环境公约，再掺杂政治因素，即使有若干缔约方会议，也无法真正地将各类制度进行融合，无法推动国际环境治理进程。

（三）国际环境治理融资缺乏强制性制度安排保障

《巴黎协定》第九条第1款明确提出，"发达国家缔约方应为协助发展中国家缔约方减缓和适应两方面提供资金"。但是并没有强制性要求发达国家缔约方向发展中国家缔约方提供资金，也并未明确要求提供资金的金额。《巴黎协定》所提出的减排目标需要大规模资金支持，发展中国家完成其NDC的目标，每年需要3000亿~10000亿美元的资金支持。根据历史排放量等指标核算，美国应是最大的资金来源国，美国虽然于2021年2月宣布重返《巴黎协定》，其出资义务的履行并不理想，也影响了其他发达国家出资的意愿和力度。《格拉斯哥气候公

[①] 碳泄漏是指严格气候政策国家以外国家碳排放增加的现象，主要的泄漏渠道是碳密集型行业将产业和排放向气候政策宽松的国家和地区转移，从而抵消了严格气候政策的减排效果。

约》指出发达国家未能实现在2020年前达到每年提供1000亿美元以上的资金用于帮助发展中国家适应气候变化向净零排放过渡的承诺。目前虽然有全球环境基金（GEF）、绿色气候基金（GCF）等融资机制，但资金规模有限，现有的国际减排融资机制延缓了应对气候变化的相关行动。

（四）国际环境治理技术仍有待突破

尽管近年来低碳技术进步很快，市场普及率逐年提高，但是其经济性和竞争力仍有待提高，而且这些技术只存在于发达国家和少部分发展中国家中，很难实现全世界范围内的节能减排。为实现全球深度减排目标，研发投入需要进一步增加以降低其成本、提高竞争力。这需要包括储能、碳捕捉和提高资源利用效率等方面技术的重要突破。

思考

请同学们思考国际经济治理为应对国际环境治理的这些挑战提供了哪些有价值的参考路径。

第二节　国际经济组织与环境治理

虽然国际经济组织的首要使命目标是通过不同的制度设计，在不同的领域开展国际经济治理工作，但是世界贸易组织、国际货币基金组织和世界银行等主要的国际经济组织的国际经济治理制度设计和活动在全球环境治理中都发挥了重要作用。本节介绍主要的国际经济组织中环境治理的目标、组织机构和制度设计。

一、世界贸易组织与环境治理

（一）世界贸易组织与全球环境治理目标

贸易对可持续发展和环境的贡献在1992年里约首脑会议、2002年约翰内斯堡首脑会议、2005年联合国世界首脑会议和联合国2030年可持续发展议程等一系列论坛上都得到了广泛的认同。因此，对于世界贸易组织成员方来说，保护环境和促进可持续发展，与维护开放和非歧视性的多边贸易体制同样重要，这一点世界贸易组织在《建立世界贸易组织的马拉喀什协议》①序言中就进行了明确阐释。据世界贸易组织的规则，成员可以采取旨在保护环境的与贸易有关的措施，但一定要满足某些条件，以避免为保护主义目的滥用这些措施。

---

① 《建立世界贸易组织的马拉喀什协议》（Marrakesh Agreement Establishing the World Trade Organization，WTO Agreement），简称《建立世界贸易组织的协议》，是关贸总协定乌拉圭回合谈判达成的协议，1995年1月1日生效，根据该协议成立了世界贸易组织。

(二) 世界贸易组织参与全球环境治理的工作机制

1. 贸易与环境委员会

成立于1995年的贸易与环境委员会（The Committee on Trade and Environment, CTE）是世界贸易组织致力于推动政府间就贸易政策的环境影响和环境政策的贸易影响进行定期对话的专门机制。在多哈回合谈判期间，该委员会也在积极推动环境治理的有效市场机制设计、知识产权协议和生物多样性，以及环保标识等问题相关的讨论。例如在贸易与环境委员会2022年2月2日的会议上，世界贸易组织成员听取了有关2021年12月15日在世界贸易组织启动的三项新的环境举措的情况简报：塑料污染和环境可持续塑料贸易、化石燃料补贴改革联合部长声明及贸易和环境可持续性框架讨论的进展[①]。

2. 贸易谈判

早在1970年，当时GATT的各轮谈判就开始了对全球环境治理与贸易关系的关注，乌拉圭回合谈判中，缔约方就贸易与环境问题开始了谈判，颁布了《关于贸易与环境的决定》。在多哈回合中，各成员方都必须参与贸易与环境议题的谈判，特别是环境产品和服务的市场准入问题的相关协议。

3. 《环境产品协定》

2014年7月首轮谈判以来，世界贸易组织《环境产品协定》（Environmental Goods Agreement, EGA）谈判迄今已进行了18轮谈判。参加谈判的世界贸易组织成员均是全球环境产品贸易的主要贸易国。谈判旨在实现环境产品减税，促进环境产品自由贸易。谈判以APEC环境产品清单为基础，涵盖了54种低能耗绿色低碳产品。谈判的成员方主张，多边贸易应该能够为解决环境退化问题做出积极的和有意义的贡献，以推动落实《巴黎协定》和联合国2030发展议程，并希望该协议能够在世界贸易组织框架下实现环境产品自由贸易，并将谈判成果通过最惠国待遇惠及所有世界贸易组织成员。

4. 环境议题倡议

除了正式的机构、谈判和条约，世界贸易组织还通过发起一系列专门的环境治理倡议来推动国际环境治理进展。比如在2020年11月，一部分世界贸易组织成员发起了塑料污染和环境可持续塑料贸易非正式对话（Informal Dialogue on Plastics Pollution and Environmentally Sustainable Plastics Trade, IDP）。2020年11月17日，50个世界贸易组织成员发起了贸易和环境可持续性结构化讨论（Trade and Environmental Sustainability Structured Discussions, TESSD）。TESSD 2021年发表的部长声明指出，其今后的工作将围绕贸易与气候变化、环境产品与服务贸易、循环经济和可持续供应链等领域展开。这两个非正式对话向所有成员方开放，也成为CTE的重要议题。

(三) 世界贸易组织规则与全球环境治理

世界贸易组织诸如非歧视和透明的基本原则为各成员方设计和实施环境治制度提供了框架。诸如《技术性贸易壁垒协定》（涉及产品条例）和《动植物卫生措施协定》（涉及食品安全和动植物卫生）等专门协定更是为环境治理中的贸易相关议题提供了具体的实施办法。如

[①] 中华人民共和国商务部公共商务信息服务WTO/FTA咨询网 http://chinawto.mofcom.gov.cn/article/xxfb/202202/20220203278417.shtml, 2022-02-08.

何在成员方采取贸易限制措施以达到环境治理目的（如保护人类、动物或植物生命或健康以及自然资源）和正常贸易这两种权利间保持平衡，是世界贸易组织规则制定和实施的一大挑战。比如，《关税及贸易总协定》的第20条一般例外："凡下列措施的实行在条件相同各国间不会构成任意的或无端的歧视手段，或者不会形成伪装起来的对国际贸易的限制，则不得将本协定说成是妨碍任何缔约方采取或实行如下这些措施。（b）为保护人类及动植物的生命或健康所必需者；（g）关系到养护可用竭的天然资源，凡这类措施同限制国内生产与消费一道实施者。"该条款力求确保环境措施不被任意实施，也不被用作变相的保护主义。

世界贸易组织的争端解决机制自成立以来就处理了大量与环境治理相关的贸易争端，这些裁决涉及从保护商业捕捞中受害的海龟，到保护空气污染导致的人类健康问题等各种不同的环境治理目标。例如，比较经典的案例包括在法国与加拿大关于温石棉的争端中，世界贸易组织裁定支持了法国政府对石棉和石棉产品进口的禁令，以保护进口国的公民和建筑工人[①]，明确了世界贸易组织协定支持成员方采取适当的措施保护人类健康和安全的诉求。1998年的美国海虾海龟案的处理过程中，DSB将GATT第20条g款中"可用竭的天然资源"的范围扩大到处理矿产和其他非生命资源以外的濒危物种，用发展的眼光解释GATT条款，表明了对环境保护的态度和有效途径。世界贸易组织的环境数据库显示，从2009年到2021年，与环境相关的通告有6968条，其中与环境相关的措施总数为14604个，涉及农业、制造业、医药业、服务业等多个部门。

多哈回合谈判中的环境问题

贸易和环境谈判是2001年11月在卡塔尔多哈举行的第四届世贸组织部长级会议发起的多哈发展议程的一部分，其总体目标是加强贸易和环境政策的相互支持。谈判集中在以下三个主题上。

一是世贸组织规则与多边环境协定之间的关系。这些谈判旨在重申贸易和环境政策为双方的利益共同努力的重要性，谈判的范围应限于世贸组织现行规则在有关多边环境协定缔约方之间的适用性，不应损害任何非有关多边环境协定缔约方的WTO成员权利。

目前有250多项多边环境协定涉及各种环境问题，其中约20项包括可能影响贸易的条款。例如，它们可能包含禁止某些物种或产品贸易的措施，或允许各国在某些情况下限制贸易的措施。这些多边环境协议可能出现的一个问题是协定下的措施是否符合世贸组织的规则。多边协议可以授权其缔约方之间进行特定产品的贸易，但禁止与尚未签署该协议的国家进行同一产品的贸易。这可能被认定与世贸组织的"最惠国待遇"不相容。

二是世贸组织和多边环境协定秘书处之间的合作，确立多边环境协定秘书处与世贸组织有关委员会之间定期交流信息的程序，以及给予其观察员地位的标准。这一目标在2002年约

---

① 温石棉通常被认为是一种剧毒物质，对人类健康能构成重大威胁。温石棉耐高温，已被广泛用于各种工业部门。为了控制与石棉有关的健康风险，作为温石棉进口国的法国政府在1996年对这种物质以及含有石棉的产品实行了禁令。1998年，当时的世界温石棉第二大生产国和第一大出口国的加拿大将石棉争端正式提交WTO，直到2011年该争端才落下帷幕。

翰内斯堡世界可持续发展首脑会议（WSSD）的执行计划中得到承认，该计划呼吁努力"加强环境署与其他联合国机构和专门机构、布雷顿森林机构和世贸组织之间的合作"。

世贸组织和多边环境协定秘书处之间已经开展了各种形式的合作和信息交流。其中包括世贸组织贸易和环境委员会与多边环境协定秘书处举行的信息通报会、交换文件，向发展中国家提供贸易和环境方面的技术援助方面开展合作，世贸组织秘书处在其缔约方的多边环境协定会议期间组织会外活动。自谈判开始以来，已经提出了一些具体的内容来改进或补充这些现有的设置。多个多边环境协定的秘书处和国际组织已获得贸易与环境委员会观察员资格。

三是消除对环境产品和服务的关税和非关税壁垒，减少或酌情取消对环境产品和服务的关税和非关税壁垒，为贸易、环境和发展创造"三赢"局面。

首先，谈判可以通过减少或消除关税和非关税壁垒来促进贸易。包括各级企业和政府在内的国内采购商将能够以更低的成本获得环保技术。环境产品贸易自由化将鼓励环境技术的使用，进而刺激创新和技术转让。其次，谈判还可以通过提高各国获得高质量环境产品的能力来造福环境。通过提供更清洁的环境、更安全的用水、卫生设施或清洁能源，可以直接提高所有国家公民的生活质量。最后，环境商品和服务贸易的自由化可以帮助发展中国家获得必要的工具来解决环境治理问题，推动其持续发展。

资料来源：

World Trade Organization. Negotiations on trade and the environment [EB/OL]. Genève: World Trade Organization, 2001.

二、国际货币基金组织

环境和气候的变化给经济的长期增长与繁荣带来了挑战，并且直接影响到所有国家的经济福利。按照前文介绍的IMF的职能和参与国际经济治理的机制，IMF主要通过各国财政和宏观政策的协调来参与环境治理。在其历年的工作报告、地区经济展望和财政监测报告等文件和研究中，IMF都关注了碳排放和气候变化等问题，并对相应的治理手段和政策进行评估，其近年来的政策和制度安排中对环境问题的关注尤为突出。

（一）国际货币基金组织的国际环境治理政策

IMF的环境治理主要是依据《巴黎协定》的精神，对各成员方提供以下三种类型的政策效应研究和政策工具设计支持。

1. 减缓型政策

减缓型政策主要指控制和减少排放的政策，比如增加碳税、减少燃料补贴和改善监管等，IMF研究并提供相应的政策工具帮助各国实现其国家自主贡献。比如碳定价是脱碳战略的核心问题，其主要的政策工具包括碳税或碳排放权交易体系的形式（或部门层面的监管等同等措施）。IMF为所有成员方提供了电子表格工具，可让其估算出体现能源供给成本和全部环境成本的能源价格，并计算出化石燃料过低定价所造成的隐性补贴，为各国政府的碳定价提供支持。

2. 适应型政策

适应型政策主要包括帮助各国强化金融和制度韧性,以提升应对自然灾害和极端天气事件的抵御能力;引导各国开展相应的基础设施投资,以应对海平面上升和其他全球变暖的问题。例如,在2015年西非暴发埃博拉疫情期间,IMF设立了一个信托基金,向遭受自然灾害影响的贫穷国家提供债务减免。IMF已经将遭受大规模自然灾害的国家的借款额度提高了近一倍。

3. 低碳转型政策

IMF对各国经济向低碳经济转型的政策支持主要包括持续更新对金融部门监管政策,以涵盖气候风险、"棕色"资产[①]敞口和绿色金融问题,以及采取相应的措施帮助各国实现经济多样化,摆脱碳密集型产业,同时减轻因经济转型而带来的社会影响。

(二)国际货币基金组织政策的环境评估

除了提供政策工具研究与设计,IMF已经迅速加大了其在环境治理方面开展的工作力度,系统性地将环境相关问题和政策纳入其监管工作中,并通过《世界经济展望》《年度全球金融稳定报告》和工作年报等各类出版物分享各类宏观政策的环境评估结果与建议。另外,IMF还发表了各种政策文章和著作,内容涉及能源补贴、碳定价、状态依存型债务工具的自然灾害条款以及气候变化对宏观经济和金融稳定的影响。

2020年10月的《世界经济展望》指出为了避免气候变化相关的严重经济和社会风险,有必要转向低碳型生产结构,包括征收碳税、推动低碳基础设施建设、鼓励绿色技术创新。对于特殊地区,例如撒哈拉以南非洲的很多国家,要特别重视气候变化问题,因为该地区特别容易遭受气候变化的影响,而且事先减缓气候变化的成本远低于事后的清理和恢复成本。这些全球的协调活动包括投入资金并发展科技以支持公益,例如清洁的空气、洪灾防范、具有抗灾能力的基础设施以及可再生能源。2021年1月,IMF的研究表明,开展碳定价,同时加大绿色投资,既能实现必要的碳排放削减,又能推动经济从新型冠状病毒感染衰退中复苏。《2020年度全球金融稳定报告》指出新型冠状病毒感染引发的经济活动停滞导致全球碳排放量出现临时下降,危机的经济影响可能降低企业投资绿色项目的能力,因此疫情对向低碳经济转型的长期影响仍具有不确定性。这份报告考虑到在全球范围内减少温室气体排放的迫切需求,也强调了气候政策和一揽子绿色投资项目对支持绿色经济复苏和能源转型的重要性。旨在实现可持续融资的政策,如提升透明度和标准化的政策,能进一步帮助调动绿色投资并缓解企业的融资约束。根据《IMF2021年年报》,IMF和世界银行的金融部门评估规划(Financial Setor Assessment Program,FSAP)也将气候变化风险纳入压力测试和金融稳定监测中。此外,IMF目前正在将气候问题纳入公共财政管理周期("绿色预算编制")和基础设施治理方面的工作。为了弥合数据缺口,IMF正在支持各国进一步加强气候信息披露。近期,IMF还在与其他国际组织、各国当局和私人数据提供商合作的基础上,利用其在统计方法上的领先地位,推出了"气候变化指标仪表盘"。该工具提供了一组标准化的跨国可比数据,以便能更为及时、更加频繁地发布气候变化的相关指标。

---

① 棕色资产(Brown assets)指的是污染性和高碳资产。

三、世界银行

国际经验证明，越来越多的国家政府和国际组织倾向于运用经济杠杆来引导环境治理。相较于IMF运用宏观经济政策参与环境治理，世界银行将环境因素纳入其投资项目的贷款、投资和风险评估程序，其推出的环境和社会责任框架和《气候变化行动计划》为国际经济治理体制在微观层面上参与环境治理融资作出了很好的尝试。

（一）环境和社会框架

世界银行执行董事会于2016年8月4日批准了新的《环境和社会框架》(Environmental and Social Framework, ESF)，以提高世界银行贷款投资项目环保和社会责任标准。《环境和社会框架》内容包括世界银行可持续发展愿景、世界银行《针对投资项目融资的环境和社会政策》、《环境和社会标准》（十项）、《IPF环境和社会指令》和《防范对处于不利或弱势地位的个人或群体的风险和影响的指令》。

《环境和社会框架》于2018年10月1日生效，并适用于此日期之后启动的所有投资政策融资项目。ESF的十项《环境和社会标准》中的标准1、3和6支持借款国管理环境，加强了世界银行对可持续发展的承诺。《环境和社会标准1：环境和社会风险与影响的评价和管理》规定，在世界银行通过投资项目融资所支持的项目的各阶段，借款国对环境和社会风险与影响负有评价、管理和监测的责任，以取得与《环境和社会标准》相符的环境和社会效果。《环境和社会标准3：资源效率与污染预防和管理》，认识到经济活动和城市化通常会对空气、水和土地造成污染，并可能在当地、区域或全球范围内以对人类、生态系统服务和环境造成威胁的方式消耗有限的资源。此项规定了有关在整个项目周期内的资源效率与污染预防和管理的要求。《环境和社会标准6：生物多样性保护和生物自然资源的可持续管理》认识到保护生物多样性及生物自然资源的可持续性管理是实现可持续发展的根本所在。它也认识到维持栖息地（包括森林）及其支持的生物多样性的核心生态功能的重要性。

《环境和社会框架》提出了对世界银行和借款国处理投资项目中的环境和社会风险及影响的具体要求，通过对借款国项目的合规要求和风险管理，推动借款国的环境治理。比如，通过要求项目披露环境信息和利益相关方参与，以提高项目的透明度、设计和实施，推动借款国对气候变化和生物多样性等方面的管理。同时，世界银行也承诺大幅提高对相关借款国家在执行新框架方面的资金帮助，确保他们在社会责任和环境保护方面发挥更积极的作用。

（二）《气候变化行动计划》

2016年，世界银行集团发布世界银行《气候变化行动计划2016—2020》(World Bank Group Climate Change Action Plan 2016—2020)，该文件显示世界银行加大了在可再生能源、可持续城市、气候智能型农业、绿色交通及其他领域的行动力度，确立了到2020年，世界银行集团将帮助发展中国家增加30GW可再生能源，为1亿人建立早期预警系统，协助至少40个国家制订气候智能型农业投资计划。2016—2020年，世界银行集团国际环境治理的四大优先领域包括：第一，支持政策和制度的改革，如支持各国推出气候政策、将应对气候变化投资计划转化为行动，并通过咨询服务、公共支出审查和发展政策性业务将气候变化纳入各国政策考虑和预算中；第二，通过对全球各类资源的整合和与各国监管部门的合作，使世界银行成为绿色银行的标杆与榜样，为企业及项目提供气候贷款，同时促进绿色债券市场的持续发展；第三，扩大气候行动，世界银行集团与多部门联合扩大气候领域全方位的投资合作，并通过直接投资、咨询服务等方式增强气候活动对各国的影响；第四，调整与其他机构合作的内部流程，世界银行集团与合作伙伴创建、共享和实施新的气候相关解决方案。

2021年6月，世界银行集团发布了《气候变化行动计划（2021—2025）》（Climate Change Action Plan 2021—2025，CCAP 2021—2025）。该计划指出，气候变化已是当代人类最为突出的挑战之一，世界银行集团将保持与《巴黎协定》目标一致，最大限度发挥气候融资（climate finance）的影响力，更好地实现全球环境治理和经济发展。为了实现上述目标，世界银行集团在2021—2025年将把35%的资金用于气候变化领域，相比上一周期提升9%，其中一半的气候变化资金将专门用于培育对于气候变化的抵御能力。此外，世界银行集团还在《气候变化行动计划（2021—2025）》中提出了三大重点行动领域：一是协调气候变化与经济发展；二是支持重点领域（能源、农业、粮食、食品和土地、城市管理、交通和制造业）的低碳转型；三是为低碳转型提供融资支持。

思考

请同学们思考为什么各个国际经济组织都越来越热衷于参与环境治理。

第三节　国际环境治理的区域合作

除了上一节当中讨论的全球经济体制以外，各类区域经济一体化组织也通过其区域性的经济治理体系中设立了相应的环境治理目标，并通过专门的环境治理机构和相关国际协定来开展国际环境治理工作。除了专门的区域环境协定，主要的区域经济一体化和贸易协定中大都有与环境相关的条款，区域经济一体化组织通过这些条款对成员间的相关贸易行为进行约束，从而产生一定的环境效应。研究表明签订了含有环境条款的区域贸易协定的国家的二氧化碳排放量往往趋同且绝对值较低的国家（Baghdadi等）。区域经济一体化协定中的环境条款通常包括：①直接规定禁止贸易影响环境的特殊商品；②通过关税的手段来限制特殊商品的贸易；③制定符合环保规范的标准来规范成员方间的贸易。本节将介绍世界上主要的区域经济一体化组织在环境经济治理中发挥的作用及管理机制。

一、欧洲联盟

欧洲联盟作为当今世界上发展层次最高的区域经济一体化组织一直在不断强化其环境治理职能。在欧洲联盟委员会内，环境总司负责环境保护管理，其职能主要包括提出环境政策、监督成员方实施环保法规等。2019年12月，欧洲联盟委员会发布《欧洲绿色协议》（European Green Deal），在世界范围内引起了广泛关注。该协议主要包含了四个部分：第一部分"简介"介绍了欧盟到2050年实现温室气体净零排放、经济增长与资源使用脱钩的发展目标。第二部分"为欧盟经济打造一个可持续的未来"主要强调其在能源、工业、食品系统、生态系统以及无毒零污染环境等七大方面的发展目标。第三部分"欧盟是全球的领导者"强调了在多边框架下与其他国家和地区的环境保护合作。第四部分"行动起来：欧洲气候协定"呼吁所有利益相关者参与国际环境治理。

《欧洲绿色协议》是欧盟一项长期的发展战略，欧盟陆续出台了更多的政策和行动计划来配合这一战略。2020年1月14日，欧盟发布了《可持续欧洲投资计划》和《转型机制公平供给机制》，计划投入1000亿欧元，帮助部分欧洲国家加速抛弃化石燃料。2020年3月4日，欧盟出台了《欧洲气候变化法》草案，该草案是欧盟于2050年实现碳中和的政治承诺以及2030年减排中期目标的法律体现。欧盟在草案中提出了实现2050年目标的路线图，还规定了要定期评估各成员方的减排措施和气候目标及行动计划的一致性。2020年3月10日，欧盟公布了一项新的欧洲工业战略，该战略旨在促进欧洲工业的气候中立以及数字化转型，从知识产权、公平竞争、可持续发展及医药原材料供应等方面提出了行动计划。翌日，欧盟又颁布了《新循环经济行动计划》，该计划主要包括制定可持续产品政策框架、关注重点产品价值链循环以及提出减少废弃物目标和计划等三个方面的内容。2020年12月9日，欧委会出台了《欧洲气候公约》。《欧洲气候公约》旨在提供支持气候行动的平台，号召公民、基层社区与社会各阶层通过改变生活习惯和行为，推动公众对绿色转型发展的参与。2022年6月22日，欧洲议会全体通过"碳边境调节机制"（Carbon Border Adjustment Mechanism, CBAM）提案，俗称"碳关税"提案。整个立法预计在2022年年底前完成，从2027年开始，欧盟将逐步征收碳关税，我们将在第四节中详细介绍这一机制。

二、美-墨-加协定

《美-墨-加协定》（United States-Mexico-Canada Agreement, USMCA）中对于环境保护的相关机制是在《北美自由贸易协定》（North American Free Trade Agreement, NAFTA）的基础上升级而来的。在NAFTA生效期间，美墨加三国构建了以北美环境合作委员会为核心的组织机构，来加强三国之间的环境合作。在NAFTA的框架下，北美环境合作委员会在提高公众对环境保护的参与、提供环境相关信息和资料等方面发挥着重要的作用。墨西哥和美国在1993年成立了两个双边组织——边界环境合作委员会和北美发展银行——来专门处理和监督墨西哥的环境污染事件和环境状况。

《美-墨-加协定》的第9章中包含卫生与植物卫生措施，第24章是环境条款部分，包含了美墨加三国在环境方面非常翔实全面的合作内容。第24章共有32条，主要涉及了臭氧层保护、保护海洋环境免受船舶污染、空气质量、海洋垃圾、贸易和生物多样性、外来入侵物种、海洋野生捕获渔业、可持续渔业管理、海洋物种保护、可持续的森林管理与贸易等环境保护议题。此外，该章还有着丰富的环境合作的程序和机制设计等内容。不论是北美自由贸易区还是美墨加协定期间，美墨加三国都通过不断加强的环境合作，以减轻因经济活动增加所导致的对环境的消极影响。Jevan Cherniwchan对NAFTA的研究表明，贸易自由化导致制造业PM10和二氧化硫排放显著减少。1994年至1998年期间，平均而言，美国制造业PM10和二氧化硫排放量中有三分之二是由于北美自由贸易协定的实施。

三、《区域全面经济伙伴关系协定》

《区域全面经济伙伴关系协定》(Regional Comprehensive Economic Partnership，RCEP) 于2022年1月1日正式生效，成为世界上最大的自由贸易协定。RCEP与环境保护相关的条款主要集中在其第五章卫生和植物卫生措施。卫生和植物卫生措施这一章强调了在贸易过程中依据世界动物卫生组织和《国际植物保护公约》的做法对动植物生命或健康进行保护的问题。在第十七章一般条款和例外中，第十条《生物多样性公约》规定了每一缔约方确认其在1992年6月5日在里约热内卢签署的《生物多样性公约》项下的权利和义务。

在卫生和植物卫生措施方面，RCEP制定了一系列措施保护人类、动物或植物的生命或健康，并确保这些措施尽可能不限制贸易，不对其他RCEP成员构成不合理歧视。但相对于发展层次更高和有更多发达国家参与的欧洲和北美地区的区域经济一体化组织来说，RCEP对环境保护条款的设计显然比较单薄。根据Kailan Tian等人对RCEP二氧化碳排放负担的估算，RCEP成员完全取消关税将使全球燃料燃烧造成的二氧化碳年排放量增加约3.1%，是过去十年全球二氧化碳排放量年平均增长率的两倍。从长远来看，更深层次的贸易自由化所产生的技术溢出效应可以在一定程度上减轻二氧化碳排放负担。所以，发展中国家迫切需要技术进步和更有效的气候政策，以避免破坏减少全球排放的国际努力。

请同学们思考为什么RCEP的环境治理力度和研究预测的环境治理效应与欧美的区域一体化组织有较大差距。

第四节 国际环境治理的碳定价机制

气候治理是目前国际环境治理中最受关注的领域，也是目前国际经济治理机制中最重视的环境治理目标。由于气候问题是一个典型的全球负外部性问题，所以气候治理从诞生的那一刻起就注定会演化成一个国际治理的问题，尤其是减缓型（mitigation）政策协调问题。国际社会一致认为碳定价问题是国际气候治理减缓型策略的中心问题（Parry, Black and Zhunussova），目前碳定价的两种机制就是碳税和碳交易机制。碳定价机制的主要内容包括碳定价体系的管理、定价水平、排放范围、与其他气候治理机制的关系、收益的使用、碳定价的政治经济问题和全球协调问题。因此，本节将介绍涉及国际环境治理中碳定价的两种市场机制，以及碳边境调节机制和国际碳交易机制的应用情况。

一、碳边境调节机制

（一）碳边境调节机制的发展

碳边境调节机制（Carbon Border Adjustment Mechanism，CBAM），也被称作碳关税或碳

边境调节税,是指在实施国内严格气候政策的基础上,要求进口或出口的高碳产品缴纳或退还相应的税费或碳配额,是国际碳税协调机制。碳边境调节机制出台的背景是《巴黎协定》下各国碳中和目标及减排力度存在差异,实施碳定价机制的国家和地区为保护本地企业竞争力以及避免碳泄漏,对来自减排措施较弱国家的产品施加的、与碳排放相关的边境调节措施。"碳关税"实质是迫使产品进口商承担与本国生产者生产同类产品相同的减排成本,确保国内生产者承担相同税收的一种措施(王海峰)。

碳边境调节机制的经历颇为坎坷。2007年时任法国总统希拉克提出欧盟应当针对没有签署《京都议定书》的国家进口产品征收"碳关税",通过增加出口国的生产成本迫使这些国家进行低碳转型,降低全球二氧化碳排放量。但当时许多学者认为碳关税会对国家关系产生负面影响,这一提议并没有引起广泛关注。2008年11月,欧盟理事会宣布从2012年1月1日开始,所有途经欧盟的航空公司必须纳入欧盟碳排放交易机制,超出碳排放配额的航空公司必须缴纳碳排放税,此举动受到包括美、加、中、俄等主要国家的反对,碳关税推进计划再度停滞。2009年6月底,美国国会通过了《清洁能源与安全法案》,其中提出美国应对进口排放密集型产品征收二氧化碳特别排放税,并声明将从2020年1月1日起开始征收"碳关税",但法案最终被否定。特朗普担任美国总统期间,美国退出了《巴黎协定》,其碳关税议题也处于搁置状态。

碳边境调节机制的最新转机在2019年12月。为履行《巴黎协定》承诺,并于2050年前实现欧盟气候目标,欧盟委员会发布了《欧洲绿色协议》,提出要在区域内实施"碳关税"制度。2021年3月10日,欧盟委员会提交CBAM影响评估报告;2020年9月欧盟委员会主席正式宣布将CBAM纳入到2021年立法提案。2022年6月22日,欧洲议会全体通过"碳边境调节机制"提案,整个立法预计在2022年年底前完成,CBAM计划于2023年开始实施,并设置了三年过渡期,从2026年或2027年开始,欧盟将逐步征收碳关税,到2032年,完全取消欧盟相关行业获得的免费碳排放配额。美国拜登政府于2021年7月19日推出了碳关税计划,根据该计划,美国将对其认为是减排力度不足国家出口到美国的商品按其碳排放量征税。该计划也被认为是美国碳关税立场的正式转变。其他发达国家政府,包括英国、加拿大、日本等也都在不同场合表达了对于碳关税措施的支持。英国时任首相约翰逊认为G7国家应该领头,基于七国的碳边界调节机制,成立一个碳关税联盟;加拿大政府表示将积极与相关国家开展合作,通过碳关税应对全球碳泄漏;日本政府宣称将探讨美欧日三方在包括边境调整机制的贸易体系中采取联合行动的可行性。

对大多数发展中国家而言,碳关税就是发达国家实施的一种不公平的贸易保护行为,目前发展中国家无论是环境治理技术、生产技术,还是碳核算制度都无法支持建立与发达国家相抗衡的碳边境调节机制。

(二) 碳边境调节机制的运行机制

目前各国推行CBAM主要理由是减少碳泄漏,维护各国境内企业的竞争力。一般来说,更严格的国内环境政策会增加该国碳密集型行业的成本,从而影响其国际竞争力,增加从环境政策宽松的国家相关产品的进口。因此,环境政策严格的国家希望通过碳关税,减少碳泄漏风险带来的竞争力问题,推动其他国家采取更加严格的环境规制政策。由于CBAM还并未正式实施,因此我们以欧盟CBAM提案内容为例简要介绍下此机制的运行方式以及内容。

1. 适用范围

从产业来看，欧盟CBAM目前所涉及的产业仅限于进口到欧盟的水泥、电力、化肥、钢铁和铝，对于其他产业，在过渡期期间或之后将继续考虑是否纳入适用范围。

从涉及的国家或地区来看，除冰岛、列支敦士登、挪威、瑞士等国的货物生产已适用了欧盟碳排放交易系统（Emission Trading System，ETS）相关规定，或碳价格系统与ETS完全衔接的国家和地区外，从欧盟域外国家和地区向欧盟出口的特定货物均需受CBAM规制。

从排放范围来看，CBAM管制的温室气体排放与欧盟ETS所涵盖的温室气体排放相对应，即二氧化碳（CO_2）以及氧化亚氮（N_2O）和全氟碳化物（PFCs）等。在提案的立法说明中，专门提及了CBAM的目标是同时覆盖直接排放和间接排放，但当前的CBAM仅对直接排放[①]进行收费，但在过渡期结束，并经进一步评估后，将扩大至间接排放。

2. CBAM机制进口流程

首先，申报人（公司或者个人）要成为"授权申报人"。"授权申报人"需要满足以下两个条件：一是不存在严重违法记录，特别是海关法和税法；二是能证明其在财务和运营方面具有相应的能力。欧盟可以要求申报人在申请授权的过程中提供保证金。

其次，在进口受管辖的货物时，进口商需要在进口前由"授权申报人"向所在欧盟成员国主管部门提出进口申请，申请获批后，进口商才可以开始进口有关商品。

最后，在获得审批后，进口商需要计算碳排放量，然后根据碳排放量购买CBAM凭证，即碳排放凭证。购买了足够数量的CBAM凭证才能进口相应排放量的货物。CBAM提案附件三中规定了简单货物[②]和复杂货物[③]的排放量计算公式，能够获得货物直接排放量实际监测数据的货物使用实际监测数据，没有实际监测数据的货物则采用默认值进行计算。CBAM证书的价格与欧盟ETS项下的碳排放配额价格挂钩，适用每周ETS公共拍卖平台收盘价的平均价格。CBAM证书的价格会随着ETS配额价格浮动，比如，欧盟ETS项下碳价自2021年起呈持续上涨趋势，2022年2月25日碳价为88.14欧元/吨，相比2021年1月1日33.69欧元/吨的价格上涨了两倍多。进口商可以在任何其认为价格合适的时机购入证书备用，证书的有效期为两年。

出口商在原产国已经为货物支付的碳成本[④]可以用来抵扣相应数量的CBAM证书，但出口商需要提供相关证明文件。关于碳成本抵扣CBAM证书的具体计算方法、碳成本折算为欧元的汇率、独立第三人开展认证的资质等具体细则，有待后续出台的实施法案进一步明确。

（三）碳边境调节机制的经济效应

碳边境调节机制将导致部分碳密集产品的贸易转移。碳边境调节机制的实施重新定义了贸易成本，环境成本的比重将大幅提升。为了减少碳关税对成本的冲击，碳成本较低的国家（多是发展中国家）将把部分出口从征收碳关税的市场转移到还未征收碳关税，或者碳关税水平较低的市场，从而形成贸易转移。联合国贸易和发展会议报告的研究表明，CBAM可能会

[①] 直接排放是指"生产者所直接控制的货物在生产过程中的排放"；间接排放是指"货物在生产过程中所消耗的发电、发热和制冷所造成的排放"。
[②] 简单货物是指使用无碳排放的原材料生产出的产品。
[③] 复杂货物是指以简单货物为原材料生产的产品，在计算时需要考虑所消耗原材料的排放量。
[④] 碳成本是指在欧盟外第三国以温室气体排放交易制度项下的碳税或排放配额形式支付的，基于货物生产过程中排放的该制度所覆盖的温室气体而计算的货币金额。

改变现有国际贸易格局，特别是对发展中国家的出口产生不利影响，比如俄罗斯、塞尔维亚、乌克兰、南非以及中亚、东亚等国家能源密集型部门的出口可能会大幅减少。而对中国而言，若欧盟征收碳关税，会使中国承担更大的成本，低碳转型速度减缓，短期内中国在碳密集产品上的出口将可能从发达国家逐渐转移到新兴发展中国家。

碳边境调节机制将提高发达国家竞争力，从而加剧发达国家与发展中国家的贸易利益失衡。碳关税的征收会影响各国厂商的竞争力、市场份额和产出，这会导致生产跨国转移和产业结构的调整，从而导致碳泄漏。碳关税会增加没有承担温室气体减排责任国家——发展中国家——的产品成本，产品成本的上升在短时期内会抑制发展中国家部分产品的出口，提高发达国家国内相似产品的竞争力。此举会抑制发展中国家对发达国家的出口，进一步加剧发达国家与发展中国家之间的经济贸易利益失衡，引起全球市场剧烈震荡。例如Niu和Chen基于CGE模型，得出碳关税将严重抑制中国对发达国家的出口，进而对中国宏观经济产生负面影响。波士顿咨询的研究发现一方面，欧盟碳关税对行业利润的侵蚀影响可高达40%，而且成本增加的影响将蔓延到整个产业链上的企业；另一方面，碳关税还可能改变出口欧盟企业的竞争优势。中金研究院采用MRIO模型和CGE模型研究欧盟碳边境调节机制对中国的影响，结果表明：欧盟碳边境调节机制将使中国（不包括港澳台地区）总出口减少0.3%，对欧出口将下降6.9%，中国（不包括港澳台地区）对欧出口商品的平均关税税率将上升4.5个百分点，其中机械设备、纺织、石油化工分别提升4.3、2.8、5.7个百分点，出口受冲击前三的行业是机械设备、金属制品、非金属矿物制品。同时，中国大陆GDP将减少0.01%，欧盟GDP将减少0.03%。与此同时，碳关税也只能小幅减少欧盟碳泄漏水平，对减少全球碳排放的贡献仅有0.3%，而全球为此实际付出的减排成本约为欧盟碳价的1.6倍。

碳边境调节机制还可能会改变国际上的投资流向和规模。相比于高碳行业，清洁能源行业、可再生能源等领域可能会吸引更多的投资，进一步扩大其规模。

二、国际碳交易机制

为促进各国完成温室气体减排目标，《京都议定书》建立了三种碳排放交易机制（表13-1）：议定书第六条所确立的联合履行机制（Joint Implementation，JI）、第十二条所确立的清洁发展机制（Clean Development Mechanism，CDM）和第十七条所确立的国际排放贸易机制（International Emissions Trading，IET）。这三种机制是最早的国际碳交易市场的尝试。

表13-1 《京都议定书》建立的碳排放交易机制

机制	联合履行机制（JI）	清洁发展机制（CDM）	国际排放贸易（IET）
基本内容	缔约方之间通过项目合作，完成碳减排单位的转让与获得	缔约方以资金支持、技术援助等方式与发展中国家开展温室气体减排相关的项目合作，取得减排量。减排量被核实认证后成为CER，可在碳交易中抵减排放量	缔约方之间交易碳排放配额，类似于目前的碳交易机制

续表

机制	联合履行机制（JI）	清洁发展机制（CDM）	国际排放贸易（IET）
交易对象	ERU	CER	AAU、RMU
交易主体	发达国家与发达国家	发达国家与发展中国家	发达国家与发达国家

资料来源：https://unfccc.int/zh/kyoto_protocol，2024-12-18.

（一）联合履行机制

联合履行机制（JI）主要是指发达国家之间通过项目级的合作，帮助发达国家以较低的成本实现其量化的温室气体减排承诺。其所实现的温室气体减排抵消额，即减排减量单位（ERUs），可以转让给另一发达国家缔约方，但是同时必须在转让方的允许排放限额上扣减相应的额度。例如欧洲和俄罗斯：欧洲人口负增长，其经济有着低耗能、高产出、高效率的特点，而且科技发达，对于可再生能源的利用也走在世界前列。因此其承担的减排义务也较轻。而俄罗斯经济发展缓慢，人口增长也缓慢，碳排放量逐年下降。对于这两个地区和国家来说，可充分利用这一机制，获取利益。

根据世界银行发布的报告，截至2019年12月31日，JI已在17个国家开展活动，满足所有相关监管要求的项目达到了64个，一共涵盖了9个行业，主要集中在三个领域，分别是逸散排放（53%）、工业气体（14%）以及能源效率（25%）。由于交易配量单位（Assigned Amount Unit, AAU）仅在《京都议定书》第一个承诺期（2012年已结束）内有效，因此自2016年以来，JI没有开展任何活动，也没有注册新项目，目前也没有签发新的减排量。

（二）清洁发展机制

清洁发展机制规定缔约方通过资金支持和技术援助等方式与发展中国家开展温室气体减排相关的项目合作，以获得相应的减排量。这些减排量如果通过认证，即可以成为经核证减排量（Certificated Emission Reduction, CER）。每一单位CER等于一吨二氧化碳当量，附件一国家可以通过CER买卖完成其减排目标。清洁发展机制创造了一种新型的跨国贸易和投资机制，其核心是允许发达国家和发展中国家可以就项目级的减排量抵销额进行转让，将温室气体减排量作为一种资源或商品在发达国家与发展中国家进行交易。清洁发展机制被认为是一种可以让发达国家和发展中国家双赢的市场机制，发达国家在发展中国家开设CDM项目，即可以完成自身减排义务的前提下，又节省减排的成本；而发展中国家则可以通过CDM项目的施行，不仅获得环境上的减排收益，而且获得先进技术和资金支持。

根据联合国环境规划署发布的数据，截至2021年3月，共有8415个CDM项目进入市场；截至2019年12月31日，CDM机制已在111个国家开展项目活动，除在中国和印度外，还有东南亚、中东等地区的发展中国家，其中亚洲及太平洋地区的项目数量占到总量的80.1%。从涉及行业来看，CDM机制已覆盖十个行业，主要集中在工业气体（45%）和可再生能源（32%）两个领域，项目主要集中在新能源（包括风能、水能、太阳能）、生物质发电、垃圾填埋气体发电等。

(三)国际排放贸易机制

国际排放贸易机制是指缔约国之间通过交易配量单位(AAU)或清除单位(Removal Unit, RMU)来实现减排目标的一种制度安排。其中,AAU 是对缔约国在《京都议定书》项下第一承诺期(2008—2012)内排放总额的测量单位;RMU 指缔约国通过变换土地利用方式和重新造林等方式实现温室气体减排相关的项目合作获得减排量。IET 机制的核心内容是允许发达国家之间相互交易碳排放额度,即《京都议定书》规定的附件一国家可以通过交易转让方式,或者境外合作方式获得温室气体排放权。这样,就能够在不影响全球环境完整性的同时,降低温室气体减排活动对经济的负面影响,实现全球减排成本效益最优。

这三种合作机制通过市场机制在全球配置减排项目,通过刺激国际投资为全世界各国实现"更清洁"的经济发展提供了重要的实施手段。尤其是清洁发展机制,通过促进工业化国家的政府机构及商业组织对发展中国家的环境友好投资,帮助发展中国家实现可持续发展。

案例13-2

中国与CDM

2002 年,荷兰政府与中国政府签订内蒙古自治区辉腾锡勒风电场项目,标志着 CDM 正式进入中国。2004 年,科技部颁布《清洁发展机制项目运行管理暂行办法》,为国内开展 CDM 项目提供了政策支持和法律保障。2004—2006 年是中国 CDM 高速发展期。2006 年,中国 CDM 项目注册数量上超越巴西和印度跃居世界第一。2011 年国家发改委发布《清洁发展机制项目运行管理暂行办法》修订版,完善了项目申报程序和法律责任。2013 年以后,由于全球第一大碳交易市场欧盟碳交易市场在 2011 年以后持续低迷,实体经济不振、社会生产缩减、能源下降,对碳排放权的需求也随之下降。同时欧盟碳排放交易体系明确可抵消的 CERs 需来自最不发达国家,使得中国得到签发的 CDM 项目急剧减少。2017 年之后,中国正式停止 CDM 项目注册,节能减排的成效更多地源于依靠国内企业自发研究减排技术的 CCER[①] 制度。

中国为了管理 CDM 项目,设立了清洁发展机制项目审核理事会,其中组长单位是国家发改委、科技部,副组长单位为外交部,成员单位为财政部、环境保护部、农业农村部和中国气象局。国家发展改革委是中国清洁发展机制项目合作的主管机构,任何在中国开展的 CDM 项目都须国家发展改革委批准。2010 年 9 月 14 日,经国务院批准,财政部、国家发改委等 7 部委联合颁布《中国清洁发展机制基金管理办法》,清洁基金的总体工作思路是在积极支持应对气候变化政策研究和能力建设的同时,重点支持新兴产业减排、技术减排、市场减排活动,充分发挥清洁基金作为资金平台、合作平台、信息平台的作用,推动节能减排和应对气候变化事业的产业化、市场化和社会化发展。

根据联合国环境规划署数据,在 CDM 项目聚焦于可再生能源领域,中国占据全球首位。

---

① 中国核证自愿减排量(Chinese Certified Emission Reduction, CCER),是指对中国境内可再生能源、林业碳汇、甲烷利用等项目的温室气体减排效果进行量化核证,并在国家温室气体自愿减排交易注册登记系统中登记的温室气体减排量。

截至2021年4月1日,中国项目数3861个,占比达45.9%,位居全球首位,主要聚焦于新能源和可再生能源,占到了总注册项目数的83.35%,节能和提高能效和甲烷回收利用位居二三位①。从地理位置上,中国CDM项目主要呈现西多东少,发达地区少于欠发达地区的局面。截至2021年,四川、云南和内蒙古CDM项目数量位居全国前三。根据国内3027个工厂的数据,CDM项目,特别是重点领域的CDM项目具有显著的减排效果:东部地区CDM项目的减排效果明显大于西部地区,中部地区减排效果最差。

资料来源:

陈林,万攀兵.《京都议定书》及其清洁发展机制的减排效应:基于中国参与全球环境治理微观项目数据的分析[J].经济研究,2019,54(3):55-71.

Joergen Fenhann. CDM projects by host region [EB/OL]. Copenhagen:Copenhagen Climate Center,2022.

本章小结

(1)20世纪末初步形成了以联合国环境规划署为核心、其他国际环境机构为补充、全球环境大会和公约缔约方会议为纽带的国际环境治理体系。《联合国气候变化框架公约》及其历次缔约方大会的成果构成了国际环境治理的基本路线图。

(2)世界贸易组织、国际货币基金组织和世界银行等主要的国际经济组织在其组织架构和国际经济治理制度设计中都有国际环境治理的相关内容,为通过市场机制和相应的惩罚措施保证了国际环境治理的执行力度,在全球环境治理中都发挥了重要作用。

(3)各类区域经济一体化组织也通过其区域性的经济治理体系中设立了相应的环境治理目标,并通过专门的环境治理机构和相关国际协定和环境条款来开展国际环境治理工作。特别是有发达国家成员方的区域一体化组织通常设置有较高的环境治理目标。

(4)碳定价机制是目前国际气候治理中的核心政策问题,其中讨论和应用比较多的是碳边境调节机制和国际碳交易机制。碳边境调节机制是指在实施国内严格气候政策的基础上,要求进口或出口的高碳产品缴纳或退还相应的税费或碳配额,是一种国际碳税协调机制。国际碳交易机制是碳排放权的交易市场。

延伸讨论

国际主要碳交易市场建设

碳排放权交易体系是指通过市场的调节来促进减排的重要机制,其设计的初衷是在特定范围内合理分配减排资源,降低温室气体减排的成本。欧盟碳排放交易体系(EU-ETS)是全

---

① 国家应对气候变化战略研究和国际合作中心CDM项目数据库。

球起步最早、最为成熟的碳排放权交易市场。它的发展采取了循序渐进的实施方式，已经历经三个阶段：第一阶段获取总量交易经验；第二阶段履行对《京都议定书》的承诺；第三个阶段实现2020年碳排放比1990年低20%以上的目标。它采取"总量管制和交易"的规则，对总的碳排放量进行管制但允许通过购买行政许可的方式进行排放。同时，它采取分权治理的模式，给予了成员方较大自主决策权。此外，它还有着开放性的特点，能与其他碳市场较好地对接。Patrick Bayer等指出，虽然欧盟碳市场上碳的价格比其社会成本要低，但欧盟碳市场仍是有效率的，相较于没有碳市场的世界，EU-ETS在2008年至2016年间减排了约12亿吨二氧化碳，这几乎是欧盟政府在《京都议定书》中承诺的减排量的一半。

与欧盟不同的是，美国国内没有统一的碳排放交易体系，取而代之的是一些区域性减排计划。美国各区域碳排放权交易市场虽然起到了区域减排的作用，但其相对分散，导致了市场效率的损失。美国加利福尼亚州在西部气候倡议下建立了自己的总量控制与交易体系，是北美最大的区域性强制碳交易市场，也是全球最为严格的区域性碳交易市场之一。Google宣称在2007年就已经实现了碳中和，方法就是在加利福尼亚州碳市场通过购买可再生能源以抵消正在消耗的碳和过去遗留的碳。这种以碳抵消而非碳消除的方式达成的碳中和，也引起了一些争论。

中国对碳市场的探索始于广泛参与《京都议定书》下的清洁发展机制项目，这为中国积累了丰富的温室气体减排项目设计、国际交易经验。中国碳交易市场建设采取的是先试点，后推广的方式。2011年10月，中国批准在北京、天津、上海、重庆、广东、湖北、深圳等地开展碳排放权交易试点工作。地方试点市场经过数年的发展，覆盖了电力、钢铁、水泥等20多个行业近3000家重点排放单位，覆盖范围内减排效果显著。2021年7月16日上午，全国碳排放权交易市场以发电行业为突破口，正式启动上线交易。上海环境能源交易所最新统计数据显示，截至2022年6月14日，全国碳市场碳排放配额累计成交量近1.93亿吨，累计成交额超过84.3亿元。从交易价格来看，全国碳市场上线交易以来，收盘价最低41元/吨，最高达到62元/吨。全国碳市场运行健康平稳有序，交易价格稳中有升。

由于气候问题是一个典型的全球负外部性问题，所以碳市场从诞生的那一刻起，就注定会演化成统一的国际市场。但是目前国际上的碳交易市场分割严重，各市场碳定价的机制和水平、涵盖的行业和企业等都存在巨大的差别，这些都为有效利用碳交易市场助力国际社会向可持续发展的低碳转型提出了挑战。首先，不同市场的碳汇价格差异过大，有机构统计，2021年7月底，欧洲碳汇价格大概在41欧元/吨，是同期中国碳汇均价的六倍多。其次，欧盟、美国和中国三个主要碳市场的交易模式也相差较大。中国大部分地方试点碳市场都没有设定绝对的排放总量上限，而是采用预分配和事后调整进行配额分配。而在欧盟和美国的碳排放交易机制中，只在履约期初发放一次配额，且有明确的总量上限。尽管国际碳市场的构建面临重重困难，但是各个国家和地区都在朝着全球统一碳市场的建设而努力。目前为止，部分碳市场之间作出了一些对接尝试，并取得了不错的成效。在全球气候治理目标的推动下，国际碳市场将会迎来更大的建设动力和机遇。

讨论题：

1. 碳交易市场建设在国际环境治理中起到什么作用？
2. 目前建设统一国际碳交易市场的挑战有哪些？

第十四章　国际贫困治理

学习目标

学完本章后，你应该能够：
- 熟悉国际贫困治理的演变过程
- 了解国际贫困治理的相关经验
- 理解贫困治理中的国际合作
- 掌握国际贫困治理面临的挑战

贫困是困扰人类社会的一个重大问题，对贫困的治理问题是全人类面临的世界性难题，是世界人民和负责任的国家为之奋斗的重要目标，是国际社会的共同责任，也是国际经济治理领域的重点。国际贫困治理是指各国政府、市场机构、社会组织等多主体资源，以减少贫困，提高社会均衡程度，通过相互协商合作形成的一系列适合自己国情和发展实际的治理机制和治理战略。当前，世界正处于百年未有之大变局，新型冠状病毒感染影响深远，单边主义、贸易保护主义加剧了世界经济下行风险，国内国际经济社会发展的不稳定、不确定因素显著增多。在这一背景下，不同国家和地区间的贫富分化，不仅需要落后国家自身的脱贫发展，还需要国际社会进行互援互助，各国共同参与国际贫困治理，以实现更高效率地消除贫困。

第一节　国际贫困治理的演变历程

人类文明发展的历史过程中，贫困现象是长期存在的。贫困问题也是国际经济治理的重点问题。纵览国际贫困治理的演变历程，由于经济社会发展水平、科技进步状况、思想道德观念演化的影响，人类社会在不同发展阶段对贫困的内涵及其成因形成了不同的认知，因而在贫困治理的实践过程中创造出了一系列富有时代背景的减贫举措与制度安排。

一、国际贫困治理机构

(一)联合国

联合国是世界上具有普遍权威性的全球性组织,由主权国家组成,也是国际贫困治理的主要机构。在过去的数十年中,联合国等国际社会组织为推动贫困问题的治理进行着不懈的努力。二十世纪中叶,世界上许多国家都采取了消除或减少贫困的举措,如20世纪60年代的联合国人权宣言和发展十年规划等。20世纪80年代,对于消除贫困的多边努力已经逐渐消失,取而代之的是新自由主义理念和相应的新政策的盛行,这给国际贫困治理带来了严峻的挑战。20世纪90年代,国际社会对减贫的看法开始转变,国际社会的安全状况大为好转,同时也为解决贫穷问题创造了新的契机,1990年是消除贫困、推动国际发展的一个重要的转折点。同年,世界银行发布了《世界发展报告》,报告中强调了进行经济改革的必要性(特别是为妇女提供基本教育)。更重要的是,随着联合国开发计划署《人类发展报告》的发表,人类发展的理念逐渐在世界范围内传播,为制定消除贫困的政策提供了良好的环境。

21世纪以来,致力于减贫事业的人们逐渐意识到,若要实现世界范围内的减贫目标,就必须进行合理的时间规划并量化减贫目标。在2000年9月联合国大会第五十五届会议上,世界各国领导人汇聚一堂,共同签署了具有划时代意义的《联合国千年宣言》。该宣言以减贫为核心议题,旨在为实现一系列全球发展目标制订明确的行动计划。宣言中提出的"千年发展目标"(Millennium Development Goals, MDGs)包括八个目标,构成了国际社会致力于改善人类福祉的共同愿景。其中,首要目标致力于到2015年将发展中国家中每日生活费用不足1美元的人口比例降至1990年水平的一半。这一目标不仅体现了对经济贫困的直接关注,也反映了对更广泛社会和经济不平等问题的深刻认识。"千年发展目标"的核心理念和价值观强调了发展的多维度性,包括经济增长、社会进步和环境可持续性。这些目标以实现发展、和平与人权为准则,融合了自由、平等、团结等基本原则,与人类发展的整体要求相契合。该目标体系的制定和实施,标志着国际社会在全球发展合作方面的一次重大努力,旨在通过具体、可衡量的目标来引导和激励国际社会采取协调一致的行动。"千年发展目标"不仅为评估全球发展提供了基准,也为推动包容性增长和全面提高人类福祉奠定了坚实的基础。

在国际发展议程中,2030年可持续发展目标(Sustainable Development Goals, SDGs)被确立为实现全球共同繁荣的宏伟蓝图。这些目标以全面促进人类发展的愿景为指导,旨在构建一个经济繁荣、社会稳定、环境可持续和全球和谐的世界。2030年可持续发展目标体现了对包容性增长的追求,强调了在促进经济发展的同时,必须确保社会各阶层和所有个体都能公平地分享增长的成果。这些目标亦关注于建立一个稳定和公正的社会秩序,其中每个个体的权利和尊严都得到尊重和保护。同时,环境友好型发展是2030年可持续发展目标的另一核心要素,目标强调必须在不损害环境和生态系统的前提下进行发展,以确保资源的可持续利用和地球的长期健康。此外,2030年可持续发展目标亦致力于推动全球和谐与共同发展的理念,认识到各国和各地区在发展道路上的相互依存性,鼓励国际合作和团结互助,以应对全球性挑战,如气候变化、贫困和不平等。

（二）多边发展援助组织

多边发展援助组织在国际贫困治理领域扮演着至关重要的角色，它们构成了全球减贫努力的基石。这些组织主要包括国际多边银行、国际多边金融组织和国际多边开发机构。

在国际多边银行领域，世界银行集团作为全球最为活跃的减贫机构，通过国际复兴开发银行和国际开发协会等机构，为发展中国家提供贷款、赠款和咨询服务，以支持减贫和促进共享繁荣。除了世界银行，区域性开发银行如亚洲开发银行、非洲开发银行和亚洲基础设施投资银行也在各自区域范围内发挥着重要作用，它们通过投资基础设施、教育、卫生等领域，促进区域经济一体化和社会发展。

多边金融组织在国际贫困治理中同样起着不可或缺的作用。国际货币基金组织通过提供政策建议、金融支持和技术援助，帮助成员方实现宏观经济稳定，这是减贫和发展的基础。国际农业发展基金（IFAD）专注于农村贫困问题，通过投资农业和农村发展项目，提高农业生产力，改善食品安全。

国际多边开发机构主要是指联合国系统内的组织。联合国经济及社会理事会（ECOSOC）是联合国负责协调国际贫困治理的主要机构，它通过整合联合国各机构的资源和专业知识，推动国际社会采取一致行动，应对贫困和社会不平等问题。联合国下属的多个专门机构也在减贫和促进治理方面发挥着关键作用。例如，联合国粮食及农业组织（FAO）致力于提高农业生产力和食品安全；联合国教科文组织（UNESCO）推动教育和文化的发展；联合国开发计划署（UNDP）通过技术援助和政策支持，帮助发展中国家实现可持续发展；联合国儿童基金会（UNICEF）专注于儿童权利和福祉的保护。

总体而言，多边发展援助组织通过提供资金支持、技术援助、政策建议和知识分享，为国际贫困治理作出了重要贡献。它们在促进全球减贫合作、推动可持续发展目标的实现方面发挥着不可替代的作用。然而，国际贫困治理仍面临诸多挑战，需要这些组织进一步加强协调和合作，共同应对全球性问题，为构建一个没有贫困、共同繁荣的世界而努力。

（三）其他

除了前述的多边发展援助组织在国际贫困治理中发挥的核心作用外，国家间的双边援助以及南南合作也为全球减贫事业作出了显著贡献。官方发展援助（Official Development Assistance, ODA）是由经济合作与发展组织（OECD）的发展援助委员会（Development Assistance Committee, DAC）所提出的，它指的是发达国家向发展中国家提供的旨在促进经济发展和福利改善的援助。ODA作为国际贫困治理的传统资金来源，通过双边及多边援助机制，为最不发达国家提供了推进经济增长、应对通货膨胀、减少极端贫困等关键领域的资金支持。

南南合作，即发展中国家之间的互助合作，遵循"不干涉内政、平等、独立、自主"的原则，并倡导"经贸合作、互惠互利"的精神，开展"多个领域、多种形式的合作"。这种合作模式体现了共同发展的理念，有助于促进技术和知识的交流，加强政策协调，共同应对发展挑战。南南合作的成功案例包括技术转移、农业发展、教育合作、卫生合作等多个领域，这些合作项目不仅加强了参与国的能力，也为全球减贫事业提供了宝贵的经验和启示。然而，从当前的国际形势来看，无论是双边合作还是联合国所提倡的第三方合作，它们通常在宏观层面上进行，且规模相对有限，形式也较为简单，带有一定的临时性。这表明，尽管这些合作形式在促进国际贫困治理方面发挥了作用,但仍需进一步增强其系统性、持续性和有效性。

二、国际贫困治理举措的演变

第二次世界大战是一个对多方面都影响深远的历史事件,也是国际贫困治理演变过程中一个重要的时间节点,二战后整个世界的时代主题由战争战乱转向和平发展,因而,关于国际贫困治理的举措可粗略划分为二战前与二战后的发展情况。

(一)二战前的国际贫困治理举措

1.防治饥荒,减少饥荒群体

在第一次工业革命发生前,人类社会还处于农业文明的阶段,我国当时实行"男耕女织、精耕细作"的小农经济,西方国家实行"先农后牧、农牧并举"的农业经济,不论是我国还是西方国家,粮食生产的速度都长期落后于人口增长的速度,社会中普遍存在间歇性饥荒的现象,而这正是贫困最直接的表现形式之一。例如,在11世纪40年代时,西北欧地区受到恶劣天气的影响直接导致农产品大量减产,随之而来的就是大面积的饥荒现象。由于在工业文明之前饥荒是贫困的典型特征之一,东西方社会的官方和民间都在很大程度上以防治饥荒来治理贫困。在这一时期,社会中主要有三种群体参与了防治饥荒的行动:一是家族宗亲,当历史上的饥荒现象出现时,多数饥荒群体会优先求助于自己家族的宗亲组织;二是官方主体,在农业社会时期,饥荒是较为普遍的一种民间现象,为了维护统治,促进社会和谐安定,统治者会根据情况采取措施,减少饥荒群体以稳定社会秩序;三是民间慈善机构。在发生饥荒现象时,散布于各地的民间的宗教和社会团体也起到了很大的援助作用。

2.建立现代福利制度,提高社会福利水平

自18世纪60年代至20世纪中叶,人类社会从农业文明过渡到工业文明阶段,经济社会发展水平大幅跃升。在这一时期,两次工业革命使得人们的生产能力和生活水平都获得质的飞跃。但从阶级方面来看,资产阶级大量积累财富,而无产阶级的贫困日益加剧,工人们开始组织大规模的游行和罢工,甚至以武装起义的形式向资产阶级表达抗议,力求提升工资待遇、争取更好的物质生活条件,在这种形势下,资产阶级不得不开始重视社会中的贫困问题。

马尔萨斯是第一个对贫困问题进行系统性研究的学者,在他的《人口论》中,指出了人口以几何级数增长,而生活资源却以算术级数增长,最终由于资源的相对匮乏而导致了贫穷,由此他提出了通过控制人口增长来根除贫困的解决途径。马克思在制度层次上对贫穷的成因进行了剖析,并提出了解决贫困问题的途径。与此同时,在资本主义社会中,人们对于贫穷问题的反省也推动了社会福利国家的建立。在此期间,世界上主要的资本主义国家的扶贫工作包括社会保障与社会保险两大领域。英国《伊丽莎白济贫法》是世界上最早的社会保障法,它要求国家为那些无法工作或无法找到工作的穷人提供救助,并为他们提供就业援助。截至20世纪20年代,当时的发达国家先后在国内建立社会保障制度,提高了本国的社会福利和社会保障水平,并在很大程度上缓解了贫困问题。

（二）二战后的国际贫困治理举措

1. 促进经济增长，培育发展后劲

随着人类社会进入高新技术时代，世界各国的物质财富水平进一步提高，实际人均收入显著提高。但从整体来看，各国的发展并不均衡，发达国家的贫困问题明显比发展中国家更乐观，发达国家的贫困问题在程度上比发展中国家更轻，贫困规模比发展中国家小。二战后形成的两大阵营为了提升自己的影响力积极开展治理贫困的行动，在国内实施政府政策促进国内贫困现象的治理，在国际上也积极开展援助行动，这在很大程度上推动了国际贫困治理的进程。除此之外，一些新兴的国际机构和地区性组织也发挥了不可替代的作用，世界银行、联合国等机构在提供贷款、组织国际援助等方面作出了很大的积极贡献。

20世纪50年代至70年代，发达国家的治理举措主要体现在：一是政府助力发展落后地区的经济。政府采取了积极的财政政策，增加政府购买，大规模兴建基础设施，为社会提供了大量的就业机会，间接地缓解了当时的贫困现象。二是建立和健全社会保障制度。发达国家通过完善社会保障制度提高国民的福利待遇，在养老、医疗、教育等方面缓解国民的压力，为人们提供保障。三是实行更大规模的职业培训。可以一方面加大教育事业的投入，让更多的人接受到良好的教育，另一方面为入职前的工人提供职业培训，提高劳动者的素质，增加劳动者的技能。

与此同时，发展中国家采取的治理举措主要有：一是实施土地改革。大多数刚刚独立的发展中国家通过改革土地制度完善对国内土地的使用和分配，提升农村劳动力的积极性。二是系统实施国家工业化战略。二战后新独立的发展中国家普遍处于工业化的初始阶段，为了从根本上促进国家经济的发展，纷纷着手建立本国的工业化体系，完善工业门类，一方面可以提供大量的新型就业机会，另一方面也可以缩短与发达国家的工业差距。三是实施区域带动战略。政府可对一部分有区位优势的地区实施优惠的政策，并通过辐射和扩散效应带动周边地区的经济增长。四是提高农村的发展水平。二战之后发展中国家的工业化和城市化都处于初始阶段，农村人口占全国总人口的大部分比重，农村贫困现象也较为严重，各发展中国家实施了一系列促进农业生产的措施和战略，夯实农业生产基础。

2. 市场化改革与国家推动相结合的贫困治理

自20世纪70年代起，贫困的学术理论和解释迎来了新的进展。印度学者阿玛蒂亚·森（Amartya Sen）提出了"权利贫困"和"能力贫困"这两个概念，并为它们提供了定义。"权利贫困"指的是个人缺乏获取资源和机会的权利，这些资源和机会对于过上体面生活是必需的。而"能力贫困"则是指个人缺乏实现自己所珍视的生活选择的能力，即缺乏将个人权利转化为实际成就的能力。这些理论贡献为理解和衡量贫困提供了新的视角。1997年，联合国开发计划署（UNDP）首次发布了人类贫困指数（Human Poverty Index），此后UNDP与牛津大学贫穷与人力发展研究中心合作，进一步开发了多维贫困指数（Multidimensional Poverty Index, MPI），这些指数提供了更为全面和深入的贫困衡量工具。与此同时，国际和区域组织开始将减贫理论应用于实践。例如，世界银行和国际货币基金组织共同制定了"结构调整计划"（Structural Adjustment Programs），旨在指导发展中国家实施经济改革，以促进经济增长和减少贫困。

这一时期，发达国家借助于其较高的经济增长水平和完善的社会福利体系，有效地缓解了国内的贫困问题。然而，这些国家也遭遇了债务危机的挑战，同时，日益膨胀的福利开支

显著增加了公共财政的负担。这种高福利模式因此受到了学术界和政策制定者的关注和批评。批评者认为，尽管高福利体系在短期内能够减少贫困和社会不平等，但从长远来看，它可能导致财政运行不可持续，并对国家的宏观经济稳定构成威胁。因此，有必要对现行的福利体系进行深入分析和必要的改革，以寻求一种既能有效减少贫困又能保持经济可持续性的社会保障政策。为应对这种形势，发达国家采取了一系列新的治理措施：一是完善社会福利制度的类型，推行工作福利制度。二是充分发挥慈善机构作用，推进扶贫主体多元化。三是针对性地提供援助。根据贫困者年龄、性别、家庭状况等条件，实施针对性的援助措施，提高贫困治理的效率。

而发展中国家以经济增长治理贫困的方式收效甚微，针对此种情况，发展中国家采取了一系列措施，具体包括以下几方面。一是开始实行市场化改革。例如，我国当时逐步放宽政府干预，发挥市场的调节作用，积极引进外资和先进技术，增加经济发展的活力。二是政府进行政策帮扶，加大对低收入者的补贴，缩小收入差距。与此同时，政府根据实际需求成立专门的扶贫机构，有针对性地在贫困地区修建学校、医院等公共部门，缓解贫困群体的生存压力。三是提高人力资本所占比重。发展中国家拥有大量的劳动力资源，但是劳动力素质和人力资本水平普遍较低。20世纪80年代起，发展中国家更加注重对国内人口的教育和培训，出台了一系列旨在培养人才、提高劳动者素质的措施，通过兜底保障、就业培训等方式从源头上治理贫困。

案例14-1

1991年以来全球贫困治理取得的基本成绩

20世纪80年代特别是1991年以后，全球贫困治理有力推动着世界减贫事业的发展。全球贫困人口减半目标基本实现、全球贫困治理规范逐步完善、全球贫困治理国际合作不断加强、全球贫困治理地方经验日趋丰富，都反映了长期以来全球贫困治理取得的突出成就。

1. 全球贫困人口减半目标基本实现

全球贫困人口减半目标是"千年发展目标"的重要内容，截至2015年已基本完成。世界银行在2015年9月发布的《终止极端贫困和共享繁荣：进程与政策》报告显示，2012年全球贫困人口为9.02亿人，占全球总人口比例为12.8%，预计2015年全球贫困人口下降为7.02亿人，占全球总人口比例进一步下降为9.6%。世界银行在2016年10月2日发布的《2016年贫困和共同繁荣》报告指出，极端贫困人口占世界总人口比重从1990年的35%降至2013年的10.7%。联合国《千年发展目标2015年报告》则显示，从1990年到2015年，发展中国家的极端贫困人口比例从47%锐减为14%，全球贫困人口总数则由1990年的19亿人下降为2015年的8.36亿人，其中大部分的成果在2000年以后取得。

2. 全球贫困治理价值规范逐步完善

全球贫困治理采取什么样的规范标准、追求什么样的价值目标，关系着世界减贫事业的发展方向及前景。而合理界定贫困观念的价值基础与贫困问题的衡量标准，因事关贫困群体的有效识别及扶贫对策的有效性则尤显重要。长期以来，世界银行采纳的"国际贫困线"主要根据经济收入界定贫困的内涵及其衡量标准，使其全球贫困人口数据及扶贫政策始终充满争议。近年来，世界银行制定出涵盖教育、医疗、生活水平等内容的"多维贫困指数"（MPI），以期完善全球贫困的规范问题，推动政策的合理制定与有效实施。《二十国集团参与全球治理指数》2016年报告中指出，应注重减贫过程中绩效与责任的平衡，使人们更合理地研判各国的减贫治理。这些努力，使得全球、地区和国家各个层次的贫困治理有了更规范的价值基础。

3. 全球贫困治理国际合作不断加强

世界减贫事业的发展离不开国际社会的有效合作。1992年，联合国环境与发展会议通过《关于环境与发展的里约热内卢宣言》《21世纪议程》等重要文件，把"消除贫困"作为可持续发展的重要内容。1995年，联合国开发计划署发布的《人类发展报告》使人类发展的理念深入人心。联合国牵头举办的一系列发展峰会也为各国更加重视减贫问题创造了有利的条件。世界银行、国际货币基金组织通过设立减少贫困与增长基金等措施，引导各个地区和国家发展经济并致力减贫。进入21世纪，联合国千年峰会把"消除贫困"作为"千年发展目标"的首要目标并附以一整套行动规划。在2015年"千年发展目标"进入收官之际，联合国可持续发展峰会通过《2030年可持续发展议程》，旨在继续巩固"千年发展目标"的基础上，切实推动真正实现可持续发展。

4. 全球贫困治理地方经验日趋丰富

过去二十多年全球贫困人口的不断减少，主要得益于世界经济的持续增长。近些年来，发展中国家和新兴市场国家逐步成为全球增长的主要贡献者，同时还积累起减贫领域诸多有益的地方经验。三十多年持续的高速经济增长，推动中国率先完成联合国"千年发展目标"，使之取得扶贫开发工作的有益经验。持续的结构调整与经济增长，为印度提供强劲的减贫动力，使之在减贫和社会发展领域展现诸多亮点，带动南亚地区和全球减贫工作取得重要进展。20世纪80年代以来，泰国抓住时机实现消除绝对贫困，坚持重视在偏远地区、边境地区和农村地区减贫实践的做法，使其贫困人口比例得以持续大幅度降低，在一定程度上推动了东南亚地区减贫事业的发展。这些富有探索意义的地方经验，极大地启迪了世界其他地区和国家减贫工作的开展。

资料来源：

吴宗敏，吴宇. 全球贫困治理的深化与中国的实践创新[J]. 江苏大学学报（社会科学版），2019，21（1）：19-27.

第二节 国际贫困治理的经验

在推动国际贫困治理的问题上，实质上有发达国家与发展中国家这两个主要的治理主体和客体。这两类国家在扶贫领域的地位和作用有很大不同，但是他们都在治理贫困的过程中贡献智慧，并积累了丰富的实践经验。

一、发达国家贫困治理实践与经验

发达国家的相对贫困现象较为明显,美国虽然是全球最大的经济大国,但仍有相当明显的"富中之贫"的现象,其他发达国家也或多或少都有这方面的问题。从各国的具体国情和发展情况来看,发达国家的扶贫战略也不尽相同,但纵观各国的扶贫实践,它们之间仍有一些共性。一是改变不合理的社会结构。社会结构不合理可能导致本国的经济资源错配,使得大部分财富流入少数人手中,直接导致了相对贫困现象的出现。不合理的社会结构可能表现在不合理的收入分配结构、城乡结构、经济结构等,这些因素都有可能造成贫困,甚至影响到扶贫的进程。发达国家一般都把注意力集中在转变不合理的社会经济结构上。二是完善社会保障制度。对低收入群体进行社会再分配,这是目前世界上最主要的减贫措施。发达国家社会保障制度分两种:一种是全民福利,如北欧的芬兰、挪威、丹麦、瑞典及亚洲的日本等,为民众提供各项保障措施,预防贫困;另一种是专项福利,专门针对低收入群体,通过完善社会保障体系来为低收入群体提供救济与补助,满足其生活的基本需求,免其陷入极端贫困。澳大利亚、美国等国建立了针对特定对象,也就是低收入群体的社会保障制度。三是家庭资产负债表重建。发达国家在减贫实践中逐渐深化了贫困认识,除了直接给予生活补助外,开始注重提升贫困人口自我发展能力。推动贫困群体资产负债表建设是发达国家减贫手段的一大创新。

二、发展中国家贫困治理实践与经验

发展中国家既是国际贫困治理的重要主体,又是主要治理对象。虽然国际社会和发达国家一直援助发展中国家,帮助其减贫,但是发展中国家自身在本国的减贫中仍扮演着关键角色。

(一)拉美地区的减贫实践

20世纪90年代以来,拉美国家在推动国内经济改革的同时逐渐意识到贫穷是制约其发展的重要因素。20世纪90年代,拉美各国以"社会安全"和"救济"为主要手段,推动了减贫事业的发展。21世纪初,拉美各国实施了一项新的减贫政策,即"有条件现金转移支付计划"(CCT),成效显著。拉美已有18个国家实行了这一制度,社会保障体系覆盖面显著扩大,各国的贫困情况有所改善,贫困人口呈逐年递减趋势。

CCT是社会安全网计划的主要减贫项目之一,是指"针对贫困家庭提供定期的现金津贴,前提是这些家庭要满足一定的行为条件要求,例如儿童上学,接受免疫,健康检查以及参加就业培训等"。根据世界银行出版的《2015社会安全网报告》,2014年在全球63个实施CCT计划的国家中,拉丁美洲占了22个。

当前,"有条件现金转移支付计划"成为拉美各国政府的重要社会扶贫政策。该政策主要涵盖两个方面,即教育和医疗卫生。在教育方面,国家为贫困家庭提供助学金,数额会根据年级不同而调整,每个贫困家庭每月获得政府助学金的要求是保证其子女在校出勤率不得低于85%。与此同时,为了鼓励贫困家庭子女履行相应责任,政府还定期向履行责任完好的学生提供学习用品补助。在医疗、健康和营养方面,政府每月向贫困家庭提供特定数量的食品补贴,还免费发放一定数量营养元素补品。但是受惠家庭必须参加不同形式的健康、营养和卫生讲座、培训。该计划的目的在于改变贫困家庭不良饮食和卫生习惯，提高贫困家庭健康意识，达到减轻疾病对贫困家庭所造成的负担。不仅如此，为了确保贫困家庭履行CCT计划所带来的义务和责任，拉美国家还制定了相对严格的违约惩罚机制。

（二）中国的贫困治理经验

1. 多维贫困治理

中国多维扶贫之路始于改革开放，脱贫攻坚战主要沿着两个方向同时进行：一是消除贫困，二是全面建成小康社会。党的十三大提出的"三步走"的发展战略，为实现小康提供战略指导。从"全面建设小康社会"向"全面建成小康社会"迈进，踏上了全面建成小康社会的新征程。实现全面小康，使中国能够把减负任务与推进九年义务教育、稳定扩大就业，提高居民生活质量，改善衣食住用行、建设并扩大社会保障体系覆盖面联系起来。中国贫困治理中体现了以人民为中心的发展思想。以社会救助扶贫为例，这是"五个一批"①中"社会保障兜底"的重要组成部分。作为一个国家社会保障体系的最后一道防线，社会救助旨在帮助贫困家庭和困难群体应对长期贫困和生存困难。随着我国社会救助制度的发展与完善，我国的反贫困政策经历了从救济式扶贫向开发式扶贫转变，再形成开发式扶贫和社会保护式扶贫并举的过程，特别是新时代的扶贫路径，已由"大水漫灌"转为"精准滴灌"，实现农村低保制度与扶贫开发政策有效衔接。截至2020年年底，全国所有县（市、区）农村低保标准全部达到或超过扶贫标准，日益完善的综合型社会救助体系为中国贫困治理领域作出了重要贡献，成为精准扶贫战略的重要支撑，并将为新时代推进乡村振兴发挥兜底保障作用。

2. 精准扶贫、精准脱贫

中国是世界上最大的发展中国家，我国的扶贫工作既具有普遍性，又具有特殊性。一方面，我国的扶贫工作贯彻了联合国扶贫公约的宗旨，顺应了国际社会的需要。另一方面，在治理模式上中国立足本国国情，选择了独具特色的治理方略。我国"精准扶贫"战略的核心思想主要体现在：一是充分利用政治优势，在中央出台扶贫战略之后由各级地方政府因地制宜地层层分解实施；二是以专项扶贫、行业扶贫和社会扶贫相结合的方式，充分调动社会各界的积极性；三是持续根据扶贫成果的现状完善扶贫制度，提升精准扶贫的效率；四是发挥政府的宏观调控作用，增加对贫困地区的财政支出，减少税收，减轻贫困地区的压力。

案例14-2

中国参与国际贫困治理的路径

中国的减贫主要是通过本国的经济体制改革、扶贫开发和最低生活保障制度建设实现消除极端贫困的目标。这使得中国虽然接受过双边和多边援助，但并没有走上一条依赖援助实现减贫的道路。作为负责任的大国，中国可以通过双边、多边合作、第三方合作等方式探索自身参与全球贫困治理的路径，为推动联合国《2030年可持续发展议程》作出贡献。

---

① "五个一批"，是发展生产脱贫一批、易地搬迁脱贫一批、生态补偿脱贫一批、发展教育脱贫一批、社会保障兜底一批。

（一）强化政府主导减贫理念，增强合作伙伴减贫能力

中国在减贫战略规划、多维度的综合扶贫政策制定、贫困监测评估等方面都积累了丰富的经验，这些经验可以作为全球可持续发展领域的公共知识产品，为增强合作国家减贫能力提供可借鉴的经验。中国在减贫领域加强南南合作，是对援助国责任和能力的补充，而不是取代。这种合作可以应对一些减贫领域国际发展合作的结构性挑战。一方面，助力合作国家完善本国政府根据国情制定减贫战略规划和相应的政策体系，使得国际组织和合作国家政府的官方发展援助更加有效地服务于本国减贫战略目标。另一方面，助力合作国家开展贫困监测、评估领域的能力建设，帮助发展中国家建立自己的贫困监测、评估体系，使得国家主导减贫具有科学客观的依据。

（二）超越援助，以投资和贸易促进合作伙伴的利贫性增长

一个国家消除贫困的前提条件是实现经济增长方式向利贫性增长转型。中国所强调的参与全球贫困治理，并非单向援助，而是强调与其他发展中国家平等互惠、合作共赢，是一种"横向合作"。这种合作共赢，要为合作国家经济增长方式向利贫性增长转型提供动力。这种动力机制，单纯依赖财政提供的ODA是不够的，因此必须更加强调通过开展投资和贸易合作，培育合作国家经济增长的动力，特别是私营经济的增长动力，推动合作国家建设有利于穷人的经济增长环境。发展中国家也希望通过"一带一路"倡议这样的合作机制，寻求团结发展的驱动力。中国的减贫成绩有目共睹，也成为众多发展中国家希望学习的内容。基于以上的供需驱动力，中国在"一带一路"倡议下，通过深化合作共赢来支持其他发展中国家的贫困治理是一条必然的路径。

（三）加大人力资本合作力度，促进合作伙伴的包容性发展

中国在消除极端贫困的过程中，始终坚持普及义务教育，保障基本医疗卫生服务。这也是中国"开发式扶贫"中始终坚持对人的开发这一根本经验，同样也是中国参与全球贫困治理应该坚持的路径之一。为提高其他发展中国家的人力资本，中国的援外项目中包含了大量的培训项目，其中包括针对来华大学生的高校奖学金项目、针对政府官员的能力建设项目、针对当地青年的孔子学院项目等。除了在已有的双边、多边发展合作机制下，加强人力资本合作外，依托"一带一路"倡议，以合作伙伴方的人力资本需求为导向，加强医疗卫生、基础教育和职业技能领域的合作，对促进合作伙伴方包容性发展至关重要。需要注意的是，在数字"一带一路"的时代背景下，需要充分利用数字技术边际成本低、普及性快的特点，加强互联网教育、互联网医疗等领域的人力资本投资合作。

（四）坚持多维度综合减贫理念，促进合作国家综合发展

致贫的原因是复杂多元的，因而减贫的理念也应该是多维的。中国自1986年开始有组织、有计划、大规模地开展扶贫开发以来，一直坚持多维扶贫理念和路径。政府各个部门通过制定政策"组合拳"，改善贫困人口交通、电力、饮水、灌溉、教育、健康、住房等多方面的困难，最终使贫困人口多维度综合减贫。这种综合减贫的经验应该成为发展中国家消除贫困，特别是缓解多维度贫困的一条宝贵经验。

（五）加强农业对外合作，夯实发展中国家消除极端贫困的基础

极端贫困永远与饥饿现象伴生，消除饥饿必须夯实农业基础。一个国家消除极端贫困，从食物的视角来看，一是要有充足的食物；二是贫困人口能够公平地获得食物。因此，消除饥饿现象，既要增加合作国家的农业生产能力，又要改善合作国家的粮食供给和分配体系。世界上

发生大规模饥荒现象的国家，既有粮食生产不足的原因，也有粮食供给和分配不公的原因。中国参与全球贫困治理，一方面充分发挥农业科学技术优势，另一方面也可通过知识分享和能力建设传递粮食供给和分配的经验和知识。此外，也需要注重发挥农业援助、投资、贸易的综合作用，鼓励私营部门和民间组织助力发展中国家实现2030年消除极端贫困的目标。

资料来源：

张晓颖，王小林.参与全球贫困治理：中国的路径[J].国际问题研究，2019（3）：125-136.

第三节 贫困治理中的国际合作

如期实现2030年可持续发展议程中提出的减贫目标，已成为全球范围内各国及国际社会的共同追求。在此背景下，深化国际贫困治理领域的合作已成为必然选择。国际贫困治理的合作模式主要可分为两大类：南北合作模式与南南合作模式。南北合作模式指的是发达国家与发展中国家之间的合作，这种模式历来在国际贫困治理中占据主导地位。发达国家通过官方发展援助（Offical Development Assistance, ODA）等形式，向发展中国家提供资金、技术及政策支持，以促进其经济增长和社会发展。随着全球经济格局的变化，南南合作模式逐渐兴起并成为国际贫困治理的重要补充。南南合作模式指的是发展中国家之间的互助合作，基于相互尊重、平等互利的原则，通过知识共享、技术转移和经验交流，共同应对贫困与发展挑战。当前，国际贫困治理的合作模式正经历着由单一的南北合作向南北合作与南南合作并行发展的转变。这种演变反映了国际社会对于多边合作和多元发展路径的认识，以及对全球贫困治理更为综合和平衡的追求。

一、南北合作模式

以非洲为例，可以深入理解南北合作在国际贫困治理中的实践与影响。非洲作为发展中国家最为集中的大陆，一直是国际减贫合作的重点地区。基于历史联系与现实需要，尤其是西方国家出于全球战略以及政治、经济和安全利益的多重考虑，一直注重对非洲大陆提供各类援助。在援助实施方面，发达国家对非洲的援助主要通过多边机构如联合国系统、世界银行以等及双边援助渠道进行。根据经济合作与发展组织的数据，2010—2017年，发达国家对非洲的官方发展援助流量大体保持稳定，援助额维持在280亿美元左右。2017年，美国、英国、德国、法国和日本在对非洲的援助额居世界前五位，分别为111.9亿美元、38.58亿美元、36.01亿美元、23.61亿美元和16.74亿美元。这反映出国际社会对于贫困现象严重地区的关注与支持，尤其是在非洲面临自然灾害、疾病流行和贫困问题时，国际援助发挥了及时的帮扶作用。

总体而言，发达国家对非洲的援助通过提供资金支持、技术转移和能力建设，对非洲国家的经济增长、减贫、社会服务改善及政治稳定产生了积极影响。它们帮助提升了教育、卫生和供水等基本服务的水平，有助于改善当地居民的生活质量，并在一定程度上促进了受援国的现代化和工业化进程。然而,援助也带来了一系列挑战和问题。长期的外援可能导致依赖性,影响非洲国家的经济自主性和多元化发展。附加的政治和经济条件可能限制了受援国的自主决策能力,而援助形式的贷款可能增加债务负担,对国家的长期经济健康构成风险。此外,援助的不均衡分配在非洲内部造成了发展不平衡,一些国家或地区获得的援助远多于其他地区。援助的可持续性、附加条件以及债务问题也是国际社会在对非洲援助中需要关注和解决的重要方面。因此,尽管发达国家对非洲的援助在经济社会方面取得了一定的成效,但仍需在援助策略、合作模式和长期发展目标上进行深入思考和不断优化,以实现更加平衡、自主和可持续的发展效果。

二、南南合作模式

发展中国家对非援助是南南合作的具体表现之一,在20世纪后半叶,非洲以外的发展中国家都不同程度上向非洲提供过援助,但因其经济发展相对滞后,其对非洲的影响并不大。21世纪以来,随着中国、印度、土耳其、巴西等国经济崛起,加大了对其他发展中国家的援助力度。新兴经济体对非援助额由2011年的3.4亿美元升至2017年的5.2亿美元,其中2015年达到7.8亿美元。这些发展中国家具有受援国和援助国双重属性,与对非传统援助方相比,它们囿于经济实力,对非援助金额较小,但其更强调援助主体和客体间的平等合作关系,且在援助领域具有一定特色。

以中国对非援助为例,中国对非的援助体现在就业、卫生、生态、教育等各个领域,丰富了世界扶贫的国际公共产品,极大地增强了中国在非洲地区的影响力。中国的经济发展和扶贫理念,以及中国的扶贫规划,都得到了包括非洲大陆在内的国际社会的普遍认可。中国在与非洲开展扶贫协作的同时,还提出了"一带一路"倡议,旨在扩大区域经济合作的规模、层次和深度,为各国更好地减少贫困提供了便利。中国倡导的"一带一路"倡议是一个横跨亚欧非大陆地区的区域经济合作框架,旨在通过与沿线各国发展战略的衔接和产业链的提升,促进全球发展的高效治理。

"一带一路"倡议驱动合作国家贫困治理,作用机理体现在:"一带一路"倡议遵循平等互利的合作原则,与沿线国家和地区在贸易、基建、金融等多个方面深度合作,带动中国和沿线合作伙伴的产业结构共同升级。针对沿线部分经济体存在发展水平较低、基础设施落后、能源资源利用率低等问题,贫困治理任重道远。在此背景下,中国积极推进基础设施建设、增加公共物品的供给、解决资金不足和技术瓶颈的问题,加强减贫经验交流等,为发展中国家的减贫工作注入了强有力的动力。科技进步是促进经济增长、增收减贫的重要手段。中国向"一带一路"沿线国家和地区提供了技术、装备等方面的援助,推动了这些国家和地区的工业化、农业现代化进程。中国除提供物资外,还通过搭建平台、组织培训和智库交流等方式,开展减贫交流,分享减贫经验。

 **案例14-3**

新时代的中国贫困治理国际合作

中国特色社会主义进入新时代，中国经济加快推动结构战略性调整和转型升级，对外开放程度进一步加深，中国在2015年成为第一个实现联合国"千年发展目标"的发展中国家，中国贫困治理国际合作也进入快速成长阶段。在新的历史条件下，中国在推进全球贫困治理中发挥的作用越来越大。

新时代中国贫困治理国际合作最大特点是有序化，与国家总体外交战略布局联系紧密。人类命运共同体理念为中国参与国际贫困治理工作提供了理论支持，2013年"一带一路"倡议为中国贫困治理国际合作指出了重点区域，提出了更高要求，即不仅要促进世界各国人民共同发展，而且要在国际贫困治理领域发挥战略引领作用，把中国行之有效的基础设施建设、产业扶贫、金融扶贫、教育扶贫、健康扶贫、生态扶贫、易地搬迁、社会保障兜底等"中国式扶贫"做法推广到国际贫困治理实践中，丰富全球减贫公共产品，为全球减贫事业贡献中国智慧和中国力量，提升国际社会对中国经济发展模式和发展理念的认同。这一时期中国贫困治理国际合作主要从以下四方面展开。

第一，加快全球减贫进程。改革开放以来，我国7.7亿农村贫困人口摆脱贫困，减贫人口占同期全球减贫人口70%以上，为世界特别是发展中国家提供了典范，为世界减贫事业作出了贡献。中国积极推进"南南合作"，通过低息和无息贷款援助发展中国家，帮助其进行基础设施建设，推动经济结构转型，为减贫营造良好外部环境，实现减少贫困和可持续发展的目标。为帮助发展中国家发展经济、改善民生，中国设立了"6个100"项目，其中包括减贫项目、农业合作项目、促贸援助项目等。中国作为最早参与联合国粮农组织（FAO）"粮食安全特别计划"的国家，积极为发展中国家提供中国方案。2008年中国向FAO捐赠3000万美元设立南南合作信托基金，推进双方合作。2010年共签署10份合作协议，累计派遣800名农业专家和技术员，分享农业技术、经验和发展模式。2015年追加5000万美元捐助，增派300多名专家和技术员进行农业技术传递，组织超过50个交流团来华进行深入交流。

中国设立"中国—联合国和平与发展基金"和"南南合作援助基金"，继续加大对最不发达国家的援助力度，对部分发展中国家免除债务，为部分国家提供援建学校、医院、职业培训中心等减贫项目。通过设立南南合作与发展学院等方式提供来华接受教育的机会，培养职业技术人员，支持全球减贫事业。设立国际发展知识中心，将中国的发展理论和实践与各国一起交流，希望各国寻找到适合自身国情的减贫和发展道路。提倡构建全球能源互联网，通过绿色、环保的方式应对发展需求，推进可持续发展。

第二，加强减贫发展合作。习近平总书记指出："推动建立以合作共赢为核心的新型国际减贫交流合作关系，是消除贫困的重要保障。"中国在贫困治理国际合作的过程中，始终强调与发展中国家平等互惠、合作共赢。

建设"一带一路"是中国构建开放型经济，帮助发展中国家促进产业结构升级，提升减贫动力的重大举措。经过多年的探索，中国在减贫道路上形成了一系列有效的做法和模式。在"一带一路"建设背景下，借助援助和投资双重途径、政府和市场双重力量，加强沿线国家和地区在扶贫领域的交流合作，将中国的扶贫经验在沿线国家和地区推广，同时在合作基础上提升发展中国家的自我减贫能力。

中国引领新型南南合作，不断巩固与发展中国家经贸合作，同时开拓政治经济合作新领域，以贸易和投资增长带动经济发展。2013年至2019年，中国与"一带一路"沿线国家和地区贸易值累计超过7.8万亿美元，对沿线国家和地区直接投资超过1100亿美元，签订承包工程合同额约8000亿美元，成为沿线国家和地区最大的贸易伙伴。中国积极开展双边和多边贸易合作，通过降低关税、提高贸易和投资自由度的方式为双方提供便利，同时从资金、基础建设到投资来源上帮助发展中国家提高生产力和发展潜力，强化投资价值，吸引更多外来资本，增强自身发展动力。

第三，实现多元自主可持续发展。中国作为全球最大的发展中国家，坚定不移地支持发展中国家贫困治理事业，积极主导和倡导创建更高平台和更深层次的合作来对接发展战略，通过推进工业、农业、资源等各领域的务实合作，帮助发展中国家把资源优势转化为发展优势。在国内精准扶贫精准脱贫取得显著成绩的同时，积极构建中国贫困治理经验国际化的立体式网络化体系，向国际社会介绍中国贫困治理经验。

在2015年联合国南南合作圆桌会议上，习近平主席向全球分享了中国在自身及国际贫困治理方面作出的努力和取得的经验，倡导具有历史意义和变革性的发展议程，为新时代贫困治理国际合作提供了新机遇。2017年中非减贫发展高端对话会是在中非合作论坛基础上的升级，为非洲贫困治理事业的多元自主可持续发展提供了指引。

第四，改善国际发展环境。中国一直秉承和平发展理念，积极倡导合作共赢的新型国际关系，为世界贫困治理事业和发展中国家发展营造良好外部环境。

2013年中国提出的"一带一路"倡议，本着以开放性、包容性的区域合作态度，在互利共赢基础上建立与有关国家的双多边机制，并以共商共建共享的联动发展机制，在尊重和维护各国自主选择社会制度和发展道路基础上，共同打造政治互信、经济融合、文化包容的利益共同体、命运共同体和责任共同体。2017年，中国政府宣布向参与"一带一路"建设的发展中国家和国际组织提供600亿元人民币建设民生项目、10亿美元定向国际合作贫困治理项目和20亿元人民币紧急粮食援助，为全球贫困治理和均衡可持续发展提供了新路径，增添了新动力，打造了新平台，营造了新环境。2014年和2015年，中国分别倡议设立和筹建丝路基金和亚洲基础设施投资银行，为发展中国家贫困治理事业提供基础设施互联互通建设的支持。截至2020年10月，丝路基金已签约47个项目，覆盖俄罗斯和中亚、南亚、东南亚、西亚、北非、中东欧、西欧、北美、南美等国家和地区，承诺投资金额约178亿美元，为全球贫困治理环境改善和优化注入新活力。

资料来源：
章文光.中国贫困治理国际合作的观念变迁与实践历程[J].人民论坛，2021（11）：24-27.

第四节 国际贫困治理面临的挑战

伴随着经济全球化，国际贫困治理领域取得了显著进展。然而，目前国际贫困治理正面临一系列前所未有的新挑战。例如，2008年国际金融危机暴露了全球经济体系的脆弱性，导致许多国家经济增长放缓，进而影响减贫的步伐；气候变化带来的极端天气事件和生态环境恶化对农业产量、食品安全和人类健康产生了严重影响，加剧了贫困问题；新型冠状病毒感染大流行不仅对全球公共卫生体系提出了严峻挑战，还对经济活动造成了巨大冲击，导致失业率上升和收入减少，对贫困群体的影响尤为严重；地区冲突和不稳定局势不仅造成了大量的人道主义危机，还破坏了当地的经济社会发展，阻碍了贫困治理的进程。

一、全球贫困人口规模大、发展失衡不断加剧

当前，全球范围内正面临着一种严峻的多维贫困现象。在贫困的多个维度中，除了经济收入的不足之外，教育、卫生以及家庭用电和饮水等基本生活条件的缺乏同样构成了减贫的重要议题。联合国开发计划署发布的全球多维贫困指数（MPI）从教育、健康、生活水平3个维度10个指标综合评估多维贫困状况，根据2018年监测结果，105个国家的13.4亿人口遭受多维贫困，占这些国家总人口的23.3%。这比世界银行1.9美元极端贫困标准衡量的全球贫困人口规模大得多。

1991年以来经济全球化的快速发展，使一大批发展中国家和新兴市场国家得以快速脱贫。但这种发展具有结构性失衡的内在缺陷，导致世界各地区和国家之间的减贫速度和幅度差异悬殊。从全球层面看，东亚和太平洋地区、南亚地区和撒哈拉以南非洲地区曾占据全球贫困人口的95%，但其贫困问题的变化趋势却迥异。1990—2012年，撒哈拉以南非洲地区的贫困人口比重仅由56%下降到42.6%，而东亚和太平洋地区、南亚地区则分别由60.8%、50.6%急剧下降到7.2%、18.8%，从而导致全球极端贫困人口更趋集中。全球贫困人口分布不平衡，从区域来看，撒哈拉以南非洲和南亚是面临减贫挑战的重点区域。根据世界银行的极端贫困标准，撒哈拉以南非洲极端贫困人口1990年只有2.78亿人，2010年增长到4.09亿人，2015年增长到4.13亿人。2030年以后，世界极端贫困人口的90%将来自撒哈拉以南非洲。从国家内部看，全球发展失衡的结构还造成各国贫困与繁荣发展并存的局面。收益分配严重不均已成为引发贫困的新的全球性问题，不断加剧的贫富差距严重销蚀着各国的减贫成果，进而滋生了各种返贫现象。

二、疫情等因素减缓国际贫困治理步伐

新型冠状病毒的全球蔓延，与国际冲突、气候变化等多重因素交织，对减贫进程构成了前所未有的挑战。自20世纪末以来，虽然全球饥饿人口数量总体上呈现下降趋势，但自2016年起，武装冲突和气候变化的双重打击导致这一数字再次上升。2020年7月，联合国发布的《世界粮食安全和营养状况》报告指出，全球有1.3亿人面临长期饥饿的威胁，并且预计到

2030年，全球实现零饥饿的目标将难以达成。

此外，根据世界银行的《2020贫困与共享繁荣报告》，预计到2021年年底，全球将新增1.5亿极端贫困人口，即每日生活成本低于1.9美元的人数，这标志着全球贫困水平在20年来首次出现上升。世界银行还警告称，新型冠状病毒可能导致数百万人口陷入新的贫困状态，尤其是那些在中等收入国家的城镇地区受过较好教育的人群。报告进一步指出，2020年新增的极端贫困人口中，超过80%来自中等收入国家。南亚和撒哈拉以南非洲地区是受疫情影响最为严重的地区，这些地区的减贫努力受到了极大的阻碍。这些地区的经济结构脆弱，对外部冲击的抵抗力较弱，加之基础设施和公共服务的不足，使得疫情对这些地区的经济和社会产生了深远的影响。在这一背景下，国际社会需要加强合作，共同应对疫情带来的挑战，尤其是对最脆弱群体的保护和支持。这包括加强公共卫生体系，提高教育和培训的质量，以及通过创新和可持续的发展战略来增强经济的韧性。同时，需要重视气候变化对农业生产和粮食安全的影响，采取有效措施以减少气候变化对贫困和饥饿的负面影响。总之，面对一系列全球性挑战，国际社会必须采取更加协调一致的行动，以确保减贫目标的实现，并为所有人创造一个更加公平、健康和繁荣的未来。

三、多元贫困治理建设进展缓慢

在国际贫困治理领域，长期以来的实践表明，依赖于特定领域或层面上的正规制度安排，往往难以实现全面而深入的减贫效果。为了提升治理效率，必须构建一个多方共同参与、合理运行的机制，以实现持续的相互作用和相对均衡的整体结构。全球发展的不平衡性不仅仅凸显了国际扶贫治理的困境，更强调了在各个层面推进"平衡发展"的重要性和紧迫性。

近年来，尽管诸如世界银行、国际货币基金组织和联合国开发计划署等重要机构进行了一些变革和调整，但这些努力尚未带来实质性的突破。与此同时，非正式机制，如全球合作伙伴讨论会等，虽然在提高公众对贫困问题的认识和参与度方面发挥了作用，但其代表性和话语权仍然有限，难以对现有的贫困治理体系产生根本性的改进。在全球发展不平衡的背景下，现有的国际贫困治理机制显示出明显的滞后性，难以从根本上解决贫困问题，推动全球扶贫事业的稳定发展。因此，当前的国际反贫困管理体制迫切需要进行一系列调整和变革，以实现更加公正合理的治理结构，提高治理的效率和效果。

从治理主体的角度来看，全球扶贫治理主体如世界银行、国际货币基金组织、联合国开发计划署，以及区域治理主体如亚洲发展银行等，都在进行改革。同时，亚洲基础设施投资银行等新兴区域治理主体的角色日益凸显，贫困国家的主体地位也日益受到重视。此外，越来越多的国际非政府组织开始在各个层面和领域开展扶贫工作。在政策层面，除了持续加大对经济和科技领域的投入外，教育、医疗等社会领域的支持也逐渐受到重视。这表明，国际社会正逐步认识到，减贫工作不仅需要经济手段，还需要综合考虑社会、文化、环境等多方面因素，以实现可持续发展。

总之，面对全球贫困治理的挑战，国际社会需要采取更加全面、协调和创新的策略，以确保减贫工作的长期有效性和可持续性。这需要各国政府、国际组织、非政府组织及社会各界的共同努力，共同推动构建一个更加公正、平衡和包容的全球治理体系。

案例14-4

后精准扶贫时代贫困治理的困境和治理诉求

一旦因资源稀缺造成的"穷人心态"连同历史文明迁移到社会成员的人文精神基因里,它就像魔咒一样限制这些人的眼界和想象力。贫困的多元性、社会性、稳定性和传递性,决定着贫困治理难度的加大。因此,如果说精准扶贫时代的"硬仗"是看得见、摸得着的物质上的稀缺,那么后精准扶贫时代面临的将是看不见、摸不着的精神上的匮乏,更加复杂的相对贫困治理,其治理难度丝毫不亚于绝对贫困。

后精准扶贫时代的贫困更多地表现为心理和精神上的贫困。现代社会生产力高度发展,物质财富的创造能力使得人们的心理需要胜过对物质的需要,人的"精神贫困"到了偏执乃至只有所谓"仇恨"的地步,既害人又害己的极端行为经常出现,甚至危及社会的稳定。因此,后精准扶贫时代的贫困治理是长期的、复杂的。

这是因为贫困发展的动态性决定了贫困治理的长期性。贫困有暂时贫困或者短期贫困与长期贫困之分:经过救助和帮扶可以脱贫的大都是暂时贫困,这种贫困的产生是某个阶段因为突发的偶然因素导致的;而长期贫困则是通过扶持仍难以摆脱,私域或公域的资产和资源的赤字从父辈传递到子辈,贫困阶层从"代内"演变为"代际",导致贫困的相关条件和因素在家庭内部由父母传递给子女,使子女成年后重复父母的境遇。因此,长期贫困具有持续时间长且代际传递的特点。贫困的动态性往往使一些短期贫困一遇自然灾害或不利的政治社会经济因素冲击,就会演变为长期贫困。这种贫困陷阱导致贫穷恶性循环,给贫困治理带来挑战。

贫困成因的复杂性决定了贫困治理的长期性。贫困是多因素的产物,资源稀缺只是表象,既有个人和家庭禀赋的缺失,又有后天教育不足造成的发展困难,还有自然灾害和社会问题的冲击等。仅仅治理绝对贫困,而不从根本上消除发展问题,只能解决暂时性贫困,最终可能导致福利依赖。因此,鉴于贫困成因的复杂性,任何将贫困治理短期化和简单化的行为都有可能产生返贫风险。贫困治理的本质是要实现和保障贫困人口的生存权和发展权,使贫困人口具备自我发展的能力,既要实现经济脱贫,又要实现精神脱困。后精准扶贫时代的贫困治理,不仅仅要采取"输血式",更要采取"造血式",从而更加凸显后精准扶贫时代贫困治理的艰巨性和长期性。

资料来源:
唐任伍,肖彦博,唐常.后精准扶贫时代的贫困治理——制度安排和路径选择[J].北京师范大学学报(社会科学版),2020(1):133-139.

本章小结

（1）国际贫困治理的合作模式主要可分为两大类：南北合作模式与南南合作模式。南北合作模式指的是发达国家与发展中国家之间的合作，这种模式历来在国际贫困治理中占据主导地位。随着全球经济格局的变化，南南合作模式逐渐兴起并成为国际贫困治理的重要补充。

（2）在推动国际贫穷治理的问题上，实质上有发达国家与发展中国家这两个主要的治理主体和客体。这两类国家都在贫困治理的过程中贡献智慧，并积累了丰富的实践经验。

（3）国际贫困治理面临一系列前所未有的新挑战，诸如全球贫困人口规模大、发展失衡不断加剧、疫情减缓国际贫困治理步伐及多元贫困治理建设进展有限。

延伸讨论

相对贫困可以较好地表征社会财富或收入在不同阶层与群体间的分配情况。在这个意义上，物质匮乏一定存在绝对贫困，物质丰裕不一定能够消除相对贫困。相对贫困在一些研究者看来是收入水平差距带来的教育和生活质量等方面的差距，也就是说，相对贫困总是存在一个参照标准。相对贫困具有相对性、多维性和结构性等特征，这意味着我们要在统筹考虑相对贫困内涵的基础上建立普遍性与特殊性相结合的新型贫困治理机制。请结合本章内容，和小组同学搜集资料讨论如何构建新时代的贫困治理机制。

第十五章 中国参与国际经济治理

学习目标

学完本章后，你应该能够：
- 熟悉中国参与国际经济治理的现状
- 理解中国参与国际经济治理的挑战
- 认识中国参与国际经济治理的战略选择

国际经济治理缘起于经济全球化。随着反全球化浪潮、区域一体化解体、地缘冲突、贸易投资保护主义等众多不利因素的日益增多，加强国际经济治理，推动国际经济治理体系变革是大势所趋。在这种背景下，自2013年以来，中国利用二十国集团峰会（G20）、亚太经济合作组织（APEC）、区域贸易协定、"一带一路"倡议以及新型金融机构等平台积极参与国际经贸新规则的制定，开创了中国在国际经济治理中角色的历史性转变。在未来，中国参与的国际经济治理改革坚持发展导向，构建互利共赢的伙伴关系，探索多元化机制和保持灵活度，并充分借鉴改革开放所取得的丰富经验和成功模式，通过分享中国经验为国际经济治理提供更多中国方案，在国际经济治理中更加主动地发挥积极影响。当前国际经济治理体系变革处于历史转折点，这对于中国积极参与国际经济治理，既是重大挑战，又是难得的历史机遇。

第一节　中国参与国际经济治理的现状

国际经济治理是中国参与国际治理的重要领域。中国自1978年以来，将对内改革和对外开放作为两大基本国策贯穿经济发展的始终。经过40余年的发展，中国货物贸易规模稳居世界第一，服务贸易跃居世界第二，吸引外资规模连续25年居发展中国家首位。面对国际金融危机的巨大冲击，2009—2017年中国平均经济增长速度仍高达8.1%，远超2.5%的世界平均水平，在全球经济复苏疲软的大环境中仍体现出良好的经济增长态势。经济持续发展所取得的巨大成就，使得中国在全球力量格局变迁中处于新的历史地位。随着中国综合国力日益提升，国际地位不断提高，中国与世界的关系正在发生历史性变化。今天的中国，正前所未有地走近世界舞台中央，站在同世界深度互动、向世界深度开放的新起点上。在新的历史背

景下,积极主动参与国际经济治理,推动国际经济治理体系变革与完善,是时代赋予中国的使命,是新时期中国重大的国际战略选择,同时也是中国作为负责任大国的必然选择和必然担当,这不仅仅是中国自身经济社会发展的内在诉求,更是促进全球经济稳定发展的需要。

一、中国积极参与国际经济治理

国际金融危机以后,国际经济治理体系变革处在历史转折点,这为我国积极参与其中并发挥建设性作用提供了重要历史机遇。随着广大新兴经济体的群体性崛起,变革全球治理体系与改革传统国际经贸规则的呼声日益高涨,作为世界第二大经济体、第一大货物贸易国和130多个国家和地区的主要贸易伙伴,改革对中国来说既有自身的利益要求,又有国际义务要求。近年来,中国通过G20峰会、金砖国家(BRICS)峰会、亚太经合组织(APEC)峰会、上海合作组织峰会、世界经济论坛、博鳌亚洲论坛等平台不断提出国际经济治理改革的新理念、新倡议与新方案。中国所提出和倡导建立的"一带一路"倡议、亚洲基础设施投资银行(AIIB)、金砖国家新开发银行等在世界范围内的影响力日益显著。这些都表明,中国正在逐步由传统规则的追随者、融入者、接受者转变为新规则的参与者、创造者和引领者,这无疑将对世界秩序与中国自身发展产生极其长远而深刻的影响。

中国始终积极参与全球治理、推进全球治理体制变革,推动全球治理体系朝着更加公正合理的方向发展。2011年,我国发布《中国的对外援助》白皮书,全面介绍了我国对外援助的政策、资金、分布、方式、管理及国际合作等几个方面的内容。2014年,我国发布新版的对外援助白皮书。这一版白皮书特别介绍了我国在对外援助的过程中对受援国环境保护所作出的努力。2015年10月12日,中共中央政治局就全球治理格局和全球治理体制进行第二十七次集体学习。习近平总书记指出,"全球治理体制变革离不开理念的引领,全球治理规则体现更加公正合理的要求离不开对人类各种优秀文明成果的吸收。要推动全球治理理念创新发展,积极发掘中华文化中积极的处世之道和治理理念同当今时代的共鸣点,继续丰富打造人类命运共同体等主张,弘扬共商共建共享的全球治理理念"。所谓共商,就是要集思广益,由全球所有参与治理方共同商议,汇集各参与方的智慧和意见;所谓共建,就是各尽所能,各施所长,发挥各自的优势和潜能;所谓共享,就是让全球治理的成果更公平地惠及所有参与方。共商共建共享的全球治理观是中国积极参与全球治理体系变革和建设的基本理念和主张,为建设一个更加美好的世界提供了中国智慧,为破解世界共同面临的治理难题提供了中国方案。第71届联合国大会吸收"共商、共建、共享"作为改善全球经济治理的原则,中国全球经济治理的理念逐渐被认可。

中国的"十三五"规划对"积极参与全球经济治理"提出明确要求:推动国际经济治理体系改革完善,积极引导全球经济议程,维护和加强多边贸易体制,促进国际经济秩序朝着平等公正、合作共赢的方向发展,共同应对全球性挑战。"十三五"期间,我国积极参与全球经济治理体系改革的具体实践包括:①积极参与和引领G20议程,将绿色金融引入议程,推动G20相关国际规则磋商和制定;②积极参与国际货币基金组织、世界银行、世界贸易组织和巴塞尔银行监管委员会等机构进行国际经济金融政策协调,稳步推动与经合组织磋商合作;③人民币加入特别提款权货币篮子,开创性发行SDR债券,改变了全球储备货币构成;④共建成立金砖国家新开发银行、"一带一路"丝路基金和亚洲基础设施投资银行等,有力补充了国际货币体系；⑤支持WTO继续加强贸易政策监督机制、完善争端解决机制，反对保护主义，促进多边贸易体制包容性发展；⑥与三十多个国家和地区签署了21个自贸协定。

在"十四五"期间，依据2021年3月发布的《中华人民共和国国民经济和社会发展第十四个五年规划和2035年远景目标纲要》，中国致力于推动全球治理体系的改革与完善。具体而言，中国的实践目标聚焦于三个核心领域：一是维护和完善多边经济治理机制，以增强其适应性和包容性；二是构建高标准自由贸易区网络，以促进贸易投资自由化和区域经济的紧密融合；三是积极营造良好外部环境，为中国的持续发展和全球合作提供坚实基础。通过这些战略性目标的实施，中国可为全球经济的均衡发展和国际秩序的和谐稳定贡献积极力量。

2021年4月20日，习近平主席在博鳌亚洲论坛2021年年会开幕式上以视频方式发表题为《同舟共济克时艰，命运与共创未来》的主旨演讲，倡议"亚洲和世界各国要回应时代呼唤，携手共克疫情，加强全球治理，朝着构建人类命运共同体方向不断迈进"，同时强调"全球治理应该符合变化了的世界政治经济格局，顺应和平发展合作共赢的历史趋势，满足应对全球性挑战的现实需要。我们应该秉持共商共建共享原则，坚持真正的多边主义，推动全球治理体系朝着更加公正合理的方向发展"。

习近平主席在《联合国气候变化框架公约》缔约方大会、《生物多样性公约》缔约方大会以及博鳌亚洲论坛等重大国际会议上提出了我国在应对气候变化和保护生物多样性上的立场与建议，为国际社会贡献了中国智慧。在2021年召开的第26届联合国气候变化大会（COP26）上，习近平主席就全球气候问题提出了几点建议：第一，维护多边共识；第二，聚焦务实行动；第三，加速绿色转型。2021年10月27日，国务院新闻办公室发表了《中国应对气候变化的政策与行动》白皮书，这是我国第二次从国家层面对外发布的关于中国应对气候变化白皮书，该白皮书介绍了我国应对气候变化的新理念、实施的积极应对气候变化的国家战略、应对气候变化发生的历史性变化以及共建公平合理、合作共赢的全球气候治理体系的倡议。其中，我国应对气候变化的新理念为：牢固树立共同体意识、贯彻新发展理念、以人民为中心、大力推进碳达峰碳中和、减污降碳协同增效。我国应对气候变化倡议为：应对气候变化是全人类的共同事业，面对全球气候治理前所未有的困难，国际社会要以前所未有的雄心和行动，勇于担当，勠力同心，积极应对气候变化，共谋人与自然和谐共生之道。同时，我国提出了五点坚持：坚持可持续发展、坚持多边主义、坚持共同但有区别的责任原则、坚持合作共赢、坚持言出必行[①]。

党的二十大报告明确指出，"中国坚持经济全球化正确方向"，"共同营造有利于发展的国际环境，共同培育全球发展新动能"。同时，中国积极参与全球治理体系改革和建设，坚持真正的多边主义，推进国际关系民主化，推动全球治理朝着更加公平合理的方向发展。同时，呼吁世界各国弘扬和平、发展、公平、正义、民主、自由的全人类共同价值，促进各国人民相知相亲，共同应对各种全球性挑战。

---

① 中国应对气候变化的政策与行动[EB/OL].(2021-10-27)[2024-12-06].https://www.gov.cn/zhengce/2021-10/27/conntent_5646697.htm，2024-12-18。

二、国际经济治理中的中国担当

党的十八大以来，在"共商共建共享"的理念指引下，中国抓住机遇、主动作为，建设性参与和引领经济全球化进程，积极致力于全球贸易、金融、投资、环境等治理机制的改革与创新，提出了诸多完善国际经济治理的公共产品，展现了中国担当，体现了中国推动国际经济治理体系变革的新作为，在推动改革国际经济治理体系中不公正不合理安排的进程中发挥了关键性作用。

（一）G20峰会

2016年9月在杭州举办的G20峰会为中国提供了一个提升在全球经济治理中地位的重要机会。会议产生了《杭州行动计划》，该计划的重点是创造强劲、可持续、平衡和包容性的增长。G20的成员来自各大洲的发达市场和新兴市场，是具有全球代表性和世界上最具影响力的全球论坛。G20峰会让新兴经济体发出了自己的声音，参与了全球经济治理改革，也使中国能够在宏观经济政策协调、保护主义、全球经济增长等重大问题上参与决策进程。

中国作为东道主在G20杭州峰会上首次将贸易与投资议题引入会议议程，并达成《G20全球投资指导原则》，为营造开放、透明、可持续的全球投资政策环境制定了九项非约束性原则，成为指导成员方制定投资政策的纲领性多边文件，为未来达成多边投资协定或制定全球投资规则迈出了关键性一步。《G20全球投资指导原则》以发展为根本出发点，特别考虑了发展中国家实现可持续性与包容性发展的社会目标，维护合理的公共利益和保留一定政策空间的诉求，并强调对低收入国家在基础设施与互联互通、贸易融资、技术合作、能力建设等方面给予支持，保证了与联合国贸易与发展会议（UNCTAD）制定的"可持续发展的投资政策框架"的政策连贯性。G20杭州峰会还公布了《二十国集团落实2030年可持续发展议程行动计划》，实现了与联合国《2030年可持续发展议程》和《亚的斯亚贝巴行动议程》的对接，成功促使G20转型和升级为全球发展治理的主要实质性平台。此外，为扭转金融危机后全球经贸疲软的态势，G20杭州峰会制定了《G20全球贸易增长战略》，紧扣21世纪全球贸易、投资与国际生产网络中出现的垂直专业化、服务化、数字化等重要趋势，对全球价值链、贸易便利化、服务贸易、电子商务与数字贸易等新型议题作出了积极回应。在开展贸易与投资合作的机制设置上，G20杭州峰会将贸易部长会议纳入G20专业部长会议系列，成为与协调人会议、财金会议并行的三大会议机制，并首创贸易投资工作组，批准其工作职责与程序，使之成为具体推动议程和成果实施的平台。

（二）"一带一路"倡议

在2015年3月，中华人民共和国国家发展和改革委员会、外交部及商务部联合颁布了《推动共建丝绸之路经济带和21世纪海上丝绸之路的愿景与行动》。该文件标志着中国在全球经济合作与区域发展中发挥引领作用，旨在促进沿线国家和地区的经济互利合作与共同繁荣。通过这一政策文件的发布，中国展现了其在区域经济一体化和全球化进程中的积极参与和贡献，为推动构建开放型世界经济提供了中国方案。该文件指出，共建"一带一路"旨在共同打造开放、包容、均衡、普惠的区域经济合作架构。2017年，为了深入推动"一带一路"的落实，在"一带一路"建设中突出绿色发展的理念，中国政府发布《关于推进绿色"一带一路"建设的指导意见》（以下简称《意见》）。《意见》提出，应提升"五通"的绿色化水平：在政策沟通和民心相通上，突出生态文明理念，加强与沿线地区环保政策的对接，形成共建绿色"一带一路"的良好氛围；在设施联通上，推进绿色基础设施建设；在贸易畅通上，推进绿色贸易的发展；在资金融通上，加强对外投资的环境管理，推进绿色金融的发展。经过数年的发展，我国在绿色"一带一路"的建设上取得了显著的成果，推动了共建"一带一路"沿线国家和地区的可持续发展。中国环境与发展国际合作委员会2021年年会"绿色'一带一路'与2030年可持续发展议程"主题论坛上提交的报告显示，"一带一路"为沿线国家和地区的绿色发展带来了全新机遇，在其建设投资中，可再生能源的投资占比在不断地提高，且其在"一带一路"项目中的占比于2020年上半年首次超过化石能源。绿色投资的迅猛发展为全球环境的治理作出了积极的贡献。此外，"一带一路"建设中的设施联通有利于节约能源，能源资源就地、就近加工转化也有利于环境保护。随着"一带一路"建设的不断推进，不仅给沿线国家和地区的经济发展注入了新的动力，而且在项目的建设过程中，以实际行动支持了当地环境的保护。"一带一路"倡议将我国的环保理念带给了全世界，为世界提供了一份具有中国特色的绿色解决方案。

中国发起并主导的"一带一路"倡议、金砖国家新开发银行、亚洲基础设施投资银行和上合组织银行，为国际社会提供了新型制度性公共产品。"一带一路"倡议以互相尊重、互利共赢为原则，以实现包容性增长为目标，以国家战略对接为保障，以提供硬件产品为依托，以基础设施建设互联互通为重点，为沿线广大发展中国家带来真金白银的实惠与预期收益，为打造当代全球责任与命运共同体提供了崭新的方案与路径。目前，全球共有100多个国家和地区及国际组织参与了"一带一路"倡议，近60个国家和地区及国际组织与中国签署合作协议或谅解备忘录，该倡议在联合国大会和安理会、亚太经合组织、亚欧会议、大湄公河次区域合作等相关机构的有关决议和文件中均有所体现。

（三）积极参与区域性经济合作

自改革开放以来，中国一直秉持对外开放的原则，积极推进与国际经济体系的融合。进入20世纪90年代，随着自由贸易协定（FTA）在全球范围内的兴起，中国牢牢抓住了这一战略机遇期，主动参与到自由贸易协定的谈判与实施过程中。通过区域贸易协定的谈判与执行，中国深化了对国际贸易规则的理解，并为推动全球贸易自由化和经济一体化贡献了中国智慧与方案。

中国的自贸区建设起步于2002年与东盟签署的《中国与东盟全面经济合作框架协议》，该协议决定到2010年建成中国-东盟自由贸易区，这是中国加入WTO后达成的首个FTA协议，为我国自贸区建设迈出了重要的一步。党的十八大报告提出加快实施自由贸易区战略；党的十八届三中全会提出要以周边为基础加快实施自由贸易区战略，形成面向全球的高标准自由贸易区网络；党的十九大适应经济全球化新趋势、准确判断国际形势新变化、深刻把握国内改革发展新要求，提出促进自贸区建设。"十四五"规划明确提出，"实施自由贸易区提升战略，构建面向全球的高标准自由贸易区网络。优化自由贸易区布局，推动区域全面经济伙伴关系协定实施，加快中日韩自由贸易协定谈判进程，稳步推进亚太自贸区建设。提升自由贸易区建设水平，积极考虑加入《全面与进步跨太平洋伙伴关系协定》，推动商签更多高标准自由贸易协定和区域贸易协定"。此外，近些年中国积极参加关于气候变化、生物多样性和全球海洋等全球环境治理议题的大型国际会议和谈判，并分享中国在环境保护和应对气候变化上的理念与做法。中国坚持多边主义的理念，从大局出发，积极推动构建更加公平合理、合作共赢的全球环境治理体系。中国也积极参与多边环境协定的谈判，缔结了《生物多样性公约》《联合国气候变化框架公约》《京都议定书》《巴黎协定》等国际环境保护条约。

目前，中国签订的区域贸易协定涵盖了超过三十个国家和地区，这些协定的签署体现了中国在构建全球贸易伙伴网络方面的战略布局。从经济发展水平来看，中国的自由贸易伙伴既包括与本国经济发展水平相近的新兴市场国家，也涵盖了经济发展水平较高的发达国家。地理分布上，中国的自由贸易伙伴主要集中在南亚、东亚、东南亚及拉丁美洲等关键区域。通过这些自贸协定的签订与实施，中国对自由贸易伙伴的货物关税进行了显著降低，优化了货物贸易规则，扩大了服务业的对外开放程度，降低了外国投资的准入门槛。自贸协定的签订不仅加深了中国与各贸易伙伴的经济联系，而且为中国更深层次地融入国际经济治理体系、推动全球经济的繁荣发展提供了动力。同时，这也为中国国内的市场体制改革带来了积极影响，促进了国内市场的进一步开放和对外经济交流的扩大，从而提升了中国在全球经济中的竞争力和影响力。这些举措共同标志着中国在全球贸易体系中所扮演角色的成熟与深化，展现了中国推动构建开放型世界经济的决心与实际行动。

（四）成立多边开发银行

在全球性金融机构改革步伐缓慢的背景下，中国倡议成立了新的多边开发银行，包括亚洲基础设施投资银行（Asian Infrastructure Investment Bank，AIIB，简称亚投行）、金砖国家新开发银行（New Development Bank，NDB）以及上合组织开发银行，通过规范化、透明化、机制化的商业运作有效为"一带一路"沿线国家和地区基础设施建设提供金融贷款，为加强亚太地区互联互通和基础设施建设提供制度性保障，也为亚信会议、上合组织、中国-东盟"10+1"、亚洲合作对话、亚欧会议、中阿合作论坛、中亚区域经济合作等多边合作机制增添实质性内容。这些新型区域性国际金融机构打破了现行由欧美日主导的WB、IMF、亚洲开发银行（ADB）构成的国际金融体系，开创了发展中国家牵头组建多边金融机构的先河，在货币金融领域实现了对现有国际金融体系的制度补充和新增，为中国在国际经济治理中发挥更大作用提供了新的平台。以亚投行为例，截至2018年年底，亚投行累计批准贷款75亿美元，撬动其他投资近400亿美元，已批准的项目覆盖印度尼西亚、印度、巴基斯坦、塔吉克斯坦、土耳其、埃及等多个国家，涉及交通、能源、电信、城市发展等多个领域。这些项目有助于完善所在国的基础设施建设，推动经济发展，改善生态环境，提高当地人民的生活水平。

案例15-1

FTA网络中的中国位置

中国现有FTA的深化程度低于世界平均水平，且标准差非常大，这表明各FTA之间的水平差异很大。与此同时，深度条款主要集中于WTO+领域，说明深化领域主要集中在基础性的货物贸易深度自由化。在WTO-X领域，中国的FTA深化水平则明显落后于世界平均水平，表明中国的FTA条款普遍缺乏对于边境后的延伸，如何进一步实现FTA深度水平的提升无疑也是当前FTA发展战略不可或缺的内容。通过与几个重点经济体进行了横向对比可以发现中国FTA深度推进的潜在不足和提升方向。对比美国，我们可以发现，除了深度条款覆盖率不足之外，更重要的表现是深度FTA文本的稳定性，可以看到美国深度条款覆盖率的标准差仅有约0.02，表明其FTA战略已经形成了完备的美国文本，也进一步成为其文本推广的重要基础。与此同时，欧盟则表现出了超高水平的深度覆盖。再进一步对深度条款覆盖的构成进行分析，数据显示，美国WTO+领域平均覆盖达到13条，这也与美国一直以来倡导的自由贸易战略相符，表现出明显更强的货物贸易领域深度自由化；同时，欧盟除了在WTO+领域平均覆盖10条之外，更表现为WTO-X领域超过10条的强覆盖，这也表现了欧盟渗透进边境后的超高水平FTA特性。上述对比可以看出，我国距离推出FTA的中国文本还需要更多的尝试和努力，需要在继续尝试提升货物贸易自由化水平的同时，坚持推进FTA向边境后措施延伸，这就需要我国进一步深化改革以提供制度基础。

通过关注截至2015年中国所保有的FTA深度水平，结果发现，中国当前FTA网络伙伴主要集中在南亚次大陆、东亚、东南亚和拉丁美洲地区，虽然FTA水平差异较大，但中国深化程度最高的FTA也可以达到美国平均深度水平，说明中国完全具备设计并推广FTA中国文本的基础。同时，中国与韩国等的FTA深度水平低于样本拟合结果，表明中国现有FTA也非常具有进一步重订深化的空间，中国现有FTA战略存在重点突破的可能。此外，通过对样本拟合结果显示中国和世界绝大多数国家都具备FTA浅层深度化的潜在动力，表明中国FTA网络构建也具备全面提升的条件。

资料来源：

铁瑛，黄建忠，徐美娜. 第三方效应、区域贸易协定深化与中国策略：基于协定条款异质性的量化研究[J]. 经济研究，2021，56（1）：155-171.

第二节 中国参与国际经济治理所面临的挑战

国际经济治理体系变革正处在历史转折点，这种变革对未来中国参与国际经济治理既是重大的挑战，又是难得的历史机遇。

一、国际经济治理所面临的问题

随着世界各国经济联系日益紧密，国际化程度不断加深，在迎来更广阔发展空间的同时也面临着越来越多的问题，国际经济治理逐渐成为国际社会应对全球性问题的共同选择。在纷繁复杂的国际形势下，不断变化的国际局势与长期存在的摩擦和博弈使得国际经济治理体系面临着一系列问题。

（一）反全球化浪潮

反全球化浪潮已成为国际经济治理领域的核心挑战，对全球贸易体系的稳定性和可预测性构成了显著影响。世界贸易组织的多哈发展回合谈判长期陷入僵局，这一现象凸显了多边贸易体系在推动全球贸易自由化方面的局限性。由于多边谈判的停滞,许多国家开始寻求替代路径,将贸易自由化的努力转向区域贸易协定(RTAs)和诸边协定,这些协定通常具有更加灵活和快速的谈判进程。

区域经济一体化的兴起,反映了参与国家利用市场开放和经济融合作为内部改革的催化剂。这种区域主义的迅速发展和蔓延,不仅体现了对多边贸易体系僵局的回应,也反映了国家间寻求通过更紧密的经济合作来增强自身竞争力和市场影响力的战略选择。区域贸易协定通过降低成员之间的关税与非关税贸易壁垒,促进了商品、服务和资本的自由流动,加强了区域内部的经济联系和相互依赖。在区域经济一体化的过程中,参与国家往往通过建立新的国际经济规则来重构全球贸易和投资模式。这些新规则更加关注边境后措施,如知识产权保护、投资政策、竞争政策和劳工标准等,这些议题在多边贸易体系中往往难以达成共识。区域贸易协定成为实验新规则的平台,为全球贸易体系提供了创新的解决方案和最佳实践。

反全球化浪潮及其推动的区域经济一体化对国际经济治理产生了深远的影响。首先,它导致了全球贸易规则的碎片化,不同区域贸易协定之间的规则差异增加了国际贸易的复杂性和不确定性。其次,区域经济一体化可能引发贸易转移效应,偏离全球范围内的比较优势原则,损害非成员的利益。最后,区域一体化也可能加剧成员之间的经济发展和贸易利益分配不平衡。因此,应对反全球化浪潮,全球需要加强国际协调合作,共同推动国际经济治理向更加公正合理的方向发展。

(二)国际经济治理机制不够完善

国际经济治理体制由政策机制和执行机制两部分组成。目前,以G20和G8为主导的国际经济治理决策机制都存在着决策能力不强、不同国家间意见分歧、多国磋商等问题。现行的国际经济治理机制缺少强制的约束性,建立在自愿、平等的基础上的WTO在处理涉及利益冲突的重大问题时没有强制的决策权,很难协调各方利益。

在国际经济治理的架构中,世界贸易组织、国际货币基金组织和世界银行作为核心机构,承担着制定全球经济规则、提供政策建议、促进国际金融稳定和经济发展的重要职责。首先,发展中国家和新兴经济体在这些机构中的份额和表决权比例相对较小,这在一定程度上削弱了它们在国际经济决策中的代表性和影响力。其次,现行的国际经济规则尚不完善,未能全面反映全球化时代各国经济相互依存的复杂性。例如,WTO的规则体系在适应新的贸易现实,如数字贸易、环境标准等方面,显示出明显的滞后性。此外,这些机构的运行机制存在明显缺陷,包括决策过程的透明度不足、对成员方政策的监督和协调力度有限以及执行效率不高等问题。以WTO的争端解决机制为例,该机制虽然在解决国际贸易争端方面发挥了重要作用,但也存在被某些成员方操纵的风险,导致机制的公正性受到质疑。

综上所述,国际经济治理机构的改革势在必行。这需要加强机构的代表性和决策透明度,完善全球经济规则,提高执行效率,确保机构的独立性和自主性,从而构建一个更加公正、合理和有效的国际经济治理体系。

(三)新问题和新纪律

当前,国际经济治理面临众多新问题和新纪律。新问题主要指货币政策外溢、竞争性贬值以及贸易投资保护主义等,新纪律主要指基于全球价值链和新型国际生产网络的国际贸易投资新规则。目前，凯恩斯式的财政刺激手段与非传统的量化宽松货币政策几乎用尽，供给侧结构性改革进展迟缓，全球增长缺乏持久、显著和强劲的新动能。在国际贸易领域，贸易增长率已连续四年滞后于全球GDP增长。英国经济政策研究中心发布的《全球贸易预警》报告则显示，2015年，全球采取的贸易保护措施数量同比增长50%，贸易限制措施数量是自由贸易措施数量的3倍。其中，美国在2008—2016年对其他国家总计采取了600多项贸易保护措施，仅2015年就采取了90项，平均每4天推出一项。在国际投资领域，新的投资限制或监管体现出对战略性行业的关注，基于国家安全理由的外资审查更加严格。并且，不同国家使用不同的"国家安全"概念，国内政策也从相对狭义的国家安全定义和安全相关行业延伸至更广义的解释，并转化为国家机构在投资审查程序中考虑到的各种标准。此外，贸易投资规则碎片化进一步导致"意大利面碗"效应加剧，部分协定的条款和纪律彼此冲突，也给国际经济治理带来新的考验。

二、中国参与国际经济治理所面临的挑战

中国作为世界第二大经济体，在全球经济治理中的影响力日益增强。然而，在参与国际经济治理的过程中，中国也面临着一系列挑战。

（一）国际规则适应性

国际规则适应性是中国参与全球经济治理时面临的关键挑战之一。现有的国际经济规则和体系，包括贸易、投资、知识产权保护等多个方面，很多是在发达国家的经济、政治理念和利益诉求下形成的。这些规则未能充分考虑到新兴经济体的特殊情况和需求。例如，中国在工业化进程中面临着环境保护与经济增长的平衡问题，这要求国际规则能够为发展中国家提供更为灵活的环境政策空间。同时，中国正处于产业转型升级的关键时期，需要国际规则支持其从劳动密集型向技术密集型产业转变，如在知识产权保护方面对中国的创新驱动发展战略提出了更高要求。

中国在全球价值链中的地位不断提升，但现有规则可能未能充分体现其作为全球制造和贸易中心的新角色。例如，全球供应链的重构需要国际规则对跨境数据流动、电子商务等方面提供更有力的支持。此外，中国对外投资的增长需要一个稳定和可预测的国际投资环境。现有规则可能未能充分考虑到中国企业"走出去"战略的需求，如在投资保护、争端解决机制等方面。中国积极参与全球可持续发展议程，但现有国际规则可能未能提供足够的支持，如在应对气候变化、推动绿色金融等方面的努力需要国际规则的进一步配合。

中国在参与国际经济治理的过程中，通过具体行动体现了对国际规则适应性的追求。在环境保护方面，中国积极参与《巴黎协定》并承诺减排目标，但同时也指出发达国家在技术转让和资金支持方面的承诺尚未完全兑现，这对中国实现可持续发展目标构成挑战。在知识产权保护方面，中国加强了相关法律法规，以兑现加入WTO时的承诺，同时也推动了国内创新能力的提升。此外，中国通过"一带一路"倡议加强了与沿线国家和地区的经济合作，这要求国际规则能够适应新的贸易和投资模式。在投资规则方面，中国与欧盟完成的投资协定谈判（CAI）体现了中国在投资自由化和保护方面的新进展，同时也推动了国际投资规则向更加平衡和互惠的方向发展。这些例子表明，中国正积极推动国际规则的改革与完善，以适应新兴经济体的发展需求和全球经济的新变化。

(二）国际经济治理新议题的应对

国际治理新议题的应对是中国参与国际经济治理的重要方面。随着全球化的深入发展，新兴议题如数字经济、气候变化、可持续发展等日益成为全球治理的关键内容。这些议题不仅关系到全球经济的长远发展，也直接影响到各国的经济利益和政策取向。中国作为世界上重要的经济体，需要在这些领域加强能力建设，并积极参与国际规则的制定和实施。

首先，随着信息技术的快速发展，数字经济已成为推动全球经济增长的新动力。中国在电子商务、云计算、大数据、人工智能等领域取得了显著进展，并积极参与国际数字经济规则的讨论和制定。例如，中国在G20等多边框架下提出加强数字经济国际合作的倡议，推动构建开放、包容、共享的数字经济环境。同时，中国积极参与世界贸易组织电子商务规则的谈判，提出中国方案，推动建立公平、开放的数字贸易规则。此外，中国在区域全面经济伙伴关系协定中，与其他成员国就电子商务章节达成一致，为区域内数字贸易的发展提供了制度保障。

其次，气候变化是全球面临的重大挑战之一，对各国的生态环境和经济发展产生深远影响。中国积极参与全球气候治理，承诺到2060年实现碳中和，并在国内外采取了一系列应对气候变化的政策措施。例如，中国在2020年宣布将提高国家自主贡献（NDC）目标，力争在2030年前实现碳排放达峰，2060年前实现碳中和。此外，中国还积极参与国际绿色金融合作，推动建立绿色金融体系，支持环境友好型项目和可持续发展，支持其他发展中国家应对气候变化的能力建设。

最后，可持续发展是全球治理的重要目标，涉及经济、社会、环境等多个方面。中国高度重视可持续发展，将减贫、教育、卫生、环境保护等纳入国家发展战略。例如，中国在推动"一带一路"建设过程中，强调绿色、低碳、可持续的理念，与沿线国家和地区共同推进可持续发展项目。中国与非洲国家在清洁能源、环境保护等方面开展合作，帮助非洲国家实现可持续发展目标。通过这些行动，中国不仅加强了自身在新议题领域的能力建设，也为国际经济治理体系的完善和发展作出了积极贡献。面对国际经济治理新议题，中国将继续秉持开放、合作、共赢的理念，与国际社会共同努力，推动构建人类命运共同体。

（三）其他挑战

首先，尽管中国的国际地位显著提升，但在一些国际经济组织中的话语权和代表性仍有待增强。中国在世界贸易组织、国际货币基金组织和世界银行等机构中的代表性与其经济贡献并不完全匹配。为了更好地反映自身及广大发展中国家的利益，中国需要在国际组织中争取更大的影响力。这包括推动改革国际组织的决策机制，增加新兴市场和发展中国家的投票权和代表性，以及在制定全球经济规则和政策时发挥更积极的作用。

其次，贸易保护主义和投资限制对中国的出口导向型经济构成挑战。全球范围内的贸易紧张局势和投资壁垒可能影响中国的外贸和外资流入。中国需要通过多边和双边渠道，积极倡导贸易自由化和投资便利化，以维护开放的国际贸易体系。例如，中国在推动区域全面经济伙伴关系协定的签署中发挥了关键作用，这不仅有助于降低区域内的贸易壁垒，也为全球贸易自由化树立了典范。

再次，国际经济治理机制的改革涉及多方利益的协调和平衡。中国在推动改革的过程中，需要处理好与其他国家的关系，寻求广泛的国际共识。这要求中国在国际舞台上展现出建设性的角色，通过国际合作，推动建立更加公正合理的国际经济秩序。例如，中国在G20等多边平台上积极参与全球经济治理的讨论，提出中国方案，为解决全球经济问题贡献智慧和力量。此外，中国与金砖国家、东盟等新兴经济体在贸易、投资、基础设施建设等领域开展了广泛合作，同时也在国际组织中协调立场，共同应对全球性挑战。

最后，中国需要在参与国际经济治理的同时，处理好国内外政策的协调，确保国内经济的平稳健康发展。中国正致力于从高速增长转向高质量发展，推动产业结构优化升级，加强创新能力，提高经济发展的质量和效益。在此过程中，中国需要平衡国内外政策，确保国际经济合作与国内经济转型相辅相成，形成良性互动。面对这些挑战，中国需要继续深化改革开放，加强与国际社会的沟通与合作，积极参与国际经济治理体系的改革和建设，为推动构建人类命运共同体贡献中国智慧和中国力量。

第三节　中国参与国际经济治理的战略选择

中国在经历了努力对标国际经贸规则和享受入世红利之后，在2008年国际金融危机后迎来了从接受规则到参与规则制定的重要转折。特别是在2013年11月通过的《中共中央关于全面深化改革若干重大问题的决定》中首次提出"加快培育参与和引领国际经济合作竞争新优势"，从而形成国际谈判、规则与标准制定新优势就是其具体表现之一。2015年5月，《中共中央　国务院关于构建开放型经济新体制的若干意见》中指出，"全面参与国际经济体系变革和规则制定，在全球性议题上，主动提出新主张、新倡议和新行动方案，增强我国在国际经贸规则和标准制定中的话语权"。党的二十大报告明确指出，"中国坚持经济全球化正确方向"，"共同营造有利于发展的国际环境，共同培育全球发展新动能"，"中国积极参与全球治理体系改革和建设……坚持真正的多边主义，推进国际关系民主化，推动全球治理朝着更加公平合理的方向发展。"在推动国际经济治理体系变革进程中，中国的角色是新价值理念的引领者、国际制度的共建者、全球方案的贡献者和集体行动的参与者。

一、中国参与国际经济治理的角色定位

当今世界正经历百年未有之大变局，人类社会面临前所未有的挑战，新兴市场国家和发展中国家的崛起速度之快前所未有，新一轮科技革命和产业变革带来的新陈代谢和激烈竞争前所未有，国际治理体系与国际形势变化的不适应、不对称前所未有。在此背景下，中国在国际经济治理中的角色定位至少应该包括以下几个方面。

（一）维护全球化与开放经济

自改革开放以来，中国从市场、资本、技术全球化中受益颇多。日益融入全球价值链的过程也将更多中国企业纳入世界市场竞争，力求从"中国制造"向"中国质造"转型。中国经济发展奇迹不仅造就了"中国道路"模式，从而打破了经济发展只有依靠单一模式才能获

得成功的神话，也为发展中国家提升在全球经济治理中的制度性话语权提供了有益经验，即通过自主、渐进、创新性的市场化改革融入现代国际体系和拥有共同"话语体系"。另外，2008年国际金融危机爆发后，中国致力于发展开放型世界经济和维护亚太地区经济金融稳定，为推动亚太地区继续在世界经济复苏方面发挥引擎作用做出突出贡献。中国实行了更加积极主动的开放战略，"一带一路"倡议成为深受欢迎的国际公共产品和国际合作平台，成为140多个国家和地区的主要贸易伙伴，吸引外资和对外投资居世界前列，形成更大范围、更宽领域、更深层次对外开放格局。面对目前全球经济疲软，尤其是反全球化浪潮风起云涌以及贸易投资保护主义强势抬头的现实，中国坚持对外开放的基本国策，坚定奉行互利共赢的开放战略，以中国新发展为世界提供新机遇，推动建设开放型世界经济，更好惠及各国人民，继续维护和完善多边经济治理机制，坚持经济全球化正确方向，共同营造有利于发展的国际环境。

维护全球化与开放经济，一是要积极推动世界贸易组织多边贸易体制谈判，推动贸易和投资自由化便利化，积极参与WTO改革，推进贸易创新发展，做全球自由贸易体系的维护者。二是要并行推进区域和双边自由贸易协定，积极构建高标准自由贸易区网络，加强与各国沟通交流，加快构建一个要素流动一体化大市场，实施更大范围、更宽领域和更深层次的全面开放，以此发挥中国在推动全球经济治理体系改革中的积极作用。三是要全面落实外商投资准入负面清单，深化国内自由贸易试验区和自由贸易港改革，增强对外贸易投资自由化便利化，多头并举掌握外贸外资政策制定的自主权，以构建高标准自由贸易区网络来助力构建以国内大循环为主体、国内国际双循环相互促进的新发展格局，进而进一步深度参与全球经济治理体系改革。

(二) 维护发展诉求与利益

近年来中国积极参与各类国际经济组织会议和协定谈判，对扩大对外开放、加强国际化有着重要意义。中国应在积极参与贸易协定谈判并向国际规则靠拢的同时，加强话语权，注重可持续发展目标，从社会、经济和环境三个维度维护我国的合理利益。

具体而言，就是关注长期发展议题，探索提出基于发展中国家利益的贸易新规则。当今全球价值链快速发展的背景下，中国除了通过政策变革参与和融入新型国际生产体系外，还应关注其特殊利益诉求，包括：在全球分工中获得公正的收益、带动国内附加值的关联增长、创造就业和提高劳动技能、构建长期生产能力和促进知识与技术扩散和升级。此外，中国还应特别关注在全球价值链中的风险管理，例如易受外部冲击、中等收入陷阱以及社会、环境、劳工、安全和公共健康等社会问题。这些发展中国家所关切的问题并未充分反映在发达国家主导的TPP等新贸易与投资协定中。因此，中国应主导制定与推动反映大多数发展中国家利益需求和比较优势的适度规则，一方面强调应保障促进发展的政策空间和规制主权（例如农业安全、反垄断、公共健康等），另一方面强调应消除对发展中国家的各种贸易干预措施（例如出口技术限制、农业补贴和国内支持、自然人流动等），从而倡导构建一个全面、平衡、公正、包容的全球治理制度体系。

(三) 维护更加公平的国际体制与秩序

中国遵守"和平共处五项原则"并以此为基石开展与世界各国的友好合作，致力于推动建立基于相互尊重、平等互利的国际关系。中国认为，国际秩序应建立在国际法和国际关系基本准则之上，确保全球治理体系的公正性和合理性，反映世界各国的共同利益和意愿。中国在国际舞台上的积极参与体现了其对构建和平、稳定、繁荣的国际环境的承诺。中国的全球治理理念和方案，如"一带一路"倡议、亚洲基础设施投资银行等，旨在促进区域经济一体化，加强基础设施建设与互联互通，为世界各国共同发展和繁荣作出积极贡献。通过这些努力，中国展现了其作为负责任大国的国际担当，为构建人类命运共同体贡献了中国智慧和中国力量。

首先，中国积极推动成立金砖国家新开发银行、亚洲基础设施投资银行等新型国际金融机构，这些机构与发展中国家的切身利益密切相关，旨在对现有国际体系进行有效补充。这些倡议体现了中国对全球经济治理体系改革的积极参与，以及对提高发展中国家在国际事务中代表性和发言权的承诺。

其次，中国秉持平等互信、互利共赢的原则，在"一带一路"倡议、产能合作、产业合作伙伴关系等方面，坚持共商共建共享的理念。通过这些合作平台，中国旨在推动发展中国家获得实实在在的利益，促进区域经济一体化，加强基础设施建设与互联互通，为长远发展奠定基础。

最后，中国通过举办中国国际进口博览会等平台，推动进口和投资自由化，加速构建开放型世界经济。这不仅有助于形成中国的"内需"优势，而且为世界经济发展提供了"内生性"动力。"双循环"新发展格局的构建，将使中国成为全球贸易和投资的"中心枢纽"和"中心节点城市"，进一步提升中国在全球经济中的地位和影响力。总之，中国在国际经济治理中发挥着越来越重要的作用。通过积极参与全球治理体系改革，推动建立更加公正合理的国际秩序，中国不仅为自身发展创造了有利条件，也为世界各国共同发展和繁荣作出了积极贡献。中国将继续与国际社会一起，推动构建人类命运共同体，实现共赢共享的可持续发展。

二、中国参与国际经济治理的战略方案

国际经济治理体系是经济发展的催化剂，数量不断增加的自由贸易协定有力地推动了贸易自由化的发展，中国等新兴国家普遍认为完善全球治理体系是国际社会的必然趋势。中国提出的合作共赢的治理体系，以"发展"为优先，强调建立"国际伙伴网络"，强调国家间的平等，不干预别国内政，尊重不同国家的不同政治制度、不同发展阶段和不同的文明背景。

（一）中国提出国际经济治理新理念

中国作为最大的发展中国家，一直是国际治理的积极参与者与践行者。党的第十八届五中全会明确提出，要"积极参与全球经济治理和公共产品供给，提高我国在全球经济治理中的制度性话语权"，为中国推动国际经济治理变革并改善自身的地位和影响奠定了理念基础。在国际治理理念方面中国也深入分析国际形势的演变规律，不断提出新的全球治理理念。

第一，中国坚定支持以世界贸易组织为核心的多边贸易体系，视其为全球贸易规则制定的主要平台，并认为这一体系与区域贸易自由化相互补充，共同推动全球贸易的发展。根据联合国贸易和发展会议（UNCTAD）的数据，截至2022年，全球已达成364项包括自由贸易协定（FTA）在内的经济贸易协定，其中2321项正式生效，以及2958项双边投资协定（BIT），

其中293项正式生效。在这一背景下，中国除了参与与贸易有关的知识产权协定（TRIPs）和与贸易有关的投资措施协定（TRIMs）等多边协定外，还与瑞士、新加坡、新西兰等三十多个国家和地区签订了21项FTA。此外，中国还签订了145项BIT，其中以中美BIT为标杆，双方同意基于"准入前国民待遇加负面清单的管理模式"进行实质性谈判，这标志着中国在国际投资规则制定中的积极参与和高标准承诺。

第二，中国通过G20、APEC等国际组织，积极促进世界各国的团结与合作，呼吁国际社会共同努力，推动经济的稳定与发展。中国提出了一系列新的全球经济治理理念与目标，包括将"人类命运共同体"作为全球治理的共同目标，以及将"互利共赢"作为全球治理的基本原则。这些理念在2016年G20杭州峰会中得到了显著体现，会议以"构建创新、活力、联动、包容的世界经济"为主题，引领全球经济发展与合作的方向。峰会通过的《创新增长蓝图》和《深化结构性改革议程》为实现全球经济长期强劲、可持续和平衡增长提供了清晰的路径，体现了中国维护多边贸易体系和构建开放型世界经济体系的坚定信念与决心。

第三，中国将"包容性增长"和"发展治理"引入全球经济治理的主流视野，为其长远合作确立了与时俱进、切中时弊的新目标与方向。在中国作为东道主的积极推动下，G20杭州峰会提出的《落实2030年可持续发展议程行动计划》首次把发展议题置于全球宏观政策协调的突出位置，为真正解决全球发展问题提供了路线图。会议发起的《支持非洲和最不发达国家工业化倡议》，通过自愿政策选项，针对非洲与最不发达国家强化包容增长，提升其工业发展潜力。会议还通过了11个多边开发银行共同提出的《支持基础设施投资行动的联合愿景声明》，并批准启动了《全球基础设施互联互通联盟倡议》。它们旨在最大限度地提高基础设施项目质量、加强项目储备、增进新老多边开发银行的合作、提升发展中国家基础设施投资的有利环境和动员私人投资，同时加强以世界银行为核心的全球基础设施互联互通项目的整体协调与合作。可以说，中国通过自身努力对全球治理危机的三重困境作出了强劲有力的回击，成为推进全球有效治理的"关键角色"。

第四，中国倡导以发展为导向的新全球经济治理观。这区别于发达国家主导的推崇市场化、自由化和私有化模式附加政治标准与西方价值观的全球治理理念。中国的全球经济治理观强调维护自主选择的政治、经济与社会基本制度；强调实现广泛的发展目标，包括跨越中等收入陷阱、化解发展瓶颈、实现包容平等与普惠共享、维护社会、环境、劳工、安全和健康等公共利益；强调实现产业与价值链升级，包括带动国内附加值的关联增长、创造就业和提高劳动技能、构建长期生产能力、促进研发与技术扩散和升级；强调实现利益平衡，包括互惠贸易投资自由化、保留本国政策空间、落实投资者义务与跨国公司社会责任。

第五，中国过去四十多年来改革开放的成功经验为全球经济治理改革与创新确立了坐标。在援建项目上，中国在清洁能源、环境保护、水资源利用及森林可持续发展等领域，积极开展对其他发展中国家的援建项目。在提供物资上，中国向东南亚以及非洲的一些发展中国家多次提供了环境保护需要的一些设备和物资，主要包括一些清洁能源利用设备。在能力建设上，中国与受援国进行国际技术合作，帮助他们提高国内清洁能源的利用水平。同时，中国为一百多个发展中国家开设环境保护和应对气候变化培训班，培训领域包括低碳产业发展与能源政策、生态保护、水资源管理与水土保持、可再生能源开发利用、林业管理和防沙治沙、气象灾害早期预警等，促进了受援国环境保护和应对气候变化的能力的提升。中国在基础设施、工业化、农业、减贫、教育等领域取得的成绩为解决发展问题提供了有益模式，增强了采取促进发展的国际行动的说服力，也为找准发力点和设置优先领域提供了重要参考，因而可以为全球经济治理贡献更多中国智慧和中国方案。中国近年来在发展新经济方面的经验（如自主创新、互联网、电商、绿色金融等）也为全球治理创新提供了新的思路与经验。放眼未来，全球经济治理的"良治"不再单单依赖准入、规则与争端解决等传统元素，基础设施的互联互通、标准与监管一致化、发展融资、能力建设等都成为越来越重要的新决定因素。世界各国应当更加关注这些"新变量"，并有效应对经济、技术、社会与环境变化所带来新挑战，促使世界进入一个繁荣而稳定的新全球化时代。

综合来看，中国在国际经济治理体系中还是新成员，在未来国际经济治理的进程中，中国应努力提升自身参与国际经济治理的能力，提供国际公共产品的能力、制定国际规则的能力、管理国际联盟的能力与维护国际道义的能力，不断积累经验并提升谈判和应对水平，推进中国在规则制定中的参与度和话语权。

(二) 中国参与国际经济治理的实践方案

随着经济全球化的深入发展，新兴经济体，尤其是中国，在世界经济中的份额不断上升，对世界经济发展的贡献与影响力也日益增强，甚至成为应对国际金融危机、气候变化等一系列全球经济治理活动的重要力量。中国也应该担负起应有的责任，采取坚实而有效的行动。

1. 推进经济全球化深入发展

中国经济的快速发展得益于开放。推进经济全球化深入发展，维护自由开放的世界经济秩序，符合中国未来发展的客观要求。国际金融危机之后，"逆全球化"趋势逐渐显现，有些国家利用出口管制、技术标准、安全审查、碳关税等手段设置贸易壁垒，甚至打出所谓"公平贸易"的旗号借以削弱别国的竞争力。中国未来经济发展与全球化进程密不可分，在经济新常态下，中国经济面临较为严峻的转型压力，正是在这样的背景下，中国启动新一轮改革开放，以期更好地利用国内国外两个市场、两种资源为中国经济平稳健康发展助力。世界经济发展到今天，"你中有我、我中有你"的共生关系已经成为现实，若国际合作离开了自由、开放的主旋律，新一轮改革开放也将无从谈起。同时，随着中国经济的快速发展，中国在世界经济舞台中已经享有越来越重要的地位，因此深入参与全球经济治理，大力推进经济全球化水平，对中国未来的经济发展是有利的。若在难得的历史机遇期，不能更好地融入全球经济治理体系之中，很有可能导致中国继续成为国际竞争规则的被动接受者。

2. 坚持多边、区域合作协同发展

当前围绕全球经济治理体系构建的博弈正在展开，各类磋商平台纷纷涌现，涉及的议题也在不断增加。中国应密切跟踪各种磋商平台和议题变化的新动态，尽可能广泛地参与到全球经济治理的各种谈判和磋商当中，充分发挥多元机制与轨道的作用，巩固和发挥好G20全球经济治理的主平台作用，推动G20向长效治理机制转型。深入推进"一带一路"建设，推动各方加强规划和战略对接；深化上海合作组织合作和中非论坛。加强亚信、东亚峰会、东盟地区论坛、中欧峰会等机制建设，以及扩展双边FTA和BIT。

无论站在中国还是世界的角度，都应将多边合作作为全球经济治理的基石。若放弃多边合作框架，国际经济秩序仅由少数几个国家参与和制定，将导致广大发展中国家的利益诉求边缘化，也导致多边合作体制的合法性受到挑战。在区域合作方面，中国应主张包容性的区域合作机制，反对排他性的区域经济合作，不搞针对域外国家的歧视性经贸规则。"一带一

路"倡议便是在开放包容的前提下，中国与广大发展中国家开展的区域合作，旨在通过与沿线国家和地区建立更为紧密的经贸关系，推动全球经济治理体系改革，促进世界经济更加平稳健康发展。

3. 推进全球经济治理主体多元化

中国要提升自身在国际经济治理中的话语权和参与度，就必然要在符合自身发展阶段的基础上适度承担国际责任，付出更多的资源，适当让渡部分利益，为国际社会提供更多的公共产品。但中国的人均GDP仍然很低，中国不应该也不可能超越自身发展阶段去承担不相称的国际义务。中国应以"一带一路"倡议为契机，与广大发展中国家一道，共同推动形成更加公平合理的国际经济新秩序。在全球经济治理体系的构建过程中，仍应将发展作为主题，支持发展中国家提升自身经济发展的造血能力，促进发展中国家产业向微笑曲线两端转移。应充分考虑发展中国家所处的发展阶段，在环境保护、防灾减灾、能源安全、粮食安全、公共卫生等领域应给予发展中国家更多的优惠和宽容。同时，也要大力推动全球经济治理机制化改革，保障发展中国家更深地参与到全球经济治理体系当中，使之获得更加公平、公正的制度性权力。

4. 推动国内经济体制加速改革

当前，国际经济治理体系改革的一个重要趋势就是由传统的边境措施向国内规则延伸，涉及政府管理、国有企业竞争中立、知识产权保护、劳工保护、工会等多个方面，这对参与国际经济治理国家的体制以及机制提出了更多挑战。在国际经济秩序重建的过程中，同时也为中国的经济体制改革指明了方向。因此，中国在积极参与国际经济治理的过程中，按照自身发展的需要，借彼之长补己之短，借助外力加快国内改革的步伐，有效对接国际经济新秩序。

随着世界经济形势的变化与发展，新的问题和各种突发性事件将进一步冲击国际经济治理体系，给世界各国带来巨大的挑战和机遇。中国应积极探索新形势下推动国际经济治理变革的规律和途径，谋求广泛的国际合作。在国际经济治理发展与改革中承担更多责任，作出更大贡献，从而构建良好的国际经济秩序和完善的国际经济治理机制。

案例15-2

中国引领全球经贸治理规则的优先领域

中国目前可以优先在以下领域引导全球经贸治理规则。

第一是与贸易有关的基础设施建设议题。APEC巴厘岛峰会（2013）、北京峰会（2014）、利马峰会（2016）均将加强全方位互联互通和基础设施建设作为核心议题，并发布纲领性文件，实质性推进亚太地区不同基础设施与互联互通项目之间的对接与合作。2016年9月《G20杭州峰会公报》将改善基础设施建设确立为G20国家九大结构性改革的优先领域之一，11个多边开发银行共同提出《支持基础设施投资行动的联合愿景声明》，同时批准启动了《全球基础设施互联互通联盟倡议》。在WTO体系内，《贸易便利化协定》的生效和实施对各国基础设施建设的现代化和标准化水平提出了更高要求。改革开放40年来，中国通过将市场机制引入公共产品供给领域、完善投资主体多元化、以经济园区建设为载体、发挥开发性金融优势等方式,实现了中国高质量基础设施网络建设的快速推进,为基础设施建设注入了新的理论和实践基础,形成了一系列可向多边与区域层面推广与复制的经验和做法。

第二是投资议题。随着服务贸易和跨国经营愈发重要,实现投资自由化与便利化已成为全球商业规则的新需求与新趋势,尤其是准入前国民待遇和负面清单制度成为国际投资规则的发展趋势之一。此外,随着包括中国在内的新兴经济体在世界范围内的对外直接投资日益增多,其在投资利益、投资政策与投资规则上的诉求也日益增强,并区别于以往发达国家的传统关注点。目前,中国已签订了145项BITs,并在与美欧的谈判中承诺以"准入前国民待遇加负面清单的管理模式"为基础进行实质性谈判。中国可借助达成高标准FTAs和BITs,不断推进本国贸易投资自由化和便利化水平,缩小与其他国家有关投资的法律在实质上和程序上的差异。同时,中国应积极主张与推进东道国义务与母国义务、投资者保护与投资者(社会)责任、竞争中立与所有制中立、资本流动自由与资本流动安全、商业存在与自然人流动利益间的平衡。

第三是电子商务议题。2016年9月G20杭州峰会批准并制定了《二十国集团全球贸易增长战略》,明确将"促进电子商务发展"纳入该文件,随后峰会特别发布了《二十国集团数字经济发展与合作倡议》,以期创新增长路径,实现世界范围内国际贸易的结构性变革。2017年12月,WTO第十一届部长级会议上,70余个国家签署共同声明将"启动研究性工作,为未来WTO展开与贸易相关的电子商务谈判做出准备"。同时各国之间达成共识将继续推动WTO电子商务工作计划。自2013年9月以来,中国国务院、海关总署、财政部、地方政府等相关部门相继出台相应政策支持跨境出口电商的发展,目前中国电子商务发展的政策环境、法律法规、标准体系以及支撑保障水平等各方面不断完善与提升。2017年中国电子商务交易规模为28.7万亿元,同比增长24.8%;中国跨境电子商务交易规模为8.1万亿元,同比增长20.3%。随着互联网、移动通信、云计算、大数据、区块链等新兴技术的成熟,跨境电商将进一步走向成熟,成为世界与中国经济增长不可或缺的原动力之一。中国作为电子商务大国,应积极参与电子商务国际规则的构建,呼吁在WTO内实现电子传输永久性免征关税,提高各国与跨境电子商务相关的法律与法规的政策透明度,为发展中国家和最不发达国家提高数字基础设施建设提供必要的技术援助,推动建成适用于电子商务和数字贸易"低值高频"类货物和服务贸易的争端解决机制。同时,中国可逐步通过双边协定、区域协定、"软"法律等多种形式鼓励各方在电子签名和数字加密技术领域达成相互认可协议,分享中国在移动支付、平台构建、跨境交付等领域取得的经验。

第四是中小企业议题。中小企业是各国经济实体的主体。WTO多哈回合谈判、TPP、RCEP协定都高度重视中小企业议题。在数字贸易时代,电子商务将化解中小企业在传统贸易中的竞争劣势和区位劣势,促进中小企业融入全球贸易,并实现出口产品多元化与目的国的多样化,为中小企业带来新的商机。根据eBay的数据统计,在传统贸易中,中小企业的出口参与率仅为2%~28%,然而97%以上的互联网中小企业都存在出口行为。对中国而言,中小企业出口额占出口总额的比重高达41.5%,在全球仅次于印度(42.4%)。可以说,中国的中小企业通过融入全球价值链和国际生产网络促进了中国经济融入世界的进程。对中小企业降低关税、削减非关税壁垒、提高边境程序透明度、缓解融资约束、改善营商环境将进一步释放在数字经济模式下中小企业对贸易的促进效应。中国可以借助G20、APEC等平台建成各国通报和分享与中小企业相关的国内政策和法规的机制化路径，推动WTO、UNCTAD、OECD等国际组织整合现有资源和数据库精确衡量中小企业对全球价值链贸易的贡献程度，同时诊断分析制约中小企业融入国际经贸体系的主要因素。同时，继续推进WTO在技术性贸易壁垒、动植物检验检疫等非关税壁垒上的自由化程度，以及在海关透明度、信息可获得性和海关程序上的贸易便利化程度，以有效降低中小企业的跨境贸易成本。此外，中国应倡议就电子商务和中小企业的交叉议题展开联合磋商与谈判，提高中小企业在电子商务平台的接入比例，以充分利用信息革命为中小企业创造新机遇。

资料来源：

盛斌，高疆. 中国与全球经济治理：从规则接受者到规则参与者[J]. 天津：南开学报（哲学社会科学版），2018（5）：18-27.

本章小结

（1）中国参与国际经济治理以来，在多方面取得明显成就，提出国际经济治理新理念，关注国际经济治理的具体细节，积极致力于全球贸易、金融、投资、环境等治理机制的改革与创新，通过参与G20峰会、多边开发投资银行等一系列举措建设性地参与和引领经济全球化进程。

（2）国际经济治理体系目前面临反全球化浪潮涌现，国际经济治理机制不够完善以及众多的新议题和新纪律等一系列问题。中国作为世界第二大经济体，在全球经济治理中的角色和影响力日益增强。然而，在参与国际经济治理的过程中，中国也面临着一系列挑战。

（3）在全球经济治理中，针对中国独特的角色定位提出推进经济全球化深入发展、坚持多边、区域合作协同发展、推进全球经济治理主体多元化、推动国内经济体制加速改革、加快自身软实力建设的新方向。

延伸讨论

作为世界经济发展的重要参与国，中国在国际经济治理方面面临着许多困境与挑战，对于中国如何参与国际经济治理也有着许多相关的研究讨论。请自行查找相关文件，思考以下问题：新的国际政治经济环境对中国参与国际经济治理提出了哪些要求？

参考文献

陈凤英，孙立鹏，2019.WTO改革：美国的角色［J］.中国国际问题研究（英文版）（3）：81-109.

陈林，万攀兵，2019.《京都议定书》及其清洁发展机制的减排效应——基于中国参与全球环境治理微观项目数据的分析［J］.经济研究，54（3）：55-71.

陈志敏，2013.多极世界的治理模式［J］.世界经济与政治（10）：4-23.

程永林，黄亮雄，2018.霸权衰退、公共品供给与全球经济治理［J］.世界经济与政治（5）：131-148.

陈伟光，申丽娟，2014.全球治理和全球经济治理的边界：一个比较分析框架［J］.战略决策研究（1）：24-36.

丁工.中等强国合作体渐成治理新力量［N］.中国社会科学报，2015-08-13（4）.

高疆，2020.多边贸易体制、全球贸易治理与国际贸易新规则［M］.上海：上海社会科学院出版社.

高晓进，2017.试论中国参与国际经济治理——以亚投行为例［J］.新西部（理论版）（14）：51-53.

郭树勇，2020.人类命运共同体面向的新型国际合作理论［J］.世界经济与政治（5）：23-50，155-156.

黄宁，鄢佩，2015.经济区域化与全球化发展及其关系分析［J］.经济问题探索（9）：133-138.

鞠建东，2020.百年未有之大疫情、中美贸易争端和全球秩序重构［J］.清华金融评论（5）：52-54.

孔庆江，2019.一个解决WTO上诉机构僵局的设想［J］.清华法学，13（4）：197-207.

李路路，张斌亮，李魏宏，2019.中国碳排放权交易市场建设要素与展望[J].世界环境（1）：23-25.

李青，等，2017.全球经济治理：制度变迁与演进［M］.北京：经济科学出版社.

李少军，2003.论国家利益［J］.世界经济与政治（1）：4-9.

李双元，李赞，2005.从WTO和EU法律制度谈全球经济一体化与区域经济一体化的关系［J］.湖南师范大学社会科学学报（6）：74-79.

李巍，2017.制度之战：战略竞争时代的中美关系［M］.北京：社会科学文献出版社.

刘敬东，2015.多边体制VS区域性体制：国际贸易法治的困境与出路——写在WTO成立20周年之际［J］.国际法研究（5）：92-104.

刘敬东，2019.WTO改革的必要性及其议题设计［J］.国际经济评论（1）：34-57.

刘勇，柯欢怡，2021.WTO多边贸易体制的困境与解决方案研究——以USTR《上诉机构报告》为切入点［J］.经贸法律评论（3）：63-85.

宁红玲，2021.后疫情时代全球贸易治理的困境与路径——基于WHO和WTO的考察［J］.河南财经政法大学学报，36（1）：60-67.

裴长洪，刘洪愧，2020.中国外贸高质量发展：基于习近平百年大变局重要论断的思考［R］.

秦亚青，2013.全球治理失灵与秩序理念的重建［J］.世界经济与政治（4）：4-18.

秦亚青，2016. 国际政治关系理论的几个假定［J］. 世界经济与政治（10）:19-28.

阮宗泽，2006. 试析共有利益与国际秩序的稳定［J］. 国际问题研究（6）：41-46.

盛斌，高疆，2018. 中国与全球经济治理：从规则接受者到规则参与者［J］. 南开学报（哲学社会科学版）（5）：18-27.

盛斌，马斌，2018. 全球金融治理改革与中国的角色［J］. 社会科学（8）：13-26.

宋伟. 解析国际关系理论的发展历程［N］. 中国社会科学报，2018-08-03（4）.

唐任伍，肖彦博，唐常，2020. 后精准扶贫时代的贫困治理——制度安排和路径选择［J］. 北京师范大学学报（社会科学版）（1）：133-139.

唐宜红，符大海，2017. 经济全球化变局、经贸规则重构与中国对策——"全球贸易治理与中国角色"圆桌论坛综述［J］. 经济研究，52（5）：203-206.

陶坚，2016. 全球经济治理与中国对外经济关系［M］. 北京：知识产权出版社.

铁瑛，黄建忠，徐美娜，2021. 第三方效应、区域贸易协定深化与中国策略：基于协定条款异质性的量化研究［J］. 经济研究，56（1）：155-171.

王春丽，冯莉，2020. 国际经贸规则重构对中国对外开放的影响与应对策略［J］. 亚太经济（5）：126-131.

王宏伟，2004. 美国霸权的衰落［J］. 国外理论动态（5）：12-16.

王健，2022. 区域化趋势与周边优先的外交创新［J］. 探索与争鸣（1）：25-27.

王明国，2019. 全球治理引论［M］. 北京：世界知识出版社.

王燕，2019. 全球贸易治理的困境与改革：基于WTO的考察［J］. 国际经贸探索，35（4）：105-116.

王义桅，2008. 超越均势：全球治理与大国合作［M］. 上海：上海三联书店.

吴雪，2020. 逆全球化背景下国际经贸治理体系改革及我国的应对策略［J］. 宏观经济管理（6）：78-83.

吴宗敏，吴宇，2019. 全球贫困治理的深化与中国的实践创新［J］. 江苏大学学报（社会科学版），21（1）：19-27.

温岩，刘长松，罗勇，2013. 美国碳排放权交易体系评析[J]. 气候变化研究进展（2）：144-149.

吴伟光，祝雅璐，顾光同，2021. 中国试点碳市场有效性的决定因素[J]. 资源科学，43（10）：2119-2129.

熊杰，石云霞，2019. 论人类命运共同体理念的思想来源、发展逻辑和理论贡献［J］. 国际观察（2）：1-28.

徐秀军，2012. 新兴经济体与全球经济治理结构转型［J］. 世界经济与政治（10）：49-79.

徐秀军，等，2016. 中国与金砖国家金融合作机制研究［M］. 北京：中国社会科学出版社.

薛荣久，杨凤鸣，2016. WTO在全球经济治理中的地位、作用与中国对策［J］. 国际贸易（4）：4-7.

阎学通，1996. 中国国家利益分析［M］. 天津：天津人民出版社.

俞正梁，1994. 变动中的国家利益与国家利益观［J］. 复旦学报（社会科学版）（1）：37-43.

张立，2018. 全球经济治理中的新兴经济体合作［M］. 北京：时事出版社.

张小溪，2021. 碳中和机制下的中国可持续发展［J］. 中国发展观察（21）：42-43.

张晓颖，王小林，2019. 参与全球贫困治理：中国的路径［J］. 国际问题研究（3）：125–136.

张幼文，等，1999. 世界经济一体化的历程［M］. 上海：学林出版社.

张宇燕，等，2017. 全球经济治理：结构变化与我国应对战略研究［M］. 北京：中国社会科学出版社.

张宇燕，任琳，2015. 全球治理：一个理论分析框架［J］. 国际政治科学（3）：1–29.

张蕴岭，张丽娟，2020. 国际贸易治理与变革［M］. 北京：世界知识出版社.

章文光，2021. 中国贫困治理国际合作的观念变迁与实践历程［J］. 人民论坛（11）：24–27.

赵宏，2016. 论世界贸易组织的谈判机制［J］. 国际贸易（12）：4–9.

赵黎青，2000. 关于中国非政府组织建设的几个问题［J］. 江苏社会科学（4）：73–78.

赵黎青，2012. 全球化、非政府组织、联合国与全球治理［J］. 新远见（8）：13–20.

郑伟，管健，2019. WTO改革的形势、焦点与对策［J］. 武大国际法评论（1）：75–92.

中国现代国际关系研究院课题组，2015. 联合国改革与全球治理的未来［J］. 现代国际关系（9）：1–7.

中国信息通信研究院，北京微码邓白氏营销咨询有限公司，2022. 释放中国–东盟数字贸易发展潜力：新基建与新路径［R］.

中华人民共和国国务院新闻办公室，2021. 中国应对气候变化的政策与行动［M］. 北京：人民出版社.

中华人民共和国生态环境部，2004. 联合国环境规划署的主要任务［EB/OL］. 北京：中华人民共和国生态环境部.

周宇，2018. 探寻全球经济治理新格局［M］. 北京：社会科学文献出版社.

张妍，李玥，2018. 国际碳排放权交易体系研究及对中国的启示[J]. 生态经济，34（2）：66–70.

AMADOR J, CABRAL S, MASTRANDREA R, RUZZENENTI F, 2018.Who's Who in Global Value Chains? A Weighted Network Approach[J].Open Economies Review, 29(5):1039-1059.

BAYER P, AKLIN M, 2020. The European Union Emissions Trading System Reduced CO_2 Emissions Despite Low Prices[J]. Proceedings of the National Academy of Sciences, 117(16):8804-8812.

BHAGWATI J, 1993.Regionalism and Multilateralism: An Overview [M]. Cambridge: Cambridge University Press.

FERGUSSON I F, 2011.World Trade Organization Negotiations:The Doha Development Agenda.CRS Report for Congress.

GASKARTH J, 2015. Rising Powers, Global Governance and Global Ethics[M]. London: Routledge.

HORN H, MAVROIDIS P, SAPIR A, 2010. Beyond the WTO? An Anatomy of EU and US Preferential Trade Agreements[J].The World Economy, 33(11):1565-1588.

IRWIN D A,1993.Multilateral and Bilateral Trade Policies in the World Trading System:an Historical Perspective in New Dimensions in Regional Integration[M]. New York: Cambridge University Press.

LIPSON C,1991. Why are Some International Agreements Informal?[J]. International Organization,45（4）:495-538.

MILNER H,1991.The Assumption of Anarchy in International Relation Theory:A Critique[J]. Review of International Studies,17(1):67-85.

NAJAM A, et al,2006. Global Environmental Governance: A Reform Agenda[R].United Nations: International Institute for Sustainable Development.

PUCHALA D J, HOPKINS R F,1982．International Regimes: Lessons from Inductive Analysis [M]. International Oranganization,36(2):245-275.

ROSENAU J N, 1995.Global Governance in the Twenty—First Century[J].Global Governance,1(1):13-43.

Regional Integration[J].Global Governance :A Review of Multilateralism and International Organizations,12(3):233-240.

THAKUR R, Van LANGENHOVE L, 2006.Enhancing Global Governance through The Asian Infrastructure Investment Bank(AIIB),2021.Asian Infrastructure Finance 2021: Sustaining Global Value Chains[R]. Asian Infrastructure Finance Report.

UNEP,2022.Structure and Leadership [EB/OL].Nairobi:UN Environment Program.

UNEP,2022.Why does an Environment Program Matter?[EB/OL].Nairobi:UN Environment Program.